Statistiques de l'OCDE sur les dépenses en recherche et développement dans l'industrie 2019

ANBERD

2009-2017

Cet ouvrage est publié sous la responsabilité du Secrétaire général de l'OCDE. Les opinions et les interprétations exprimées ne reflètent pas nécessairement les vues officielles des pays membres de l'OCDE.

Ce document, ainsi que les données et cartes qu'il peut comprendre, sont sans préjudice du statut de tout territoire, de la souveraineté s'exerçant sur ce dernier, du tracé des frontières et limites internationales, et du nom de tout territoire, ville ou région.

Les données statistiques concernant Israël sont fournies par et sous la responsabilité des autorités israéliennes compétentes. L'utilisation de ces données par l'OCDE est sans préjudice du statut des hauteurs du Golan, de Jérusalem-Est et des colonies de peuplement israéliennes en Cisjordanie aux termes du droit international.

Merci de citer cet ouvrage comme suit :
OCDE (2019), *Statistiques de l'OCDE sur les dépenses en recherche et développement dans l'industrie 2019 : ANBERD*, Éditions OCDE, Paris, *https://doi.org/10.1787/g2g9fba5-fr*.

ISBN 978-92-64-31340-8 (imprimé)
ISBN 978-92-64-31341-5 (pdf)

Statistiques de l'OCDE sur les dépenses en recherche et développement dans l'industrie
ISSN 2223-7305 (imprimé)
ISSN 2223-7313 (en ligne)

Les corrigenda des publications sont disponibles sur : *www.oecd.org/about/publishing/corrigenda.htm*.
© OCDE 2019

L'utilisation de ce contenu, qu'il soit numérique ou imprimé, est régie par les conditions d'utilisation suivantes : *http://www.oecd.org/fr/conditionsdutilisation*.

Table des matières

Guide de l'utilisateur.	5
Australie.	8
Autriche.	10
Belgique.	12
Canada.	16
Chili.	18
République tchèque.	20
Danemark.	24
Estonie.	26
Finlande.	28
France.	32
Allemagne.	36
Grèce.	38
Hongrie.	40
Islande.	42
Irlande.	44
Israël.	46
Italie.	48
Japon.	52
Corée.	54
Lituanie.	56
Mexique.	58
Pays-Bas.	60
Nouvelle-Zélande.	62
Norvège.	64
Pologne.	66
Portugal.	68
République slovaque.	72
Slovénie.	74
Espagne.	76
Suède.	78
Suisse.	80
Turquie.	82
Royaume-Uni.	84
États-Unis.	88
Argentine.	90
Chine.	92
Roumanie.	94
Singapour.	96
Taipei Chinois.	98

Guide de l'utilisateur

Présentation et contenu

Cette publication contient les données conformes à la CITI Rév. 4 pour 34 économies de l'OCDE et cinq économies non membres. Les données sont présentées dans la classification Internationale Type par Industrie, 4ème révision (CITI Rév. 4).

Les données sont disponibles dans la base de données :

STAN R-D : Dépenses de recherche et développement dans l'industrie - CITI Rév. 4, Statistiques de l'OCDE STAN pour l'analyse structurelle. *https://doi.org/10.1787/data-00689-fr*

Signes et abréviations

..	Non disponible
.	Point décimal
n.c.a.	non classé ailleurs

Sources et méthodes

Documentation (PDF): *www.oecd.org/sti/inno/ANBERD_full_documentation.pdf*. (en anglais)

Secteurs économiques couverts (XLS): *www.oecd.org/sti/inno/ANBERDcoverage.xls* (en anglais).

Nous contacter

Veuillez contacter *oecdilibrary@oecd.org* ou *RDSurvey@oecd.org* pour plus d'informations.

Classification

La Classification internationale type par industrie (CITI) Rév. 4 est disponible en ligne : *http://unstats.un.org/unsd/publication/SeriesM/seriesm_4rev4f.pdf*.

Classification CITI Rév. 4

Section	Divisions	Description
A-U	01-99	**TOTAL ENTERPRISES**
A	01-03	**AGRICULTURE, CHASSE, SYLVICULTURE ET PÊCHE**
B	05-09	**INDUSTRIES EXTRACTIVES**
C	10-33	**ACTIVITÉS DE FABRICATION**
	10-12	**Produits alimentaires, boissons et tabac**
	13-15	**Textiles, habillement, cuir et articles de cuir**
	13	Textiles
	14	Articles d'habillement
	15	Cuir et articles de cuir
	16-18	**Bois, papier, imprimerie et reproduction de supports enregistrés**
	16	Articles en bois et en liège
	17	Industrie du papier et du carton
	18	Imprimerie et reproduction de supports enregistrés
	19-23	**Produits chimiques et produits minéraux non métalliques**
	19	Cokéfaction et raffinage
	20-21	Produits chimiques et pharmaceutiques
	20	Produits chimiques
	21	Produits pharmaceutiques
	22	Produits en caoutchouc et en plastique
	23	Autres produits minéraux
	24-25	**Métaux et ouvrages en métaux, hors machines et matériel**
	24	Produits métalliques de base
	25	Métaux de base, hors machines et matériel
	26-30	**Machines et materiel de transport**
	26	Ordinateurs, articles électroniques et optiques
	27	Équipements électriques
	28	Machines et équipements n.c.a
	29	Automobiles, remorques et semi-remorques
	30	Autres matériels de transport
	31-33	**Meubles; autres fabrications; réparation et installation**
	31	Meubles, autres activités manufacturières
	32	Autres fabrications
	33	Réparation et installation de machines et d'équipements
D+E	35-39	**ÉLECTRICITÉ, GAZ, EAU ET TRAITEMENT DES DÉCHETS**
D	35-36	Électricité, gaz, vapeur et air conditionné
E	37-39	Distribution d'eau ; assainissement, gestion des déchets et dépollution
F	41-43	**CONSTRUCTION**
G-N	45-82	**SERVICES DU SECTEUR DES ENTREPRISES**
G	45-47	**Commerce de gros et de détail; réparation auto-moto**
H	49-53	**Transports et entreposage**
I	55-56	**Activités d'hébergement et de restauration**
J	58-63	**Information et communication**
	58-60	Édition, audiovisuel et diffusion
	58	Édition,
	59-60	Audiovisuel et diffusion
	59	Audiovisuel
	60	Diffusion
	61	Télécommunications
	62-63	Technologies de l'information et informatique
K	64-66	**Activités financières et d'assurances**
L-N	68-82	**Activités immobilières ; professionnelles, scientifiques et techniques ; de services administratifs et d'appui**
L	68	**Activités immobilières**
Mx72	69-75x72	**Activités professionnelles, scientifiques et techniques, R&D scientifique exclus**
	72	Recherche-développement scientifique
N	77-82	**Activités de services administratifs et de soutien**
O-U	84-99	**SERVICES COLLECTIFS, SOCIAUX ET PERSONNELS**
O-P	84-85	**Administration publique, défense; sécurité sociale obligatoire, enseignement**
Q	86-88	Santé humaine et action sociale
R	90-93	Arts, spectacles et loisirs
S-U	94-99	Autres activités de services ; activités des ménages privés employant du personnel domestique ; activités des organisations et organismes extraterritoriaux

Dépenses de R-D dans l'industrie

AUSTRALIE

Dépenses de R-D dans l'industrie par activité principale de l'entreprise, prix courants
CITI Rév. 4

Millions USD PPP

Code	Activité	2010	2011	2012	2013	2014	2015	2016	2017
	TOTAL ENTREPRISES	11 989.5	12 124.9	11 970.0	13 025.4	12 202.7 e	11 301.5	..	..
01-03	AGRICULTURE, SYLVICULTURE ET PÊCHE	122.6	125.5	138.2 e	167.7	169.9 e	168.3	..	..
05-09	ACTIVITÉS EXTRACTIVES	2 555.9	2 716.1	2 325.0 e	1 955.8	1 526.4 e	1 272.7	..	..
10-33	ACTIVITÉS DE FABRICATION	3 212.3	2 978.7	2 952.1 e	3 373.3	3 111.8 e	2 676.3	..	..
10-12	Produits alimentaires, boissons et tabac	401.5	362.9	377.3 e	476.1	..	..	..	..
13-15	Textiles, habillement, cuir et articles de cuir	30.7	34.9	33.5 e	31.8	..	..	..	..
13	Textiles	14.6	16.8	..	..	..	..	..	..
14	Articles d'habillement	5.4 e	4.6	..	..	..	..	..	..
15	Cuir et articles de cuir	10.7 e	13.6	..	..	..	..	..	..
16-18	Bois, papier, imprimerie et reproduction de supports enregistrés	144.7	68.7	47.0 e	68.6	..	..	..	..
16	Bois et articles en bois, sauf meubles	41.5	25.3	..	..	..	..	..	..
17	Papier et articles en papier	..	32.0	..	..	..	..	..	..
18	Imprimerie et reproduction de supports enregistrés	..	11.4	..	..	..	..	..	..
19-23	Produits pétroliers, chimiques, pharmaceutiques, caoutchouc, plastique, minéraux	689.1	712.9	752.0 e	856.9	..	..	..	..
19	Cokéfaction et raffinage	60.9	59.9	76.7 e	115.0	..	..	..	..
20-21	Industrie chimique et pharmaceutique	489.3	517.9	530.2 e	570.9	..	..	..	..
20	Produits chimiques	237.1	250.6	228.6 e	204.6	..	..	..	..
21	Préparations pharmaceutiques, chimiques (médicine) et d'herboristerie	252.1	267.2	301.6 e	366.2	..	..	..	..
22	Produits en caoutchouc et en plastique	65.8	67.6	68.0 e	75.0	..	..	..	..
23	Autres produits minéraux non métalliques	73.2	67.6	77.1 e	96.1	..	..	..	..
24-25	Produits métalliques de base et ouvrages en métaux (sauf machines et matériel)	533.3	482.6	415.5 e	402.0	..	..	..	..
24	Produits métallurgiques de base	346.8	334.5	279.0 e	229.0	..	..	..	..
25	Ouvrages en métaux (sauf machines et matériel)	186.6	148.1	136.5 e	173.0 e	..	..	..	..
26-30	Ordinateurs, articles électroniques et optiques ; machines et matériels de transport	1 229.9	1 110.8	1 108.0 e	1 297.5 e	..	..	..	..
26	Ordinateurs, articles électroniques et optiques	249.0	237.9	..	..	..	..	..	..
27	Matériels électriques	62.7	86.8	..	..	..	..	..	..
28	Machines et équipements n.c.a.	288.2	239.2	..	..	..	..	..	..
29	Automobiles, remorques et semi-remorques	470.1	440.7	..	..	..	..	..	..
30	Autres matériels de transport	160.1	106.2	..	..	..	..	..	..
31-33	Meubles ; réparation et installation de machines et de matériel	183.0	205.9	218.8 e	240.3	..	..	..	..
31	Meubles	7.9	12.2	13.0 e	11.5	..	..	..	..
32	Autres activités de fabrication	162.1	175.8	184.0 e	203.0	..	..	..	..
33	Réparation et installation de machines et de matériel	13.0	17.9	21.8 e	25.8	..	..	..	..
35-39	ÉLECTRICITÉ, GAZ, EAU ET TRAITEMENT DES DÉCHETS	280.9	250.2	218.4 e	217.9	192.9 e	170.6	..	..
35-36	Production et distribution d'électricité, de gaz et de l'eau	185.2	173.7	148.5 e	129.2	..	..	..	..
37-39	Assainissement, traitement des déchets et dépollution	95.7	76.6	69.9 e	88.7	..	..	..	..
41-43	CONSTRUCTION	669.6	542.3	513.2 e	597.1	506.0 e	343.3	..	..
45-99	TOTAL SERVICES	5 147.3	5 512.0	5 823.1 e	6 713.6	6 695.7 e	6 670.3	..	..
45-82	Services du secteur des entreprises	5 029.5	5 362.8	5 655.5 e	6 506.4	6 448.8 e	6 365.6	..	..
45-47	Commerce de gros et de détail ; réparations automobiles et motocycles	550.9	573.1	674.5 e	846.9	823.6 e	742.4	..	..
49-53	Transport et entreposage	194.6	193.8	214.4 e	250.8	206.1 e	129.6	..	..
55-56	Activités d'hébergement et de restauration	10.4	14.2	15.5 e	16.8	18.4 e	22.0	..	..
58-63	Information et communication	1 115.1	1 215.2	1 359.8 e	1 655.8	1 659.0 e	1 610.0	..	..
58-60	Édition, audiovisuel et diffusion	123.5	119.4	138.3 e	189.5	..	..	..	..
58	Activités d'édition	82.8	84.6	98.7 e	132.4	..	..	..	..
59-60	Activités audiovisuel et diffusion	40.7	34.7	39.7 e	57.1	..	..	..	..
59	Production de films, vidéo, programmes de télévision et d'enregistrements	13.5	13.4	..	..	..	..	..	..
60	Programmation et diffusion	27.2	21.4	..	..	..	..	..	..
61	Télécommunications	234.2	319.0	276.7 e	164.7	..	..	..	..
62-63	Technologies de l'information et informatique	757.4	776.7	944.7 e	1 301.5	..	..	..	..
62	Programmation informatique ; conseils et activités connexes	737.9	751.1	912.0 e	1 258.6	..	..	..	..
63	Services d'information	19.6	25.6	32.7 e	42.9	..	..	..	..
64-66	Activités financières et d'assurances	1 843.3	1 975.6	1 973.9 e	2 137.2	2 120.1 e	2 181.0	..	..
68-82	Activités immobilières ; professionnelles ; services administratifs et d'appui	1 316.3	1 391.0	1 417.4 e	1 598.8	1 621.6 e	1 680.7	..	..
68	Activités immobilières	9.2	15.2	22.2 e	32.8	40.1 e	48.0	..	..
69-75x72	Activités professionnelles, scientifiques et techniques, R-D scientifique exclu	636.9	668.0	..	..	..	..	..	..
72	Recherche scientifique et développement	427.5	454.9	..	..	..	..	..	..
77-82	Activités de services administratifs et d'appui	242.7	252.9	247.9 e	264.2	257.3 e	259.5	..	..
84-99	Services collectifs, sociaux et personnels	117.8	149.2	167.6 e	207.2	246.9 e	304.7	..	..
84-85	Administration publique et défense ; sécurité sociale obligatoire et éducation	13.4	17.5	19.2 e	23.1	..	..	..	..
86-88	Santé humaine et action sociale	53.1	62.5	57.2 e	50.9	..	..	..	..
90-93	Arts, spectacles et loisirs	27.3	47.9	60.8 e	77.9	..	..	..	..
94-99	Autres services ; ménages-employeurs ; organismes extra-territoriaux	23.9	21.2	30.3 e	55.3	..	..	..	..

.. Non disponible ; e Valeur estimée
Note : Voir les métadonnées détaillées sur : *http://metalinks.oecd.org/anberd/20191119/86ba*.

AUSTRALIE

Dépenses de R-D dans l'industrie par activité principale de l'entreprise, prix constants
CITI Rév. 4

2010 PPP USD

		2010	2011	2012	2013	2014	2015	2016	2017
	TOTAL ENTREPRISES	11 989.5	11 974.5	12 067.6 e	12 163.0	11 517.9 e	10 879.8	..	..
01-03	**AGRICULTURE, SYLVICULTURE ET PÊCHE**	122.6	124.0	139.3 e	156.6	160.4 e	162.0	..	..
05-09	**ACTIVITÉS EXTRACTIVES**	2 555.9	2 682.4	2 344.0 e	1 826.3	1 440.7 e	1 225.2	..	..
10-33	**ACTIVITÉS DE FABRICATION**	3 212.3	2 941.7	2 976.2 e	3 150.0	2 937.1 e	2 576.5	..	..
10-12	Produits alimentaires, boissons et tabac	401.5	358.4	380.3 e	444.6	..	..	..	..
13-15	Textiles, habillement, cuir et articles de cuir	30.7	34.5	33.8 e	29.7	..	..	..	..
13	Textiles	14.6	16.6	..	..	..	..	..	..
14	Articles d'habillement	5.4 e	4.5	..	..	..	..	..	..
15	Cuir et articles de cuir	10.7 e	13.4	..	..	..	..	..	..
16-18	Bois, papier, imprimerie et reproduction de supports enregistrés	144.7	67.8	47.4 e	64.1	..	..	..	..
16	Bois et articles en bois, sauf meubles	41.5	25.0	..	..	..	..	..	..
17	Papier et articles en papier	..	31.6	..	..	..	..	..	..
18	Imprimerie et reproduction de supports enregistrés	..	11.3	..	..	..	..	..	..
19-23	Produits pétroliers, chimiques, pharmaceutiques, caoutchouc, plastique, minéraux	689.1	704.1	758.1 e	800.1	..	..	..	..
19	Cokéfaction et raffinage	60.9	59.1	77.3 e	107.4	..	..	..	..
20-21	Industrie chimique et pharmaceutique	489.3	511.4	534.5 e	533.1	..	..	..	..
20	Produits chimiques	237.1	247.5	230.5 e	191.1	..	..	..	..
21	Préparations pharmaceutiques, chimiques (médicine) et d'herboristerie	252.1	263.9	304.0 e	342.0	..	..	..	..
22	Produits en caoutchouc et en plastique	65.8	66.8	68.5 e	70.0	..	..	..	..
23	Autres produits minéraux non métalliques	73.2	66.7	77.7 e	89.7	..	..	..	..
24-25	Produits métalliques de base et ouvrages en métaux (sauf machines et matériel)	533.3	476.6	418.9 e	375.4 e	..	..	..	..
24	Produits métallurgiques de base	346.8	330.3	281.2 e	213.8	..	..	..	..
25	Ouvrages en métaux (sauf machines et matériel)	186.6	146.3	137.6 e	161.5 e	..	..	..	..
26-30	Ordinateurs, articles électroniques et optiques ; machines et matériels de transport	1 229.9	1 097.0	1 117.1 e	1 211.6 e	..	..	..	..
26	Ordinateurs, articles électroniques et optiques	249.0	235.0	..	..	..	..	..	..
27	Matériels électriques	62.7	85.7	..	..	..	..	..	..
28	Machines et équipements n.c.a.	288.2	236.3	..	..	..	..	..	..
29	Automobiles, remorques et semi-remorques	470.1	435.2	..	..	..	..	..	..
30	Autres matériels de transport	160.1	104.9	..	..	..	..	..	..
31-33	Meubles ; réparation et installation de machines et de matériel	183.0	203.3	220.6 e	224.4	..	..	..	..
31	Meubles	7.9	12.0	13.1 e	10.8	..	..	..	..
32	Autres activités de fabrication	162.1	173.7	185.5 e	189.6	..	..	..	..
33	Réparation et installation de machines et de matériel	13.0	17.6	22.0 e	24.1	..	..	..	..
35-39	**ÉLECTRICITÉ, GAZ, EAU ET TRAITEMENT DES DÉCHETS**	280.9	247.1	220.2 e	203.5	182.1 e	164.2	..	..
35-36	Production et distribution d'électricité, de gaz et de l'eau	185.2	171.5	149.7 e	120.7	..	..	..	..
37-39	Assainissement, traitement des déchets et dépollution	95.7	75.7	70.4 e	82.9	..	..	..	..
41-43	**CONSTRUCTION**	669.6	535.6	517.4 e	557.6	477.6 e	330.5	..	..
45-99	**TOTAL SERVICES**	5 147.3	5 443.6	5 870.5 e	6 269.1	6 319.9 e	6 421.4	..	..
45-82	**Services du secteur des entreprises**	5 029.5	5 296.3	5 701.6 e	6 075.6	6 086.9 e	6 128.1	..	..
45-47	Commerce de gros et de détail ; réparations automobiles et motocycles	550.9	566.0	680.0 e	790.8	777.4 e	714.7	..	..
49-53	Transport et entreposage	194.6	191.4	216.1 e	234.2	194.5 e	124.8	..	..
55-56	Activités d'hébergement et de restauration	10.4	14.1	15.6 e	15.7	17.4 e	21.2	..	..
58-63	Information et communication	1 115.1	1 200.1	1 370.8 e	1 546.2	1 565.9 e	1 549.9	..	..
58-60	Édition, audiovisuel et diffusion	123.5	117.9	139.4 e	176.9	..	..	..	..
58	Activités d'édition	82.8	83.6	99.5 e	123.6	..	..	..	..
59-60	Activités audiovisuel et diffusion	40.7	34.3	40.0 e	53.3	..	..	..	..
59	Production de films, vidéo, programmes de télévision et d'enregistrements	13.5	13.2	..	..	..	..	..	..
60	Programmation et diffusion	27.2	21.1	..	..	..	..	..	..
61	Télécommunications	234.2	315.0	279.0 e	153.8	..	..	..	..
62-63	Technologies de l'information et informatique	757.4	767.1	952.4 e	1 215.4	..	..	..	..
62	Programmation informatique ; conseils et activités connexes	737.9	741.8	919.4 e	1 175.3	..	..	..	..
63	Services d'information	19.6	25.3	33.0 e	40.1	..	..	..	..
64-66	**Activités financières et d'assurances**	1 843.3	1 951.1	1 990.0 e	1 995.7	2 001.1 e	2 099.6	..	..
68-82	**Activités immobilières ; professionnelles ; services administratifs et d'appui**	1 316.3	1 373.7	1 428.9 e	1 493.0	1 530.6 e	1 618.0	..	..
68	Activités immobilières	9.2	15.0	22.3 e	30.6	37.9 e	46.2	..	..
69-75x72	Activités professionnelles, scientifiques et techniques, R-D scientifique exclu	636.9	659.7	..	..	..	..	..	..
72	Recherche scientifique et développement	427.5	449.3	..	..	..	..	..	..
77-82	Activités de services administratifs et d'appui	242.7	249.7	249.9 e	246.7 e	242.9 e	249.8	..	..
84-99	Services collectifs, sociaux et personnels	117.8	147.3	169.0 e	193.5	233.0 e	293.3	..	..
84-85	Administration publique et défense ; sécurité sociale obligatoire et éducation	13.4	17.3	19.4 e	21.6	..	..	..	..
86-88	Santé humaine et action sociale	53.1	61.7	57.7 e	47.6	..	..	..	..
90-93	Arts, spectacles et loisirs	27.3	47.3	61.3 e	72.7	..	..	..	..
94-99	Autres services ; ménages-employeurs ; organismes extra-territoriaux	23.9	21.0	30.6 e	51.6	..	..	..	..

.. Non disponible ; e Valeur estimée

Note : Voir les métadonnées détaillées sur : *http://metalinks.oecd.org/anberd/20191119/86ba*.

AUTRICHE

Dépenses de R-D dans l'industrie par activité principale de l'entreprise, prix courants
CITI Rév. 4

Millions USD PPP

		2010	2011	2012	2013	2014	2015	2016	2017
	TOTAL ENTREPRISES	**6 554.3**	**6 847.5**	**8 038.4**	**8 504.0**	**9 118.3**	**9 389.6**	..	..
01-03	**AGRICULTURE, SYLVICULTURE ET PÊCHE**	2.0 e	2.4	3.7 e	4.3	4.0 e	2.8	..	..
05-09	**ACTIVITÉS EXTRACTIVES**	6.6 e	7.2	5.3 e	3.7	7.2 e	13.7	..	..
10-33	**ACTIVITÉS DE FABRICATION**	**4 294.1 e**	**4 361.2**	**5 031.3 e**	**5 276.3**	**5 631.1 e**	**5 781.4**	..	..
10-12	Produits alimentaires, boissons et tabac	37.0 e	34.5	45.4 e	54.3	57.8 e	54.8	..	..
13-15	Textiles, habillement, cuir et articles de cuir	24.6 e	23.3 e	26.1 e	26.3 e	25.8 e	23.4 e	..	..
13	Textiles	12.8 e	12.8	15.7 e	16.8	17.0 e	15.6	..	..
14	Articles d'habillement	8.1 e	7.3 e	7.1 e	5.9 e	4.9 e	3.8 e	..	..
15	Cuir et articles de cuir	3.7 e	3.2	3.4 e	3.6	3.9 e	4.0	..	..
16-18	Bois, papier, imprimerie et reproduction de supports enregistrés	68.7 e	65.3	71.5 e	72.8	76.0 e	76.6	..	..
16	Bois et articles en bois, sauf meubles	21.5 e	18.4	21.4 e	25.2	29.7 e	33.1	..	..
17	Papier et articles en papier	23.9 e	28.4	30.5 e	28.2	29.5 e	31.9	..	..
18	Imprimerie et reproduction de supports enregistrés	23.3 e	18.6	19.5 e	19.4	16.8 e	11.6	..	..
19-23	Produits pétroliers, chimiques, pharmaceutiques, caoutchouc, plastique, minéraux	704.9 e	745.5 e	895.1 e	950.8 e	991.4 e	975.1 e	..	..
19	Cokéfaction et raffinage	14.4 e	12.9	12.4 e	10.4	8.7 e	6.7	..	..
20-21	Industrie chimique et pharmaceutique	443.5 e	462.9	557.6 e	593.9	613.5 e	592.8	..	..
20	Produits chimiques	244.3 e	258.0	266.0 e	236.8	229.1 e	224.7	..	..
21	Préparations pharmaceutiques, chimiques (médicine) et d'herboristerie	199.2 e	204.8	291.6 e	357.1	384.4 e	368.1	..	..
22	Produits en caoutchouc et en plastique	145.1 e	157.6	202.2 e	227.7	243.8 e	242.2	..	..
23	Autres produits minéraux non métalliques	101.9 e	112.1	122.9 e	118.7	125.4 e	133.4	..	..
24-25	Produits métalliques de base et ouvrages en métaux (sauf machines et matériel)	314.7 e	325.8	434.9 e	503.5	517.8 e	471.8	..	..
24	Produits métallurgiques de base	144.6 e	145.6	226.6 e	288.1	290.0 e	238.7	..	..
25	Ouvrages en métaux (sauf machines et matériel)	170.1 e	180.2	208.3 e	215.3	227.9 e	233.1	..	..
26-30	Ordinateurs, articles électroniques et optiques ; machines et matériels de transport	2 958.9 e	2 962.4	3 334.9 e	3 456.1	3 745.6 e	3 958.9	..	..
26	Ordinateurs, articles électroniques et optiques	672.9 e	630.1	713.6 e	772.3	855.6 e	909.9	..	..
27	Matériels électriques	947.2 e	885.0	908.2 e	863.1	894.6 e	929.7	..	..
28	Machines et équipements n.c.a.	736.9 e	817.6	1 015.9 e	1 116.4	1 216.3 e	1 258.5	..	..
29	Automobiles, remorques et semi-remorques	463.7 e	489.4	561.1 e	581.0	632.7 e	675.0	..	..
30	Autres matériels de transport	138.2 e	140.3	136.1 e	123.3	146.5 e	185.9	..	..
31-33	Meubles ; réparation et installation de machines et de matériel	185.3 e	204.3	223.4 e	212.5	216.7 e	220.8	..	..
31	Meubles	20.8 e	24.1	23.0 e	16.4	13.2 e	11.6	..	..
32	Autres activités de fabrication	116.7 e	111.1	114.7 e	108.0	108.2 e	107.4	..	..
33	Réparation et installation de machines et de matériel	47.9 e	69.1	85.7 e	88.1	95.3 e	101.8	..	..
35-39	**ÉLECTRICITÉ, GAZ, EAU ET TRAITEMENT DES DÉCHETS**	20.8 e	24.4	25.1 e	22.9	27.0 e	33.8	..	..
35-36	Production et distribution d'électricité, de gaz et de l'eau	16.9 e	19.2	20.2 e	18.5	19.6 e	21.6	..	..
37-39	Assainissement, traitement des déchets et dépollution	3.8 e	5.2	4.8 e	4.4	7.4 e	12.3	..	..
41-43	**CONSTRUCTION**	50.6 e	57.1	55.2 e	50.3	66.6 e	93.3	..	..
45-99	**TOTAL SERVICES**	**2 180.3 e**	**2 395.3**	**2 917.9 e**	**3 146.5**	**3 382.5 e**	**3 464.5**	..	..
45-82	**Services du secteur des entreprises**	**2 175.3 e**	**2 389.7**	**2 912.2 e**	**3 141.3**	**3 376.3 e**	**3 456.5**	..	..
45-47	**Commerce de gros et de détail ; réparations automobiles et motocycles**	342.4 e	361.3	416.9 e	426.6	438.4 e	430.9	..	..
49-53	**Transport et entreposage**	6.8 e	6.6	9.5 e	12.7	16.2 e	19.0	..	..
55-56	**Activités d'hébergement et de restauration**	0.0 e	0.0	0.0 e	0.0	0.0 e	0.0	..	..
58-63	**Information et communication**	327.0 e	415.9	512.7 e	535.1	574.6 e	600.7	..	..
58-60	Édition, audiovisuel et diffusion	13.6 e	26.4	39.3 e	44.8	50.7 e	55.0	..	..
58	Activités d'édition	12.6 e	24.7	37.1 e	42.5	47.5 e	50.4	..	..
59-60	Activités audiovisuel et diffusion	1.0 e	1.7	2.1 e	2.3	3.3 e	4.6	..	..
59	Production de films, vidéo, programmes de télévision et d'enregistrements	..	..	..	..	..	..	..	..
60	Programmation et diffusion	..	..	..	..	..	..	..	..
61	Télécommunications	60.0 e	60.3	58.2 e	48.3	45.3 e	44.8	..	..
62-63	Technologies de l'information et informatique	253.3 e	329.2	415.2 e	442.0	478.5 e	500.9	..	..
62	Programmation informatique ; conseils et activités connexes	193.4 e	223.1	295.3 e	341.9	384.4 e	406.2	..	..
63	Services d'information	60.0 e	106.1	119.9 e	100.1	94.1 e	94.7	..	..
64-66	**Activités financières et d'assurances**	55.3 e	36.0	22.4 e	14.5	16.3 e	22.9	..	..
68-82	**Activités immobilières ; professionnelles ; services administratifs et d'appui**	1 443.8 e	1 569.7	1 950.7 e	2 152.5	2 330.8 e	2 383.0	..	..
68	Activités immobilières	0.2 e	0.7	1.8 e	2.8	3.1 e	3.0	..	..
69-75x72	Activités professionnelles, scientifiques et techniques, R-D scientifique exclu	572.4 e	625.3	745.0 e	796.5	879.0 e	940.0	..	..
72	Recherche scientifique et développement	859.6 e	931.0	1 193.1 e	1 345.9	1 440.3 e	1 427.9	..	..
77-82	Activités de services administratifs et d'appui	11.6 e	12.8	10.7 e	7.3	8.4 e	12.1	..	..
84-99	**Services collectifs, sociaux et personnels**	5.0 e	5.6	5.6 e	5.1	6.2 e	8.0	..	..
84-85	Administration publique et défense ; sécurité sociale obligatoire et éducation	2.8 e	3.1	3.0 e	2.3	1.7 e	1.2	..	..
86-88	Santé humaine et action sociale	0.4 e	0.8	1.4 e	1.9	2.4 e	2.8	..	..
90-93	Arts, spectacles et loisirs	0.8 e	0.6	0.3 e	0.3	1.0 e	2.1	..	..
94-99	Autres services ; ménages-employeurs ; organismes extra-territoriaux	0.9 e	1.2	0.9 e	0.6	1.1 e	2.0	..	..

.. Non disponible ; e Valeur estimée

Note : Voir les métadonnées détaillées sur : *http://metalinks.oecd.org/anberd/20191119/86ba.*

AUTRICHE

Dépenses de R-D dans l'industrie par activité principale de l'entreprise, prix constants
CITI Rév. 4

2010 PPP USD

		2010	2011	2012	2013	2014	2015	2016	2017
	TOTAL ENTREPRISES	**6 554.3**	**6 637.3**	**7 472.1**	**7 620.2**	**8 013.9**	**8 075.1**	..	..
01-03	**AGRICULTURE, SYLVICULTURE ET PÊCHE**	**2.0 e**	**2.3**	**3.4 e**	**3.9**	**3.5 e**	**2.4**	..	..
05-09	**ACTIVITÉS EXTRACTIVES**	**6.6 e**	**7.0**	**5.0 e**	**3.3**	**6.3 e**	**11.8**	..	..
10-33	**ACTIVITÉS DE FABRICATION**	**4 294.1 e**	**4 227.4**	**4 676.8 e**	**4 727.9**	**4 949.0 e**	**4 972.0**	..	..
10-12	Produits alimentaires, boissons et tabac	37.0 e	33.4	42.2 e	48.7	50.8 e	47.1	..	..
13-15	Textiles, habillement, cuir et articles de cuir	24.6 e	22.6 e	24.3 e	23.6 e	22.6 e	20.1 e	..	..
13	Textiles	12.8 e	12.4	14.5 e	15.1	14.9 e	13.5	..	..
14	Articles d'habillement	8.1 e	7.1 e	6.6 e	5.3 e	4.3 e	3.2 e	..	..
15	Cuir et articles de cuir	3.7 e	3.1	3.2 e	3.2	3.4 e	3.4	..	..
16-18	Bois, papier, imprimerie et reproduction de supports enregistrés	68.7 e	63.3	66.4 e	65.2	66.8 e	65.9	..	..
16	Bois et articles en bois, sauf meubles	21.5 e	17.8	19.9 e	22.5	26.1 e	28.5	..	..
17	Papier et articles en papier	23.9 e	27.5	28.4 e	25.3	25.9 e	27.4	..	..
18	Imprimerie et reproduction de supports enregistrés	23.3 e	18.0	18.2 e	17.4	14.8 e	9.9	..	..
19-23	Produits pétroliers, chimiques, pharmaceutiques, caoutchouc, plastique, minéraux	704.9 e	722.6 e	832.0 e	852.0 e	871.3 e	838.6 e	..	..
19	Cokéfaction et raffinage	14.4 e	12.5 e	11.6 e	9.4 e	7.7 e	5.7 e	..	..
20-21	Industrie chimique et pharmaceutique	443.5 e	448.7	518.3 e	532.2	539.2 e	509.8	..	..
20	Produits chimiques	244.3 e	250.1	247.2 e	212.2	201.3 e	193.2	..	..
21	Préparations pharmaceutiques, chimiques (médicine) et d'herboristerie	199.2 e	198.6	271.1 e	320.0	337.9 e	316.6	..	..
22	Produits en caoutchouc et en plastique	145.1 e	152.7	187.9 e	204.0	214.3 e	208.3	..	..
23	Autres produits minéraux non métalliques	101.9 e	108.7	114.2 e	106.3	110.2 e	114.7	..	..
24-25	Produits métalliques de base et ouvrages en métaux (sauf machines et matériel)	314.7 e	315.8	404.2 e	451.1	455.1 e	405.7	..	..
24	Produits métallurgiques de base	144.6 e	141.2	210.6 e	258.2	254.8 e	205.3	..	..
25	Ouvrages en métaux (sauf machines et matériel)	170.1 e	174.7	193.6 e	193.0	200.3 e	200.4	..	..
26-30	Ordinateurs, articles électroniques et optiques ; machines et matériels de transport	2 958.9 e	2 871.5	3 100.0 e	3 096.9	3 292.0 e	3 404.7	..	..
26	Ordinateurs, articles électroniques et optiques	672.9 e	610.8	663.3 e	692.0	751.9 e	782.5	..	..
27	Matériels électriques	947.2 e	857.8	844.3 e	773.4	786.3 e	799.5	..	..
28	Machines et équipements n.c.a.	736.9 e	792.5	944.3 e	1 000.4	1 068.9 e	1 082.3	..	..
29	Automobiles, remorques et semi-remorques	463.7 e	474.4	521.6 e	520.6	556.1 e	580.5	..	..
30	Autres matériels de transport	138.2 e	136.0	126.5 e	110.5	128.7 e	159.9	..	..
31-33	Meubles ; réparation et installation de machines et de matériel	185.3 e	198.1	207.7 e	190.4	190.4 e	189.9	..	..
31	Meubles	20.8 e	23.4	21.4 e	14.7	11.6 e	10.0	..	..
32	Autres activités de fabrication	116.7 e	107.7	106.6 e	96.8	95.1 e	92.3	..	..
33	Réparation et installation de machines et de matériel	47.9 e	67.0	79.7 e	79.0	83.8 e	87.5	..	..
35-39	**ÉLECTRICITÉ, GAZ, EAU ET TRAITEMENT DES DÉCHETS**	**20.8 e**	**23.6**	**23.3 e**	**20.5**	**23.7 e**	**29.1**	..	..
35-36	Production et distribution d'électricité, de gaz et de l'eau	16.9 e	18.7	18.8 e	16.6	17.2 e	18.5	..	..
37-39	Assainissement, traitement des déchets et dépollution	3.8 e	5.0	4.5 e	3.9	6.5 e	10.5	..	..
41-43	**CONSTRUCTION**	**50.6 e**	**55.3**	**51.3 e**	**45.1**	**58.5 e**	**80.3**	..	..
45-99	**TOTAL SERVICES**	**2 180.3 e**	**2 321.7**	**2 712.3 e**	**2 819.5**	**2 972.8 e**	**2 979.5**	..	..
45-82	**Services du secteur des entreprises**	**2 175.3 e**	**2 316.3**	**2 707.1 e**	**2 814.8**	**2 967.3 e**	**2 972.6**	..	..
45-47	**Commerce de gros et de détail ; réparations automobiles et motocycles**	**342.4 e**	**350.2**	**387.6 e**	**382.2**	**385.3 e**	**370.5**	..	..
49-53	**Transport et entreposage**	**6.8 e**	**6.4**	**8.8 e**	**11.4**	**14.2 e**	**16.3**	..	..
55-56	**Activités d'hébergement et de restauration**	**0.0 e**	**0.0**	**0.0 e**	**0.0**	**0.0 e**	**0.0**	..	..
58-63	**Information et communication**	**327.0 e**	**403.2**	**476.6 e**	**479.5**	**505.0 e**	**516.6**	..	..
58-60	Édition, audiovisuel et diffusion	13.6 e	25.6	36.5 e	40.1	44.6 e	47.3	..	..
58	Activités d'édition	12.6 e	23.9	34.5 e	38.1	41.7 e	43.3	..	..
59-60	Activités audiovisuel et diffusion	1.0 e	1.7	2.0 e	2.0	2.9 e	4.0	..	..
59	Production de films, vidéo, programmes de télévision et d'enregistrements	..	..	..	..	..	..	..	..
60	Programmation et diffusion	..	..	..	..	..	..	..	..
61	Télécommunications	60.0 e	58.5	54.1 e	43.3	39.8 e	38.5	..	..
62-63	Technologies de l'information et informatique	253.3 e	319.0	386.0 e	396.1	420.6 e	430.8	..	..
62	Programmation informatique ; conseils et activités connexes	193.4 e	216.2	274.5 e	306.4	337.8 e	349.3	..	..
63	Services d'information	60.0 e	102.8	111.4 e	89.7	82.7 e	81.5	..	..
64-66	**Activités financières et d'assurances**	**55.3 e**	**34.9**	**20.8 e**	**13.0**	**14.4 e**	**19.7**	..	..
68-82	**Activités immobilières ; professionnelles ; services administratifs et d'appui**	**1 443.8 e**	**1 521.6**	**1 813.2 e**	**1 928.8**	**2 048.5 e**	**2 049.4**	..	..
68	Activités immobilières	0.2 e	0.6	1.7 e	2.5	2.8 e	2.6	..	..
69-75x72	Activités professionnelles, scientifiques et techniques, R-D scientifique exclu	572.4 e	606.1	692.5 e	713.7	772.5 e	808.4	..	..
72	Recherche scientifique et développement	859.6 e	902.5	1 109.1 e	1 206.0	1 265.8 e	1 228.0	..	..
77-82	Activités de services administratifs et d'appui	11.6 e	12.4	10.0 e	6.6	7.4 e	10.4	..	..
84-99	**Services collectifs, sociaux et personnels**	**5.0 e**	**5.4**	**5.2 e**	**4.6**	**5.5 e**	**6.9**	..	..
84-85	Administration publique et défense ; sécurité sociale obligatoire et éducation	2.8 e	3.0	2.8 e	2.1	1.5 e	1.0	..	..
86-88	Santé humaine et action sociale	0.4 e	0.8	1.3 e	1.7	2.1 e	2.4	..	..
90-93	Arts, spectacles et loisirs	0.8 e	0.6	0.3 e	0.3	0.9 e	1.8	..	..
94-99	Autres services ; ménages-employeurs ; organismes extra-territoriaux	0.9 e	1.1	0.9 e	0.6	1.0 e	1.7	..	..

.. Non disponible ; e Valeur estimée
Note : Voir les métadonnées détaillées sur : *http://metalinks.oecd.org/anberd/20191119/86ba*.

BELGIQUE

Dépenses de R-D dans l'industrie par activité principale de l'entreprise, prix courants
CITI Rév. 4

Millions USD PPP

		2010	2011	2012	2013	2014	2015	2016	2017
	TOTAL ENTREPRISES	**6 009.4**	**6 747.6**	**7 479.2**	**7 885.3**	**8 342.7**	**8 847.8**	**9 380.4**	**10 665.6**
01-03	**AGRICULTURE, SYLVICULTURE ET PÊCHE**	29.8	31.1	18.6	20.4	7.7	13.6	7.8	9.7
05-09	**ACTIVITÉS EXTRACTIVES**	6.0	7.7	1.5	2.3	6.0	7.8	1.6	2.0
10-33	**ACTIVITÉS DE FABRICATION**	**3 604.8**	**4 246.0**	**4 468.8**	**4 663.3**	**4 605.5**	**4 833.1**	**5 354.8**	**5 964.3**
10-12	Produits alimentaires, boissons et tabac	133.7	146.3	132.7	138.3	168.8 e	184.9 e	237.0	258.1
13-15	Textiles, habillement, cuir et articles de cuir	60.1	68.0	59.7	67.7	82.6 e	90.6 e	65.1	80.1
13	Textiles	49.8	52.4	40.6	46.2	..	..	..	..
14	Articles d'habillement	6.2	6.4	7.4	8.7	..	..	..	..
15	Cuir et articles de cuir	4.1	9.2	11.6	12.8	..	..	..	..
16-18	Bois, papier, imprimerie et reproduction de supports enregistrés	19.4	23.4	32.3	36.4	30.9	30.4	28.2	33.2
16	Bois et articles en bois, sauf meubles	6.0	6.8	14.9	17.0	5.9	6.0	7.2	8.0
17	Papier et articles en papier	9.8	12.5	13.2	14.6	22.0	20.9	15.9	17.7
18	Imprimerie et reproduction de supports enregistrés	3.6	4.1	4.3	4.8	3.0	3.5	5.1	7.5
19-23	Produits pétroliers, chimiques, pharmaceutiques, caoutchouc, plastique, minéraux	1 895.8	2 331.7	2 505.7	2 583.4	2 612.8 e	2 687.7 e	3 176.9 e	3 547.3 e
19	Cokéfaction et raffinage	6.8	7.9	11.5	12.1	14.8 e	16.2 e	18.7 e	12.2 e
20-21	Industrie chimique et pharmaceutique	1 714.5	2 137.4	2 314.4	2 390.1	2 391.6	2 448.2	2 967.1	3 300.8
20	Produits chimiques	348.3	421.0	458.4	460.7	443.1	458.4	391.3	450.6
21	Préparations pharmaceutiques, chimiques (médicine) et d'herboristerie	1 366.3	1 716.4	1 856.0	1 929.4	1 948.5	1 989.8	2 575.7	2 850.2
22	Produits en caoutchouc et en plastique	102.6	109.6	111.9	112.9	129.3	141.8	124.0	160.0
23	Autres produits minéraux non métalliques	71.8	76.9	68.0	68.3	77.1	81.5	67.2	74.2
24-25	Produits métalliques de base et ouvrages en métaux (sauf machines et matériel)	236.5	276.0	299.5	287.8	301.1 e	312.5 e	288.8	338.4
24	Produits métallurgiques de base	135.7	169.0	171.7	155.1	174.5 e	180.5 e	175.2	206.6
25	Ouvrages en métaux (sauf machines et matériel)	100.8	107.0	127.9	132.7	126.6	132.1	113.7	131.8
26-30	Ordinateurs, articles électroniques et optiques ; machines et matériels de transport	1 222.5	1 359.4	1 378.5	1 481.1	1 358.8	1 466.6	1 485.5	1 621.9
26	Ordinateurs, articles électroniques et optiques	488.6	511.4	555.7	593.4	550.1	578.7	615.1	677.3
27	Matériels électriques	241.2	266.7	169.4	170.4	184.3	183.6	140.1	147.6
28	Machines et équipements n.c.a.	259.7	289.0	359.7	376.0	324.7	356.7	398.5	445.8
29	Automobiles, remorques et semi-remorques	106.2	136.2	153.6	183.6	143.9	162.9	171.1	198.4
30	Autres matériels de transport	126.8	156.2	140.1	157.7	155.9	184.8	160.8	152.7
31-33	Meubles ; réparation et installation de machines et de matériel	36.7	41.1	60.4	68.5	50.4	60.4	73.2	85.3
31	Meubles	9.7	10.4	12.5	12.6	9.6	10.4	17.1	21.1
32	Autres activités de fabrication	14.1	16.2	21.1	25.0	21.3	25.6	20.5	28.7
33	Réparation et installation de machines et de matériel	12.9	14.5	26.8	30.9	19.5	24.4	35.5	35.5
35-39	**ÉLECTRICITÉ, GAZ, EAU ET TRAITEMENT DES DÉCHETS**	**60.6**	**68.8**	**107.3**	**127.4**	**101.4**	**108.5**	**99.3**	**81.7**
35-36	Production et distribution d'électricité, de gaz et de l'eau	41.8	51.7	91.3	104.9	76.7	83.7	80.1	58.8
37-39	Assainissement, traitement des déchets et dépollution	18.8	17.2	15.9	22.5	24.7	24.8	19.2	22.9
41-43	**CONSTRUCTION**	**76.2**	**67.6**	**44.0**	**48.6**	**49.8**	**65.3**	**82.1**	**95.2**
45-99	**TOTAL SERVICES**	**2 232.1**	**2 326.4**	**2 839.0**	**3 023.3**	**3 572.5**	**3 819.5**	**3 834.7**	**4 512.7**
45-82	Services du secteur des entreprises	2 220.6	2 311.9	2 833.5	3 017.7	3 552.3	3 790.8	3 804.9	4 477.9
45-47	Commerce de gros et de détail ; réparations automobiles et motocycles	166.6	162.1	339.3	353.4	405.1	425.0	469.5	505.4
49-53	Transport et entreposage	14.5	18.1	17.0	21.5	31.8	35.6	29.4	29.7
55-56	Activités d'hébergement et de restauration	0.0	0.0	0.1	0.0	0.0 e	0.0 e	0.3 e	0.2 e
58-63	Information et communication	591.3	670.6	659.9	673.2	769.1	812.6	956.8	1 144.6
58-60	Édition, audiovisuel et diffusion	27.4	31.9	51.1	55.8	79.2	91.1	82.3	83.6
58	Activités d'édition	20.1	22.1	44.8	47.8	58.7	69.6	73.3	74.4
59-60	Activités audiovisuel et diffusion	7.2	9.8	6.2	8.0	20.5	21.4	8.9	9.2
59	Production de films, vidéo, programmes de télévision et d'enregistrements	5.3	7.5	3.6	4.5	..	..	..	..
60	Programmation et diffusion	1.9	2.3	2.6	3.5	..	..	..	..
61	Télécommunications	206.5	249.7	112.4	94.5	85.4	90.5	161.1	183.8
62-63	Technologies de l'information et informatique	357.4	389.0	496.5	522.9	604.5	631.0	713.4	877.2
62	Programmation informatique ; conseils et activités connexes	319.2	353.3	460.9	485.5	555.7	583.0	664.7	822.9
63	Services d'information	38.2	35.7	35.6	37.3	48.8	48.0	48.7	54.3
64-66	**Activités financières et d'assurances**	**120.5**	**125.9**	**214.1**	**218.3**	**306.1**	**316.2**	**323.0**	**432.2**
68-82	**Activités immobilières ; professionnelles ; services administratifs et d'appui**	**1 327.7**	**1 335.2**	**1 603.2**	**1 751.3**	**2 040.2 e**	**2 201.4 e**	**2 026.0**	**2 365.8**
68	Activités immobilières	0.9	0.9	1.4	1.5	0.9 e	0.9 e	1.3	1.3
69-75x72	Activités professionnelles, scientifiques et techniques, R-D scientifique exclu	659.8	682.0	743.2	830.9	892.0	980.2	1 073.5	1 199.5
72	Recherche scientifique et développement	635.8	618.6	809.8	869.8	1 017.7	1 086.9	907.4	1 112.9
77-82	Activités de services administratifs et d'appui	31.2	33.7	48.8	49.1	129.6	133.3	43.8	52.1
84-99	Services collectifs, sociaux et personnels	11.4	14.5	5.5	5.6	20.1	28.7	29.8	34.7
84-85	Administration publique et défense ; sécurité sociale obligatoire et éducation	0.9	1.0	0.7 e	0.6 e	0.3	0.8	0.4	0.5
86-88	Santé humaine et action sociale	9.2	12.0	4.1	4.0	17.3	25.2	28.1	32.7
90-93	Arts, spectacles et loisirs	0.0	0.0	0.2 e	0.4 e	0.6	0.8	0.7	0.9
94-99	Autres services ; ménages-employeurs ; organismes extra-territoriaux	1.3	1.5	0.6	0.7	1.9	2.0	0.6	0.7

.. Non disponible ; e Valeur estimée
Note : Voir les métadonnées détaillées sur : *http://metalinks.oecd.org/anberd/20191119/86ba*.

BELGIQUE

Dépenses de R-D dans l'industrie par activité principale de l'entreprise, prix constants
CITI Rév. 4

2010 PPP USD

		2010	2011	2012	2013	2014	2015	2016	2017
	TOTAL ENTREPRISES	**6 009.4**	**6 577.8**	**7 065.8**	**7 229.1**	**7 538.4**	**7 911.7**	**8 175.9**	**9 001.9**
01-03	**AGRICULTURE, SYLVICULTURE ET PÊCHE**	29.8	30.3	17.6	18.7	7.0	12.1	6.8	8.2
05-09	**ACTIVITÉS EXTRACTIVES**	6.0	7.6	1.4	2.1	5.4	7.0	1.4	1.7
10-33	**ACTIVITÉS DE FABRICATION**	**3 604.8**	**4 139.1**	**4 221.8**	**4 275.2**	**4 161.4**	**4 321.7**	**4 667.2**	**5 034.0**
10-12	Produits alimentaires, boissons et tabac	133.7	142.6	125.3	126.8	152.5 e	165.4 e	206.6	217.8
13-15	Textiles, habillement, cuir et articles de cuir	60.1	66.3	56.4	62.1	74.7 e	81.0 e	56.7	67.6
13	Textiles	49.8	51.1	38.4	42.4	..	..	..	..
14	Articles d'habillement	6.2	6.2	7.0	8.0	..	..	..	..
15	Cuir et articles de cuir	4.1	9.0	11.0	11.7	..	..	..	..
16-18	Bois, papier, imprimerie et reproduction de supports enregistrés	19.4	22.8	30.5	33.4	28.0	27.2	24.6	28.1
16	Bois et articles en bois, sauf meubles	6.0	6.6	14.1	15.6	5.3	5.4	6.3	6.8
17	Papier et articles en papier	9.8	12.2	12.4	13.4	19.9	18.7	13.9	15.0
18	Imprimerie et reproduction de supports enregistrés	3.6	4.0	4.0	4.4	2.8	3.1	4.4	6.3
19-23	Produits pétroliers, chimiques, pharmaceutiques, caoutchouc, plastique, minéraux	1 895.8	2 273.1	2 367.2	2 368.4	2 360.9 e	2 403.3 e	2 768.9 e	2 993.9 e
19	Cokéfaction et raffinage	6.8	7.7	10.8	11.1	13.4 e	14.5 e	16.3 e	10.3 e
20-21	Industrie chimique et pharmaceutique	1 714.5	2 083.6	2 186.4	2 191.2	2 161.1	2 189.2	2 586.1	2 785.9
20	Produits chimiques	348.3	410.4	433.0	422.4	400.4	409.9	341.1	380.3
21	Préparations pharmaceutiques, chimiques (médicine) et d'herboristerie	1 366.3	1 673.2	1 753.4	1 768.8	1 760.7	1 779.3	2 245.0	2 405.6
22	Produits en caoutchouc et en plastique	102.6	106.8	105.7	103.5	116.9	126.8	108.0	135.0
23	Autres produits minéraux non métalliques	71.8	74.9	64.2	62.6	69.7	72.8	58.5	62.7
24-25	Produits métalliques de base et ouvrages en métaux (sauf machines et matériel)	236.5	269.0	283.0	263.9	272.0 e	279.5 e	251.8	285.6
24	Produits métallurgiques de base	135.7	164.7	162.2	142.2	157.7 e	161.4 e	152.7	174.4
25	Ouvrages en métaux (sauf machines et matériel)	100.8	104.3	120.8	121.7	114.4	118.1	99.1	111.2
26-30	Ordinateurs, articles électroniques et optiques ; machines et matériels de transport	1 222.5	1 325.2	1 302.3	1 357.9	1 227.8	1 311.4	1 294.8	1 368.9
26	Ordinateurs, articles électroniques et optiques	488.6	498.6	525.0	544.0	497.1	517.5	536.1	571.7
27	Matériels électriques	241.2	259.9	160.0	156.2	166.5	164.2	122.1	124.6
28	Machines et équipements n.c.a.	259.7	281.7	339.8	344.7	293.4	319.0	347.3	376.3
29	Automobiles, remorques et semi-remorques	106.2	132.8	145.2	168.4	130.0	145.6	149.2	167.4
30	Autres matériels de transport	126.8	152.2	132.3	144.6	140.8	165.2	140.1	128.9
31-33	Meubles ; réparation et installation de machines et de matériel	36.7	40.0	57.0	62.8	45.5	54.0	63.8	72.0
31	Meubles	9.7	10.1	11.8	11.5	8.7	9.3	14.9	17.8
32	Autres activités de fabrication	14.1	15.8	19.9	22.9	19.2	22.9	17.9	24.2
33	Réparation et installation de machines et de matériel	12.9	14.1	25.3	28.3	17.6	21.8	31.0	30.0
35-39	**ÉLECTRICITÉ, GAZ, EAU ET TRAITEMENT DES DÉCHETS**	**60.6**	**67.1**	**101.3**	**116.8**	**91.6**	**97.1**	**86.6**	**68.9**
35-36	Production et distribution d'électricité, de gaz et de l'eau	41.8	50.4	86.3	96.2	69.3	74.9	69.8	49.6
37-39	Assainissement, traitement des déchets et dépollution	18.8	16.7	15.1	20.6	22.3	22.2	16.7	19.3
41-43	**CONSTRUCTION**	**76.2**	**65.9**	**41.6**	**44.6**	**45.0**	**58.3**	**71.6**	**80.4**
45-99	**TOTAL SERVICES**	**2 232.1**	**2 267.8**	**2 682.1**	**2 771.7**	**3 228.0**	**3 415.4**	**3 342.3**	**3 808.8**
45-82	**Services du secteur des entreprises**	**2 220.6**	**2 253.7**	**2 676.9**	**2 766.5**	**3 209.9**	**3 389.7**	**3 316.3**	**3 779.5**
45-47	Commerce de gros et de détail ; réparations automobiles et motocycles	166.6	158.0	320.5	324.0	366.1	380.1	409.2	426.5
49-53	Transport et entreposage	14.5	17.7	16.0	19.7	28.7	31.8	25.6	25.1
55-56	Activités d'hébergement et de restauration	0.0	0.0	0.1	0.0	0.0 e	0.0 e	0.2 e	0.2 e
58-63	Information et communication	591.3	653.7	623.4	617.1	695.0	726.6	833.9	966.1
58-60	Édition, audiovisuel et diffusion	27.4	31.1	48.2	51.2	71.6	81.4	71.7	70.5
58	Activités d'édition	20.1	21.6	42.3	43.8	53.1	62.3	63.9	62.8
59-60	Activités audiovisuel et diffusion	7.2	9.6	5.9	7.3	18.5	19.1	7.8	7.8
59	Production de films, vidéo, programmes de télévision et d'enregistrements	5.3	7.3	3.4	4.1	..	..	..	..
60	Programmation et diffusion	1.9	2.2	2.5	3.2	..	..	..	..
61	Télécommunications	206.5	243.4	106.2	86.6	77.2	80.9	140.4	155.1
62-63	Technologies de l'information et informatique	357.4	379.2	469.0	479.3	546.3	564.2	621.8	740.4
62	Programmation informatique ; conseils et activités connexes	319.2	344.4	435.4	445.1	502.1	521.3	579.3	694.6
63	Services d'information	38.2	34.8	33.6	34.2	44.1	42.9	42.5	45.8
64-66	**Activités financières et d'assurances**	**120.5**	**122.7**	**202.2**	**200.2**	**276.6**	**282.8**	**281.5**	**364.8**
68-82	**Activités immobilières ; professionnelles ; services administratifs et d'appui**	**1 327.7**	**1 301.6**	**1 514.6**	**1 605.5**	**1 843.5 e**	**1 968.5 e**	**1 765.9**	**1 996.7**
68	Activités immobilières	0.9	0.9	1.3	1.4	0.8 e	0.8 e	1.1	1.1
69-75x72	Activités professionnelles, scientifiques et techniques, R-D scientifique exclu	659.8	664.9	702.1	761.8	806.0	876.5	935.7	1 012.4
72	Recherche scientifique et développement	635.8	603.0	765.0	797.4	919.6	971.9	790.9	939.3
77-82	Activités de services administratifs et d'appui	31.2	32.9	46.1	45.0	117.1	119.2	38.2	44.0
84-99	**Services collectifs, sociaux et personnels**	**11.4**	**14.1**	**5.2**	**5.1**	**18.2**	**25.7**	**26.0**	**29.3**
84-85	Administration publique et défense ; sécurité sociale obligatoire et éducation	0.9	0.9	0.7 e	0.5 e	0.3	0.7	0.4	0.4
86-88	Santé humaine et action sociale	9.2	11.7	3.8	3.6	15.6	22.5	24.5	27.6
90-93	Arts, spectacles et loisirs	0.0	0.0	0.2 e	0.3 e	0.6	0.7	0.6	0.7
94-99	Autres services ; ménages-employeurs ; organismes extra-territoriaux	1.3	1.4	0.6	0.6	1.7	1.8	0.5	0.6

.. Non disponible ; e Valeur estimée
Note : Voir les métadonnées détaillées sur : http://metalinks.oecd.org/anberd/20191119/86ba.

BELGIQUE

Dépenses de R-D dans l'industrie par orientation sectorielle, prix courants
CITI Rév. 4

Millions USD PPP

Code		2010	2011	2012	2013	2014	2015	2016	2017
	TOTAL ENTREPRISES	**6 009.4**	**6 747.6**	**7 479.2**	**7 885.3**	**8 342.7**	**8 847.8**	**9 380.4**	**10 665.6**
01-03	**AGRICULTURE, SYLVICULTURE ET PÊCHE**	96.7	104.3	79.0	89.8	69.6	82.0	94.1	101.3
05-09	**ACTIVITÉS EXTRACTIVES**	6.0	7.8	6.8	6.0	6.2	8.3	1.9	2.3
10-33	**ACTIVITÉS DE FABRICATION**	**4 455.0**	**5 071.8**	**5 724.4**	**5 993.2**	**6 065.9**	**6 363.9**	**6 671.4**	**7 469.7**
10-12	Produits alimentaires, boissons et tabac	182.0	180.8	200.7	202.0	297.5 e	318.9 e	308.7	331.3
13-15	Textiles, habillement, cuir et articles de cuir	61.9	71.0	74.6	84.2	124.1 e	133.0 e	81.6	96.8
13	Textiles	49.4	52.0	50.3	56.9	..	..	..	..
14	Articles d'habillement	6.3	6.5	12.6	14.5	..	..	..	..
15	Cuir et articles de cuir	6.2	12.4	11.6	12.8	..	..	..	..
16-18	Bois, papier, imprimerie et reproduction de supports enregistrés	17.9	21.9	32.8	37.6	30.9	30.6	34.4	40.7
16	Bois et articles en bois, sauf meubles	5.5	6.3	14.6	17.2	6.2	6.8	7.8	8.6
17	Papier et articles en papier	9.8	12.5	14.0	15.6	21.6	20.3	21.5	24.7
18	Imprimerie et reproduction de supports enregistrés	2.6	3.1	4.2	4.8	3.0	3.5	5.1	7.5
19-23	Produits pétroliers, chimiques, pharmaceutiques, caoutchouc, plastique, minéraux	2 588.0	3 016.1	3 269.2 e	3 376.9 e	3 571.4 e	3 681.6 e	4 066.4 e	4 586.2 e
19	Cokéfaction et raffinage	7.1	8.0	12.0	12.4	18.3 e	19.6 e	80.1 e	74.7 e
20-21	Industrie chimique et pharmaceutique	2 341.2	2 756.5	3 035.3	3 140.5	3 297.5	3 386.3	3 756.8	4 241.3
20	Produits chimiques	604.7	688.2	774.8	778.4	795.6	802.7	769.0	823.7
21	Préparations pharmaceutiques, chimiques (médicine) et d'herboristerie	1 736.4	2 068.3	2 260.5	2 362.2	2 501.8	2 583.6	2 987.8	3 417.5
22	Produits en caoutchouc et en plastique	155.0	160.0	129.7	129.9	150.6	165.3	140.8	168.6
23	Autres produits minéraux non métalliques	84.6	91.5	92.2	94.0	105.0	110.4	88.7	101.6
24-25	Produits métalliques de base et ouvrages en métaux (sauf machines et matériel)	286.0	345.9	342.8	333.1	358.3	372.2	342.1	390.4
24	Produits métallurgiques de base	161.9	199.3	210.1	193.7	217.9	225.3	212.3	243.8
25	Ouvrages en métaux (sauf machines et matériel)	124.1	146.5	132.7	139.4	140.4	146.9	129.8	146.6
26-30	Ordinateurs, articles électroniques et optiques ; machines et matériels de transport	1 287.4	1 401.2	1 747.1	1 892.8	1 594.2	1 713.9	1 719.1	1 874.9
26	Ordinateurs, articles électroniques et optiques	519.6	541.4	643.7	685.0	650.3	678.6	692.3	751.2
27	Matériels électriques	176.2	201.6	172.5	173.7	186.7	186.2	157.8	168.3
28	Machines et équipements n.c.a.	266.1	295.4	371.9	389.4	327.8	363.2	425.9	479.1
29	Automobiles, remorques et semi-remorques	194.1	201.8	400.1	460.6	266.2	291.7	265.2	306.3
30	Autres matériels de transport	131.4	161.0	158.9	184.1	163.1	194.4	177.8	170.0
31-33	Meubles ; réparation et installation de machines et de matériel	32.0	35.0	57.1 e	66.6 e	89.7	113.6	119.2	149.3
31	Meubles	8.7	9.2	13.8 e	14.2 e	12.2	13.0	19.8	24.1
32	Autres activités de fabrication	21.1	23.3	39.6	48.5	62.0	81.8	65.5	88.0
33	Réparation et installation de machines et de matériel	2.1	2.5	3.7 e	3.9 e	15.4	18.8	33.8	37.3
35-39	**ÉLECTRICITÉ, GAZ, EAU ET TRAITEMENT DES DÉCHETS**	61.9	70.0	132.2	154.9	145.4	174.9	144.6	130.4
35-36	Production et distribution d'électricité, de gaz et de l'eau	42.4	52.1	113.7	129.6	114.6	140.9	124.2	106.2
37-39	Assainissement, traitement des déchets et dépollution	19.6	17.9	18.5	25.4	30.8	33.9	20.4	24.2
41-43	**CONSTRUCTION**	80.2	73.7	79.2	84.8	79.1	98.6	108.5	122.9
45-99	**TOTAL SERVICES**	**1 309.5**	**1 420.0**	**1 457.6**	**1 556.6**	**1 976.6**	**2 120.2**	**2 359.8**	**2 839.0**
45-82	**Services du secteur des entreprises**	**1 292.7**	**1 399.8**	**1 407.4**	**1 497.6**	**1 937.2**	**2 072.8**	**2 293.6**	**2 758.5**
45-47	**Commerce de gros et de détail ; réparations automobiles et motocycles**	83.3	75.7	63.8	75.6	220.1	232.0	128.5	155.7
49-53	**Transport et entreposage**	15.0	18.4	16.3	20.0	35.0	39.6	39.0	41.0
55-56	**Activités d'hébergement et de restauration**	0.0	0.0	0.1 e	0.2 e	0.2	0.3	0.3 e	0.2 e
58-63	**Information et communication**	699.2	775.2	748.6	772.6	840.4	891.1	1 020.4	1 238.6
58-60	Édition, audiovisuel et diffusion	27.3	31.7	29.8	31.1	78.4	89.0	86.3	85.9
58	Activités d'édition	20.1	21.9	22.7	22.1	58.0	67.6	73.9	73.9
59-60	Activités audiovisuel et diffusion	7.3	9.8	7.1	9.0	20.4	21.4	12.4	11.9
59	Production de films, vidéo, programmes de télévision et d'enregistrements	..	..	..	..	..	..	..	..
60	Programmation et diffusion	..	..	..	..	..	..	..	..
61	Télécommunications	309.4	350.2	161.4	145.5	157.6	161.9	177.2	201.2
62-63	Technologies de l'information et informatique	362.4	393.2	557.5	596.0	604.4	640.2	756.9	951.6
62	Programmation informatique ; conseils et activités connexes	323.7	356.8	512.0	548.5	535.7	563.2	701.4	888.6
63	Services d'information	38.7	36.5	45.6	47.6	68.7	77.0	55.5	63.0
64-66	**Activités financières et d'assurances**	114.0	119.5	111.5	106.5	235.0	246.5	287.9	381.5
68-82	**Activités immobilières ; professionnelles ; services administratifs et d'appui**	381.0	411.0	467.0 e	522.8 e	606.5	663.3	817.5	941.6
68	Activités immobilières	0.9	0.9	2.9 e	3.0 e	0.5	0.6	1.3	1.3
69-75x72	Activités professionnelles, scientifiques et techniques, R-D scientifique exclu	344.4	370.1	446.2	500.0	536.6	594.8	763.4	871.6
72	Recherche scientifique et développement	4.9	6.2	7.4	7.6	42.4	39.7	17.6	23.4
77-82	Activités de services administratifs et d'appui	30.9	33.8	10.5	12.2	26.9	28.3	35.1	45.4
84-99	**Services collectifs, sociaux et personnels**	16.8	20.2	50.2	58.9	39.4	47.4	66.2	80.5
84-85	Administration publique et défense ; sécurité sociale obligatoire et éducation	1.0	1.1	3.0 e	1.9 e	0.4	0.8	0.6	0.7
86-88	Santé humaine et action sociale	15.5	18.7	44.3	52.7	36.2	43.5	63.4	76.9
90-93	Arts, spectacles et loisirs	0.0	0.0	0.6 e	1.1 e	0.8	0.9	1.6	2.1
94-99	Autres services ; ménages-employeurs ; organismes extra-territoriaux	0.3	0.4	2.3 e	3.3 e	2.1	2.2	0.6	0.7

.. Non disponible ; e Valeur estimée
Note : Voir les métadonnées détaillées sur : *http://metalinks.oecd.org/anberd/20191119/86ba*.

BELGIQUE

Dépenses de R-D dans l'industrie par orientation sectorielle, prix constants
CITI Rév. 4

2010 PPP USD

Code		2010	2011	2012	2013	2014	2015	2016	2017
	TOTAL ENTREPRISES	**6 009.4**	**6 577.8**	**7 065.8**	**7 229.1**	**7 538.4**	**7 911.7**	**8 175.9**	**9 001.9**
01-03	**AGRICULTURE, SYLVICULTURE ET PÊCHE**	**96.7**	**101.7**	**74.6**	**82.4**	**62.9**	**73.3**	**82.0**	**85.5**
05-09	**ACTIVITÉS EXTRACTIVES**	**6.0**	**7.6**	**6.5**	**5.5**	**5.6**	**7.4**	**1.6**	**1.9**
10-33	**ACTIVITÉS DE FABRICATION**	**4 455.0**	**4 944.2**	**5 408.0**	**5 494.4**	**5 481.1**	**5 690.5**	**5 814.8**	**6 304.5**
10-12	Produits alimentaires, boissons et tabac	182.0	176.3	189.6	185.2	268.8 e	285.2 e	269.0	279.5
13-15	Textiles, habillement, cuir et articles de cuir	61.9	69.2	70.5	77.2	112.1 e	118.9 e	71.2	81.7
13	Textiles	49.4	50.7	47.5	52.2	..	..	..	..
14	Articles d'habillement	6.3	6.4	12.0	13.3	..	..	..	..
15	Cuir et articles de cuir	6.2	12.1	11.0	11.7	..	..	..	..
16-18	Bois, papier, imprimerie et reproduction de supports enregistrés	17.9	21.3	31.0	34.5	27.9	27.3	30.0	34.4
16	Bois et articles en bois, sauf meubles	5.5	6.1	13.8	15.8	5.6	6.1	6.8	7.3
17	Papier et articles en papier	9.8	12.2	13.2	14.3	19.5	18.1	18.8	20.8
18	Imprimerie et reproduction de supports enregistrés	2.6	3.0	4.0	4.4	2.8	3.1	4.4	6.3
19-23	Produits pétroliers, chimiques, pharmaceutiques, caoutchouc, plastique, minéraux	2 588.0	2 940.2	3 088.5 e	3 095.9 e	3 227.1 e	3 292.1 e	3 544.3 e	3 870.8 e
19	Cokéfaction et raffinage	7.1	7.8	11.4 e	11.4 e	16.5 e	17.5 e	69.8 e	63.0 e
20-21	Industrie chimique et pharmaceutique	2 341.2	2 687.1	2 867.5	2 879.2	2 979.5	3 028.0	3 274.4	3 579.7
20	Produits chimiques	604.7	670.9	732.0	713.6	718.9	717.8	670.2	695.3
21	Préparations pharmaceutiques, chimiques (médicine) et d'herboristerie	1 736.4	2 016.2	2 135.6	2 165.6	2 260.6	2 310.2	2 604.2	2 884.5
22	Produits en caoutchouc et en plastique	155.0	156.0	122.6	119.1	136.1	147.8	122.7	142.3
23	Autres produits minéraux non métalliques	84.6	89.2	87.1	86.2	94.9	98.7	77.3	85.8
24-25	Produits métalliques de base et ouvrages en métaux (sauf machines et matériel)	286.0	337.2	323.9	305.4	323.7	332.8	298.1	329.5
24	Produits métallurgiques de base	161.9	194.3	198.5	177.6	196.9	201.5	185.0	205.8
25	Ouvrages en métaux (sauf machines et matériel)	124.1	142.8	125.4	127.8	126.8	131.4	113.1	123.7
26-30	Ordinateurs, articles électroniques et optiques ; machines et matériels de transport	1 287.4	1 366.0	1 650.6	1 735.3	1 440.5	1 532.6	1 498.3	1 582.5
26	Ordinateurs, articles électroniques et optiques	519.6	527.8	608.2	628.0	587.6	606.8	603.4	634.0
27	Matériels électriques	176.2	196.5	163.0	159.3	168.7	166.5	137.6	142.1
28	Machines et équipements n.c.a.	266.1	288.0	351.3	357.0	296.2	324.7	371.2	404.4
29	Automobiles, remorques et semi-remorques	194.1	196.7	378.0	422.2	240.5	260.8	231.1	258.5
30	Autres matériels de transport	131.4	156.9	150.2	168.8	147.4	173.8	155.0	143.5
31-33	Meubles ; réparation et installation de machines et de matériel	32.0	34.1	54.0 e	61.0 e	81.0	101.6	103.9	126.0
31	Meubles	8.7	9.0	13.0 e	13.1 e	11.0	11.7	17.3	20.3
32	Autres activités de fabrication	21.1	22.7	37.4	44.4	56.1	73.1	57.1	74.3
33	Réparation et installation de machines et de matériel	2.1	2.4	3.5 e	3.5 e	13.9	16.8	29.4	31.5
35-39	**ÉLECTRICITÉ, GAZ, EAU ET TRAITEMENT DES DÉCHETS**	**61.9**	**68.2**	**124.9**	**142.0**	**131.4**	**156.4**	**126.0**	**110.1**
35-36	Production et distribution d'électricité, de gaz et de l'eau	42.4	50.8	107.4	118.8	103.6	126.0	108.2	89.6
37-39	Assainissement, traitement des déchets et dépollution	19.6	17.5	17.5	23.3	27.8	30.3	17.8	20.4
41-43	**CONSTRUCTION**	**80.2**	**71.9**	**74.9**	**77.7**	**71.4**	**88.1**	**94.6**	**103.8**
45-99	**TOTAL SERVICES**	**1 309.5**	**1 384.3**	**1 377.0**	**1 427.1**	**1 786.0**	**1 895.9**	**2 056.8**	**2 396.1**
45-82	**Services du secteur des entreprises**	**1 292.7**	**1 364.6**	**1 329.6**	**1 373.0**	**1 750.4**	**1 853.5**	**1 999.1**	**2 328.2**
45-47	Commerce de gros et de détail ; réparations automobiles et motocycles	83.3	73.8	60.3	69.3	198.8	207.4	112.0	131.4
49-53	Transport et entreposage	15.0	18.0	15.4	18.3	31.6	35.4	34.0	34.6
55-56	Activités d'hébergement et de restauration	0.0	0.0	0.1 e	0.1 e	0.2	0.2	0.2 e	0.2 e
58-63	Information et communication	699.2	755.7	707.3	708.3	759.4	796.8	889.4	1 045.4
58-60	Édition, audiovisuel et diffusion	27.3	30.9	28.1	28.5	70.9	79.6	75.2	72.5
58	Activités d'édition	20.1	21.4	21.4	20.2	52.4	60.4	64.4	62.4
59-60	Activités audiovisuel et diffusion	7.3	9.6	6.7	8.2	18.5	19.1	10.8	10.1
59	Production de films, vidéo, programmes de télévision et d'enregistrements	..	..	..	..	..	..	..	..
60	Programmation et diffusion	..	..	..	..	..	..	..	..
61	Télécommunications	309.4	341.4	152.4	133.4	142.4	144.8	154.5	169.8
62-63	Technologies de l'information et informatique	362.4	383.4	526.7	546.4	546.1	572.5	659.7	803.1
62	Programmation informatique ; conseils et activités connexes	323.7	347.8	483.7	502.8	484.1	503.6	611.3	750.0
63	Services d'information	38.7	35.6	43.0	43.6	62.0	68.9	48.4	53.2
64-66	**Activités financières et d'assurances**	**114.0**	**116.5**	**105.3**	**97.6**	**212.3**	**220.4**	**250.9**	**322.0**
68-82	**Activités immobilières ; professionnelles ; services administratifs et d'appui**	**381.0**	**400.6**	**441.2 e**	**479.3 e**	**548.0**	**593.1**	**712.5**	**794.8**
68	Activités immobilières	0.9	0.9	2.7 e	2.7 e	0.5	0.5	1.2	1.1
69-75x72	Activités professionnelles, scientifiques et techniques, R-D scientifique exclu	344.4	360.8	421.5	458.4	484.9	531.9	665.4	735.6
72	Recherche scientifique et développement	4.9	6.0	7.0	7.0	38.3	35.5	15.4	19.7
77-82	Activités de services administratifs et d'appui	30.9	33.0	10.0	11.2	24.3	25.3	30.6	38.3
84-99	**Services collectifs, sociaux et personnels**	**16.8**	**19.7**	**47.4**	**54.0**	**35.6**	**42.4**	**57.7**	**67.9**
84-85	Administration publique et défense ; sécurité sociale obligatoire et éducation	1.0	1.0	2.8 e	1.7 e	0.3	0.8	0.6	0.6
86-88	Santé humaine et action sociale	15.5	18.2	41.8	48.3	32.7	38.9	55.3	64.9
90-93	Arts, spectacles et loisirs	0.0	0.0	0.6 e	1.0 e	0.7	0.8	1.4	1.8
94-99	Autres services ; ménages-employeurs ; organismes extra-territoriaux	0.3	0.4	2.2 e	3.0 e	1.9	2.0	0.5	0.6

.. Non disponible ; e Valeur estimée
Note : Voir les métadonnées détaillées sur : http://metalinks.oecd.org/anberd/20191119/86ba.

CANADA

Dépenses de R-D dans l'industrie par activité principale de l'entreprise, prix courants
CITI Rév. 4

Millions USD PPP

Code	Activité	2010	2011	2012	2013	2014	2015	2016	2017
	TOTAL ENTREPRISES	12 936.3	13 625.3	13 417.9	13 560.5	14 798.1	14 386.2	14 502.5	14 059.8 e
01-03	AGRICULTURE, SYLVICULTURE ET PÊCHE	107.2	116.9 e	77.9	72.7	67.5	66.7 e	61.0	55.2 e
05-09	ACTIVITÉS EXTRACTIVES	803.0	1 118.6	1 292.0	1 344.0	1 177.7	914.5 e	586.3	232.0 e
10-33	ACTIVITÉS DE FABRICATION	6 030.6	5 973.0	5 782.5	5 718.1	4 938.7 e	5 289.4 e	5 242.3 e	5 092.0 e
10-12	Produits alimentaires, boissons et tabac	158.8	136.3	126.9	128.3 e	126.8	120.2	147.0	..
13-15	Textiles, habillement, cuir et articles de cuir	59.8	66.9	48.1 e	33.5	36.8 e	33.7 e	28.6 e	..
13	Textiles	36.0	35.0 e	25.7	22.1	25.2	24.0	21.7	..
14	Articles d'habillement	20.5	28.7 e	19.1 e	9.0	8.9	7.2	4.8	..
15	Cuir et articles de cuir	3.3	3.2	3.2 e	2.5	2.7 e	2.5 e	2.1 e	..
16-18	Bois, papier, imprimerie et reproduction de supports enregistrés	244.8	234.7	214.5 e	213.6 e	242.2	311.7	274.7	..
16	Bois et articles en bois, sauf meubles	71.2	71.0	70.7 e	61.3 e	50.4	70.5	78.7	..
17	Papier et articles en papier	123.6	121.8	105.3	113.6	154.4	196.3	157.4	..
18	Imprimerie et reproduction de supports enregistrés	49.1	41.9	38.6	38.8 e	38.2	44.9	38.5	..
19-23	Produits pétroliers, chimiques, pharmaceutiques, caoutchouc, plastique, minéraux	1 296.7	953.3	791.6	780.6	727.4	902.1 e	909.0	..
19	Cokéfaction et raffinage	272.6 e	74.2	49.8 e	53.9 e	3.3	30.3 e	32.8 e	..
20-21	Industrie chimique et pharmaceutique	835.0	675.9	543.9	543.3	551.9	718.7	699.5	..
20	Produits chimiques	288.1	258.1	180.0	202.6	176.4	318.1	309.2	..
21	Préparations pharmaceutiques, chimiques (médicine) et d'herboristerie	546.8	417.8	364.0	340.7	375.5	400.6	390.3	..
22	Produits en caoutchouc et en plastique	124.4 e	137.9 e	144.8 e	127.9 e	127.6	114.6	136.5 e	..
23	Autres produits minéraux non métalliques	64.7	65.3	53.0	55.6	44.7	38.5 e	40.2	..
24-25	Produits métalliques de base et ouvrages en métaux (sauf machines et matériel)	413.4	409.7	384.9 e	414.2 e	490.9 e	484.0 e	469.0	..
24	Produits métallurgiques de base	155.5	172.6	167.1 e	194.4 e	279.6 e	274.0 e	272.3	..
25	Ouvrages en métaux (sauf machines et matériel)	257.9	237.1	217.7	219.8	211.3 e	209.9 e	196.8	..
26-30	Ordinateurs, articles électroniques et optiques ; machines et matériels de transport	3 655.9	3 989.8	4 035.8	3 982.8	3 172.3	3 266.0	3 194.0	..
26	Ordinateurs, articles électroniques et optiques	1 738.7	1 980.8	2 012.7	1 820.3	838.8	877.4	867.4	..
27	Matériels électriques	130.2	118.6	117.3	138.9	156.5	155.4	161.4	..
28	Machines et équipements n.c.a.	436.3	516.2	472.4	473.0	568.6	564.9	600.7	..
29	Automobiles, remorques et semi-remorques	209.6 e	162.1 e	149.4 e	143.0	112.2	191.1 e	179.1	..
30	Autres matériels de transport	1 141.1 e	1 212.2 e	1 283.9 e	1 407.7	1 496.3	1 477.2 e	1 384.6	..
31-33	Meubles ; réparation et installation de machines et de matériel	201.4	182.3	180.8	165.0	142.2	171.7 e	220.1 e	..
31	Meubles	34.4	29.0	23.3	18.0	19.5	20.3 e	23.3 e	..
32	Autres activités de fabrication	140.0	125.8	131.8	121.7	72.3	117.0	174.3	..
33	Réparation et installation de machines et de matériel	27.0	27.4	25.7	25.3	50.4	34.4 e	22.5	..
35-39	ÉLECTRICITÉ, GAZ, EAU ET TRAITEMENT DES DÉCHETS	153.9	160.5 e	171.1	189.5	406.1 e	170.7 e	310.0 e	320.0 e
35-36	Production et distribution d'électricité, de gaz et de l'eau	..	..	..	..	..	..	..	..
37-39	Assainissement, traitement des déchets et dépollution	..	..	..	..	..	..	..	..
41-43	CONSTRUCTION	92.5	127.4	88.4	68.6	73.1	75.1 e	71.5	67.2 e
45-99	**TOTAL SERVICES**	5 749.0	6 128.7	6 005.9	6 167.5	8 135.0	7 869.8 e	8 231.5 e	8 293.4 e
45-82	Services du secteur des entreprises	5 636.9	6 019.8	5 904.7	6 059.6	8 014.7	7 741.2	8 069.6	..
45-47	Commerce de gros et de détail ; réparations automobiles et motocycles	1 110.8	1 198.5	1 255.8	1 170.8	1 296.4	1 404.6	1 363.7	..
49-53	Transport et entreposage	55.7	49.2	50.6	68.1 e	70.7	97.0	77.1	..
55-56	Activités d'hébergement et de restauration	6.5	2.4 e	2.4	1.6	1.7 e	1.8 e	1.6	..
58-63	Information et communication	2 111.2	2 171.9	2 076.2	2 238.6	3 551.0	3 405.4	3 895.9	..
58-60	Édition, audiovisuel et diffusion	480.5	494.4	593.8	568.6	1 408.5	1 213.1 e	..	..
58	Activités d'édition	459.2	470.2	563.2	535.1	1 367.1	1 170.7	..	..
59-60	Activités audiovisuel et diffusion	21.3	24.2	30.5	33.5	41.5	42.4 e	..	..
59	Production de films, vidéo, programmes de télévision et d'enregistrements	20.5	23.4	28.9 e	31.0	38.4 e	39.3 e	..	..
60	Programmation et diffusion	0.8	0.8	1.6 e	2.5	3.0 e	3.1 e	..	..
61	Télécommunications	469.9	347.6	322.2	356.2	311.3	318.5 e	..	..
62-63	Technologies de l'information et informatique	1 160.8	1 329.9	1 161.0	1 313.7	1 831.2	1 873.8 e	..	..
62	Programmation informatique ; conseils et activités connexes	1 100.2	1 254.9	1 079.9	1 212.4	1 700.3	1 739.9 e	..	..
63	Services d'information	60.6	75.0	81.2	101.3	130.9	133.9 e	..	..
64-66	Activités financières et d'assurances	255.4	260.5	278.0	379.9	377.1	359.8	269.8	..
68-82	Activités immobilières ; professionnelles ; services administratifs et d'appui	2 097.2	2 337.3 e	2 241.7	2 200.6 e	2 717.9 e	2 472.6 e	2 461.5	..
68	Activités immobilières	6.5	6.5 e	6.4	8.7 e	8.9 e	9.4 e	5.6	..
69-75x72	Activités professionnelles, scientifiques et techniques, R-D scientifique exclu	488.7	575.0	555.2	539.6	700.6	629.8	659.4	..
72	Recherche scientifique et développement	1 503.8	1 641.3	1 564.3	1 533.5	1 888.1	1 737.2	1 705.8	..
77-82	Activités de services administratifs et d'appui	97.4	114.5	115.7	118.9 e	119.5	96.2	90.8	..
84-99	Services collectifs, sociaux et personnels	112.1	108.9	101.2	108.7	120.3	128.7 e	161.8	..
84-85	Administration publique et défense ; sécurité sociale obligatoire et éducation	9.8	10.4 e	11.2	11.4	13.8	14.8 e	..	..
86-88	Santé humaine et action sociale	80.2	79.0	72.3	78.4	86.2	92.1	106.8	..
90-93	Arts, spectacles et loisirs	4.1	4.0 e	4.0	4.1	4.9	5.2 e	..	..
94-99	Autres services ; ménages-employeurs ; organismes extra-territoriaux	18.0	15.4 e	13.7	14.7	15.4	16.5 e	20.1	..

.. Non disponible ; e Valeur estimée

Note : Voir les métadonnées détaillées sur : http://metalinks.oecd.org/anberd/20191119/86ba.

CANADA

Dépenses de R-D dans l'industrie par activité principale de l'entreprise, prix constants
CITI Rév. 4

2010 PPP USD

		2010	2011	2012	2013	2014	2015	2016	2017
	TOTAL ENTREPRISES	12 936.3	13 396.1	13 083.7	12 781.8	13 753.3	13 686.3	13 658.7	12 985.8 e
01-03	AGRICULTURE, SYLVICULTURE ET PÊCHE	107.2	115.0 e	76.0	68.5	62.7	63.5 e	57.5	51.0 e
05-09	**ACTIVITÉS EXTRACTIVES**	803.0	1 099.8	1 259.8	1 266.8	1 094.6	870.0	552.2	214.3 e
10-33	**ACTIVITÉS DE FABRICATION**	6 030.6	5 872.6	5 638.5	5 389.8	4 589.9 e	5 032.0 e	4 937.3 e	4 703.0 e
10-12	Produits alimentaires, boissons et tabac	158.8	134.0	123.8	120.9 e	117.8	114.3	138.4	..
13-15	Textiles, habillement, cuir et articles de cuir	59.8	65.8	46.9 e	31.6	34.2	32.1 e	26.9 e	..
13	Textiles	36.0	34.4 e	25.1	20.8	23.4	22.9	20.4	..
14	Articles d'habillement	20.5	28.3 e	18.7 e	8.5	8.3	6.9	4.5	..
15	Cuir et articles de cuir	3.3	3.2	3.1 e	2.3	2.5 e	2.3	2.0 e	..
16-18	Bois, papier, imprimerie et reproduction de supports enregistrés	244.8	230.7	209.2 e	201.4 e	225.1	296.5	258.7	..
16	Bois et articles en bois, sauf meubles	71.2	69.8	68.9 e	57.8 e	46.8	67.1	74.1	..
17	Papier et articles en papier	123.6	119.7	102.6	107.0	143.5	186.8	148.3	..
18	Imprimerie et reproduction de supports enregistrés	49.1	41.2	37.6	36.6 e	35.5	42.7	36.3	..
19-23	Produits pétroliers, chimiques, pharmaceutiques, caoutchouc, plastique, minéraux	1 296.7	937.3	771.8	735.8	676.1	858.2 e	856.1 e	..
19	Cokéfaction et raffinage	272.6 e	73.0	48.6 e	50.8 e	3.0	28.8 e	30.9 e	..
20-21	Industrie chimique et pharmaceutique	835.0	664.5	530.4	512.1	512.9	683.8	658.8	..
20	Produits chimiques	288.1	253.7	175.5	191.0	163.9	302.6	291.2	..
21	Préparations pharmaceutiques, chimiques (médicine) et d'herboristerie	546.8	410.7	354.9	321.1	349.0	381.1	367.6	..
22	Produits en caoutchouc et en plastique	124.4 e	135.6 e	141.2 e	120.5 e	118.6	109.0	128.6 e	..
23	Autres produits minéraux non métalliques	64.7	64.2	51.7	52.4	41.5	36.6 e	37.8	..
24-25	Produits métalliques de base et ouvrages en métaux (sauf machines et matériel)	413.4	402.8	375.3 e	390.4 e	456.2 e	460.4 e	441.7	..
24	Produits métallurgiques de base	155.5	169.7	163.0	183.3 e	259.9 e	260.7 e	256.4	..
25	Ouvrages en métaux (sauf machines et matériel)	257.9	233.1	212.3	207.2	196.4 e	199.7 e	185.3	..
26-30	Ordinateurs, articles électroniques et optiques ; machines et matériels de transport	3 655.9	3 922.7	3 935.3	3 754.2	2 948.3	3 107.1	3 008.1	..
26	Ordinateurs, articles électroniques et optiques	1 738.7	1 947.5	1 962.6	1 715.7	779.6	834.7	816.9	..
27	Matériels électriques	130.2	116.6	114.4	130.9	145.4 e	147.9	152.0	..
28	Machines et équipements n.c.a.	436.3	507.5	460.7	445.9	528.4 e	537.4	565.8	..
29	Automobiles, remorques et semi-remorques	209.6 e	159.4 e	145.7 e	134.8	104.2	181.8 e	168.7	..
30	Autres matériels de transport	1 141.1 e	1 191.8 e	1 252.0 e	1 326.9	1 390.7	1 405.3 e	1 304.0	..
31-33	Meubles ; réparation et installation de machines et de matériel	201.4	179.2	176.3	155.6	132.2	163.4 e	207.2 e	..
31	Meubles	34.4	28.5	22.7	16.9	18.1	19.3 e	21.9 e	..
32	Autres activités de fabrication	140.0	123.7	128.5	114.7	67.2	111.3 e	164.1	..
33	Réparation et installation de machines et de matériel	27.0	27.0	25.1	23.9	46.8	32.7 e	21.2	..
35-39	**ÉLECTRICITÉ, GAZ, EAU ET TRAITEMENT DES DÉCHETS**	153.9	157.8 e	166.9	178.7	377.5 e	162.4 e	292.0 e	295.6 e
35-36	Production et distribution d'électricité, de gaz et de l'eau	..	..	..	..	..	..	..	..
37-39	Assainissement, traitement des déchets et dépollution	..	..	..	..	..	..	..	..
41-43	**CONSTRUCTION**	92.5	125.3	86.2	64.7	68.0	71.5 e	67.3	62.1 e
45-99	**TOTAL SERVICES**	5 749.0	6 025.6	5 856.3	5 813.4	7 560.6	7 486.9 e	7 752.5 e	7 659.9 e
45-82	**Services du secteur des entreprises**	5 636.9	5 918.6	5 757.6	5 711.7	7 448.8	7 364.5	7 600.1	..
45-47	Commerce de gros et de détail ; réparations automobiles et motocycles	1 110.8	1 178.3	1 224.5	1 103.5	1 204.8	1 336.3	1 284.3	..
49-53	Transport et entreposage	55.7	48.4	49.4	64.2 e	65.7	92.2	72.6	..
55-56	Activités d'hébergement et de restauration	6.5	2.4 e	2.4	1.5	1.6 e	1.7 e	1.5	..
58-63	Information et communication	2 111.2	2 135.4	2 024.4	2 110.0	3 300.3	3 239.8	3 669.2	..
58-60	Édition, audiovisuel et diffusion	480.5	486.1	579.0	536.0	1 309.1	1 154.1 e	..	..
58	Activités d'édition	459.2	462.3	549.2	504.4	1 270.6	1 113.7	..	..
59-60	Activités audiovisuel et diffusion	21.3	23.8	29.8	31.6	38.5	40.4 e	..	..
59	Production de films, vidéo, programmes de télévision et d'enregistrements	20.5	23.0	28.2 e	29.3	35.7 e	37.4 e	..	..
60	Programmation et diffusion	0.8	0.8	1.6 e	2.3	2.8 e	3.0 e	..	..
61	Télécommunications	469.9	341.8	314.2	335.8	289.3	303.0 e	..	..
62-63	Technologies de l'information et informatique	1 160.8	1 307.6	1 132.1	1 238.3	1 701.9	1 782.6 e	..	..
62	Programmation informatique ; conseils et activités connexes	1 100.2	1 233.8	1 053.0	1 142.8	1 580.3	1 655.3 e	..	..
63	Services d'information	60.6	73.7	79.1	95.5	121.6	127.4 e	..	..
64-66	**Activités financières et d'assurances**	255.4	256.1	271.1	358.1	350.5	342.3	254.1	..
68-82	**Activités immobilières ; professionnelles ; services administratifs et d'appui**	2 097.2	2 298.0 e	2 185.8	2 074.3 e	2 526.0 e	2 352.3 e	2 318.3	..
68	Activités immobilières	6.5	6.3 e	6.3	8.2 e	8.3 e	9.0 e	5.3	..
69-75x72	Activités professionnelles, scientifiques et techniques, R-D scientifique exclu	488.7	565.4	541.4	508.6	651.1	599.2 e	621.0	..
72	Recherche scientifique et développement	1 503.8	1 613.7	1 525.4	1 445.4	1 754.8	1 652.7	1 606.5	..
77-82	Activités de services administratifs et d'appui	97.4	112.6	112.8	112.0 e	111.0	91.5	85.5	..
84-99	**Services collectifs, sociaux et personnels**	112.1	107.0	98.7	102.4	111.8	122.4 e	152.4	..
84-85	Administration publique et défense ; sécurité sociale obligatoire et éducation	9.8	10.2 e	11.0	10.8	12.8	14.1 e	..	..
86-88	Santé humaine et action sociale	80.2	77.7	70.5	73.9	80.1	87.7 e	100.6	..
90-93	Arts, spectacles et loisirs	4.1	4.0 e	3.9	3.9	4.5	5.0 e	..	..
94-99	Autres services ; ménages-employeurs ; organismes extra-territoriaux	18.0	15.2 e	13.3	13.9	14.4	15.7 e	18.9	..

.. Non disponible ; e Valeur estimée
Note : Voir les métadonnées détaillées sur : *http://metalinks.oecd.org/anberd/20191119/86ba*.

CHILI

Dépenses de R-D dans l'industrie par activité principale de l'entreprise, prix courants
CITI Rév. 4

Millions USD PPP

		2010	2011	2012	2013	2014	2015	2016	2017
	TOTAL ENTREPRISES	302.4	419.5	466.7	536.4	506.5	532.4	580.0	544.6
01-03	**AGRICULTURE, SYLVICULTURE ET PÊCHE**	9.9 e	50.8 e	48.0	87.9	69.5	69.6	70.9	64.7
05-09	**ACTIVITÉS EXTRACTIVES**	64.6 e	41.6 e	66.6	93.7	52.7	105.6	90.0	67.7
10-33	**ACTIVITÉS DE FABRICATION**	51.8 e	93.6 e	117.0	120.9	153.2	147.6	172.4	162.6
10-12	Produits alimentaires, boissons et tabac	..	..	25.1	26.1	58.8	63.6	..	..
13-15	Textiles, habillement, cuir et articles de cuir	..	..	1.5	0.6	1.3	0.4	..	..
13	Textiles	..	..	0.6	0.4	1.0	0.1	..	..
14	Articles d'habillement	..	..	0.0	0.0	0.0	0.0	..	..
15	Cuir et articles de cuir	..	..	0.9	0.3	0.3	0.2	..	..
16-18	Bois, papier, imprimerie et reproduction de supports enregistrés	..	..	7.2	6.2	5.0	5.7	..	..
16	Bois et articles en bois, sauf meubles	..	..	0.5	1.7	1.2	1.7	..	..
17	Papier et articles en papier	..	..	6.7	4.5	3.8	4.0	..	..
18	Imprimerie et reproduction de supports enregistrés	..	..	0.0	0.0	0.0	0.1	..	..
19-23	Produits pétroliers, chimiques, pharmaceutiques, caoutchouc, plastique, minéraux	..	..	60.0	66.7	67.6	60.9	..	..
19	Cokéfaction et raffinage	..	..	0.5	1.2	0.4	0.2	..	..
20-21	Industrie chimique et pharmaceutique	..	..	55.8	56.8	60.7	53.2	..	..
20	Produits chimiques	..	..	37.4	23.2	32.6	24.4	..	..
21	Préparations pharmaceutiques, chimiques (médicine) et d'herboristerie	..	..	18.5	33.7	28.0	28.8	..	..
22	Produits en caoutchouc et en plastique	..	..	1.1	5.8	4.7	5.1	..	..
23	Autres produits minéraux non métalliques	..	..	2.5	2.9	1.8	2.4	..	..
24-25	Produits métalliques de base et ouvrages en métaux (sauf machines et matériel)	..	..	11.2	11.5	10.7	8.9	..	..
24	Produits métallurgiques de base	..	..	6.2	6.6	6.4	4.6	..	..
25	Ouvrages en métaux (sauf machines et matériel)	..	..	5.1	4.9	4.2	4.3	..	..
26-30	Ordinateurs, articles électroniques et optiques ; machines et matériels de transport	..	..	8.4	6.8	6.9	6.9	..	..
26	Ordinateurs, articles électroniques et optiques	..	..	0.5	1.2	1.7	1.0	..	..
27	Matériels électriques	..	..	1.3	1.2	1.5	2.1	..	..
28	Machines et équipements n.c.a.	..	..	3.8	3.8	2.7	2.9	..	..
29	Automobiles, remorques et semi-remorques	..	..	1.3	0.0	0.7	0.8	..	..
30	Autres matériels de transport	..	..	1.4	0.5	0.4	0.2	..	..
31-33	Meubles ; réparation et installation de machines et de matériel	..	..	3.6	3.1	2.8	1.2	..	..
31	Meubles	..	..	0.5	1.7	0.8	0.5	..	..
32	Autres activités de fabrication	..	..	0.0	0.9	1.1	0.1	..	..
33	Réparation et installation de machines et de matériel	..	..	3.1	0.5	1.0	0.5	..	..
35-39	**ÉLECTRICITÉ, GAZ, EAU ET TRAITEMENT DES DÉCHETS**	0.5 e	7.8 e	10.9	12.5	7.1	4.1	3.8	2.9
35-36	Production et distribution d'électricité, de gaz et de l'eau	..	..	10.9	9.0	4.3	3.2	2.5	2.0
37-39	Assainissement, traitement des déchets et dépollution	..	..	0.0	3.5	2.8	0.9	1.3	0.9
41-43	**CONSTRUCTION**	0.2 e	3.8 e	3.7	3.3	3.2	3.1	3.2	3.4
45-99	**TOTAL SERVICES**	175.4 e	221.9 e	219.1	218.1	220.9	202.4	239.7	243.2
45-82	Services du secteur des entreprises	174.2 e	220.5 e	216.1	207.9	215.5	193.6	230.4	229.5
45-47	Commerce de gros et de détail ; réparations automobiles et motocycles	..	..	63.6	42.5	59.3	50.4	52.6	62.2
49-53	Transport et entreposage	..	..	3.1	1.7	8.4	4.6	3.6	1.3
55-56	Activités d'hébergement et de restauration	..	..	0.0	0.6	0.5	0.0	0.2	0.0
58-63	Information et communication	..	..	32.0	47.6	28.2	35.2	31.4	31.7
58-60	Édition, audiovisuel et diffusion	..	..	1.7	8.4	1.8	0.0	..	..
58	Activités d'édition	..	..	0.1	6.3	1.8	0.0	..	..
59-60	Activités audiovisuel et diffusion	..	..	1.6	2.1	0.0	0.0	..	..
59	Production de films, vidéo, programmes de télévision et d'enregistrements	..	..	1.6	2.0	0.0	0.0	..	..
60	Programmation et diffusion	..	..	0.0	0.1	0.0	0.0	..	..
61	Télécommunications	..	..	1.5	1.9	0.4	2.5	..	..
62-63	Technologies de l'information et informatique	..	..	28.8	37.3	26.1	32.7	..	..
62	Programmation informatique ; conseils et activités connexes	..	..	23.3	35.5	25.0	31.9	..	..
63	Services d'information	..	..	5.6	1.8	1.0	0.8	..	..
64-66	Activités financières et d'assurances	..	..	35.0	24.8	28.4	11.2	24.2	3.2
68-82	Activités immobilières ; professionnelles ; services administratifs et d'appui	..	..	82.4	90.8	90.6	92.2	118.5	131.1
68	Activités immobilières	..	..	0.6	0.0	0.0	0.0	0.4	0.1
69-75x72	Activités professionnelles, scientifiques et techniques, R-D scientifique exclu	..	..	59.2	50.1	49.2	33.9	39.6	48.1
72	Recherche scientifique et développement	..	..	20.8	37.8	39.8	55.9	72.6	80.4
77-82	Activités de services administratifs et d'appui	..	..	1.7	2.9	1.7	2.3	5.9	2.5
84-99	Services collectifs, sociaux et personnels	1.1 e	1.4 e	3.0	10.2	5.4	8.9	9.3	13.7
84-85	Administration publique et défense ; sécurité sociale obligatoire et éducation	..	..	0.0	2.3	1.9	0.9	2.0	0.1
86-88	Santé humaine et action sociale	..	..	2.9	5.1	2.2	6.6	6.5	12.9
90-93	Arts, spectacles et loisirs	..	..	0.1	2.0	0.0	0.3	0.0	0.0
94-99	Autres services ; ménages-employeurs ; organismes extra-territoriaux	..	..	0.0	0.8	1.2	1.0	0.8	0.7

.. Non disponible ; e Valeur estimée
Note : Voir les métadonnées détaillées sur : http://metalinks.oecd.org/anberd/20191119/86ba.

CHILI

Dépenses de R-D dans l'industrie par activité principale de l'entreprise, prix constants
CITI Rév. 4

2010 PPP USD

		2010	2011	2012	2013	2014	2015	2016	2017
	TOTAL ENTREPRISES	302.4	393.4	431.9	490.2	459.0	489.9	531.1	469.7
01-03	**AGRICULTURE, SYLVICULTURE ET PÊCHE**	9.9 e	47.6 e	44.4	80.3	63.0	64.0	64.9	55.8
05-09	**ACTIVITÉS EXTRACTIVES**	64.6 e	39.0 e	61.6	85.6	47.7	97.2	82.4	58.4
10-33	**ACTIVITÉS DE FABRICATION**	51.8 e	87.8 e	108.3	110.5	138.8	135.8	157.9	140.3
10-12	Produits alimentaires, boissons et tabac	..	..	23.2	23.8	53.3	58.6	..	..
13-15	Textiles, habillement, cuir et articles de cuir	..	..	1.4	0.6	1.1	0.3	..	..
13	Textiles	..	..	0.6	0.3	0.9	0.1	..	..
14	Articles d'habillement	..	..	0.0	0.0	0.0	0.0	..	..
15	Cuir et articles de cuir	..	..	0.8	0.2	0.3	0.2	..	..
16-18	Bois, papier, imprimerie et reproduction de supports enregistrés	..	..	6.7	5.7	4.5	5.3	..	..
16	Bois et articles en bois, sauf meubles	..	..	0.5	1.6	1.1	1.5	..	..
17	Papier et articles en papier	..	..	6.2	4.1	3.4	3.7	..	..
18	Imprimerie et reproduction de supports enregistrés	..	..	0.0	0.0	0.0	0.1	..	..
19-23	Produits pétroliers, chimiques, pharmaceutiques, caoutchouc, plastique, minéraux	..	..	55.5	61.0	61.3	56.0	..	..
19	Cokéfaction et raffinage	..	..	0.4	1.1	0.4	0.2	..	..
20-21	Industrie chimique et pharmaceutique	..	..	51.7	51.9	55.0	49.0	..	..
20	Produits chimiques	..	..	34.6	21.2	29.6	22.5	..	..
21	Préparations pharmaceutiques, chimiques (médicine) et d'herboristerie	..	..	17.1	30.8	25.4	26.5	..	..
22	Produits en caoutchouc et en plastique	..	..	1.0	5.3	4.3	4.7	..	..
23	Autres produits minéraux non métalliques	..	..	2.3	2.7	1.7	2.2	..	..
24-25	Produits métalliques de base et ouvrages en métaux (sauf machines et matériel)	..	..	10.4	10.5	9.7	8.2	..	..
24	Produits métallurgiques de base	..	..	5.7	6.0	5.8	4.3	..	..
25	Ouvrages en métaux (sauf machines et matériel)	..	..	4.7	4.5	3.8	3.9	..	..
26-30	Ordinateurs, articles électroniques et optiques ; machines et matériels de transport	..	..	7.8	6.2	6.3	6.3	..	..
26	Ordinateurs, articles électroniques et optiques	..	..	0.5	1.1	1.5	0.9	..	..
27	Matériels électriques	..	..	1.2	1.1	1.3	1.9	..	..
28	Machines et équipements n.c.a.	..	..	3.6	3.5	2.4	2.6	..	..
29	Automobiles, remorques et semi-remorques	..	..	1.2	0.0	0.6	0.7	..	..
30	Autres matériels de transport	..	..	1.3	0.5	0.4	0.1	..	..
31-33	Meubles ; réparation et installation de machines et de matériel	..	..	3.3	2.8	2.6	1.1	..	..
31	Meubles	..	..	0.5	1.6	0.7	0.5	..	..
32	Autres activités de fabrication	..	..	0.0	0.8	1.0	0.1	..	..
33	Réparation et installation de machines et de matériel	..	..	2.9	0.4	0.9	0.5	..	..
35-39	**ÉLECTRICITÉ, GAZ, EAU ET TRAITEMENT DES DÉCHETS**	0.5 e	7.3 e	10.1	11.4	6.4	3.8	3.5	2.5
35-36	Production et distribution d'électricité, de gaz et de l'eau	..	..	10.1	8.2	3.9	2.9	2.3	1.7
37-39	Assainissement, traitement des déchets et dépollution	..	..	0.0	3.2	2.5	0.9	1.2	0.8
41-43	**CONSTRUCTION**	0.2 e	3.5 e	3.4	3.0	2.9	2.8	3.0	3.0
45-99	**TOTAL SERVICES**	175.4 e	208.2 e	202.8	199.3	200.1	186.3	219.5	209.7
45-82	**Services du secteur des entreprises**	174.2 e	206.9 e	199.9	190.0	195.3	178.1	211.0	197.9
45-47	Commerce de gros et de détail ; réparations automobiles et motocycles	..	..	58.8	38.8	53.8	46.3	48.2	53.6
49-53	Transport et entreposage	..	..	2.9	1.5	7.6	4.2	3.3	1.1
55-56	Activités d'hébergement et de restauration	..	..	0.0	0.5	0.4	0.0	0.1	0.0
58-63	Information et communication	..	..	29.7	43.5	25.6	32.4	28.8	27.3
58-60	Édition, audiovisuel et diffusion	..	..	1.6	7.7	1.6	0.0	..	..
58	Activités d'édition	..	..	0.0	5.7	1.6	0.0	..	..
59-60	Activités audiovisuel et diffusion	..	..	1.5	1.9	0.0	0.0	..	..
59	Production de films, vidéo, programmes de télévision et d'enregistrements	..	..	1.5	1.9	0.0	0.0	..	..
60	Programmation et diffusion	..	..	0.0	0.1	0.0	0.0	..	..
61	Télécommunications	..	..	1.4	1.7	0.3	2.3	..	..
62-63	Technologies de l'information et informatique	..	..	26.7	34.1	23.6	30.1	..	..
62	Programmation informatique ; conseils et activités connexes	..	..	21.5	32.5	22.7	29.4	..	..
63	Services d'information	..	..	5.2	1.6	0.9	0.7	..	..
64-66	**Activités financières et d'assurances**	..	..	32.4	22.7	25.7	10.3	22.1	2.8
68-82	**Activités immobilières ; professionnelles ; services administratifs et d'appui**	..	..	76.2	82.9	82.1	84.8	108.5	113.0
68	Activités immobilières	..	..	0.5	0.0	0.0	0.0	0.4	0.1
69-75x72	Activités professionnelles, scientifiques et techniques, R-D scientifique exclu	..	..	54.8	45.7	44.6	31.2	36.3	41.5
72	Recherche scientifique et développement	..	..	19.3	34.5	36.0	51.5	66.5	69.3
77-82	Activités de services administratifs et d'appui	..	..	1.6	2.7	1.5	2.1	5.4	2.1
84-99	**Services collectifs, sociaux et personnels**	1.1 e	1.3 e	2.8	9.3	4.9	8.2	8.5	11.8
84-85	Administration publique et défense ; sécurité sociale obligatoire et éducation	..	..	0.0	2.1	1.8	0.9	1.8	0.1
86-88	Santé humaine et action sociale	..	..	2.7	4.7	2.0	6.0	5.9	11.1
90-93	Arts, spectacles et loisirs	..	..	0.1	1.8	0.0	0.3	0.0	0.0
94-99	Autres services ; ménages-employeurs ; organismes extra-territoriaux	..	..	0.0	0.8	1.1	0.9	0.7	0.6

.. Non disponible ; e Valeur estimée

Note : Voir les métadonnées détaillées sur : *http://metalinks.oecd.org/anberd/20191119/86ba*.

RÉPUBLIQUE TCHÈQUE

Dépenses de R-D dans l'industrie par activité principale de l'entreprise, prix courants
CITI Rév. 4

Millions USD PPP

		2010	2011	2012	2013	2014	2015	2016	2017
	TOTAL ENTREPRISES	**2 195.1**	**2 558.8**	**2 874.8**	**3 246.9**	**3 698.3**	**3 722.4**	**3 824.1**	**4 533.7**
01-03	AGRICULTURE, SYLVICULTURE ET PÊCHE	8.4	8.5	10.0	11.4	11.7	13.8	15.0	15.0
05-09	ACTIVITÉS EXTRACTIVES	3.8	1.4	1.5	1.1	2.4	2.7	4.0	4.1
10-33	ACTIVITÉS DE FABRICATION	1 155.1	1 341.7	1 468.4	1 725.9	1 910.1	1 954.2	2 045.8	2 435.6
10-12	Produits alimentaires, boissons et tabac	24.3	24.6	22.8	25.0	18.0	19.5	18.8	24.0
13-15	Textiles, habillement, cuir et articles de cuir	18.4	32.9	15.7	24.7	27.0	26.1	24.9	24.2
13	Textiles	14.8	16.8	12.9	21.9	24.7	23.8	22.6	21.3
14	Articles d'habillement	2.5	14.8	1.7	1.3	0.8	1.0	1.1	1.5
15	Cuir et articles de cuir	1.1	1.4	1.1	1.5	1.5	1.3	1.2	1.4
16-18	Bois, papier, imprimerie et reproduction de supports enregistrés	3.5	6.1	3.2	2.7	4.0	9.6	6.7	10.2
16	Bois et articles en bois, sauf meubles	1.3	3.1	0.4	0.8	1.6	4.5	3.6	3.9
17	Papier et articles en papier	0.2	2.4	2.1	1.0	1.1	4.3	2.0	4.2
18	Imprimerie et reproduction de supports enregistrés	2.0	0.5	0.7	0.9	1.3	0.9	1.1	2.2
19-23	Produits pétroliers, chimiques, pharmaceutiques, caoutchouc, plastique, minéraux	226.0	239.5	243.0	281.0	304.1	317.2	285.1	300.7
19	Cokéfaction et raffinage	0.8	0.8	0.5	0.5	0.6	0.9	0.7	0.7
20-21	Industrie chimique et pharmaceutique	147.4	156.4	155.9	165.1	177.7	177.1	159.6	176.7
20	Produits chimiques	70.3	75.7	72.0	88.2	93.1	90.2	70.7	87.9
21	Préparations pharmaceutiques, chimiques (médicine) et d'herboristerie	77.1	80.7	83.9	76.9	84.6	86.9	88.8	88.8
22	Produits en caoutchouc et en plastique	49.3	52.0	51.4	66.5	83.5	93.1	82.1	76.4
23	Autres produits minéraux non métalliques	28.6	30.2	35.2	48.9	42.3	46.2	42.7	46.9
24-25	Produits métalliques de base et ouvrages en métaux (sauf machines et matériel)	75.2	79.8	92.4	86.5	113.3	118.2	94.6	122.4
24	Produits métallurgiques de base	17.7	22.0	23.6	17.8	23.5	24.9	12.4	16.1
25	Ouvrages en métaux (sauf machines et matériel)	57.5	57.8	68.8	68.7	89.9	93.3	82.1	106.3
26-30	Ordinateurs, articles électroniques et optiques ; machines et matériels de transport	732.3	874.8	1 004.9	1 244.2	1 373.7	1 374.1	1 531.6	1 859.6
26	Ordinateurs, articles électroniques et optiques	87.1	86.1	92.7	119.1	147.5	152.7	182.3	205.0
27	Matériels électriques	102.5	121.3	154.1	147.2	239.0	259.1	296.6	330.9
28	Machines et équipements n.c.a.	182.8	219.7	289.1	335.3	330.1	301.0	308.9	338.7
29	Automobiles, remorques et semi-remorques	252.0	298.3	345.4	508.4	511.6	548.9	610.3	827.8
30	Autres matériels de transport	107.9	149.3	123.6	134.2	145.5	112.4	133.6	157.1
31-33	Meubles ; réparation et installation de machines et de matériel	75.4	84.0	86.4	61.7	70.0	89.5	84.2	94.5
31	Meubles	3.0	5.4	4.0	3.7	3.1	3.3	2.3	3.7
32	Autres activités de fabrication	21.1	26.8	34.0	27.0	28.1	31.1	43.5	45.3
33	Réparation et installation de machines et de matériel	51.3	51.7	48.4	31.0	38.9	55.1	38.4	45.5
35-39	ÉLECTRICITÉ, GAZ, EAU ET TRAITEMENT DES DÉCHETS	10.9	10.6	10.5	14.8	13.0	18.2	10.9	12.5
35-36	Production et distribution d'électricité, de gaz et de l'eau	2.2	3.1	3.7	7.6	5.1	4.4	4.2	4.4
37-39	Assainissement, traitement des déchets et dépollution	8.7	7.4	6.7	7.2	7.9	13.8	6.8	8.1
41-43	CONSTRUCTION	29.6	27.2	31.7	41.3	53.0	47.8	41.2	47.5
45-99	TOTAL SERVICES	987.2	1 169.5	1 352.7	1 452.4	1 708.1	1 685.7	1 707.1	2 019.1
45-82	Services du secteur des entreprises	980.5	1 161.3	1 341.7	1 422.5	1 686.0	1 658.1	1 681.5	2 001.1
45-47	Commerce de gros et de détail ; réparations automobiles et motocycles	67.4	69.8	69.1	75.0	70.8	84.3	74.8	84.5
49-53	Transport et entreposage	0.1	0.4	1.5	1.7	1.8	1.5	1.4	1.4
55-56	Activités d'hébergement et de restauration	0.0	0.1	0.1	0.1	0.1	0.1	0.1	0.2
58-63	Information et communication	299.7	371.5	421.2	458.3	607.6	613.1	673.7	844.3
58-60	Édition, audiovisuel et diffusion	18.0	16.0	18.3	18.1	21.5	21.5	22.0	24.6
58	Activités d'édition	18.0	16.0	18.0	17.6	21.0	21.0	21.5	24.2
59-60	Activités audiovisuel et diffusion	0.0	0.1	0.3	0.5	0.5	0.4	0.5	0.5
59	Production de films, vidéo, programmes de télévision et d'enregistrements	..	0.1	0.3	0.4	0.5	0.4	0.4	0.4
60	Programmation et diffusion	..	0.0	0.0	0.1	0.0	0.0	0.1	0.0
61	Télécommunications	38.0	41.1	45.7	46.3	47.5	48.9	53.5	58.0
62-63	Technologies de l'information et informatique	243.7	314.4	357.2	393.9	538.7	542.7	598.2	761.7
62	Programmation informatique ; conseils et activités connexes	194.5	229.7	267.5	287.9	414.3	459.2	524.9	661.8
63	Services d'information	49.3	84.7	89.6	106.0	124.4	83.5	73.3	99.9
64-66	Activités financières et d'assurances	36.7	35.2	45.8	60.2	58.2	50.5	69.9	86.6
68-82	Activités immobilières ; professionnelles ; services administratifs et d'appui	576.5	684.4	804.0	827.3	947.5	908.6	861.5	984.0
68	Activités immobilières	5.5	9.4	23.4	37.5	15.5	2.9	2.7	1.8
69-75x72	Activités professionnelles, scientifiques et techniques, R-D scientifique exclu	126.7	176.3	174.5	152.9	170.9	202.6	211.0	251.5
72	Recherche scientifique et développement	443.6	497.2	601.1	629.1	753.4	697.3	644.4	715.7
77-82	Activités de services administratifs et d'appui	0.7	1.4	4.9	7.8	7.7	5.9	3.5	15.0
84-99	Services collectifs, sociaux et personnels	6.7	8.1	11.0	29.9	22.1	27.6	25.6	18.0
84-85	Administration publique et défense ; sécurité sociale obligatoire et éducation	0.3	1.0	2.0	12.1	9.8	10.4	4.1	8.5
86-88	Santé humaine et action sociale	3.9	3.2	5.2	10.9	6.0	5.0	5.1	4.9
90-93	Arts, spectacles et loisirs	0.6	0.9	0.7	0.9	0.7	0.7	0.9	1.2
94-99	Autres services ; ménages-employeurs ; organismes extra-territoriaux	1.9	3.1	3.2	5.8	5.6	11.4	15.5	3.5

.. Non disponible

Note : Voir les métadonnées détaillées sur : *http://metalinks.oecd.org/anberd/20191119/86ba*.

RÉPUBLIQUE TCHÈQUE

Dépenses de R-D dans l'industrie par activité principale de l'entreprise, prix constants
CITI Rév. 4

2010 PPP USD

		2010	2011	2012	2013	2014	2015	2016	2017
	TOTAL ENTREPRISES	2 195.1	2 496.9	2 755.0	2 949.5	3 257.3	3 299.7	3 314.8	3 790.1
01-03	AGRICULTURE, SYLVICULTURE ET PÊCHE	8.4	8.3	9.6	10.4	10.3	12.2	13.0	12.5
05-09	ACTIVITÉS EXTRACTIVES	3.8	1.4	1.5	1.0	2.1	2.3	3.5	3.4
10-33	ACTIVITÉS DE FABRICATION	1 155.1	1 309.2	1 407.2	1 567.8	1 682.3	1 732.3	1 773.3	2 036.1
10-12	Produits alimentaires, boissons et tabac	24.3	24.0	21.8	22.7	15.8	17.3	16.3	20.1
13-15	Textiles, habillement, cuir et articles de cuir	18.4	32.1	15.1	22.4	23.8	23.1	21.6	20.2
13	Textiles	14.8	16.4	12.4	19.9	21.7	21.1	19.6	17.8
14	Articles d'habillement	2.5	14.4	1.6	1.2	0.7	0.8	1.0	1.3
15	Cuir et articles de cuir	1.1	1.3	1.1	1.3	1.3	1.1	1.0	1.1
16-18	Bois, papier, imprimerie et reproduction de supports enregistrés	3.5	5.9	3.1	2.5	3.5	8.5	5.8	8.5
16	Bois et articles en bois, sauf meubles	1.3	3.1	0.4	0.8	1.4	4.0	3.1	3.2
17	Papier et articles en papier	0.2	2.3	2.0	0.9	1.0	3.8	1.8	3.5
18	Imprimerie et reproduction de supports enregistrés	2.0	0.5	0.7	0.8	1.1	0.8	0.9	1.8
19-23	Produits pétroliers, chimiques, pharmaceutiques, caoutchouc, plastique, minéraux	226.0	233.7	232.9	255.3	267.8	281.2	247.1	251.4
19	Cokéfaction et raffinage	0.8	0.8	0.5	0.5	0.5	0.8	0.6	0.6
20-21	Industrie chimique et pharmaceutique	147.4	152.6	149.5	150.0	156.5	157.0	138.3	147.7
20	Produits chimiques	70.3	73.9	69.0	80.1	82.0	79.9	61.3	73.5
21	Préparations pharmaceutiques, chimiques (médicine) et d'herboristerie	77.1	78.7	80.4	69.9	74.5	77.0	77.0	74.3
22	Produits en caoutchouc et en plastique	49.3	50.8	49.2	60.4	73.6	82.5	71.2	63.9
23	Autres produits minéraux non métalliques	28.6	29.5	33.7	44.4	37.2	40.9	37.0	39.2
24-25	Produits métalliques de base et ouvrages en métaux (sauf machines et matériel)	75.2	77.9	88.6	78.6	99.8	104.8	82.0	102.3
24	Produits métallurgiques de base	17.7	21.5	22.7	16.1	20.7	22.1	10.8	13.5
25	Ouvrages en métaux (sauf machines et matériel)	57.5	56.4	65.9	62.5	79.1	82.7	71.2	88.8
26-30	Ordinateurs, articles électroniques et optiques ; machines et matériels de transport	732.3	853.7	963.0	1 130.2	1 209.8	1 218.0	1 327.6	1 554.5
26	Ordinateurs, articles électroniques et optiques	87.1	84.0	88.9	108.2	129.9	135.4	158.0	171.3
27	Matériels électriques	102.5	118.4	147.7	133.7	210.5	229.7	257.1	276.7
28	Machines et équipements n.c.a.	182.8	214.4	277.1	304.6	290.8	266.8	267.7	283.1
29	Automobiles, remorques et semi-remorques	252.0	291.1	331.0	461.9	450.6	486.6	529.1	692.0
30	Autres matériels de transport	107.9	145.7	118.4	121.9	128.1	99.6	115.8	131.4
31-33	Meubles ; réparation et installation de machines et de matériel	75.4	81.9	82.8	56.1	61.6	79.3	73.0	79.0
31	Meubles	3.0	5.3	3.8	3.3	2.7	2.9	2.0	3.1
32	Autres activités de fabrication	21.1	26.2	32.6	24.5	24.7	27.6	37.7	37.8
33	Réparation et installation de machines et de matériel	51.3	50.5	46.4	28.2	34.2	48.8	33.2	38.0
35-39	ÉLECTRICITÉ, GAZ, EAU ET TRAITEMENT DES DÉCHETS	10.9	10.3	10.0	13.5	11.4	16.2	9.5	10.4
35-36	Production et distribution d'électricité, de gaz et de l'eau	2.2	3.0	3.6	6.9	4.5	3.9	3.6	3.7
37-39	Assainissement, traitement des déchets et dépollution	8.7	7.3	6.5	6.5	7.0	12.2	5.9	6.7
41-43	CONSTRUCTION	29.6	26.5	30.3	37.5	46.7	42.4	35.7	39.7
45-99	TOTAL SERVICES	987.2	1 141.2	1 296.4	1 319.4	1 504.4	1 494.3	1 479.8	1 687.9
45-82	Services du secteur des entreprises	980.5	1 133.2	1 285.8	1 292.2	1 484.9	1 469.8	1 457.5	1 672.8
45-47	Commerce de gros et de détail ; réparations automobiles et motocycles	67.4	68.1	66.2	68.1	62.3	74.7	64.8	70.6
49-53	Transport et entreposage	0.1	0.4	1.4	1.6	1.6	1.3	1.2	1.2
55-56	Activités d'hébergement et de restauration	0.0	0.1	0.1	0.0	0.0	0.1	0.1	0.2
58-63	Information et communication	299.7	362.5	403.6	416.3	535.2	543.5	584.0	705.8
58-60	Édition, audiovisuel et diffusion	18.0	15.6	17.6	16.4	18.9	19.0	19.1	20.6
58	Activités d'édition	18.0	15.6	17.2	16.0	18.5	18.7	18.7	20.2
59-60	Activités audiovisuel et diffusion	0.0	0.1	0.3	0.4	0.4	0.4	0.4	0.4
59	Production de films, vidéo, programmes de télévision et d'enregistrements		0.1	0.3	0.3	0.4	0.3	0.4	0.4
60	Programmation et diffusion	..	0.0	0.0	0.1	0.0	0.0	0.1	0.0
61	Télécommunications	38.0	40.1	43.8	42.1	41.8	43.4	46.4	48.5
62-63	Technologies de l'information et informatique	243.7	306.9	342.3	357.8	474.4	481.1	518.5	636.7
62	Programmation informatique ; conseils et activités connexes	194.5	224.1	256.4	261.6	364.9	407.1	455.0	553.2
63	Services d'information	49.3	82.7	85.9	96.3	109.6	74.0	63.5	83.5
64-66	Activités financières et d'assurances	36.7	34.4	43.9	54.7	51.2	44.8	60.6	72.4
68-82	Activités immobilières ; professionnelles ; services administratifs et d'appui	576.5	667.8	770.5	751.5	834.5	805.4	746.8	822.6
68	Activités immobilières	5.5	9.2	22.5	34.1	13.7	2.5	2.3	1.5
69-75x72	Activités professionnelles, scientifiques et techniques, R-D scientifique exclu	126.7	172.1	167.3	138.9	150.5	179.6	182.9	210.3
72	Recherche scientifique et développement	443.6	485.2	576.1	571.5	663.6	618.1	558.6	598.3
77-82	Activités de services administratifs et d'appui	0.7	1.4	4.7	7.1	6.7	5.2	3.0	12.6
84-99	Services collectifs, sociaux et personnels	6.7	7.9	10.6	27.1	19.5	24.4	22.2	15.1
84-85	Administration publique et défense ; sécurité sociale obligatoire et éducation	0.3	1.0	1.9	11.0	8.6	9.2	3.6	7.1
86-88	Santé humaine et action sociale	3.9	3.1	4.9	9.9	5.3	4.4	4.4	4.1
90-93	Arts, spectacles et loisirs	0.6	0.9	0.7	0.9	0.7	0.6	0.8	1.0
94-99	Autres services ; ménages-employeurs ; organismes extra-territoriaux	1.9	3.0	3.1	5.3	4.9	10.1	13.5	2.9

.. Non disponible

Note : Voir les métadonnées détaillées sur : http://metalinks.oecd.org/anberd/20191119/86ba.

RÉPUBLIQUE TCHÈQUE

Dépenses de R-D dans l'industrie par orientation sectorielle, prix courants
CITI Rév. 4

Millions USD PPP

		2010	2011	2012	2013	2014	2015	2016	2017
	TOTAL ENTREPRISES	2 195.1	2 558.8	2 874.8	3 246.9	3 698.3	3 722.4	3 824.1	4 533.7
01-03	AGRICULTURE, SYLVICULTURE ET PÊCHE	14.0 e	15.6 e	15.7 e	20.1	22.9	23.8	25.0	32.7
05-09	ACTIVITÉS EXTRACTIVES	6.0 e	4.6 e	1.8 e	2.1	3.2	3.0	5.2	3.8
10-33	ACTIVITÉS DE FABRICATION	1 378.9 e	1 616.0 e	1 711.7 e	2 033.3	2 352.1	2 393.2	2 458.3	2 879.4
10-12	Produits alimentaires, boissons et tabac	20.4 e	21.0 e	27.0 e	23.3	19.4	21.7	18.1	27.5
13-15	Textiles, habillement, cuir et articles de cuir	21.2 e	26.7 e	17.7 e	28.2	36.0	30.1	26.1	28.2
13	Textiles	17.1 e	23.5 e	15.2 e	25.1	30.8	27.2	23.7	25.8
14	Articles d'habillement	2.9 e	2.3 e	1.5 e	2.5	2.3	1.9	1.7	1.3
15	Cuir et articles de cuir	1.2 e	0.9 e	1.0 e	0.6	2.9	1.1	0.7	1.1
16-18	Bois, papier, imprimerie et reproduction de supports enregistrés	4.3 e	7.6 e	5.2 e	3.5	4.0	5.7	2.7	5.2
16	Bois et articles en bois, sauf meubles	2.0 e	4.5 e	2.6 e	1.4	2.2	2.8	1.1	1.9
17	Papier et articles en papier	0.3 e	2.3 e	2.4 e	1.1	1.1	1.8	1.1	2.3
18	Imprimerie et reproduction de supports enregistrés	2.0 e	0.8 e	0.2 e	1.0	0.7	1.1	0.5	1.1
19-23	Produits pétroliers, chimiques, pharmaceutiques, caoutchouc, plastique, minéraux	248.1 e	268.7 e	239.5 e	271.6	296.4	328.1	304.7	318.7
19	Cokéfaction et raffinage	0.8 e	1.2 e	1.7 e	1.8	4.4	3.9	1.6	1.4
20-21	Industrie chimique et pharmaceutique	165.3 e	189.1 e	144.1 e	160.1	176.7	204.1	190.2	199.0
20	Produits chimiques	63.4 e	59.3 e	52.0 e	55.8	53.6	59.3	57.6	63.9
21	Préparations pharmaceutiques, chimiques (médicine) et d'herboristerie	101.9 e	129.8 e	92.1 e	104.3	123.0	144.8	132.7	135.1
22	Produits en caoutchouc et en plastique	51.5 e	48.1 e	55.6 e	63.9	74.4	81.2	75.3	79.4
23	Autres produits minéraux non métalliques	30.5 e	30.3 e	38.1 e	45.7	40.8	38.9	37.6	39.0
24-25	Produits métalliques de base et ouvrages en métaux (sauf machines et matériel)	67.2 e	108.5 e	124.0 e	123.8	148.7	166.2	124.2	151.6
24	Produits métallurgiques de base	16.3 e	15.6 e	14.8 e	12.8	12.7	11.2	9.5	17.3
25	Ouvrages en métaux (sauf machines et matériel)	50.9 e	92.9 e	109.3 e	111.0	136.0	155.0	114.8	134.3
26-30	Ordinateurs, articles électroniques et optiques ; machines et matériels de transport	942.8 e	1 080.6 e	1 236.4 e	1 494.1	1 745.9	1 753.4	1 900.2	2 239.6
26	Ordinateurs, articles électroniques et optiques	193.7 e	183.9 e	235.0 e	264.3	309.1	301.1	357.2	340.5
27	Matériels électriques	105.7 e	126.5 e	206.2 e	124.6	155.6	155.8	153.2	182.4
28	Machines et équipements n.c.a.	254.8 e	293.8 e	250.5 e	357.8	390.5	379.8	372.1	383.1
29	Automobiles, remorques et semi-remorques	237.6 e	266.2 e	361.5 e	556.3	671.9	728.6	811.7	1 068.6
30	Autres matériels de transport	151.1 e	210.2 e	183.2 e	190.9	218.7	188.0	206.0	265.1
31-33	Meubles ; réparation et installation de machines et de matériel	75.1 e	102.9 e	61.8 e	88.9	101.6	87.9	82.2	108.6
31	Meubles	2.1 e	1.7 e	4.4 e	5.0	10.5	3.4	2.3	2.6
32	Autres activités de fabrication	24.7 e	35.4 e	29.1 e	39.9	36.8	32.7	39.2	45.4
33	Réparation et installation de machines et de matériel	48.3 e	65.8 e	28.3 e	44.0	54.4	51.8	40.7	60.6
35-39	ÉLECTRICITÉ, GAZ, EAU ET TRAITEMENT DES DÉCHETS	15.9 e	21.3 e	22.9 e	29.8	28.2	30.3	23.4	22.6
35-36	Production et distribution d'électricité, de gaz et de l'eau	7.6 e	10.7 e	9.8 e	10.5	10.6	10.7	13.4	9.0
37-39	Assainissement, traitement des déchets et dépollution	8.3 e	10.7 e	13.1 e	19.3	17.6	19.6	10.0	13.6
41-43	CONSTRUCTION	27.2 e	25.9 e	28.0 e	35.1	40.4	39.5	33.3	39.4
45-99	**TOTAL SERVICES**	753.1 e	875.3 e	1 094.6 e	1 126.6	1 251.6	1 232.7	1 279.0	1 555.8
45-82	**Services du secteur des entreprises**	717.2 e	839.3 e	1 061.3 e	1 087.7	1 219.6	1 193.4	1 260.0	1 534.4
45-47	Commerce de gros et de détail ; réparations automobiles et motocycles	22.9 e	21.3 e	1.9 e	0.0	0.2	3.5	3.8	6.0
49-53	Transport et entreposage	9.1 e	2.1 e	2.7 e	4.6	4.4	4.2	3.1	4.8
55-56	Activités d'hébergement et de restauration	0.0 e	0.1 e	1.2 e	0.0	0.0	0.1	0.2	0.2
58-63	Information et communication	278.7 e	385.0 e	442.2 e	478.9	642.4	651.0	709.3	892.0
58-60	Édition, audiovisuel et diffusion	1.7 e	2.0 e	16.9 e	0.0	2.4	0.6	0.5	0.9
58	Activités d'édition	..	..	..	..	..	0.1	..	0.5
59-60	Activités audiovisuel et diffusion	..	..	..	..	..	0.5	..	0.4
59	Production de films, vidéo, programmes de télévision et d'enregistrements	..	..	..	..	..	..	..	0.4
60	Programmation et diffusion	..	..	..	..	..	..	..	0.1
61	Télécommunications	53.2 e	47.3 e	51.8 e	60.4	70.4	65.3	72.2	71.7
62-63	Technologies de l'information et informatique	223.9 e	335.6 e	373.5 e	418.5	569.6	585.1	636.6	819.3
62	Programmation informatique ; conseils et activités connexes	205.8 e	248.6 e	264.9 e	285.6	427.3	498.6	574.3	721.5
63	Services d'information	18.1 e	87.1 e	108.6 e	132.9	142.3	86.5	62.3	97.9
64-66	**Activités financières et d'assurances**	40.6 e	34.1 e	36.9 e	48.3	46.7	24.5	51.2	58.6
68-82	**Activités immobilières ; professionnelles ; services administratifs et d'appui**	365.9 e	396.7 e	576.4 e	555.8	526.0	510.1	492.4	572.9
68	Activités immobilières	4.0 e	4.4 e	0.2 e	0.0	0.0	0.0	0.0	0.0
69-75x72	Activités professionnelles, scientifiques et techniques, R-D scientifique exclu	83.6 e	105.0 e	28.2 e	32.1	36.2	49.3	36.1	40.8
72	Recherche scientifique et développement	277.2 e	286.6 e	547.7 e	523.0	489.3	460.8	456.2	531.9
77-82	Activités de services administratifs et d'appui	1.0 e	0.7 e	0.4 e	0.6	0.5	0.0	0.1	0.3
84-99	**Services collectifs, sociaux et personnels**	36.0 e	36.0 e	33.3 e	39.0	32.0	39.3	19.0	21.4
84-85	Administration publique et défense ; sécurité sociale obligatoire et éducation	10.7 e	10.4 e	11.0 e	15.5	10.2	12.3	6.8	9.2
86-88	Santé humaine et action sociale	19.2 e	20.2 e	20.1 e	18.2	17.9	21.7	5.8	7.2
90-93	Arts, spectacles et loisirs	5.4 e	3.8 e	0.2 e	0.1	0.1	0.0	0.0	0.0
94-99	Autres services ; ménages-employeurs ; organismes extra-territoriaux	0.7 e	1.6 e	1.9 e	5.2	3.8	5.3	6.4	5.0

.. Non disponible ; e Valeur estimée
Note : Voir les métadonnées détaillées sur : http://metalinks.oecd.org/anberd/20191119/86ba.

RÉPUBLIQUE TCHÈQUE

Dépenses de R-D dans l'industrie par orientation sectorielle, prix constants
CITI Rév. 4

2010 PPP USD

		2010	2011	2012	2013	2014	2015	2016	2017
	TOTAL ENTREPRISES	2 195.1	2 496.9	2 755.0	2 949.5	3 257.3	3 299.7	3 314.8	3 790.1
01-03	**AGRICULTURE, SYLVICULTURE ET PÊCHE**	14.0 e	15.3 e	15.1 e	18.2	20.1	21.1	21.6	27.4
05-09	**ACTIVITÉS EXTRACTIVES**	6.0 e	4.5 e	1.8 e	1.9	2.9	2.6	4.5	3.1
10-33	**ACTIVITÉS DE FABRICATION**	1 378.9 e	1 576.9 e	1 640.4 e	1 847.0	2 071.6	2 121.4	2 130.9	2 407.1
10-12	Produits alimentaires, boissons et tabac	20.4 e	20.5 e	25.9 e	21.2	17.1	19.2	15.7	23.0
13-15	Textiles, habillement, cuir et articles de cuir	21.2 e	26.0 e	17.0 e	25.6	31.7	26.7	22.6	23.6
13	Textiles	17.1 e	22.9 e	14.6 e	22.8	27.1	24.1	20.5	21.6
14	Articles d'habillement	2.9 e	2.3 e	1.4 e	2.3	2.0	1.7	1.5	1.1
15	Cuir et articles de cuir	1.2 e	0.9 e	1.0 e	0.5	2.6	0.9	0.6	0.9
16-18	Bois, papier, imprimerie et reproduction de supports enregistrés	4.3 e	7.4 e	5.0 e	3.2	3.5	5.0	2.3	4.4
16	Bois et articles en bois, sauf meubles	2.0 e	4.4 e	2.5 e	1.2	1.9	2.5	1.0	1.6
17	Papier et articles en papier	0.3 e	2.2 e	2.3 e	1.0	1.0	1.6	0.9	1.9
18	Imprimerie et reproduction de supports enregistrés	2.0 e	0.8 e	0.2 e	0.9	0.7	0.9	0.4	0.9
19-23	Produits pétroliers, chimiques, pharmaceutiques, caoutchouc, plastique, minéraux	248.1 e	262.2 e	229.6 e	246.7	261.0	290.9	264.1	266.4
19	Cokéfaction et raffinage	0.8 e	1.2 e	1.6 e	1.7	3.9	3.5	1.4	1.2
20-21	Industrie chimique et pharmaceutique	165.3 e	184.6 e	138.1 e	145.5	155.6	180.9	164.9	166.3
20	Produits chimiques	63.4 e	57.8 e	49.8 e	50.7	47.2	52.5	49.9	53.4
21	Préparations pharmaceutiques, chimiques (médicine) et d'herboristerie	101.9 e	126.7 e	88.3 e	94.8	108.4	128.3	115.0	112.9
22	Produits en caoutchouc et en plastique	51.5 e	46.9 e	53.2 e	58.1	65.5	72.0	65.3	66.4
23	Autres produits minéraux non métalliques	30.5 e	29.5 e	36.5 e	41.6	36.0	34.5	32.6	32.6
24-25	Produits métalliques de base et ouvrages en métaux (sauf machines et matériel)	67.2 e	105.9 e	118.9 e	112.4	131.0	147.3	107.7	126.8
24	Produits métallurgiques de base	16.3 e	15.2 e	14.1 e	11.6	11.2	9.9	8.2	14.4
25	Ouvrages en métaux (sauf machines et matériel)	50.9 e	90.7 e	104.7 e	100.8	119.8	137.4	99.5	112.3
26-30	Ordinateurs, articles électroniques et optiques ; machines et matériels de transport	942.8 e	1 054.4 e	1 184.9 e	1 357.2	1 537.7	1 554.3	1 647.1	1 872.2
26	Ordinateurs, articles électroniques et optiques	193.7 e	179.5 e	225.2 e	240.1	272.3	267.0	309.7	284.6
27	Matériels électriques	105.7 e	123.4 e	197.6 e	113.2	137.0	138.2	132.8	152.4
28	Machines et équipements n.c.a.	254.8 e	286.7 e	240.1 e	325.0	344.0	336.7	322.5	320.2
29	Automobiles, remorques et semi-remorques	237.6 e	259.7 e	346.4 e	505.4	591.8	645.8	703.6	893.3
30	Autres matériels de transport	151.1 e	205.1 e	175.6 e	173.5	192.6	166.7	178.6	221.6
31-33	Meubles ; réparation et installation de machines et de matériel	75.1 e	100.4 e	59.2 e	80.7	89.5	77.9	71.3	90.8
31	Meubles	2.1 e	1.7 e	4.2 e	4.6	9.2	3.0	2.0	2.1
32	Autres activités de fabrication	24.7 e	34.6 e	27.9 e	36.2	32.4	29.0	34.0	38.0
33	Réparation et installation de machines et de matériel	48.3 e	64.2 e	27.1 e	40.0	47.9	45.9	35.3	50.7
35-39	**ÉLECTRICITÉ, GAZ, EAU ET TRAITEMENT DES DÉCHETS**	15.9 e	20.8 e	22.0 e	27.0	24.8	26.9	20.3	18.9
35-36	Production et distribution d'électricité, de gaz et de l'eau	7.6 e	10.4 e	9.4 e	9.5	9.3	9.5	11.6	7.5
37-39	Assainissement, traitement des déchets et dépollution	8.3 e	10.4 e	12.5 e	17.6	15.5	17.4	8.7	11.3
41-43	**CONSTRUCTION**	27.2 e	25.3 e	26.9 e	31.8	35.5	35.0	28.8	32.9
45-99	**TOTAL SERVICES**	753.1 e	854.2 e	1 049.0 e	1 023.4	1 102.3	1 092.7	1 108.7	1 300.6
45-82	**Services du secteur des entreprises**	717.2 e	819.0 e	1 017.1 e	988.1	1 074.2	1 057.9	1 092.2	1 282.8
45-47	Commerce de gros et de détail ; réparations automobiles et motocycles	22.9 e	20.8 e	1.8 e	0.0	0.1	3.1	3.3	5.0
49-53	Transport et entreposage	9.1 e	2.0 e	2.6 e	4.2	3.9	3.7	2.7	4.0
55-56	Activités d'hébergement et de restauration	0.0 e	0.1 e	1.1 e	0.0	0.0	0.1	0.1	0.2
58-63	Information et communication	278.7 e	375.7 e	423.8 e	435.1	565.7	577.1	614.9	745.7
58-60	Édition, audiovisuel et diffusion	1.7 e	2.0 e	16.2 e	0.0	2.1	0.5	0.4	0.8
58	Activités d'édition	..	..	..	..	..	0.1	..	0.4
59-60	Activités audiovisuel et diffusion	..	..	..	..	..	0.5	..	0.4
59	Production de films, vidéo, programmes de télévision et d'enregistrements	..	..	..	..	..	..	..	0.3
60	Programmation et diffusion	..	..	..	..	..	..	..	0.1
61	Télécommunications	53.2 e	46.2 e	49.7 e	54.9	62.0	57.9	62.6	59.9
62-63	Technologies de l'information et informatique	223.9 e	327.5 e	357.9 e	380.2	501.7	518.7	551.8	685.0
62	Programmation informatique ; conseils et activités connexes	205.8 e	242.6 e	253.8 e	259.4	376.4	442.0	497.8	603.1
63	Services d'information	18.1 e	85.0 e	104.1 e	120.7	125.3	76.7	54.0	81.8
64-66	**Activités financières et d'assurances**	40.6 e	33.3 e	35.3 e	43.9	41.1	21.7	44.4	49.0
68-82	**Activités immobilières ; professionnelles ; services administratifs et d'appui**	365.9 e	387.1 e	552.4 e	504.9	463.3	452.2	426.8	479.0
68	Activités immobilières	4.0 e	4.3 e	0.1 e	0.0	0.0	0.0	0.0	0.0
69-75x72	Activités professionnelles, scientifiques et techniques, R-D scientifique exclu	83.6 e	102.4 e	27.0 e	29.2	31.9	43.7	31.3	34.1
72	Recherche scientifique et développement	277.2 e	279.7 e	524.9 e	475.1	430.9	408.5	395.4	444.6
77-82	Activités de services administratifs et d'appui	1.0 e	0.7 e	0.4 e	0.6	0.4	0.0	0.1	0.3
84-99	Services collectifs, sociaux et personnels	36.0 e	35.2 e	31.9 e	35.4	28.2	34.8	16.4	17.9
84-85	Administration publique et défense ; sécurité sociale obligatoire et éducation	10.7 e	10.1 e	10.6 e	14.1	9.0	10.9	5.9	7.7
86-88	Santé humaine et action sociale	19.2 e	19.8 e	19.3 e	16.5	15.8	19.2	5.0	6.0
90-93	Arts, spectacles et loisirs	5.4 e	3.7 e	0.2 e	0.1	0.1	0.0	0.0	0.0
94-99	Autres services ; ménages-employeurs ; organismes extra-territoriaux	0.7 e	1.5 e	1.8 e	4.7	3.3	4.7	5.5	4.1

.. Non disponible ; e Valeur estimée
Note : Voir les métadonnées détaillées sur : http://metalinks.oecd.org/anberd/20191119/86ba.

DANEMARK

Dépenses de R-D dans l'industrie par activité principale de l'entreprise, prix courants
CITI Rév. 4

Millions USD PPP

		2010	2011	2012	2013	2014	2015	2016	2017
	TOTAL ENTREPRISES	4 664.8	4 859.9	4 897.4	4 936.6	5 023.4	5 406.7	5 864.7	6 171.1
01-03	**AGRICULTURE, SYLVICULTURE ET PÊCHE**	7.0	7.0	5.8	7.1	6.5	6.7	4.1	55.5
05-09	**ACTIVITÉS EXTRACTIVES**	5.7	5.6	1.9	6.4	11.1	11.2	10.2	10.8
10-33	**ACTIVITÉS DE FABRICATION**	2 441.1	2 524.4	2 754.5	2 870.2	2 913.6	3 048.2	3 096.3	3 447.2
10-12	Produits alimentaires, boissons et tabac	49.8	69.0	81.9	64.8	54.0	64.4	70.6	78.8
13-15	Textiles, habillement, cuir et articles de cuir	4.0	2.4	2.7	2.7	2.7	3.1	4.3	7.5
13	Textiles	2.5	1.5	1.7	2.3	2.3	2.7	4.0	6.9
14	Articles d'habillement	..	..	1.0	0.5	0.4	0.5	0.3	0.5
15	Cuir et articles de cuir	..	..	0.0	0.0	0.0	0.0	0.0	0.0
16-18	Bois, papier, imprimerie et reproduction de supports enregistrés	6.3	5.9	4.6	46.7	7.9	3.1	2.5	5.8
16	Bois et articles en bois, sauf meubles	1.1	1.4	1.5	43.4	2.3	1.9	1.3	1.7
17	Papier et articles en papier	3.9	4.2	3.1	3.3	5.6	1.2	1.1	1.4
18	Imprimerie et reproduction de supports enregistrés	1.3	0.3	0.0	0.0	0.0	0.0	0.0	2.6
19-23	Produits pétroliers, chimiques, pharmaceutiques, caoutchouc, plastique, minéraux	1 194.9	1 185.8	1 418.6	1 476.6	1 541.9	1 678.3	1 831.0	1 751.4
19	Cokéfaction et raffinage	..	..	..	..	..	..	..	..
20-21	Industrie chimique et pharmaceutique	..	..	..	..	..	..	..	..
20	Produits chimiques	..	..	..	..	..	..	..	..
21	Préparations pharmaceutiques, chimiques (médicine) et d'herboristerie	930.5	892.2	1 065.8	1 127.2	1 162.6	1 239.0	1 453.4	1 394.3
22	Produits en caoutchouc et en plastique	51.0	50.3	53.8	55.0	55.8	62.4	16.2	19.4
23	Autres produits minéraux non métalliques	5.5	4.7	22.4	23.4	24.7	26.2	6.2	24.5
24-25	Produits métalliques de base et ouvrages en métaux (sauf machines et matériel)	15.9	19.5	19.8	19.8	17.5	24.1	27.4	26.0
24	Produits métallurgiques de base	2.8	3.1	3.2	2.9	2.9	3.3	4.4	5.8
25	Ouvrages en métaux (sauf machines et matériel)	13.1	16.4	16.6	16.8	14.6	20.8	23.0	20.2
26-30	Ordinateurs, articles électroniques et optiques ; machines et matériels de transport	1 040.4	1 112.5	1 079.5	1 078.1	1 081.8	1 014.6	963.0	1 378.6
26	Ordinateurs, articles électroniques et optiques	334.2	325.7	373.3	406.2	412.4	438.4	481.7	511.4
27	Matériels électriques	70.3	78.6	73.1	69.0	67.7	57.4	72.6	71.4
28	Machines et équipements n.c.a.	620.3	687.7	612.4	581.1	583.3	498.4	387.7	773.2
29	Automobiles, remorques et semi-remorques	10.5	14.9	15.3	15.6	11.6	10.8	14.0	12.2
30	Autres matériels de transport	5.1	5.5	5.4	6.1	6.8	9.7	7.0	10.3
31-33	Meubles ; réparation et installation de machines et de matériel	129.6	129.3	147.3	181.5	208.0	261.0	197.7	199.2
31	Meubles	5.2	6.1	4.5	4.0	5.6	6.8	7.4	8.7
32	Autres activités de fabrication	123.7	123.2	141.3	177.5	202.4	253.7	190.1	190.5
33	Réparation et installation de machines et de matériel	0.7	0.0	1.5	0.0	0.0	0.4	0.1	0.0
35-39	**ÉLECTRICITÉ, GAZ, EAU ET TRAITEMENT DES DÉCHETS**	31.4	37.3	13.2	12.4	13.5	27.9	19.4	23.0
35-36	Production et distribution d'électricité, de gaz et de l'eau	30.5	34.2	9.2	10.9	8.9	13.0	14.2	18.5
37-39	Assainissement, traitement des déchets et dépollution	0.9	3.1	4.0	1.5	4.6	14.9	5.2	4.6
41-43	**CONSTRUCTION**	7.3	5.3	5.9	7.2	5.0	5.1	6.2	5.2
45-99	**TOTAL SERVICES**	2 172.3	2 280.4	2 116.1	2 033.2	2 073.6	2 307.6	2 728.5	2 629.1
45-82	Services du secteur des entreprises	2 171.7	2 250.4	2 072.9	1 996.2	2 043.6	2 294.4	2 714.7	2 571.2
45-47	Commerce de gros et de détail ; réparations automobiles et motocycles	176.0	255.7	236.8	160.8	224.2	240.3	247.0	359.7
49-53	Transport et entreposage	19.4	7.5	15.6	8.9	7.8	9.3	8.7	7.8
55-56	Activités d'hébergement et de restauration	0.5	0.3	0.1	1.9	1.2	3.0	1.7	2.4
58-63	Information et communication	769.5	749.3	594.8	492.3	480.6	552.9	688.6	462.3
58-60	Édition, audiovisuel et diffusion	114.2	89.3	74.3	71.4	86.0	133.6	76.5	42.7
58	Activités d'édition	105.1	86.9	73.0	67.3	80.9	123.0	74.3	39.5
59-60	Activités audiovisuel et diffusion	9.1	2.5	1.3	4.1	5.0	10.7	2.2	3.2
59	Production de films, vidéo, programmes de télévision et d'enregistrements	9.1	2.5	1.3	4.1	3.5	9.3	2.2	1.1
60	Programmation et diffusion	0.0	0.0	0.0	0.0	1.5	1.4	0.0	2.2
61	Télécommunications	31.8	52.0	64.0	52.8	30.6	37.5	27.2	13.8
62-63	Technologies de l'information et informatique	623.4	607.9	456.5	368.1	364.0	381.7	584.9	405.8
62	Programmation informatique ; conseils et activités connexes	618.8	595.7	444.5	353.7	350.5	360.2	548.9	387.3
63	Services d'information	4.6	12.2	12.0	14.3	13.5	21.5	36.0	18.4
64-66	Activités financières et d'assurances	510.0	531.7	541.5	541.4	547.7	632.4	682.5	753.2
68-82	Activités immobilières ; professionnelles ; services administratifs et d'appui	696.4	705.8	684.1	790.9	782.3	856.6	1 086.3	985.9
68	Activités immobilières	0.0	1.3	3.1	6.8	2.0	2.3	2.1	8.2
69-75x72	Activités professionnelles, scientifiques et techniques, R-D scientifique exclu	151.2	164.9	161.7	174.9	159.1	248.8	225.7	241.5
72	Recherche scientifique et développement	537.4	530.1	512.2	604.6	611.2	601.9	846.6	665.6
77-82	Activités de services administratifs et d'appui	7.7	9.5	7.0	4.6	10.0	3.6	11.9	70.6
84-99	Services collectifs, sociaux et personnels	0.6	30.0	43.2	37.1	30.0	13.1	13.8	57.9
84-85	Administration publique et défense ; sécurité sociale obligatoire et éducation	..	..	..	..	..	..	..	..
86-88	Santé humaine et action sociale	..	..	..	..	..	..	..	..
90-93	Arts, spectacles et loisirs	0.3	0.1	6.1	5.2	5.0	4.4	6.6	16.2
94-99	Autres services ; ménages-employeurs ; organismes extra-territoriaux	0.1	29.9	29.6	31.5	24.7	8.9	7.0	41.6

.. Non disponible

Note : Voir les métadonnées détaillées sur : http://metalinks.oecd.org/anberd/20191119/86ba.

DANEMARK

Dépenses de R-D dans l'industrie par activité principale de l'entreprise, prix constants
CITI Rév. 4

2010 PPP USD

		2010	2011	2012	2013	2014	2015	2016	2017
	TOTAL ENTREPRISES	4 664.8	4 749.6	4 736.3	4 601.2	4 617.9	4 931.7	5 259.9	5 244.7
01-03	**AGRICULTURE, SYLVICULTURE ET PÊCHE**	7.0	6.8	5.6	6.6	6.0	6.1	3.6	47.2
05-09	**ACTIVITÉS EXTRACTIVES**	5.7	5.4	1.8	6.0	10.2	10.2	9.2	9.2
10-33	**ACTIVITÉS DE FABRICATION**	2 441.1	2 467.1	2 663.9	2 675.2	2 678.4	2 780.4	2 777.0	2 929.7
10-12	Produits alimentaires, boissons et tabac	49.8	67.4	79.2	60.4	49.7	58.7	63.3	66.9
13-15	Textiles, habillement, cuir et articles de cuir	4.0	2.3	2.6	2.5	2.5	2.9	3.8	6.3
13	Textiles	2.5	1.5	1.7	2.1	2.1	2.5	3.6	5.9
14	Articles d'habillement	..	..	0.9	0.4	0.4	0.5	0.2	0.4
15	Cuir et articles de cuir	..	..	0.0	0.0	0.0	0.0	0.0	0.0
16-18	Bois, papier, imprimerie et reproduction de supports enregistrés	6.3	5.7	4.4	43.5	7.3	2.9	2.2	4.9
16	Bois et articles en bois, sauf meubles	1.1	1.4	1.5	40.4	2.1	1.7	1.2	1.5
17	Papier et articles en papier	3.9	4.1	3.0	3.1	5.1	1.1	1.0	1.2
18	Imprimerie et reproduction de supports enregistrés	1.3	0.3	0.0	0.0	0.0	0.0	0.0	2.2
19-23	Produits pétroliers, chimiques, pharmaceutiques, caoutchouc, plastique, minéraux	1 194.9	1 158.9	1 372.0	1 376.3	1 417.4	1 530.8	1 642.1	1 488.5
19	Cokéfaction et raffinage	..	..	..	..	..	..	..	..
20-21	Industrie chimique et pharmaceutique	..	..	..	..	..	..	..	..
20	Produits chimiques	..	..	..	..	..	..	..	..
21	Préparations pharmaceutiques, chimiques (médicine) et d'herboristerie	930.5	872.0	1 030.8	1 050.6	1 068.7	1 130.2	1 303.5	1 185.0
22	Produits en caoutchouc et en plastique	51.0	49.2	52.0	51.3	51.3	57.0	14.5	16.5
23	Autres produits minéraux non métalliques	5.5	4.6	21.7	21.8	22.7	23.9	5.6	20.8
24-25	Produits métalliques de base et ouvrages en métaux (sauf machines et matériel)	15.9	19.1	19.2	18.4	16.1	22.0	24.6	22.1
24	Produits métallurgiques de base	2.8	3.1	3.1	2.7	2.6	3.0	3.9	4.9
25	Ouvrages en métaux (sauf machines et matériel)	13.1	16.0	16.1	15.7	13.4	19.0	20.7	17.1
26-30	Ordinateurs, articles électroniques et optiques ; machines et matériels de transport	1 040.4	1 087.2	1 044.0	1 004.8	994.4	925.5	863.6	1 171.6
26	Ordinateurs, articles électroniques et optiques	334.2	318.3	361.0	378.7	379.1	399.9	432.0	434.7
27	Matériels électriques	70.3	76.9	70.7	64.4	62.2	52.3	65.1	60.7
28	Machines et équipements n.c.a.	620.3	672.1	592.3	541.6	536.2	454.6	347.7	657.2
29	Automobiles, remorques et semi-remorques	10.5	14.6	14.8	14.6	10.7	9.9	12.5	10.4
30	Autres matériels de transport	5.1	5.4	5.2	5.7	6.3	8.9	6.3	8.8
31-33	Meubles ; réparation et installation de machines et de matériel	129.6	126.4	142.4	169.2	191.2	238.0	177.3	169.3
31	Meubles	5.2	6.0	4.3	3.7	5.1	6.2	6.7	7.4
32	Autres activités de fabrication	123.7	120.4	136.7	165.5	186.0	231.4	170.5	161.9
33	Réparation et installation de machines et de matériel	0.7	0.0	1.5	0.0	0.0	0.4	0.1	0.0
35-39	**ÉLECTRICITÉ, GAZ, EAU ET TRAITEMENT DES DÉCHETS**	31.4	36.5	12.8	11.6	12.4	25.5	17.4	19.6
35-36	Production et distribution d'électricité, de gaz et de l'eau	30.5	33.4	8.9	10.2	8.2	11.9	12.8	15.7
37-39	Assainissement, traitement des déchets et dépollution	0.9	3.0	3.9	1.4	4.3	13.6	4.7	3.9
41-43	**CONSTRUCTION**	7.3	5.2	5.7	6.7	4.6	4.6	5.6	4.4
45-99	**TOTAL SERVICES**	2 172.3	2 228.6	2 046.5	1 895.1	1 906.2	2 104.8	2 447.1	2 234.4
45-82	**Services du secteur des entreprises**	2 171.7	2 199.3	2 004.7	1 860.6	1 878.6	2 092.8	2 434.8	2 185.3
45-47	Commerce de gros et de détail ; réparations automobiles et motocycles	176.0	249.9	229.0	149.9	206.1	219.2	221.6	305.7
49-53	Transport et entreposage	19.4	7.4	15.1	8.3	7.1	8.5	7.8	6.6
55-56	Activités d'hébergement et de restauration	0.5	0.3	0.1	1.7	1.1	2.7	1.5	2.0
58-63	Information et communication	769.5	732.3	575.2	458.8	441.8	504.3	617.6	392.9
58-60	Édition, audiovisuel et diffusion	114.2	87.3	71.9	66.6	79.0	121.9	68.6	36.3
58	Activités d'édition	105.1	84.9	70.6	62.7	74.4	112.2	66.6	33.6
59-60	Activités audiovisuel et diffusion	9.1	2.4	1.3	3.9	4.6	9.7	2.0	2.8
59	Production de films, vidéo, programmes de télévision et d'enregistrements	9.1	2.4	1.3	3.9	3.3	8.5	2.0	0.9
60	Programmation et diffusion	0.0	0.0	0.0	0.0	1.4	1.2	0.0	1.8
61	Télécommunications	31.8	50.9	61.9	49.2	28.1	34.2	24.4	11.7
62-63	Technologies de l'information et informatique	623.4	594.1	441.5	343.1	334.7	348.2	524.6	344.9
62	Programmation informatique ; conseils et activités connexes	618.8	582.2	429.9	329.7	322.2	328.6	492.3	329.2
63	Services d'information	4.6	11.9	11.6	13.4	12.4	19.6	32.3	15.7
64-66	**Activités financières et d'assurances**	510.0	519.6	523.7	504.7	503.5	576.9	612.1	640.1
68-82	**Activités immobilières ; professionnelles ; services administratifs et d'appui**	696.4	689.8	661.6	737.2	719.1	781.3	974.3	837.9
68	Activités immobilières	0.0	1.2	3.0	6.3	1.9	2.1	1.9	7.0
69-75x72	Activités professionnelles, scientifiques et techniques, R-D scientifique exclu	151.4	161.2	156.4	163.0	146.3	226.9	202.4	205.3
72	Recherche scientifique et développement	537.4	518.1	495.3	563.5	561.8	549.0	759.3	565.7
77-82	Activités de services administratifs et d'appui	7.7	9.3	6.8	4.3	9.2	3.2	10.7	60.0
84-99	**Services collectifs, sociaux et personnels**	0.6	29.3	41.8	34.5	27.6	12.0	12.4	49.2
84-85	Administration publique et défense ; sécurité sociale obligatoire et éducation	..	..	..	..	..	..	..	..
86-88	Santé humaine et action sociale	..	..	..	..	..	..	..	..
90-93	Arts, spectacles et loisirs	0.3	0.1	5.9	4.9	4.6	4.0	5.9	13.8
94-99	Autres services ; ménages-employeurs ; organismes extra-territoriaux	0.1	29.3	28.7	29.4	22.7	8.1	6.3	35.4

.. Non disponible

Note : Voir les métadonnées détaillées sur : http://metalinks.oecd.org/anberd/20191119/86ba.

ESTONIE

Dépenses de R-D dans l'industrie par activité principale de l'entreprise, prix courants
CITI Rév. 4

Millions USD PPP

		2010	2011	2012	2013	2014	2015	2016	2017
	TOTAL ENTREPRISES	228.0	474.7	420.3	297.8	236.9	259.5	261.0	268.0
01-03	AGRICULTURE, SYLVICULTURE ET PÊCHE	..	0.1	..	..	..	0.0	0.0	0.0
05-09	ACTIVITÉS EXTRACTIVES	..	..	..	..	..	..	..	..
10-33	ACTIVITÉS DE FABRICATION	83.7	302.8	182.3	102.9	51.0	70.0	64.3	79.3
10-12	Produits alimentaires, boissons et tabac	3.0	2.7	2.6	9.0	6.0	6.3	10.1	3.4
13-15	Textiles, habillement, cuir et articles de cuir	1.0	1.0	0.9	1.0	1.2	1.2	1.0	1.0
13	Textiles	..	..	..	..	..	..	..	..
14	Articles d'habillement	..	..	..	..	..	..	..	..
15	Cuir et articles de cuir	..	..	..	..	..	..	..	..
16-18	Bois, papier, imprimerie et reproduction de supports enregistrés	3.9	1.1	0.2	0.6	0.1	1.1	0.6	0.2
16	Bois et articles en bois, sauf meubles	..	..	..	0.6	0.1	0.0	0.3	0.2
17	Papier et articles en papier	0.0	0.0	0.0	0.0	0.0	0.0	0.0	0.0
18	Imprimerie et reproduction de supports enregistrés	..	..	..	0.0	0.0	1.0	0.3	0.0
19-23	Produits pétroliers, chimiques, pharmaceutiques, caoutchouc, plastique, minéraux	..	..	..	..	..	..	..	..
19	Cokéfaction et raffinage	..	263.9	146.3	64.5	9.1	22.2	1.5	8.6
20-21	Industrie chimique et pharmaceutique	6.9	9.2	8.5	6.7	5.9	6.3	5.0	5.4
20	Produits chimiques	6.4	3.0	6.8	4.8	3.7	4.6	4.2	4.0
21	Préparations pharmaceutiques, chimiques (médicine) et d'herboristerie	0.5	6.2	1.7	1.9	2.1	1.6	0.8	1.4
22	Produits en caoutchouc et en plastique	1.3	1.7	1.6	0.8	7.6	0.4	0.7	1.0
23	Autres produits minéraux non métalliques	..	..	..	..	..	..	..	..
24-25	Produits métalliques de base et ouvrages en métaux (sauf machines et matériel)	..	0.7	0.4	..	..	..	..	..
24	Produits métallurgiques de base	..	0.0	0.0	..	..	..	..	..
25	Ouvrages en métaux (sauf machines et matériel)	0.7	0.7	0.4	1.6	1.4	0.9	0.9	1.0
26-30	Ordinateurs, articles électroniques et optiques ; machines et matériels de transport	13.3	19.2	18.7	16.0	16.7	29.4	41.8	56.1
26	Ordinateurs, articles électroniques et optiques	5.6	5.7	4.5	5.0	8.0	12.4	16.9	26.1
27	Matériels électriques	3.2	7.9	8.4	3.4	4.7	9.1	10.2	19.0
28	Machines et équipements n.c.a.	2.0	1.6	1.4	5.2	1.2	1.6	2.9	6.3
29	Automobiles, remorques et semi-remorques	1.8	3.7	4.4	2.3	2.8	3.3	8.5	4.7
30	Autres matériels de transport	..	..	..	..	..	..	..	..
31-33	Meubles ; réparation et installation de machines et de matériel	..	3.0	..	2.2	..	..	..	..
31	Meubles	0.5	0.4	0.6	0.4	..	..	..	..
32	Autres activités de fabrication	2.2	2.4	1.6	1.5	1.5	0.6	1.3	1.5
33	Réparation et installation de machines et de matériel	..	0.1	..	0.4	0.2	0.2	0.4	0.0
35-39	ÉLECTRICITÉ, GAZ, EAU ET TRAITEMENT DES DÉCHETS	4.9	23.7	33.0	9.6	25.2	15.4	16.3	16.1
35-36	Production et distribution d'électricité, de gaz et de l'eau	..	..	..	..	..	..	..	..
37-39	Assainissement, traitement des déchets et dépollution	..	..	..	..	..	..	..	..
41-43	CONSTRUCTION	..	0.7	5.9	..	..	..	1.1	2.2
45-99	TOTAL SERVICES	137.5	147.0	198.7	181.1	155.0	173.3	173.6	169.8
45-82	Services du secteur des entreprises	137.5	144.5	196.2	178.9	151.1	170.9	173.3	169.6
45-47	Commerce de gros et de détail ; réparations automobiles et motocycles	2.9	2.9	3.3	2.7	2.7	0.2	2.4	4.1
49-53	Transport et entreposage	..	..	..	..	..	..	..	..
55-56	Activités d'hébergement et de restauration	0.0	0.0	0.0	0.0	0.0	0.0	0.0	0.0
58-63	Information et communication	57.6	68.9	101.0	85.2	71.6	93.9	104.0	92.8
58-60	Édition, audiovisuel et diffusion	..	..	..	..	..	..	..	..
58	Activités d'édition	..	..	..	..	..	..	..	..
59-60	Activités audiovisuel et diffusion	0.0	0.0	0.0	0.0	0.0	0.0	0.0	0.0
59	Production de films, vidéo, programmes de télévision et d'enregistrements	0.0	0.0	0.0	0.0	0.0	0.0	0.0	0.0
60	Programmation et diffusion	0.0	0.0	0.0	0.0	0.0	0.0	0.0	0.0
61	Télécommunications	3.9	11.5	25.0	11.9	10.8	10.1	13.7	16.5
62-63	Technologies de l'information et informatique	53.6	57.3	75.9	..	..	..	..	..
62	Programmation informatique ; conseils et activités connexes	52.6	54.6	73.2	69.6	59.4	78.1	84.2	70.3
63	Services d'information	1.0	2.7	2.7	..	..	..	..	..
64-66	Activités financières et d'assurances	25.9	22.5	22.5	25.4	25.1	24.5	23.0	29.9
68-82	Activités immobilières ; professionnelles ; services administratifs et d'appui	50.5	49.4	69.4	65.4	50.0	49.9	39.4	38.4
68	Activités immobilières	0.0	0.0	0.0	0.0	0.0	0.0	0.0	0.0
69-75x72	Activités professionnelles, scientifiques et techniques, R-D scientifique exclu	6.9	7.9	11.2	10.8	9.6	11.2	9.1	2.6
72	Recherche scientifique et développement	41.8	40.5	57.5	54.1	40.2	33.3	30.2	34.3
77-82	Activités de services administratifs et d'appui	1.9	..	..	..	..	..	..	..
84-99	Services collectifs, sociaux et personnels	..	2.6	2.5	2.2	3.9	2.5	0.4	0.2
84-85	Administration publique et défense ; sécurité sociale obligatoire et éducation	0.0	0.0	0.0	0.0	0.0	0.0	0.1	0.0
86-88	Santé humaine et action sociale	..	2.6	2.5	2.2	3.9	2.5	0.3	0.2
90-93	Arts, spectacles et loisirs	0.0	0.0	0.0	0.0	0.0	0.0	0.0	0.0
94-99	Autres services ; ménages-employeurs ; organismes extra-territoriaux	0.0	0.0	0.0	0.0	0.0	0.0	0.0	0.0

.. Non disponible

Note : Voir les métadonnées détaillées sur : *http://metalinks.oecd.org/anberd/20191119/86ba*.

ESTONIE

Dépenses de R-D dans l'industrie par activité principale de l'entreprise, prix constants
CITI Rév. 4

2010 PPP USD

		2010	2011	2012	2013	2014	2015	2016	2017
	TOTAL ENTREPRISES	**228.0**	**450.5**	**393.8**	**270.2**	**210.5**	**232.7**	**229.0**	**227.5**
01-03	AGRICULTURE, SYLVICULTURE ET PÊCHE	..	0.1	..	..	..	0.0	0.0	0.0
05-09	ACTIVITÉS EXTRACTIVES	..	..	..	..	..	..	..	..
10-33	**ACTIVITÉS DE FABRICATION**	**83.7**	**287.4**	**170.8**	**93.3**	**45.3**	**62.8**	**56.4**	**67.3**
10-12	Produits alimentaires, boissons et tabac	3.0	2.5	2.4	8.1	5.3	5.7	8.9	2.9
13-15	Textiles, habillement, cuir et articles de cuir	1.0	1.0	0.8	0.9	1.1	1.1	0.9	0.9
13	Textiles	..	..	..	..	..	..	..	..
14	Articles d'habillement	..	..	..	..	..	..	..	..
15	Cuir et articles de cuir	..	..	..	..	..	..	..	..
16-18	Bois, papier, imprimerie et reproduction de supports enregistrés	3.9	1.1	0.2	0.6	0.1	1.0	0.5	0.2
16	Bois et articles en bois, sauf meubles	..	..	..	0.6	0.1	0.0	0.2	0.2
17	Papier et articles en papier	0.0	0.0	0.0	0.0	0.0	0.0	0.0	0.0
18	Imprimerie et reproduction de supports enregistrés	..	..	..	0.0	0.0	0.9	0.3	0.0
19-23	Produits pétroliers, chimiques, pharmaceutiques, caoutchouc, plastique, minéraux	..	..	..	..	..	..	..	..
19	Cokéfaction et raffinage	..	250.4	137.1	58.5	8.1	19.9	1.6	7.3
20-21	Industrie chimique et pharmaceutique	6.9	8.8	8.0	6.1	5.2	5.6	4.4	4.6
20	Produits chimiques	6.4	2.9	6.4	4.3	3.3	4.1	3.7	3.4
21	Préparations pharmaceutiques, chimiques (médicine) et d'herboristerie	0.5	5.9	1.6	1.7	1.9	1.5	0.7	1.2
22	Produits en caoutchouc et en plastique	1.3	1.7	1.5	0.8	6.7	0.4	0.6	0.8
23	Autres produits minéraux non métalliques	..	..	..	..	..	..	..	..
24-25	Produits métalliques de base et ouvrages en métaux (sauf machines et matériel)	..	0.7	0.4	..	..	..	..	..
24	Produits métallurgiques de base	..	0.0	0.0	..	..	..	..	..
25	Ouvrages en métaux (sauf machines et matériel)	0.7	0.7	0.4	1.5	1.2	0.8	0.8	0.9
26-30	Ordinateurs, articles électroniques et optiques ; machines et matériels de transport	13.3	18.2	17.6	14.5	14.8	26.4	36.7	47.6
26	Ordinateurs, articles électroniques et optiques	5.6	5.4	4.2	4.5	7.1	11.1	14.8	22.2
27	Matériels électriques	3.2	7.5	7.9	3.1	4.2	8.2	8.9	16.1
28	Machines et équipements n.c.a.	2.0	1.5	1.3	4.7	1.1	1.4	2.6	5.4
29	Automobiles, remorques et semi-remorques	1.8	3.5	4.1	2.1	2.5	3.0	7.4	4.0
30	Autres matériels de transport	..	..	..	..	..	..	..	..
31-33	Meubles ; réparation et installation de machines et de matériel	..	2.8	..	2.0	..	..	..	..
31	Meubles	0.5	0.4	0.5	0.3	..	..	..	..
32	Autres activités de fabrication	2.2	2.3	1.5	1.3	1.4	0.5	1.1	1.3
33	Réparation et installation de machines et de matériel	..	0.1	..	0.3	0.2	0.2	0.3	0.0
35-39	**ÉLECTRICITÉ, GAZ, EAU ET TRAITEMENT DES DÉCHETS**	**4.9**	**22.5**	**30.9**	**8.7**	**22.4**	**13.8**	**14.3**	**13.7**
35-36	Production et distribution d'électricité, de gaz et de l'eau	..	..	..	..	..	..	..	..
37-39	Assainissement, traitement des déchets et dépollution	..	..	..	..	..	..	..	..
41-43	**CONSTRUCTION**	..	**0.7**	**5.6**	..	..	..	**0.9**	**1.9**
45-99	**TOTAL SERVICES**	**137.5**	**139.6**	**186.1**	**164.3**	**137.7**	**155.5**	**152.3**	**144.1**
45-82	**Services du secteur des entreprises**	**137.5**	**137.1**	**183.8**	**162.3**	**134.2**	**153.3**	**152.0**	**143.9**
45-47	**Commerce de gros et de détail ; réparations automobiles et motocycles**	**2.9**	**2.7**	**3.0**	**2.5**	**2.4**	**0.2**	**2.1**	**3.5**
49-53	**Transport et entreposage**	..	..	..	..	..	..	..	..
55-56	**Activités d'hébergement et de restauration**	**0.0**	**0.0**	**0.0**	**0.0**	**0.0**	**0.0**	**0.0**	**0.0**
58-63	**Information et communication**	**57.6**	**65.4**	**94.6**	**77.3**	**63.6**	**84.3**	**91.3**	**78.8**
58-60	Édition, audiovisuel et diffusion	..	..	..	..	..	..	..	..
58	Activités d'édition	..	..	..	..	..	..	..	..
59-60	Activités audiovisuel et diffusion	0.0	0.0	0.0	0.0	0.0	0.0	0.0	0.0
59	Production de films, vidéo, programmes de télévision et d'enregistrements	0.0	0.0	0.0	0.0	0.0	0.0	0.0	0.0
60	Programmation et diffusion	0.0	0.0	0.0	0.0	0.0	0.0	0.0	0.0
61	Télécommunications	3.9	10.9	23.4	10.8	9.6	9.0	12.0	14.0
62-63	Technologies de l'information et informatique	53.6	54.3	71.2	..	..	..	..	..
62	Programmation informatique ; conseils et activités connexes	52.6	51.8	68.6	63.2	52.7	70.0	73.9	59.6
63	Services d'information	1.0	2.5	2.6	..	..	..	..	..
64-66	**Activités financières et d'assurances**	**25.9**	**21.3**	**21.0**	**23.0**	**22.3**	**22.0**	**20.1**	**25.3**
68-82	**Activités immobilières ; professionnelles ; services administratifs d'appui**	**50.5**	**46.8**	**65.0**	**59.3**	**44.4**	**44.8**	**34.5**	**32.6**
68	Activités immobilières	0.0	0.0	0.0	0.0	0.0	0.0	0.0	0.0
69-75x72	Activités professionnelles, scientifiques et techniques, R-D scientifique exclu	6.9	7.5	10.5	9.8	8.6	10.0	8.0	2.2
72	Recherche scientifique et développement	41.8	38.4	53.9	49.1	35.7	29.8	26.5	29.1
77-82	Activités de services administratifs et d'appui	1.9	..	..	..	..	..	..	..
84-99	**Services collectifs, sociaux et personnels**	..	**2.4**	**2.3**	**2.0**	**3.5**	**2.2**	**0.3**	**0.2**
84-85	Administration publique et défense ; sécurité sociale obligatoire et éducation	0.0	0.0	0.0	0.0	0.0	0.0	0.1	0.0
86-88	Santé humaine et action sociale	..	2.4	2.3	2.0	3.5	2.2	0.2	0.1
90-93	Arts, spectacles et loisirs	0.0	0.0	0.0	0.0	0.0	0.0	0.0	0.0
94-99	Autres services ; ménages-employeurs ; organismes extra-territoriaux	0.0	0.0	0.0	0.0	0.0	0.0	0.0	0.0

.. Non disponible

Note : Voir les métadonnées détaillées sur : *http://metalinks.oecd.org/anberd/20191119/86ba*.

FINLANDE

Dépenses de R-D dans l'industrie par activité principale de l'entreprise, prix courants
CITI Rév. 4

Millions USD PPP

		2010	2011	2012	2013	2014	2015	2016	2017
	TOTAL ENTREPRISES	5 390.6	5 620.3	5 167.9	5 083.5	4 860.5	4 459.8	4 339.3	4 592.9
01-03	AGRICULTURE, SYLVICULTURE ET PÊCHE	3.9	5.5	2.0	3.2	1.7	1.8	1.9	4.9
05-09	ACTIVITÉS EXTRACTIVES	9.1	9.3	10.9	9.4	6.9	7.5	10.3	19.0
10-33	ACTIVITÉS DE FABRICATION	4 294.3	4 318.3	3 728.4	3 626.2	3 446.2	2 992.9	2 788.2	2 873.2
10-12	Produits alimentaires, boissons et tabac	71.6	71.5	65.6	75.7	78.2	66.7	53.9	65.7
13-15	Textiles, habillement, cuir et articles de cuir	9.6	7.6	5.4	7.0	9.7	12.2	8.5	7.0
13	Textiles	1.5 e	1.0 e	0.8 e	1.7 e	0.7 e	4.4	5.3	4.0
14	Articles d'habillement	8.0 e	6.5 e	4.5 e	5.1 e	9.0 e	7.6	3.1 e	2.9 e
15	Cuir et articles de cuir	0.1 e	0.1 e	0.1 e	0.1 e	0.0 e	0.1	0.0 e	0.0 e
16-18	Bois, papier, imprimerie et reproduction de supports enregistrés	129.6	101.1	109.1	105.0	99.8	114.4	112.1	116.4
16	Bois et articles en bois, sauf meubles	12.0	10.7	8.5	8.4	8.8	5.6	9.3	9.7
17	Papier et articles en papier	112.7	84.5	94.3	90.0	85.0	99.5	95.0	98.4
18	Imprimerie et reproduction de supports enregistrés	4.9	5.8	6.4	6.6	6.0	9.3	7.9	8.3
19-23	Produits pétroliers, chimiques, pharmaceutiques, caoutchouc, plastique, minéraux	367.5	390.1	385.0	385.5 e	363.5	387.6	418.6	442.5 e
19	Cokéfaction et raffinage	45.6	45.6 e	41.9 e	41.4 e	28.7 e	38.6 e	41.8 e	44.1 e
20-21	Industrie chimique et pharmaceutique	252.6	273.6	267.2	273.8	264.3	276.9	301.2	304.4
20	Produits chimiques	135.7	143.5	117.1	141.4	115.8	133.7	141.6	136.1
21	Préparations pharmaceutiques, chimiques (médicine) et d'herboristerie	116.9	130.1	150.1	132.4	148.5	143.3	159.6	168.3
22	Produits en caoutchouc et en plastique	35.9	37.2	38.6	40.0	38.0	41.1	42.9	62.8
23	Autres produits minéraux non métalliques	33.3	33.7	37.3	30.3	32.4	31.0	32.7	31.1
24-25	Produits métalliques de base et ouvrages en métaux (sauf machines et matériel)	116.0	108.3	98.9	93.6	82.1	81.3	79.9	92.6
24	Produits métallurgiques de base	66.8	56.4	51.9	44.7	35.6	41.2	40.7	36.0
25	Ouvrages en métaux (sauf machines et matériel)	49.2	51.9	47.0	48.8	46.5	40.1	39.1	56.6
26-30	Ordinateurs, articles électroniques et optiques ; machines et matériels de transport	3 565.6	3 604.0	3 023.4	2 926.6	2 783.4	2 301.1	2 080.4	2 115.4
26	Ordinateurs, articles électroniques et optiques	2 870.1	2 794.6	2 097.5	1 966.8	1 916.4	1 507.0	1 291.3	1 272.5
27	Matériels électriques	258.2	289.4	318.4	331.7	334.4	258.7	248.3	253.8
28	Machines et équipements n.c.a.	384.8	444.2	518.7	557.1	487.8	471.2	461.4	499.5
29	Automobiles, remorques et semi-remorques	21.5	22.9	23.2	27.8	28.3	44.0	45.0	49.1
30	Autres matériels de transport	31.0	52.9	65.5	43.1	16.4	20.3	34.3	40.4
31-33	Meubles ; réparation et installation de machines et de matériel	34.4	35.8 e	40.9 e	32.9 e	29.6 e	29.6 e	34.9 e	33.7 e
31	Meubles	6.4	8.5	9.7	7.5	6.8	5.3	4.1	8.0
32	Autres activités de fabrication	16.2	15.4	20.3	14.7	15.3	14.3	19.9	14.3
33	Réparation et installation de machines et de matériel	11.8	11.8 e	10.9 e	10.7 e	7.5 e	10.0 e	10.8 e	11.4 e
35-39	ÉLECTRICITÉ, GAZ, EAU ET TRAITEMENT DES DÉCHETS	45.6	57.4	62.4	53.5	40.6	44.4	72.2	70.6
35-36	Production et distribution d'électricité, de gaz et de l'eau	23.5	26.0	33.7	27.7	21.1	23.7	50.4	66.4
37-39	Assainissement, traitement des déchets et dépollution	22.1	31.4	28.7	25.7	19.6	20.7	21.8	4.2
41-43	CONSTRUCTION	64.2	55.3	56.5	50.4	87.9	111.1	113.2	134.1
45-99	TOTAL SERVICES	973.5	1 174.5	1 307.7	1 340.9	1 277.3	1 302.1	1 353.6	1 491.1
45-82	Services du secteur des entreprises	953.3	1 153.6	1 278.5	1 315.6	1 248.3	1 271.4	1 318.0	1 461.2
45-47	Commerce de gros et de détail ; réparations automobiles et motocycles	80.1	101.7	129.0	93.4	79.4	96.1	99.4	85.1
49-53	Transport et entreposage	11.7	17.3	19.6	17.2	16.1	18.6	16.9	13.7
55-56	Activités d'hébergement et de restauration	0.7	0.7	1.1	0.5 e	0.1 e	0.1 e	0.1 e	0.3 e
58-63	Information et communication	459.9	500.5	514.4	602.6	563.4	604.4	643.7	783.5
58-60	Édition, audiovisuel et diffusion	57.7	64.4	64.0	75.2	90.2	94.1	67.1	126.2
58	Activités d'édition	55.6	61.3	62.2	74.1	86.6	91.0	64.5	123.5
59-60	Activités audiovisuel et diffusion	2.1	3.1	1.8	1.1	3.5	3.2	2.4	2.7
59	Production de films, vidéo, programmes de télévision et d'enregistrements	2.1	..	..	..	..	..	..	..
60	Programmation et diffusion	0.1	..	..	..	..	..	..	..
61	Télécommunications	48.7	42.3	27.4	38.8	40.0	34.9	34.3	30.4
62-63	Technologies de l'information et informatique	353.5	393.8	423.0	488.6	433.3	475.3	542.4	626.9
62	Programmation informatique ; conseils et activités connexes	336.8	383.3	416.9	473.4	409.9	455.4	519.9	547.2
63	Services d'information	16.7	10.5	6.1	15.2	23.4	19.8	22.5	79.7
64-66	Activités financières et d'assurances	76.1	79.3	94.8	75.6	103.7	139.5	106.9	133.1
68-82	Activités immobilières ; professionnelles ; services administratifs et d'appui	324.8	454.1	519.6	526.3 e	485.7 e	412.7 e	451.0 e	445.6 e
68	Activités immobilières	2.6	3.1	3.2	1.4 e	0.2 e	0.3 e	0.2 e	0.9 e
69-75x72	Activités professionnelles, scientifiques et techniques, R-D scientifique exclu	190.4	170.0	192.3	154.1	140.4	190.1	184.3	175.2
72	Recherche scientifique et développement	128.5	276.4	318.8	367.1	338.1	216.6	255.2	264.5
77-82	Activités de services administratifs et d'appui	3.3	4.5	5.3	3.5	6.8	5.7	11.3	5.0
84-99	Services collectifs, sociaux et personnels	20.2	21.0	29.2	25.3	29.0	30.7	35.7	29.9
84-85	Administration publique et défense ; sécurité sociale obligatoire et éducation	0.0	1.4 e	3.3	1.4	1.9 e	0.0	0.1	0.1 e
86-88	Santé humaine et action sociale	2.8	3.0	4.0	5.3	2.2	2.9	3.1	4.1
90-93	Arts, spectacles et loisirs	14.5	13.2 e	16.8	16.7	22.5	26.2	31.0	24.1 e
94-99	Autres services ; ménages-employeurs ; organismes extra-territoriaux	2.9	3.4 e	5.1	1.9	2.4 e	1.5	1.4	1.6

.. Non disponible ; e Valeur estimée

Note : Voir les métadonnées détaillées sur : *http://metalinks.oecd.org/anberd/20191119/86ba*.

FINLANDE

Dépenses de R-D dans l'industrie par activité principale de l'entreprise, prix constants
CITI Rév. 4

2010 PPP USD

		2010	2011	2012	2013	2014	2015	2016	2017
	TOTAL ENTREPRISES	**5 390.6**	**5 463.6**	**4 936.4**	**4 718.6**	**4 445.6**	**4 013.4**	**3 863.6**	**3 951.8**
01-03	**AGRICULTURE, SYLVICULTURE ET PÊCHE**	**3.9**	**5.3**	**1.9**	**3.0**	**1.5**	**1.6**	**1.7**	**4.2**
05-09	**ACTIVITÉS EXTRACTIVES**	**9.1**	**9.0**	**10.4**	**8.7**	**6.4**	**6.7**	**9.2**	**16.4**
10-33	**ACTIVITÉS DE FABRICATION**	**4 294.3**	**4 197.9**	**3 561.3**	**3 365.9**	**3 152.0**	**2 693.3**	**2 482.5**	**2 472.1**
10-12	Produits alimentaires, boissons et tabac	71.6	69.5	62.6	70.2	71.5	60.0	48.0	56.5
13-15	Textiles, habillement, cuir et articles de cuir	9.6	7.4	5.2	6.5	8.9	11.0	7.5	6.0
13	Textiles	1.5 e	1.0 e	0.8 e	1.6 e	0.6 e	4.0	4.8	3.4
14	Articles d'habillement	8.0 e	6.3 e	4.3 e	4.8 e	8.2 e	6.8	2.7 e	2.5 e
15	Cuir et articles de cuir	0.1 e	0.1 e	0.1 e	0.1 e	0.0 e	0.1	0.0 e	0.0 e
16-18	Bois, papier, imprimerie et reproduction de supports enregistrés	129.6	98.2	104.3	97.5	91.2	102.9	99.8	100.2
16	Bois et articles en bois, sauf meubles	12.0	10.4	8.1	7.8	8.1	5.1	8.3	8.3
17	Papier et articles en papier	112.7	82.2	90.0	83.6	77.7	89.5	84.6	84.7
18	Imprimerie et reproduction de supports enregistrés	4.9	5.7	6.1	6.2	5.4	8.3	7.0	7.2
19-23	Produits pétroliers, chimiques, pharmaceutiques, caoutchouc, plastique, minéraux	367.5	379.2	367.7	357.8	332.4	348.8	372.7	380.7
19	Cokéfaction et raffinage	45.6	44.3 e	40.1 e	38.4 e	26.3 e	34.7 e	37.2 e	37.9 e
20-21	Industrie chimique et pharmaceutique	252.6	265.9	255.3	254.2	241.8	249.2	268.2	261.9
20	Produits chimiques	135.7	139.5	111.8	131.2	106.0	120.3	126.1	117.1
21	Préparations pharmaceutiques, chimiques (médicine) et d'herboristerie	116.9	126.4	143.4	122.9	135.8	128.9	142.1	144.8
22	Produits en caoutchouc et en plastique	35.9	36.2	36.8	37.1	34.8	37.0	38.2	54.1
23	Autres produits minéraux non métalliques	33.3	32.8	35.6	28.1	29.6	27.9	29.1	26.8
24-25	Produits métalliques de base et ouvrages en métaux (sauf machines et matériel)	116.0	105.3	94.5	86.8	75.1	73.2	71.1	79.7
24	Produits métallurgiques de base	66.8	54.8	49.6	41.5	32.6	37.1	36.2	31.0
25	Ouvrages en métaux (sauf machines et matériel)	49.2	50.4	44.9	45.3	42.5	36.1	34.9	48.7
26-30	Ordinateurs, articles électroniques et optiques ; machines et matériels de transport	3 565.6	3 503.6	2 887.9	2 716.5	2 545.8	2 070.8	1 852.3	1 820.2
26	Ordinateurs, articles électroniques et optiques	2 870.1	2 716.7	2 003.5	1 825.7	1 752.8	1 356.1	1 149.8	1 094.9
27	Matériels électriques	258.2	281.3	304.1	307.9	305.9	232.3	221.1	218.4
28	Machines et équipements n.c.a.	384.8	431.8	495.5	517.1	446.1	424.0	410.8	429.8
29	Automobiles, remorques et semi-remorques	21.5	22.3	22.2	25.8	25.9	39.6	40.1	42.3
30	Autres matériels de transport	31.0	51.5	62.6	40.0	15.0	18.2	30.5	34.7
31-33	Meubles ; réparation et installation de machines et de matériel	34.4	34.8 e	39.1 e	30.6 e	27.1 e	26.7 e	31.0 e	29.0 e
31	Meubles	6.4	8.3	9.3	7.0	6.3	4.8	3.7	6.9
32	Autres activités de fabrication	16.2	15.0	19.4	13.6	14.0	12.9	17.7	12.3
33	Réparation et installation de machines et de matériel	11.8	11.5 e	10.4 e	10.0 e	6.8 e	9.0 e	9.7 e	9.8 e
35-39	**ÉLECTRICITÉ, GAZ, EAU ET TRAITEMENT DES DÉCHETS**	**45.6**	**55.8**	**59.6**	**49.6**	**37.1**	**40.0**	**64.3**	**60.7**
35-36	Production et distribution d'électricité, de gaz et de l'eau	23.5	25.3	32.2	25.7	19.3	21.3	44.9	57.1
37-39	Assainissement, traitement des déchets et dépollution	22.1	30.5	27.4	23.9	17.9	18.6	19.4	3.6
41-43	**CONSTRUCTION**	**64.2**	**53.7**	**54.0**	**46.8**	**80.4**	**100.0**	**100.8**	**115.4**
45-99	**TOTAL SERVICES**	**973.5**	**1 141.8**	**1 249.1**	**1 244.7**	**1 168.3**	**1 171.8**	**1 205.2**	**1 283.0**
45-82	**Services du secteur des entreprises**	**953.3**	**1 121.4**	**1 221.3**	**1 221.2**	**1 141.8**	**1 144.1**	**1 173.5**	**1 257.3**
45-47	Commerce de gros et de détail ; réparations automobiles et motocycles	80.1	98.8	123.2	86.7	72.6	86.5	88.5	73.2
49-53	Transport et entreposage	11.7	16.9	18.7	16.0	14.7	16.8	15.1	11.8
55-56	Activités d'hébergement et de restauration	0.7	0.7	1.0	0.4 e	0.1 e	0.1 e	0.0 e	0.2 e
58-63	Information et communication	459.9	486.5	491.4	559.4	515.3	543.9	573.1	674.1
58-60	Édition, audiovisuel et diffusion	57.7	62.6	61.2	69.8	82.5	84.7	59.7	108.6
58	Activités d'édition	55.6	59.6	59.4	68.8	79.2	81.9	57.4	106.2
59-60	Activités audiovisuel et diffusion	2.1	3.0	1.7	1.0	3.2	2.9	2.2	2.4
59	Production de films, vidéo, programmes de télévision et d'enregistrements	2.1	..	..	..	..	..	..	..
60	Programmation et diffusion	0.1	..	..	..	..	..	..	..
61	Télécommunications	48.7	41.1	26.2	36.0	36.6	31.4	30.5	26.2
62-63	Technologies de l'information et informatique	353.5	382.8	404.0	453.6	396.3	427.7	482.9	539.4
62	Programmation informatique ; conseils et activités connexes	336.8	372.6	398.2	439.4	374.9	409.8	462.9	470.8
63	Services d'information	16.7	10.2	5.8	14.1	21.4	17.8	20.0	68.6
64-66	**Activités financières et d'assurances**	**76.1**	**77.1**	**90.6**	**70.1**	**94.9**	**125.5**	**95.2**	**114.5**
68-82	**Activités immobilières ; professionnelles ; services administratifs et d'appui**	**324.8**	**441.4**	**496.4**	**488.5 e**	**444.2 e**	**371.4 e**	**401.6 e**	**383.4 e**
68	Activités immobilières	2.6	3.0	3.1	1.3 e	0.2 e	0.3 e	0.1 e	0.7 e
69-75x72	Activités professionnelles, scientifiques et techniques, R-D scientifique exclu	190.4	165.3	183.7	143.0	128.4	171.1	164.1	150.8
72	Recherche scientifique et développement	128.5	268.7	304.5	340.8	309.2	195.0	227.3	227.6
77-82	Activités de services administratifs et d'appui	3.3	4.4	5.1	3.3	6.3	5.2	10.1	4.3
84-99	**Services collectifs, sociaux et personnels**	**20.2**	**20.4**	**27.9**	**23.5**	**26.5**	**27.7**	**31.8**	**25.7**
84-85	Administration publique et défense ; sécurité sociale obligatoire et éducation	0.0	1.3 e	3.1	1.3	1.7 e	0.0	0.1	0.1 e
86-88	Santé humaine et action sociale	2.8	3.0	3.8	4.9	2.0	2.6	2.8	3.5
90-93	Arts, spectacles et loisirs	14.5	12.8 e	16.0	15.5	20.6	23.6	27.6	20.7 e
94-99	Autres services ; ménages-employeurs ; organismes extra-territoriaux	2.9	3.3 e	4.9	1.7	2.2 e	1.4	1.3	1.4

.. Non disponible ; e Valeur estimée

Note : Voir les métadonnées détaillées sur : *http://metalinks.oecd.org/anberd/20191119/86ba*.

FINLANDE

Dépenses de R-D dans l'industrie par orientation sectorielle, prix courants
CITI Rév. 4

Millions USD PPP

		2010	2011	2012	2013	2014	2015	2016	2017
	TOTAL ENTREPRISES	**5 390.6**	**5 620.3**	**5 167.9**	**5 083.5**	**4 860.5**	**4 459.8**	**4 339.3**	**4 592.9**
01-03	**AGRICULTURE, SYLVICULTURE ET PÊCHE**	**13.2**	**22.3**	**21.0**	**13.8**	**12.2**	**18.0**	**20.5**	**26.8**
05-09	**ACTIVITÉS EXTRACTIVES**	**41.7**	**40.8**	**18.4**	**15.5**	**15.7**	**20.1**	**21.9**	**23.6**
10-33	**ACTIVITÉS DE FABRICATION**	**4 406.2**	**4 500.8**	**3 916.0**	**3 800.2**	**3 664.6**	**3 310.4**	**3 073.7**	**3 158.2**
10-12	Produits alimentaires, boissons et tabac	74.2	71.0	81.2	82.1	86.7	75.5	59.1	74.8
13-15	Textiles, habillement, cuir et articles de cuir	13.6	14.1	9.4	10.2	11.2	16.9	8.7	9.8
13	Textiles	9.1	8.7	5.8	7.8	5.1	14.5	5.2	5.1
14	Articles d'habillement	4.2	4.8	2.8	2.0	5.9	2.1	3.4	4.5 e
15	Cuir et articles de cuir	0.3	0.6	0.8	0.4	0.2	0.3	0.2	0.2 e
16-18	Bois, papier, imprimerie et reproduction de supports enregistrés	123.8	95.4	109.5	108.1	99.6	117.3	116.5	121.3
16	Bois et articles en bois, sauf meubles	9.1	7.8	7.2	8.6	8.0	3.7	5.4	7.8
17	Papier et articles en papier	112.1	82.0	95.3	92.0	85.0	103.7	98.4	95.1
18	Imprimerie et reproduction de supports enregistrés	2.7	5.6	6.0	7.5	6.6	9.9	12.6	18.5
19-23	Produits pétroliers, chimiques, pharmaceutiques, caoutchouc, plastique, minéraux	415.6	432.9	406.1	402.6	368.2	405.5	435.9	478.2 e
19	Cokéfaction et raffinage	45.8	47.9	49.1	51.0	33.7	42.2	48.8	43.6 e
20-21	Industrie chimique et pharmaceutique	312.5	326.0	297.1	292.6	279.5	301.3	319.1	339.3
20	Produits chimiques	130.6	134.6	100.8	125.7	94.5	115.2	111.8	117.9
21	Préparations pharmaceutiques, chimiques (médicine) et d'herboristerie	181.9	191.4	196.3	166.9	185.0	186.1	207.3	221.4
22	Produits en caoutchouc et en plastique	36.8	41.6	43.0	48.3	43.5	46.3	44.7	69.7
23	Autres produits minéraux non métalliques	20.5	17.5	16.9	10.7	14.2	15.7	23.3	25.7
24-25	Produits métalliques de base et ouvrages en métaux (sauf machines et matériel)	214.1	150.9	94.4	145.2	157.9	170.4	181.7	180.5
24	Produits métallurgiques de base	41.5	37.4	35.1	31.0	42.3	33.6	25.8	28.3
25	Ouvrages en métaux (sauf machines et matériel)	172.6	113.5	59.3	114.2	115.6	136.8	155.9	152.2
26-30	Ordinateurs, articles électroniques et optiques ; machines et matériels de transport	3 488.8	3 658.3	3 133.7	2 968.6	2 854.2	2 430.8	2 135.0	2 174.8
26	Ordinateurs, articles électroniques et optiques	2 950.3	2 937.1	2 256.8	2 117.0	2 056.9	1 620.0	1 363.6	1 322.7
27	Matériels électriques	240.9	278.5	314.7	320.2	330.5	265.8	248.2	257.6
28	Machines et équipements n.c.a.	239.3	348.6	457.9	452.3	415.4	460.1	434.4	516.4
29	Automobiles, remorques et semi-remorques	16.8	18.7	5.9	11.7	8.5	40.4	30.0	24.3
30	Autres matériels de transport	41.5	75.4	98.5	67.4	42.9	44.4	59.1	53.9
31-33	Meubles ; réparation et installation de machines et de matériel	76.2	78.2	81.8	83.4	86.8	94.0	136.6	118.8 e
31	Meubles	4.6	6.3	7.6	6.1	7.0	5.8	5.5	7.2
32	Autres activités de fabrication	55.3	60.5	61.9	66.8	73.2	78.2	102.5	86.0
33	Réparation et installation de machines et de matériel	16.3	11.4	12.3	10.5	6.6	10.0	28.7	25.6 e
35-39	**ÉLECTRICITÉ, GAZ, EAU ET TRAITEMENT DES DÉCHETS**	**45.4**	**41.7**	**32.6**	**27.9**	**22.0**	**19.3**	**18.6**	**34.0**
35-36	Production et distribution d'électricité, de gaz et de l'eau	38.7	30.1	27.7	20.9	17.2	12.3	16.1	28.8
37-39	Assainissement, traitement des déchets et dépollution	6.7	11.6	4.9	7.1	4.9	7.0	2.5	5.1
41-43	**CONSTRUCTION**	**64.8**	**74.0**	**72.4**	**62.3**	**26.2**	**34.0**	**42.0**	**38.9**
45-99	**TOTAL SERVICES**	**819.2**	**940.7**	**1 107.5**	**1 164.0**	**1 119.9**	**1 058.1**	**1 162.4**	**1 311.3**
45-82	**Services du secteur des entreprises**	**778.2**	**900.8**	**1 034.6**	**1 097.9**	**1 044.6**	**1 020.2**	**1 115.4**	**1 245.4**
45-47	Commerce de gros et de détail ; réparations automobiles et motocycles	6.4	15.7	3.4	7.8	6.9	12.2	5.9	6.8
49-53	Transport et entreposage	12.3	17.4	18.3	14.8	17.1	17.9	17.9	13.2 e
55-56	Activités d'hébergement et de restauration	1.3	8.2	1.1	0.4	0.2	0.5	0.0	0.0 e
58-63	Information et communication	517.0	644.7	760.1	805.4	723.9	698.6	794.8	820.6
58-60	Édition, audiovisuel et diffusion	9.0	11.6	15.3	19.9	15.1	18.2	19.4	43.2
58	Activités d'édition	6.9	9.1	13.1	17.8	12.7	16.0	18.3	40.9 e
59-60	Activités audiovisuel et diffusion	2.1	2.5	2.3	2.1	2.4	2.3	1.1	2.4 e
59	Production de films, vidéo, programmes de télévision et d'enregistrements	0.7	1.0	1.1	0.2	0.9	0.6	0.3 e	0.6 e
60	Programmation et diffusion	1.3	1.5	1.2	1.9	1.5	1.7	0.8 e	1.8 e
61	Télécommunications	90.1	227.9	290.3	272.9	218.0	95.3	127.9	83.8
62-63	Technologies de l'information et informatique	417.9	405.1	454.4	512.6	490.8	585.1	647.6	693.4
62	Programmation informatique ; conseils et activités connexes	292.6	279.4	327.9	366.3	360.4	493.5	530.8	572.1
63	Services d'information	125.3	125.8	126.6	146.4	130.4	91.6	116.8	121.3
64-66	**Activités financières et d'assurances**	**73.0**	**75.2**	**92.6**	**71.8**	**102.2**	**131.6**	**108.8**	**136.4**
68-82	**Activités immobilières ; professionnelles ; services administratifs et d'appui**	**168.3**	**139.6**	**159.0**	**197.6**	**194.3**	**159.5**	**188.0**	**268.4**
68	Activités immobilières	10.0	2.7	5.7	4.5	3.6	2.1	1.7	5.5
69-75x72	Activités professionnelles, scientifiques et techniques, R-D scientifique exclu	41.4	21.8	22.9	22.8	31.5	39.1	52.8	41.2
72	Recherche scientifique et développement	110.1	107.1	126.9	164.6	154.6	107.2	129.1	216.3
77-82	Activités de services administratifs et d'appui	6.9	8.0	3.6	5.7	4.6	11.2	4.4	5.4
84-99	**Services collectifs, sociaux et personnels**	**41.0**	**39.9**	**72.9**	**66.1**	**75.3**	**37.8**	**47.0**	**65.9**
84-85	Administration publique et défense ; sécurité sociale obligatoire et éducation	1.2	1.8	4.4	1.7	3.4	1.5	1.9	2.8 e
86-88	Santé humaine et action sociale	7.2	4.2	7.4	11.3	8.2	8.0	5.9	9.1
90-93	Arts, spectacles et loisirs	10.1	10.1	10.2	11.8	11.7	15.1	17.6	25.3 e
94-99	Autres services ; ménages-employeurs ; organismes extra-territoriaux	22.5	23.8	51.0	41.3	52.1	13.2	21.7	28.7

e Valeur estimée
Note : Voir les métadonnées détaillées sur : http://metalinks.oecd.org/anberd/20191119/86ba.

FINLANDE

Dépenses de R-D dans l'industrie par orientation sectorielle, prix constants
CITI Rév. 4

2010 PPP USD

		2010	2011	2012	2013	2014	2015	2016	2017
	TOTAL ENTREPRISES	**5 390.6**	**5 463.7**	**4 936.4**	**4 718.6**	**4 445.6**	**4 013.4**	**3 863.6**	**3 951.8**
01-03	**AGRICULTURE, SYLVICULTURE ET PÊCHE**	13.2	21.7	20.1	12.8	11.1	16.2	18.3	23.1
05-09	**ACTIVITÉS EXTRACTIVES**	41.7	39.7	17.5	14.4	14.3	18.1	19.5	20.3
10-33	**ACTIVITÉS DE FABRICATION**	**4 406.2**	**4 375.4**	**3 740.6**	**3 527.4**	**3 351.7**	**2 979.0**	**2 736.7**	**2 717.4**
10-12	Produits alimentaires, boissons et tabac	74.2	69.1	77.5	76.2	79.3	67.9	52.6	64.4
13-15	Textiles, habillement, cuir et articles de cuir	13.6	13.7	9.0	9.4	10.3	15.2	7.8	8.4
13	Textiles	9.1	8.4	5.5	7.3	4.7	13.0	4.6	4.4
14	Articles d'habillement	4.2	4.7	2.7	1.8	5.4	1.9	3.0	3.8 e
15	Cuir et articles de cuir	0.3	0.6	0.8	0.4	0.2	0.3	0.1	0.2 e
16-18	Bois, papier, imprimerie et reproduction de supports enregistrés	123.8	92.7	104.6	100.4	91.1	105.6	103.7	104.4
16	Bois et articles en bois, sauf meubles	9.1	7.6	6.9	8.0	7.3	3.4	4.8	6.7
17	Papier et articles en papier	112.1	79.7	91.0	85.4	77.7	93.3	87.7	81.8
18	Imprimerie et reproduction de supports enregistrés	2.7	5.4	5.7	7.0	6.1	8.9	11.2	15.9
19-23	Produits pétroliers, chimiques, pharmaceutiques, caoutchouc, plastique, minéraux	415.6	420.3	387.9	373.7	336.8	364.9	388.2	411.5 e
19	Cokéfaction et raffinage	45.8	46.5	46.9	47.4	30.8	38.0	43.5	37.5 e
20-21	Industrie chimique et pharmaceutique	312.5	316.9	283.7	271.6	255.7	271.2	284.1	291.9
20	Produits chimiques	130.6	130.8	96.3	116.7	86.5	103.7	99.5	101.4
21	Préparations pharmaceutiques, chimiques (médicine) et d'herboristerie	181.9	186.0	187.5	154.9	169.2	167.5	184.6	190.5
22	Produits en caoutchouc et en plastique	36.8	40.4	41.1	44.8	37.3	41.7	39.8	59.9
23	Autres produits minéraux non métalliques	20.5	17.0	16.2	9.9	13.0	14.1	20.8	22.1
24-25	Produits métalliques de base et ouvrages en métaux (sauf machines et matériel)	214.1	146.7	90.1	134.8	144.4	153.3	161.7	155.3
24	Produits métallurgiques de base	41.5	36.4	33.5	28.8	38.7	30.2	22.9	24.3
25	Ouvrages en métaux (sauf machines et matériel)	172.6	110.4	56.6	106.0	105.7	123.1	138.8	131.0
26-30	Ordinateurs, articles électroniques et optiques ; machines et matériels de transport	3 488.8	3 556.3	2 993.3	2 755.5	2 610.6	2 187.4	1 901.0	1 871.3
26	Ordinateurs, articles électroniques et optiques	2 950.3	2 855.3	2 155.7	1 965.0	1 881.3	1 457.9	1 214.1	1 138.1
27	Matériels électriques	240.9	270.7	300.6	297.2	302.3	239.2	221.0	221.6
28	Machines et équipements n.c.a.	239.3	338.8	437.4	419.8	379.9	414.0	386.8	444.3
29	Automobiles, remorques et semi-remorques	16.8	18.2	5.6	10.9	7.8	36.3	26.7	20.9
30	Autres matériels de transport	41.5	73.3	94.0	62.5	39.2	40.0	52.6	46.4
31-33	Meubles ; réparation et installation de machines et de matériel	76.2	76.1	78.1	77.4	79.4	84.6	121.8	102.2 e
31	Meubles	4.6	6.2	7.2	5.6	6.4	5.2	4.9	6.2
32	Autres activités de fabrication	55.3	58.8	59.1	62.0	66.9	70.3	91.3	74.0
33	Réparation et installation de machines et de matériel	16.3	11.1	11.7	9.7	6.0	9.0	25.6	22.0 e
35-39	**ÉLECTRICITÉ, GAZ, EAU ET TRAITEMENT DES DÉCHETS**	45.4	40.5	31.1	25.9	20.2	17.4	16.6	29.2
35-36	Production et distribution d'électricité, de gaz et de l'eau	38.7	29.2	26.4	19.4	15.7	11.0	14.4	24.8
37-39	Assainissement, traitement des déchets et dépollution	6.7	11.3	4.7	6.6	4.4	6.3	2.2	4.4
41-43	**CONSTRUCTION**	64.8	71.9	69.2	57.8	24.0	30.6	37.4	33.5
45-99	**TOTAL SERVICES**	**819.2**	**914.5**	**1 057.9**	**1 080.4**	**1 024.3**	**952.2**	**1 034.9**	**1 128.3**
45-82	**Services du secteur des entreprises**	**778.2**	**875.7**	**988.2**	**1 019.1**	**955.5**	**918.1**	**993.1**	**1 071.5**
45-47	Commerce de gros et de détail ; réparations automobiles et motocycles	6.4	15.2	3.3	7.3	6.4	11.0	5.2	5.9
49-53	Transport et entreposage	12.3	17.0	17.5	13.7	15.6	16.1	15.9	11.4 e
55-56	Activités d'hébergement et de restauration	1.3	7.9	1.0	0.4	0.2	0.4	0.0	0.0 e
58-63	Information et communication	517.0	626.7	726.1	747.6	662.1	628.7	707.7	706.0
58-60	Édition, audiovisuel et diffusion	9.0	11.3	14.6	18.5	13.8	16.4	17.3	37.2
58	Activités d'édition	6.9	8.8	12.5	16.5	11.6	14.4	16.3	35.2 e
59-60	Activités audiovisuel et diffusion	2.1	2.5	2.2	1.9	2.2	2.1	0.9	2.0 e
59	Production de films, vidéo, programmes de télévision et d'enregistrements	0.7	1.0	1.1	0.2	0.8	0.5	0.2 e	0.5 e
60	Programmation et diffusion	1.3	1.5	1.1	1.7	1.4	1.5	0.7 e	1.5 e
61	Télécommunications	90.1	221.6	277.3	253.3	199.4	85.8	113.9	72.1
62-63	Technologies de l'information et informatique	417.9	393.9	434.1	475.8	448.9	526.5	576.6	596.6
62	Programmation informatique ; conseils et activités connexes	292.6	271.6	313.2	340.0	329.6	444.1	472.6	492.3
63	Services d'information	125.3	122.3	120.9	135.8	119.3	82.4	104.0	104.4
64-66	**Activités financières et d'assurances**	**73.0**	**73.1**	**88.5**	**66.6**	**93.5**	**118.4**	**96.9**	**117.3**
68-82	**Activités immobilières ; professionnelles ; services administratifs et d'appui**	**168.3**	**135.8**	**151.9**	**183.4**	**177.7**	**143.6**	**167.4**	**230.9**
68	Activités immobilières	10.0	2.7	5.4	4.2	3.3	1.9	1.6	4.7
69-75x72	Activités professionnelles, scientifiques et techniques, R-D scientifique exclu	41.4	21.2	21.8	21.1	28.8	35.2	47.0	35.4
72	Recherche scientifique et développement	110.1	104.1	121.2	152.8	141.4	96.4	114.9	186.1
77-82	Activités de services administratifs et d'appui	6.9	7.8	3.4	5.3	4.2	10.1	3.9	4.6
84-99	Services collectifs, sociaux et personnels	41.0	38.8	69.6	61.3	68.9	34.0	41.9	56.7
84-85	Administration publique et défense ; sécurité sociale obligatoire et éducation	1.2	1.8	4.2	1.5	3.1	1.3	1.7	2.4 e
86-88	Santé humaine et action sociale	7.2	4.1	7.0	10.5	7.5	7.2	5.2	7.8
90-93	Arts, spectacles et loisirs	10.1	9.8	9.7	11.0	10.7	13.6	15.6	21.7 e
94-99	Autres services ; ménages-employeurs ; organismes extra-territoriaux	22.5	23.1	48.7	38.3	47.7	11.9	19.3	24.7

e Valeur estimée

Note : Voir les métadonnées détaillées sur : *http://metalinks.oecd.org/anberd/20191119/86ba*.

FRANCE

Dépenses de R-D dans l'industrie par activité principale de l'entreprise, prix courants
CITI Rév. 4

Millions USD PPP

		2010	2011	2012	2013	2014	2015	2016	2017
	TOTAL ENTREPRISES	32 121.9	34 290.4	35 581.4	37 688.6 e	38 551.3	39 279.2 e	40 494.9	..
01-03	AGRICULTURE, SYLVICULTURE ET PÊCHE	159.1	179.9	185.4	218.3 e	225.4 e	228.4 e	258.0	..
05-09	ACTIVITÉS EXTRACTIVES	17.6	14.1	17.5	18.4 e	18.0 e	17.8 e	17.8	..
10-33	ACTIVITÉS DE FABRICATION	16 175.1	17 057.9	17 866.7	19 134.7 e	19 638.4 e	19 894.9 e	20 241.6	..
10-12	Produits alimentaires, boissons et tabac	442.7	396.1	414.1	443.4 e	468.8 e	485.1 e	474.4	..
13-15	Textiles, habillement, cuir et articles de cuir	165.0	134.5	134.9	153.9 e	141.5 e	140.6 e	191.5	..
13	Textiles	102.5	89.8	88.1	97.8 e	97.9 e	103.0 e	127.4	..
14	Articles d'habillement	51.0	37.4	39.9	49.8 e	38.6 e	32.1 e	55.3	..
15	Cuir et articles de cuir	11.4	7.2	7.0	6.3 e	5.0 e	5.5 e	8.8	..
16-18	Bois, papier, imprimerie et reproduction de supports enregistrés	66.4	78.0	87.8	92.2 e	91.5 e	86.8 e	77.1	..
16	Bois et articles en bois, sauf meubles	17.8	17.1	22.6	22.7 e	23.8 e	24.4 e	20.6	..
17	Papier et articles en papier	31.7	48.5	47.3	52.2 e	47.1 e	40.0 e	42.1	..
18	Imprimerie et reproduction de supports enregistrés	16.9	12.5	17.9	17.3 e	20.7 e	22.4 e	14.4	..
19-23	Produits pétroliers, chimiques, pharmaceutiques, caoutchouc, plastique, minéraux	3 340.9	3 166.3	3 285.7	3 436.8 e	3 483.6 e	3 543.4 e	3 626.1	..
19	Cokéfaction et raffinage	126.7	127.8	91.8	123.5 e	110.7 e	75.2 e	69.1	..
20-21	Industrie chimique et pharmaceutique	2 238.8	1 988.2	2 031.0	2 147.1 e	2 209.0 e	2 266.8 e	2 310.1	..
20	Produits chimiques	1 263.9	990.5	1 074.4	1 159.1 e	1 153.5 e	1 166.6 e	1 242.4	..
21	Préparations pharmaceutiques, chimiques (médicine) et d'herboristerie	974.8	997.7	956.6	988.0 e	1 055.5 e	1 100.2 e	1 067.7	..
22	Produits en caoutchouc et en plastique	782.8	832.8	943.3	931.8 e	931.5 e	964.1 e	972.6	..
23	Autres produits minéraux non métalliques	192.6	217.5	219.6	234.4 e	232.3 e	237.3 e	274.4	..
24-25	Produits métalliques de base et ouvrages en métaux (sauf machines et matériel)	878.9	1 074.2	1 105.3	1 161.4 e	1 157.8 e	1 123.8 e	1 102.3	..
24	Produits métallurgiques de base	142.7	289.7	290.5	304.4 e	301.3 e	259.7 e	185.7	..
25	Ouvrages en métaux (sauf machines et matériel)	736.2	784.5	814.8	857.0 e	856.6 e	864.0 e	916.6	..
26-30	Ordinateurs, articles électroniques et optiques ; machines et matériels de transport	10 772.1	11 540.5	12 107.4	13 084.9 e	13 447.4 e	13 611.7 e	13 934.5	..
26	Ordinateurs, articles électroniques et optiques	3 615.9	3 795.6	4 007.9	4 502.6 e	4 656.1 e	4 676.9 e	4 835.9	..
27	Matériels électriques	741.9	771.2	790.5	810.3 e	817.9 e	835.7 e	871.5	..
28	Machines et équipements n.c.a.	1 115.4	1 219.0	1 293.3	1 270.4 e	1 244.5 e	1 286.6 e	1 385.7	..
29	Automobiles, remorques et semi-remorques	2 111.7	2 280.0	2 251.7	2 341.1 e	2 434.0 e	2 608.5 e	2 904.4	..
30	Autres matériels de transport	3 187.2	3 474.7	3 763.9	4 160.5 e	4 295.0 e	4 204.0 e	3 936.9	..
31-33	Meubles ; réparation et installation de machines et de matériel	509.1	668.3	731.5	762.2 e	847.8 e	903.6 e	835.7	..
31	Meubles	21.4	20.8	20.7	22.6 e	19.7 e	15.8 e	15.0	..
32	Autres activités de fabrication	261.1	328.3	345.5	376.2 e	400.0 e	403.8 e	381.3	..
33	Réparation et installation de machines et de matériel	226.7	319.2	365.3	363.4 e	428.1 e	484.0 e	439.4	..
35-39	ÉLECTRICITÉ, GAZ, EAU ET TRAITEMENT DES DÉCHETS	587.3	643.7	647.8	705.5 e	782.6 e	860.0 e	923.6	..
35-36	Production et distribution d'électricité, de gaz et de l'eau	533.1	611.8	621.1	666.8 e	739.3 e	817.7 e	882.2	..
37-39	Assainissement, traitement des déchets et dépollution	54.2	31.9	26.8	38.7 e	43.4 e	42.3 e	41.4	..
41-43	CONSTRUCTION	193.5	153.5	173.2	180.0 e	145.5 e	124.6 e	156.8	..
45-99	TOTAL SERVICES	14 989.3	16 241.2	16 690.9	17 431.6 e	17 741.4 e	18 153.5 e	18 897.2	..
45-82	Services du secteur des entreprises	14 933.8	16 177.5	16 625.1	17 352.1 e	17 662.8 e	18 061.8 e	18 749.3	..
45-47	Commerce de gros et de détail ; réparations automobiles et motocycles	1 427.6	1 757.4	1 819.0	2 014.8 e	2 038.9 e	2 132.7 e	2 552.7	..
49-53	Transport et entreposage	41.3	57.6	55.5	56.5 e	144.9 e	224.4 e	199.3	..
55-56	Activités d'hébergement et de restauration	1.3	0.4	4.1	5.2 e	3.9 e	2.5 e	2.3	..
58-63	Information et communication	3 477.6	3 581.2	3 935.3	4 461.5 e	4 603.8 e	4 664.1 e	4 925.7	..
58-60	Édition, audiovisuel et diffusion	952.6	939.2	1 067.4	1 214.6 e	1 261.2 e	1 316.2 e	1 459.0	..
58	Activités d'édition	838.8	870.4	983.2	1 146.8 e	1 205.3 e	1 259.8 e	1 406.5	..
59-60	Activités audiovisuel et diffusion	113.7	68.8	84.2	67.7 e	55.9 e	56.4 e	52.5	..
59	Production de films, vidéo, programmes de télévision et d'enregistrements	99.7	58.9	74.9	60.8 e	52.6 e	55.4 e	51.5	..
60	Programmation et diffusion	14.0	10.0	9.4	7.0 e	3.3 e	1.0 e	0.9 e	..
61	Télécommunications	774.1	708.4	853.8	1 030.7 e	1 014.5 e	953.9 e	996.2	..
62-63	Technologies de l'information et informatique	1 750.9	1 933.6	2 014.1	2 216.2 e	2 328.1 e	2 394.1 e	2 470.5	..
62	Programmation informatique ; conseils et activités connexes	1 607.9	1 797.5	1 892.7	2 079.2 e	2 177.8 e	2 230.1 e	2 282.8	..
63	Services d'information	143.0	136.1	121.4	137.0 e	150.2 e	164.0 e	187.7	..
64-66	Activités financières et d'assurances	258.8	311.0	302.9	311.0 e	296.2 e	302.9 e	371.7	..
68-82	Activités immobilières ; professionnelles ; services administratifs et d'appui	9 727.2	10 469.8	10 508.2	10 503.2 e	10 575.2 e	10 735.1 e	10 697.4	..
68	Activités immobilières	2.5	4.3	2.1	2.7 e	1.2 e	1.3 e	7.3	..
69-75x72	Activités professionnelles, scientifiques et techniques, R-D scientifique exclu	5 289.0	5 970.7	5 926.6	5 840.0 e	5 881.9 e	5 946.6 e	5 774.1	..
72	Recherche scientifique et développement	4 307.7	4 332.2	4 388.8	4 416.1 e	4 470.9 e	4 608.2 e	4 712.4	..
77-82	Activités de services administratifs et d'appui	128.0	162.6	190.7	244.4 e	221.2 e	179.0 e	203.6	..
84-99	Services collectifs, sociaux et personnels	55.6	63.7	65.7	79.5 e	78.5 e	91.7 e	147.9	..
84-85	Administration publique et défense ; sécurité sociale obligatoire et éducation	5.5	4.6	4.5	5.8 e	5.5 e	8.3 e	18.1	..
86-88	Santé humaine et action sociale	12.1	16.9	18.0	24.7 e	26.5 e	30.0 e	43.6	..
90-93	Arts, spectacles et loisirs	1.4	4.1	6.9	8.1 e	4.0 e	5.5 e	21.7	..
94-99	Autres services ; ménages-employeurs ; organismes extra-territoriaux	36.6	38.2	36.4	41.0 e	42.6 e	47.9 e	64.5	..

.. Non disponible ; e Valeur estimée

Note : Voir les métadonnées détaillées sur : *http://metalinks.oecd.org/anberd/20191119/86ba*.

FRANCE

Dépenses de R-D dans l'industrie par activité principale de l'entreprise, prix constants
CITI Rév. 4

2010 PPP USD

Code	Activité	2010	2011	2012	2013	2014	2015	2016	2017
	TOTAL ENTREPRISES	32 121.9	33 438.3	34 418.5	34 776.1 e	35 190.4	35 491.4 e	35 779.5	..
01-03	**AGRICULTURE, SYLVICULTURE ET PÊCHE**	159.1	175.4	179.3	201.5 e	205.8 e	206.4 e	228.0	..
05-09	**ACTIVITÉS EXTRACTIVES**	17.6	13.8	17.0	17.0 e	16.4 e	16.1 e	15.7	..
10-33	**ACTIVITÉS DE FABRICATION**	16 175.1	16 634.0	17 282.8	17 656.0 e	17 926.3 e	17 976.4 e	17 884.6	..
10-12	Produits alimentaires, boissons et tabac	442.7	386.2	400.5	409.2 e	428.0 e	438.3 e	419.1	..
13-15	Textiles, habillement, cuir et articles de cuir	165.0	131.2	130.5	142.0 e	129.1 e	127.0 e	169.2	..
13	Textiles	102.5	87.6	85.2	90.3 e	89.3 e	93.0 e	112.6	..
14	Articles d'habillement	51.0	36.5	38.6	46.0 e	35.2 e	29.0 e	48.9	..
15	Cuir et articles de cuir	11.4	7.1	6.8	5.8 e	4.5 e	5.0 e	7.8	..
16-18	Bois, papier, imprimerie et reproduction de supports enregistrés	66.4	76.1	84.9	85.0 e	83.6 e	78.4 e	68.1	..
16	Bois et articles en bois, sauf meubles	17.8	16.6	21.9	21.0 e	21.7 e	22.1 e	18.2	..
17	Papier et articles en papier	31.7	47.3	45.7	48.1 e	43.0 e	36.1 e	37.2	..
18	Imprimerie et reproduction de supports enregistrés	16.9	12.2	17.3	16.0 e	18.9 e	20.3 e	12.8	..
19-23	Produits pétroliers, chimiques, pharmaceutiques, caoutchouc, plastique, minéraux	3 340.9	3 087.6	3 178.3	3 171.2 e	3 179.9 e	3 201.7 e	3 203.9	..
19	Cokéfaction et raffinage	126.7	124.6	88.8	113.9 e	101.1 e	67.9 e	61.0	..
20-21	Industrie chimique et pharmaceutique	2 238.8	1 938.8	1 964.7	1 981.2 e	2 016.4 e	2 048.2 e	2 041.1	..
20	Produits chimiques	1 263.9	965.9	1 039.3	1 069.5 e	1 052.9 e	1 054.1 e	1 097.7	..
21	Préparations pharmaceutiques, chimiques (médicine) et d'herboristerie	974.8	972.9	925.4	911.6 e	963.5 e	994.1 e	943.4	..
22	Produits en caoutchouc et en plastique	782.8	812.1	912.4	859.8 e	850.3 e	871.2 e	859.4	..
23	Autres produits minéraux non métalliques	192.6	212.0	212.4	216.3 e	212.0 e	214.4 e	242.4	..
24-25	Produits métalliques de base et ouvrages en métaux (sauf machines et matériel)	878.9	1 047.5	1 069.2	1 071.7 e	1 056.9 e	1 015.4 e	973.9	..
24	Produits métallurgiques de base	142.7	282.5	281.0	280.9 e	275.0 e	234.7 e	164.1	..
25	Ouvrages en métaux (sauf machines et matériel)	736.2	765.0	788.1	790.8 e	781.9 e	780.7 e	809.9	..
26-30	Ordinateurs, articles électroniques et optiques ; machines et matériels de transport	10 772.1	11 253.7	11 711.7	12 073.7 e	12 275.0 e	12 299.1 e	12 311.9	..
26	Ordinateurs, articles électroniques et optiques	3 615.9	3 701.2	3 876.9	4 154.6 e	4 250.2 e	4 225.9 e	4 272.8	..
27	Matériels électriques	741.9	752.0	764.6	747.7 e	746.6 e	755.1 e	770.0	..
28	Machines et équipements n.c.a.	1 115.4	1 188.7	1 251.0	1 172.2 e	1 136.0 e	1 162.6 e	1 224.4	..
29	Automobiles, remorques et semi-remorques	2 111.7	2 223.4	2 178.1	2 160.2 e	2 221.8 e	2 356.9 e	2 566.2	..
30	Autres matériels de transport	3 187.2	3 388.3	3 640.9	3 839.0 e	3 920.6 e	3 798.6 e	3 478.5	..
31-33	Meubles ; réparation et installation de machines et de matériel	509.1	651.7	707.6	703.3 e	773.9 e	816.5 e	738.4	..
31	Meubles	21.4	20.3	20.0	20.8 e	18.0 e	14.2 e	13.3	..
32	Autres activités de fabrication	261.1	320.2	334.2	347.1 e	365.1 e	364.9 e	336.9	..
33	Réparation et installation de machines et de matériel	226.7	311.2	353.3	335.3 e	390.8 e	437.4 e	388.2	..
35-39	**ÉLECTRICITÉ, GAZ, EAU ET TRAITEMENT DES DÉCHETS**	587.3	627.7	626.6	650.9 e	714.4 e	777.1 e	816.0	..
35-36	Production et distribution d'électricité, de gaz et de l'eau	533.1	596.6	600.8	615.3 e	674.8 e	738.8 e	779.4	..
37-39	Assainissement, traitement des déchets et dépollution	54.2	31.1	25.9	35.7 e	39.6 e	38.3 e	36.6	..
41-43	**CONSTRUCTION**	193.5	149.7	167.5	166.1 e	132.8 e	112.5 e	138.5	..
45-99	**TOTAL SERVICES**	14 989.3	15 837.6	16 145.4	16 084.5 e	16 194.7 e	16 402.9 e	16 696.7	..
45-82	**Services du secteur des entreprises**	14 933.8	15 775.5	16 081.8	16 011.1 e	16 123.0 e	16 320.0 e	16 566.0	..
45-47	Commerce de gros et de détail ; réparations automobiles et motocycles	1 427.6	1 713.7	1 759.6	1 859.1 e	1 861.1 e	1 927.1 e	2 255.5	..
49-53	Transport et entreposage	41.3	56.2	53.7	52.1 e	132.2 e	202.7 e	176.1	..
55-56	Activités d'hébergement et de restauration	1.3	0.4	4.0	4.8 e	3.5 e	2.3 e	2.1	..
58-63	Information et communication	3 477.6	3 492.2	3 806.7	4 116.7 e	4 202.4 e	4 214.4 e	4 352.1	..
58-60	Édition, audiovisuel et diffusion	952.6	915.9	1 032.5	1 120.7 e	1 151.2 e	1 189.2 e	1 289.1	..
58	Activités d'édition	838.8	848.8	951.0	1 058.2 e	1 100.2 e	1 138.3 e	1 242.7	..
59-60	Activités audiovisuel et diffusion	113.7	67.1	81.5	62.5 e	51.0 e	50.9 e	46.4	..
59	Production de films, vidéo, programmes de télévision et d'enregistrements	99.7	57.4	72.4	56.1 e	48.0 e	50.0 e	45.5 e	..
60	Programmation et diffusion	14.0	9.7	9.1	6.4 e	3.0 e	0.9 e	0.8 e	..
61	Télécommunications	774.1	690.8	825.9	951.1 e	926.1 e	861.9 e	880.2	..
62-63	Technologies de l'information et informatique	1 750.9	1 885.6	1 948.3	2 044.9 e	2 125.1 e	2 163.2 e	2 182.8	..
62	Programmation informatique ; conseils et activités connexes	1 607.9	1 752.8	1 830.8	1 918.5 e	1 988.0 e	2 015.0 e	2 016.9	..
63	Services d'information	143.0	132.7	117.4	126.4 e	137.1 e	148.2 e	165.9	..
64-66	**Activités financières et d'assurances**	258.8	303.2	293.0	287.0 e	270.4 e	273.7 e	328.4	..
68-82	**Activités immobilières ; professionnelles ; services administratifs et d'appui**	9 727.2	10 209.7	10 164.8	9 691.5 e	9 653.3 e	9 699.9 e	9 451.8	..
68	Activités immobilières	2.5	4.2	2.1	2.5 e	1.1 e	1.2 e	6.5	..
69-75x72	Activités professionnelles, scientifiques et techniques, R-D scientifique exclu	5 289.0	5 822.3	5 732.9	5 388.7 e	5 369.1 e	5 373.2 e	5 101.7	..
72	Recherche scientifique et développement	4 307.7	4 224.6	4 245.4	4 074.8 e	4 081.1 e	4 163.8 e	4 163.7	..
77-82	Activités de services administratifs et d'appui	128.0	158.6	184.5	225.5 e	201.9 e	161.8 e	179.9	..
84-99	**Services collectifs, sociaux et personnels**	55.6	62.2	63.6	73.4 e	71.7 e	82.8 e	130.7	..
84-85	Administration publique et défense ; sécurité sociale obligatoire et éducation	5.5	4.5	4.4	5.3 e	5.0 e	7.5 e	16.0	..
86-88	Santé humaine et action sociale	12.1	16.5	17.4	22.8 e	24.2 e	27.1 e	38.5	..
90-93	Arts, spectacles et loisirs	1.4	4.0	6.6	7.5 e	3.7 e	5.0 e	19.2	..
94-99	Autres services ; ménages-employeurs ; organismes extra-territoriaux	36.6	37.2	35.2	37.8 e	38.8 e	43.3 e	57.0	..

.. Non disponible ; e Valeur estimée
Note : Voir les métadonnées détaillées sur : http://metalinks.oecd.org/anberd/20191119/86ba.

FRANCE

Dépenses de R-D dans l'industrie par orientation sectorielle, prix courants
CITI Rév. 4

Millions USD PPP

Code		2010	2011	2012	2013	2014	2015	2016	2017
	TOTAL ENTREPRISES	32 121.9	34 290.4	35 581.4	37 834.5	..	..	..	..
01-03	**AGRICULTURE, SYLVICULTURE ET PÊCHE**	476.2	496.5	532.2	624.4	..	..	..	..
05-09	**ACTIVITÉS EXTRACTIVES**	270.1	281.2	295.3	297.8	..	..	..	..
10-33	**ACTIVITÉS DE FABRICATION**	24 616.0	26 216.5	26 762.7	27 918.4	..	..	..	..
10-12	Produits alimentaires, boissons et tabac	725.0	721.6	734.8	811.9	..	..	..	..
13-15	Textiles, habillement, cuir et articles de cuir	194.0	166.2	149.4	172.9	..	..	..	..
13	Textiles	103.6	92.9	80.1	88.8	..	..	..	..
14	Articles d'habillement	74.5	66.3	61.7	74.3	..	..	..	..
15	Cuir et articles de cuir	15.9	7.0	7.6	9.7	..	..	..	..
16-18	Bois, papier, imprimerie et reproduction de supports enregistrés	92.1	116.8	123.2	125.1	..	..	..	..
16	Bois et articles en bois, sauf meubles	32.5	34.3	35.4	34.4	..	..	..	..
17	Papier et articles en papier	53.6	73.7	75.3	78.5	..	..	..	..
18	Imprimerie et reproduction de supports enregistrés	6.0	8.8	12.3	12.2	..	..	..	..
19-23	Produits pétroliers, chimiques, pharmaceutiques, caoutchouc, plastique, minéraux	6 945.3	7 076.0	7 239.4	7 710.4	..	..	..	..
19	Cokéfaction et raffinage	260.5	255.9	238.4	277.1	..	..	..	..
20-21	Industrie chimique et pharmaceutique	5 520.0	5 565.1	5 649.9	6 020.3	..	..	..	..
20	Produits chimiques	1 750.4	1 831.9	1 940.2	2 185.4	..	..	..	..
21	Préparations pharmaceutiques, chimiques (médicine) et d'herboristerie	3 769.6	3 733.2	3 709.7	3 834.8	..	..	..	..
22	Produits en caoutchouc et en plastique	813.3	887.7	979.6	992.7	..	..	..	..
23	Autres produits minéraux non métalliques	351.5	367.3	371.4	420.4	..	..	..	..
24-25	Produits métalliques de base et ouvrages en métaux (sauf machines et matériel)	1 214.0	1 295.3	1 295.2	1 347.9	..	..	..	..
24	Produits métallurgiques de base	467.3	503.5	462.0	484.2	..	..	..	..
25	Ouvrages en métaux (sauf machines et matériel)	746.7	791.9	833.1	863.7	..	..	..	..
26-30	Ordinateurs, articles électroniques et optiques ; machines et matériels de transport	15 002.0	16 321.0	16 722.7	17 239.0	..	..	..	..
26	Ordinateurs, articles électroniques et optiques	4 549.6	4 586.2	4 781.8	5 062.8	..	..	..	..
27	Matériels électriques	1 034.0	1 141.1	1 179.1	1 256.3	..	..	..	..
28	Machines et équipements n.c.a.	1 109.9	1 214.9	1 302.3	1 363.9	..	..	..	..
29	Automobiles, remorques et semi-remorques	4 935.4	5 592.0	5 324.8	4 877.1	..	..	..	..
30	Autres matériels de transport	3 373.1	3 786.8	4 134.8	4 678.9	..	..	..	..
31-33	Meubles ; réparation et installation de machines et de matériel	443.5	519.2	498.2	511.1	..	..	..	..
31	Meubles	19.7	28.2	23.1	27.5	..	..	..	..
32	Autres activités de fabrication	423.8	491.5	475.1	483.6	..	..	..	..
33	Réparation et installation de machines et de matériel	0.0	0.0	0.0	0.0	..	..	..	..
35-39	**ÉLECTRICITÉ, GAZ, EAU ET TRAITEMENT DES DÉCHETS**	612.7	697.5	710.4	769.6	..	..	..	..
35-36	Production et distribution d'électricité, de gaz et de l'eau	574.1	652.6	664.2	716.8	..	..	..	..
37-39	Assainissement, traitement des déchets et dépollution	38.5	44.9	46.2	52.7	..	..	..	..
41-43	**CONSTRUCTION**	103.4	128.3	138.2	128.3	..	..	..	..
45-99	**TOTAL SERVICES**	6 043.6	6 470.4	7 142.6	8 082.9	..	..	..	..
45-82	**Services du secteur des entreprises**	6 017.2	6 434.9	7 084.8	8 008.3	..	..	..	..
45-47	Commerce de gros et de détail ; réparations automobiles et motocycles	0.0	0.0	0.0	0.0	..	..	..	..
49-53	Transport et entreposage	52.5	72.4	63.8	62.2	..	..	..	..
55-56	Activités d'hébergement et de restauration	0.0	0.0	0.0	0.0	..	..	..	..
58-63	Information et communication	4 077.7	4 233.4	4 523.6	5 015.1	..	..	..	..
58-60	Édition, audiovisuel et diffusion	1 054.9	1 063.4	1 132.3	1 302.1	..	..	..	..
58	Activités d'édition	897.4	956.2	1 007.5	1 201.8	..	..	..	..
59-60	Activités audiovisuel et diffusion	157.5	107.2	125.0	100.3	..	..	..	..
59	Production de films, vidéo, programmes de télévision et d'enregistrements	94.5	53.9	67.6	51.5	..	..	..	..
60	Programmation et diffusion	63.1	53.3	57.3	48.7	..	..	..	..
61	Télécommunications	943.6	959.7	1 097.4	1 215.3	..	..	..	..
62-63	Technologies de l'information et informatique	2 079.1	2 210.3	2 294.0	2 497.8	..	..	..	..
62	Programmation informatique ; conseils et activités connexes	1 924.3	2 020.0	2 133.1	2 324.4	..	..	..	..
63	Services d'information	154.8	190.3	160.8	173.4	..	..	..	..
64-66	**Activités financières et d'assurances**	201.8	231.9	235.8	246.3	..	..	..	..
68-82	**Activités immobilières ; professionnelles ; services administratifs et d'appui**	1 685.2	1 897.2	2 261.4	2 684.7	..	..	..	..
68	Activités immobilières	0.0	0.0	0.0	0.0	..	..	..	..
69-75x72	Activités professionnelles, scientifiques et techniques, R-D scientifique exclu	1 160.5	1 275.4	1 486.6	1 817.4	..	..	..	..
72	Recherche scientifique et développement	406.0	501.8	621.6	699.1	..	..	..	..
77-82	Activités de services administratifs et d'appui	118.7	119.9	153.3	168.2	..	..	..	..
84-99	**Services collectifs, sociaux et personnels**	26.4	35.5	57.8	74.5	..	..	..	..
84-85	Administration publique et défense ; sécurité sociale obligatoire et éducation	1.2	3.1	4.3 e	4.1	..	..	..	..
86-88	Santé humaine et action sociale	20.7	23.1	30.1	37.0	..	..	..	..
90-93	Arts, spectacles et loisirs	1.2	2.5	3.6	7.3	..	..	..	..
94-99	Autres services ; ménages-employeurs ; organismes extra-territoriaux	3.2	6.8	19.8 e	26.2	..	..	..	..

.. Non disponible ; e Valeur estimée
Note : Voir les métadonnées détaillées sur : http://metalinks.oecd.org/anberd/20191119/86ba.

FRANCE

Dépenses de R-D dans l'industrie par orientation sectorielle, prix constants
CITI Rév. 4

2010 PPP USD

		2010	2011	2012	2013	2014	2015	2016	2017
	TOTAL ENTREPRISES	**32 121.9**	**33 438.3**	**34 418.5**	**34 910.7**	..	..	..	..
01-03	**AGRICULTURE, SYLVICULTURE ET PÊCHE**	**476.2**	**484.2**	**514.8**	**576.2**	..	..	..	..
05-09	**ACTIVITÉS EXTRACTIVES**	**270.1**	**274.2**	**285.6**	**274.8**	..	..	..	..
10-33	**ACTIVITÉS DE FABRICATION**	**24 616.0**	**25 565.0**	**25 888.1**	**25 761.0**	..	..	..	..
10-12	Produits alimentaires, boissons et tabac	725.0	703.7	710.8	749.2	..	..	..	..
13-15	Textiles, habillement, cuir et articles de cuir	194.0	162.0	144.5	159.5	..	..	..	..
13	Textiles	103.6	90.6	77.4	82.0	..	..	..	..
14	Articles d'habillement	74.5	64.6	59.7	68.6	..	..	..	..
15	Cuir et articles de cuir	15.9	6.8	7.3	9.0	..	..	..	..
16-18	Bois, papier, imprimerie et reproduction de supports enregistrés	92.1	113.9	119.2	115.4	..	..	..	..
16	Bois et articles en bois, sauf meubles	32.5	33.4	34.3	31.7	..	..	..	..
17	Papier et articles en papier	53.6	71.9	72.9	72.4	..	..	..	..
18	Imprimerie et reproduction de supports enregistrés	6.0	8.6	11.9	11.3	..	..	..	..
19-23	Produits pétroliers, chimiques, pharmaceutiques, caoutchouc, plastique, minéraux	6 945.3	6 900.1	7 002.8	7 114.6	..	..	..	..
19	Cokéfaction et raffinage	260.5	249.5	230.6	255.7	..	..	..	..
20-21	Industrie chimique et pharmaceutique	5 520.0	5 426.8	5 465.2	5 555.0	..	..	..	..
20	Produits chimiques	1 750.4	1 786.4	1 876.8	2 016.6	..	..	..	..
21	Préparations pharmaceutiques, chimiques (médicine) et d'herboristerie	3 769.6	3 640.4	3 588.5	3 538.5	..	..	..	..
22	Produits en caoutchouc et en plastique	813.3	865.7	947.6	916.0	..	..	..	..
23	Autres produits minéraux non métalliques	351.5	358.2	359.3	387.9	..	..	..	..
24-25	Produits métallurgiques de base et ouvrages en métaux (sauf machines et matériel)	1 214.0	1 263.1	1 252.8	1 243.7	..	..	..	..
24	Produits métallurgiques de base	467.3	490.9	446.9	446.8	..	..	..	..
25	Ouvrages en métaux (sauf machines et matériel)	746.7	772.2	805.9	796.9	..	..	..	..
26-30	Ordinateurs, articles électroniques et optiques ; machines et matériels de transport	15 002.0	15 915.4	16 176.2	15 906.8	..	..	..	..
26	Ordinateurs, articles électroniques et optiques	4 549.6	4 472.3	4 625.5	4 671.6	..	..	..	..
27	Matériels électriques	1 034.0	1 112.7	1 140.5	1 159.3	..	..	..	..
28	Machines et équipements n.c.a.	1 109.9	1 184.7	1 259.7	1 258.5	..	..	..	..
29	Automobiles, remorques et semi-remorques	4 935.4	5 453.0	5 150.7	4 500.2	..	..	..	..
30	Autres matériels de transport	3 373.1	3 692.7	3 999.6	4 317.3	..	..	..	..
31-33	Meubles ; réparation et installation de machines et de matériel	443.5	506.8	481.9	471.6	..	..	..	..
31	Meubles	19.7	27.5	22.3	25.4	..	..	..	..
32	Autres activités de fabrication	423.8	479.3	459.5	446.2	..	..	..	..
33	Réparation et installation de machines et de matériel	0.0	0.0	0.0	0.0	..	..	..	..
35-39	**ÉLECTRICITÉ, GAZ, EAU ET TRAITEMENT DES DÉCHETS**	**612.7**	**680.1**	**687.2**	**710.1**	..	..	..	..
35-36	Production et distribution d'électricité, de gaz et de l'eau	574.1	636.4	642.5	661.4	..	..	..	..
37-39	Assainissement, traitement des déchets et dépollution	38.5	43.8	44.7	48.7	..	..	..	..
41-43	**CONSTRUCTION**	**103.4**	**125.1**	**133.7**	**118.3**	..	..	..	..
45-99	**TOTAL SERVICES**	**6 043.6**	**6 309.6**	**6 909.2**	**7 458.2**	..	..	..	..
45-82	**Services du secteur des entreprises**	**6 017.2**	**6 275.0**	**6 853.3**	**7 389.5**	..	..	..	..
45-47	Commerce de gros et de détail ; réparations automobiles et motocycles	0.0	0.0	0.0	0.0	..	..	..	..
49-53	Transport et entreposage	52.5	70.6	61.8	57.4	..	..	..	..
55-56	Activités d'hébergement et de restauration	0.0	0.0	0.0	0.0	..	..	..	..
58-63	Information et communication	4 077.7	4 128.2	4 375.8	4 627.6	..	..	..	..
58-60	Édition, audiovisuel et diffusion	1 054.9	1 037.0	1 095.3	1 201.4	..	..	..	..
58	Activités d'édition	897.4	932.5	974.5	1 108.9	..	..	..	..
59-60	Activités audiovisuel et diffusion	157.5	104.5	120.9	92.5	..	..	..	..
59	Production de films, vidéo, programmes de télévision et d'enregistrements	94.5	52.5	65.4	47.5	..	..	..	..
60	Programmation et diffusion	63.1	52.0	55.5	44.9	..	..	..	..
61	Télécommunications	943.6	935.9	1 061.5	1 121.4	..	..	..	..
62-63	Technologies de l'information et informatique	2 079.1	2 155.4	2 219.0	2 304.8	..	..	..	..
62	Programmation informatique ; conseils et activités connexes	1 924.3	1 969.8	2 063.4	2 144.8	..	..	..	..
63	Services d'information	154.8	185.6	155.6	160.0	..	..	..	..
64-66	**Activités financières et d'assurances**	**201.8**	**226.2**	**228.1**	**227.3**	..	..	..	..
68-82	**Activités immobilières ; professionnelles ; services administratifs et d'appui**	**1 685.2**	**1 850.0**	**2 187.5**	**2 477.2**	..	..	..	..
68	Activités immobilières	0.0	0.0	0.0	0.0	..	..	..	..
69-75x72	Activités professionnelles, scientifiques et techniques, R-D scientifique exclu	1 160.5	1 243.7	1 438.0	1 677.0	..	..	..	..
72	Recherche scientifique et développement	406.0	489.4	601.3	645.1	..	..	..	..
77-82	Activités de services administratifs et d'appui	118.7	116.9	148.3	155.2	..	..	..	..
84-99	**Services collectifs, sociaux et personnels**	**26.4**	**34.7**	**55.9**	**68.8**	..	..	..	..
84-85	Administration publique et défense ; sécurité sociale obligatoire et éducation	1.2	3.0	4.2 e	3.8	..	..	..	..
86-88	Santé humaine et action sociale	20.7	22.5	29.1	34.1	..	..	..	..
90-93	Arts, spectacles et loisirs	1.2	2.5	3.4	6.7	..	..	..	..
94-99	Autres services ; ménages-employeurs ; organismes extra-territoriaux	3.2	6.7	19.2 e	24.2	..	..	..	..

.. Non disponible ; e Valeur estimée
Note : Voir les métadonnées détaillées sur : *http://metalinks.oecd.org/anberd/20191119/86ba*.

ALLEMAGNE

Dépenses de R-D dans l'industrie par activité principale de l'entreprise, prix courants
CITI Rév. 4

Millions USD PPP

		2010	2011	2012	2013	2014	2015	2016	2017
	TOTAL ENTREPRISES	58 289.3	64 758.0	68 327.0	69 136.9	74 123.8	78 353.2	81 739.0	..
01-03	AGRICULTURE, SYLVICULTURE ET PÊCHE	176.7	159.9	175.7	185.6	178.0	192.8	205.8	..
05-09	ACTIVITÉS EXTRACTIVES	15.3	12.7	13.6	19.9	16.1	27.0	26.7	..
10-33	ACTIVITÉS DE FABRICATION	49 982.0	55 447.2	58 854.9	59 434.2	64 351.7	66 733.7	69 422.2	..
10-12	Produits alimentaires, boissons et tabac	408.1	390.5	400.0	406.2	414.1	408.3	407.5	..
13-15	Textiles, habillement, cuir et articles de cuir	154.0	151.1	155.4	145.8	149.6	117.0	122.9	..
13	Textiles	84.5	78.7	81.8	72.5	72.0	68.1	..	..
14	Articles d'habillement	62.6	65.4	66.3	66.1	70.1	43.7	..	..
15	Cuir et articles de cuir	7.1	7.0	7.2	7.2	7.4	5.1	..	..
16-18	Bois, papier, imprimerie et reproduction de supports enregistrés	258.4	231.6	218.4	293.0	291.1	276.4	298.6	..
16	Bois et articles en bois, sauf meubles	28.4	28.7	25.2	25.7	25.4	25.7	..	..
17	Papier et articles en papier	91.9	77.7	73.8	130.2	133.7	126.0	..	..
18	Imprimerie et reproduction de supports enregistrés	138.0	125.3	119.4	137.1	132.0	123.4	..	..
19-23	Produits pétroliers, chimiques, pharmaceutiques, caoutchouc, plastique, minéraux	10 021.6	11 011.9	11 337.5	11 328.3	11 831.8	11 922.9	13 108.5	..
19	Cokéfaction et raffinage	110.7	119.6	121.9	120.9	154.6	173.5	183.7	..
20-21	Industrie chimique et pharmaceutique	8 521.6	9 339.5	9 638.4	9 578.8	9 966.1	9 952.3	10 969.2	..
20	Produits chimiques	3 880.2	4 179.7	4 440.5	4 319.4	4 719.1	4 866.9	5 091.2	..
21	Préparations pharmaceutiques, chimiques (médicine) et d'herboristerie	4 641.4	5 159.8	5 197.9	5 259.4	5 247.0	5 085.4	5 878.0	..
22	Produits en caoutchouc et en plastique	1 034.9	1 196.1	1 214.4	1 251.8	1 318.2	1 398.6	1 527.4	..
23	Autres produits minéraux non métalliques	354.4	356.8	362.8	376.8	392.9	398.5	428.2	..
24-25	Produits métalliques de base et ouvrages en métaux (sauf machines et matériel)	1 497.3	1 574.8	1 644.5	1 643.4	1 670.6	1 741.8	1 798.8	..
24	Produits métallurgiques de base	612.3	654.5	688.1	683.9	695.4	682.6	701.8	..
25	Ouvrages en métaux (sauf machines et matériel)	885.0	920.3	956.4	959.5	975.2	1 059.2	1 097.0	..
26-30	Ordinateurs, articles électroniques et optiques ; machines et matériels de transport	36 346.2	40 548.1	43 633.5	43 967.2	48 216.6	49 779.3	51 393.6	..
26	Ordinateurs, articles électroniques et optiques	7 446.0	8 321.4	9 389.4	9 476.1	9 762.4	9 693.9	9 936.2	..
27	Matériels électriques	1 670.2	2 030.7	2 200.5	2 749.3	2 824.3	2 891.1	2 989.7	..
28	Machines et équipements n.c.a.	5 709.9	6 215.6	6 583.2	6 954.5	7 348.6	7 017.5	7 354.1	..
29	Automobiles, remorques et semi-remorques	18 397.2	20 681.6	22 052.6	22 183.0	25 577.9	27 594.3	28 478.4	..
30	Autres matériels de transport	3 122.8	3 298.8	3 408.0	2 604.5	2 690.1	2 580.0	2 635.4	..
31-33	Meubles ; réparation et installation de machines et de matériel	1 296.4	1 539.2	1 465.7	1 650.3	1 778.0	2 488.7	2 292.4	..
31	Meubles	65.1	52.9	50.7	48.3	50.7	45.0	42.5	..
32	Autres activités de fabrication	547.5	697.3	667.3	786.0	840.9	804.7	757.9	..
33	Réparation et installation de machines et de matériel	683.8	789.0	747.8	816.0	886.4	1 639.0	1 492.0	..
35-39	ÉLECTRICITÉ, GAZ, EAU ET TRAITEMENT DES DÉCHETS	243.9	250.3	236.4	269.1	254.2	207.0	201.3	..
35-36	Production et distribution d'électricité, de gaz et de l'eau	235.4	235.4	224.3	251.6	237.3	192.8	..	..
37-39	Assainissement, traitement des déchets et dépollution	8.6	14.8	12.1	17.6	16.9	14.1	..	..
41-43	**CONSTRUCTION**	95.0	83.4	89.7	103.3	104.0	96.4	104.5	..
45-99	**TOTAL SERVICES**	7 776.4	8 804.6	8 956.7	9 124.9	9 219.6	11 096.4	11 778.7	..
45-82	Services du secteur des entreprises	7 756.4	8 773.6	8 925.3	9 087.6	9 183.1	11 055.2	11 740.0	..
45-47	Commerce de gros et de détail ; réparations automobiles et motocycles	278.3	331.7	360.2	333.6	333.8	339.4	304.3	..
49-53	Transport et entreposage	78.9	137.7	156.0	118.2	123.7	172.3	142.7	..
55-56	Activités d'hébergement et de restauration	0.5	0.5	0.5	0.3	0.3	0.0	0.0	..
58-63	Information et communication	3 293.6	3 790.4	4 033.4	4 092.0	4 199.4	4 094.3	4 333.6	..
58-60	Édition, audiovisuel et diffusion	46.8	53.5	53.4	34.5	35.1	38.6	..	..
58	Activités d'édition	..	..	..	..	..	..	..	..
59-60	Activités audiovisuel et diffusion								
59	Production de films, vidéo, programmes de télévision et d'enregistrements	..	..	..	..	..	..	..	..
60	Programmation et diffusion	..	..	..	..	..	..	..	..
61	Télécommunications	748.6	723.8	789.0	482.7	495.6	257.1	..	..
62-63	Technologies de l'information et informatique	2 498.2	3 013.0	3 189.7	3 574.8	3 668.7	3 798.6	..	..
62	Programmation informatique ; conseils et activités connexes	2 431.4	2 893.6	3 065.2	3 449.0	3 540.3	3 668.8	..	..
63	Services d'information	66.8	119.4	124.5	125.8	128.4	129.8	..	..
64-66	Activités financières et d'assurances	288.8	330.8	336.9	374.7	413.0	365.1	379.4	..
68-82	Activités immobilières ; professionnelles ; services administratifs et d'appui	3 816.0	4 182.6	4 038.3	4 168.8	4 112.8	6 084.2	6 579.6	..
68	Activités immobilières	0.6	1.0	1.0	0.9	0.9	1.3	1.0	..
69-75x72	Activités professionnelles, scientifiques et techniques, R-D scientifique exclu	1 698.8	1 967.2	1 837.5	1 956.5	1 808.0	3 233.0	3 584.2	..
72	Recherche scientifique et développement	2 070.8	2 168.8	2 150.7	2 174.7	2 267.4	2 789.5	2 940.1	..
77-82	Activités de services administratifs et d'appui	45.8	45.6	49.0	36.7	36.5	60.4	54.3	..
84-99	Services collectifs, sociaux et personnels	20.0	30.9	31.4	37.3	36.5	41.1	38.6	..
84-85	Administration publique et défense ; sécurité sociale obligatoire et éducation	..	2.8	2.8	3.5	3.3	1.3	1.7	..
86-88	Santé humaine et action sociale	..	4.6	4.7	8.1	8.2	10.3	9.6	..
90-93	Arts, spectacles et loisirs	..	1.6	1.7	4.5	4.4	2.6	2.7	..
94-99	Autres services ; ménages-employeurs ; organismes extra-territoriaux	..	21.9	22.2	21.2	20.7	25.7	24.6	..

.. Non disponible

Note : Voir les métadonnées détaillées sur : http://metalinks.oecd.org/anberd/20191119/86ba.

ALLEMAGNE

Dépenses de R-D dans l'industrie par activité principale de l'entreprise, prix constants
CITI Rév. 4

2010 PPP USD

		2010	2011	2012	2013	2014	2015	2016	2017
	TOTAL ENTREPRISES	**58 289.3**	**62 769.8**	**65 100.9**	**63 580.4**	**66 482.6**	**69 716.7**	**70 893.0**	..
01-03	AGRICULTURE, SYLVICULTURE ET PÊCHE	176.7	155.0	167.4	170.7	159.7	171.6	178.5	..
05-09	**ACTIVITÉS EXTRACTIVES**	**15.3**	**12.3**	**12.9**	**18.3**	**14.5**	**24.0**	**23.1**	..
10-33	**ACTIVITÉS DE FABRICATION**	**49 982.0**	**53 744.8**	**56 076.2**	**54 657.5**	**57 717.9**	**59 377.9**	**60 210.5**	..
10-12	Produits alimentaires, boissons et tabac	408.1	378.5	381.1	373.5	371.4	363.3	353.4	..
13-15	Textiles, habillement, cuir et articles de cuir	154.0	146.5	148.0	134.1	134.1	104.1	106.6	..
13	Textiles	84.5	76.3	77.9	66.7	64.6	60.6		..
14	Articles d'habillement	62.6	63.4	63.2	60.8	62.9	38.9		..
15	Cuir et articles de cuir	7.1	6.8	6.9	6.6	6.6	4.6		..
16-18	Bois, papier, imprimerie et reproduction de supports enregistrés	258.4	224.5	208.0	269.4	261.0	245.9	259.0	..
16	Bois et articles en bois, sauf meubles	28.4	27.8	24.0	23.6	22.7	22.9		..
17	Papier et articles en papier	91.9	75.3	70.3	119.8	119.9	112.1		..
18	Imprimerie et reproduction de supports enregistrés	138.0	121.4	113.8	126.1	118.4	109.8		..
19-23	Produits pétroliers, chimiques, pharmaceutiques, caoutchouc, plastique, minéraux	10 021.6	10 673.8	10 802.2	10 417.9	10 612.1	10 608.1	11 369.1	..
19	Cokéfaction et raffinage	110.7	115.9	116.2	111.2	138.7	154.4	159.3	..
20-21	Industrie chimique et pharmaceutique	8 521.6	9 052.7	9 183.3	8 808.9	8 938.7	8 855.3	9 513.7	..
20	Produits chimiques	3 880.2	4 051.4	4 230.9	3 972.2	4 232.6	4 330.4	4 415.7	..
21	Préparations pharmaceutiques, chimiques (médicine) et d'herboristerie	4 641.4	5 001.3	4 952.5	4 836.7	4 706.1	4 524.9	5 098.0	..
22	Produits en caoutchouc et en plastique	1 034.9	1 159.4	1 157.0	1 151.2	1 182.3	1 244.5	1 324.7	..
23	Autres produits minéraux non métalliques	354.4	345.8	345.7	346.5	352.4	354.6	371.4	..
24-25	Produits métalliques de base et ouvrages en métaux (sauf machines et matériel)	1 497.3	1 526.4	1 566.8	1 511.3	1 498.4	1 549.8	1 560.1	..
24	Produits métallurgiques de base	612.3	634.4	655.6	629.0	623.7	607.4	608.7	..
25	Ouvrages en métaux (sauf machines et matériel)	885.0	892.1	911.2	882.4	874.7	942.5	951.5	..
26-30	Ordinateurs, articles électroniques et optiques ; machines et matériels de transport	36 346.2	39 303.2	41 573.4	40 433.5	43 246.1	44 292.4	44 574.1	..
26	Ordinateurs, articles électroniques et optiques	7 446.0	8 065.9	8 946.1	8 714.5	8 756.1	8 625.4	8 617.7	..
27	Matériels électriques	1 670.2	1 968.4	2 096.6	2 528.3	2 533.1	2 572.4	2 593.0	..
28	Machines et équipements n.c.a.	5 709.9	6 024.8	6 272.4	6 395.5	6 591.0	6 244.0	6 378.3	..
29	Automobiles, remorques et semi-remorques	18 397.2	20 046.6	21 011.4	20 400.1	22 941.2	24 552.7	24 699.6	..
30	Autres matériels de transport	3 122.8	3 197.5	3 247.1	2 395.1	2 412.8	2 295.6	2 285.7	..
31-33	Meubles ; réparation et installation de machines et de matériel	1 296.4	1 491.9	1 396.5	1 517.6	1 594.7	2 214.4	1 988.2	..
31	Meubles	65.1	51.2	48.3	44.4	45.5	40.0	36.9	..
32	Autres activités de fabrication	547.5	675.9	635.8	722.9	754.2	716.0	657.3	..
33	Réparation et installation de machines et de matériel	683.8	764.8	712.5	750.4	795.0	1 458.3	1 294.1	..
35-39	**ÉLECTRICITÉ, GAZ, EAU ET TRAITEMENT DES DÉCHETS**	**243.9**	**242.6**	**225.2**	**247.5**	**228.0**	**184.2**	**174.6**	..
35-36	Production et distribution d'électricité, de gaz et de l'eau	235.4	228.2	213.7	231.3	212.9	171.6		..
37-39	Assainissement, traitement des déchets et dépollution	8.6	14.4	11.5	16.1	15.2	12.6		..
41-43	**CONSTRUCTION**	**95.0**	**80.9**	**85.4**	**95.0**	**93.3**	**85.8**	**90.6**	..
45-99	**TOTAL SERVICES**	**7 776.4**	**8 534.2**	**8 533.8**	**8 391.5**	**8 269.2**	**9 873.3**	**10 215.8**	..
45-82	Services du secteur des entreprises	7 756.4	8 504.2	8 503.9	8 357.2	8 236.4	9 836.6	10 182.2	..
45-47	Commerce de gros et de détail ; réparations automobiles et motocycles	278.3	321.5	343.2	306.8	299.4	302.0	263.9	..
49-53	Transport et entreposage	78.9	133.5	148.6	108.7	110.9	153.3	123.8	..
55-56	Activités d'hébergement et de restauration	0.5	0.5	0.5	0.2	0.2	0.0	0.0	..
58-63	Information et communication	3 293.6	3 674.0	3 843.0	3 763.1	3 766.5	3 643.0	3 758.6	..
58-60	Édition, audiovisuel et diffusion	46.8	51.9	50.8	31.7	31.5	34.3		..
58	Activités d'édition	..	..	..	..	..	..		..
59-60	Activités audiovisuel et diffusion	..	..	..	..	..	..		..
59	Production de films, vidéo, programmes de télévision et d'enregistrements	..	..	..	..	..	..		..
60	Programmation et diffusion	..	..	..	..	..	..		..
61	Télécommunications	748.6	701.6	751.7	443.9	444.5	228.8		..
62-63	Technologies de l'information et informatique	2 498.2	2 920.5	3 039.1	3 287.5	3 290.5	3 379.9		..
62	Programmation informatique ; conseils et activités connexes	2 431.4	2 804.8	2 920.5	3 171.8	3 175.4	3 264.4		..
63	Services d'information	66.8	115.8	118.6	115.7	115.1	115.5		..
64-66	**Activités financières et d'assurances**	**288.8**	**320.6**	**321.0**	**344.6**	**370.5**	**324.8**	**329.0**	..
68-82	**Activités immobilières ; professionnelles ; services administratifs et d'appui**	**3 816.0**	**4 054.2**	**3 847.6**	**3 833.7**	**3 688.8**	**5 413.6**	**5 706.6**	..
68	Activités immobilières	0.6	1.0	1.0	0.8	0.8	1.1	0.9	..
69-75x72	Activités professionnelles, scientifiques et techniques, R-D scientifique exclu	1 698.8	1 906.8	1 750.8	1 799.3	1 621.6	2 876.6	3 108.6	..
72	Recherche scientifique et développement	2 070.8	2 102.2	2 049.1	1 999.9	2 033.7	2 482.0	2 550.0	..
77-82	Activités de services administratifs et d'appui	45.8	44.2	46.7	33.7	32.8	53.8	47.1	..
84-99	**Services collectifs, sociaux et personnels**	**20.0**	**30.0**	**29.9**	**34.3**	**32.8**	**36.6**	**33.5**	..
84-85	Administration publique et défense ; sécurité sociale obligatoire et éducation	..	2.7	2.7	3.2	2.9	1.1	1.5	..
86-88	Santé humaine et action sociale	..	4.4	4.5	7.5	7.3	9.2	8.4	..
90-93	Arts, spectacles et loisirs	..	1.6	1.6	4.2	4.0	2.3	2.4	..
94-99	Autres services ; ménages-employeurs ; organismes extra-territoriaux	..	21.3	21.2	19.5	18.5	22.9	21.3	..

.. Non disponible

Note : Voir les métadonnées détaillées sur : http://metalinks.oecd.org/anberd/20191119/86ba.

GRÈCE

Dépenses de R-D dans l'industrie par activité principale de l'entreprise, prix courants
CITI Rév. 4

Millions USD PPP

		2010	2011	2012	2013	2014	2015	2016	2017
	TOTAL ENTREPRISES	..	681.3	669.8	774.1	825.3	922.3	1 233.0	1 695.4
01-03	AGRICULTURE, SYLVICULTURE ET PÊCHE	..	2.0	1.5 e	1.5	2.1 e	2.9	3.9 e	5.1
05-09	ACTIVITÉS EXTRACTIVES	..	0.5	2.3 e	1.1	0.0 e	2.1	33.9 e	83.8
10-33	ACTIVITÉS DE FABRICATION	..	267.2	258.2 e	278.5	251.3 e	245.9	338.9 e	500.9
10-12	Produits alimentaires, boissons et tabac	..	23.7	36.6 e	47.8	40.2 e	32.0	44.5 e	71.7
13-15	Textiles, habillement, cuir et articles de cuir	..	1.7	1.2 e	1.5	3.0 e	4.5	5.0 e	4.8
13	Textiles	..	..	..	..	..	..	..	4.7
14	Articles d'habillement	..	..	..	..	..	..	..	0.1
15	Cuir et articles de cuir	..	..	..	..	..	..	..	0.0
16-18	Bois, papier, imprimerie et reproduction de supports enregistrés	..	14.5	7.4 e	3.3	2.6 e	6.3	14.0 e	24.2
16	Bois et articles en bois, sauf meubles	..	..	..	..	..	..	..	0.3
17	Papier et articles en papier	..	..	..	..	..	..	..	19.5
18	Imprimerie et reproduction de supports enregistrés	..	..	..	..	..	..	..	4.3
19-23	Produits pétroliers, chimiques, pharmaceutiques, caoutchouc, plastique, minéraux	..	122.6	120.8 e	129.5	110.5 e	103.5	150.5 e	235.1
19	Cokéfaction et raffinage	..	7.2	8.2 e	7.8	3.5 e	10.4	41.7 e	90.3
20-21	Industrie chimique et pharmaceutique	..	107.2	104.8 e	113.2	98.7 e	84.3	96.8 e	127.8
20	Produits chimiques	..	22.7	20.3 e	20.0	15.8 e	15.0	24.6 e	41.4
21	Préparations pharmaceutiques, chimiques (médicine) et d'herboristerie	..	84.6	84.5 e	93.2	82.9 e	69.3	72.2 e	86.4
22	Produits en caoutchouc et en plastique	..	3.0	3.3 e	3.5	2.3 e	1.5	3.3 e	6.7
23	Autres produits minéraux non métalliques	..	5.2	4.4 e	5.0	6.0 e	7.3	8.7 e	10.3
24-25	Produits métalliques de base et ouvrages en métaux (sauf machines et matériel)	..	35.5	37.9 e	44.5	43.5 e	44.7	59.9 e	85.2
24	Produits métallurgiques de base	..	17.7	16.5 e	17.4	15.8 e	15.1	19.3 e	26.8
25	Ouvrages en métaux (sauf machines et matériel)	..	17.8	21.4 e	27.0	27.7 e	29.6	40.7 e	58.4
26-30	Ordinateurs, articles électroniques et optiques ; machines et matériels de transport	..	67.3	52.7 e	49.9	48.3 e	50.8	60.6 e	75.2
26	Ordinateurs, articles électroniques et optiques	..	32.3	25.4 e	23.2	20.1 e	19.6	24.8 e	33.9
27	Matériels électriques	..	14.9	12.2 e	11.8	11.1 e	11.7	15.1 e	20.6
28	Machines et équipements n.c.a.	..	10.4	9.4 e	10.4	11.1 e	12.1	14.4 e	17.7
29	Automobiles, remorques et semi-remorques	..	0.6 e	0.4 e	0.3	0.0 e	0.0	0.5 e	1.2
30	Autres matériels de transport	..	9.0 e	5.3 e	4.2	6.0 e	7.5	5.8 e	1.8
31-33	Meubles ; réparation et installation de machines et de matériel	..	2.0	1.7 e	2.1	3.2 e	4.1	4.5 e	4.6
31	Meubles	..	..	..	..	..	..	..	0.6
32	Autres activités de fabrication	..	..	..	..	..	..	..	4.1
33	Réparation et installation de machines et de matériel	..	..	..	..	..	..	..	0.0
35-39	ÉLECTRICITÉ, GAZ, EAU ET TRAITEMENT DES DÉCHETS	..	8.8	8.1 e	9.7	12.4 e	16.7	23.7 e	32.9
35-36	Production et distribution d'électricité, de gaz et de l'eau	..	7.4	6.9 e	8.4	10.9 e	15.0	22.2 e	31.6
37-39	Assainissement, traitement des déchets et dépollution	..	1.4	1.2 e	1.3	1.5 e	1.6	1.5 e	1.3
41-43	**CONSTRUCTION**	..	7.5	5.0 e	3.8	3.2 e	5.1	10.9 e	19.3
45-99	**TOTAL SERVICES**	..	395.2	394.7 e	479.5	556.4 e	649.7	821.6 e	1 053.4
45-82	**Services du secteur des entreprises**	..	392.4	391.2 e	475.4	553.1 e	645.3	810.9 e	1 032.7
45-47	Commerce de gros et de détail ; réparations automobiles et motocycles	..	41.9	65.7 e	103.0	131.6 e	147.9	156.8 e	163.1
49-53	Transport et entreposage	..	0.3	7.2 e	7.0	0.0 e	4.0	63.6 e	158.9
55-56	Activités d'hébergement et de restauration	..	0.1 e	0.6 e	1.1	1.2 e	1.0	0.6 e	0.1
58-63	Information et communication	..	98.1	100.0 e	115.7	115.5 e	126.4	174.7 e	250.5
58-60	Édition, audiovisuel et diffusion	..	0.1	6.6 e	11.3	9.3 e	4.9	3.6 e	4.7
58	Activités d'édition	..	0.1	5.9 e	10.2	8.5 e	4.4	2.7 e	2.7
59-60	Activités audiovisuel et diffusion	..	0.0	0.7 e	1.1	0.8 e	0.5	0.9 e	1.9
59	Production de films, vidéo, programmes de télévision et d'enregistrements	..	..	..	..	..	..	..	1.2
60	Programmation et diffusion	..	..	..	..	..	..	..	0.8
61	Télécommunications	..	41.0	27.2 e	17.9	9.0 e	14.1	42.2 e	86.1
62-63	Technologies de l'information et informatique	..	56.9	66.2 e	86.5	97.2 e	107.4	128.8 e	159.7
62	Programmation informatique ; conseils et activités connexes	..	52.6	63.8 e	85.1	96.0 e	105.6	126.4 e	156.6
63	Services d'information	..	4.3	2.4 e	1.4	1.3 e	1.8	2.4 e	3.1
64-66	Activités financières et d'assurances	..	143.7	131.2 e	163.5	217.9 e	269.3	298.7 e	316.3
68-82	Activités immobilières ; professionnelles ; services administratifs et d'appui	..	108.4	86.5 e	85.1	86.8 e	96.7	116.6 e	143.8
68	Activités immobilières	..	0.0 e	0.0 e	0.0	0.0 e	0.0	0.0 e	0.0
69-75x72	Activités professionnelles, scientifiques et techniques, R-D scientifique exclu	..	48.2	31.9 e	24.3	21.0 e	25.3	36.9 e	53.4
72	Recherche scientifique et développement	..	59.5	53.7 e	60.1	65.7 e	71.3	78.1 e	86.3
77-82	Activités de services administratifs et d'appui	..	0.7 e	0.8 e	0.7	0.1 e	0.0	1.5 e	4.0
84-99	**Services collectifs, sociaux et personnels**	..	2.8	3.6 e	4.1	3.3 e	4.4	10.7 e	20.7
84-85	Administration publique et défense ; sécurité sociale obligatoire et éducation	..	1.7	2.0 e	2.0	1.1 e	1.7 e	6.1 e	13.1
86-88	Santé humaine et action sociale	..	0.5	1.1 e	1.8	2.2 e	2.7	3.8 e	5.4
90-93	Arts, spectacles et loisirs	..	0.0	0.0 e	0.0	0.0 e	0.0	0.1 e	0.2
94-99	Autres services ; ménages-employeurs ; organismes extra-territoriaux	..	0.6	0.5 e	0.3 e	0.0 e	0.0 e	0.7 e	2.0

.. Non disponible ; e Valeur estimée

Note : Voir les métadonnées détaillées sur : *http://metalinks.oecd.org/anberd/20191119/86ba.*

GRÈCE

Dépenses de R-D dans l'industrie par activité principale de l'entreprise, prix constants
CITI Rév. 4

2010 PPP USD

		2010	2011	2012	2013	2014	2015	2016	2017
	TOTAL ENTREPRISES	..	667.6	632.5	690.2	725.6	810.8	1 071.5	1 430.0
01-03	**AGRICULTURE, SYLVICULTURE ET PÊCHE**	..	2.0	1.4 e	1.4	1.8 e	2.6	3.4 e	4.3
05-09	**ACTIVITÉS EXTRACTIVES**	..	0.5	2.2 e	1.0	0.0 e	1.8	29.5 e	70.7
10-33	**ACTIVITÉS DE FABRICATION**	..	261.9	243.8 e	248.3	220.9 e	216.1	294.6 e	422.5
10-12	Produits alimentaires, boissons et tabac	..	23.2	34.6 e	42.6 e	35.3 e	28.1	38.6 e	60.5
13-15	Textiles, habillement, cuir et articles de cuir	..	1.7	1.1 e	1.4	2.7 e	4.0	4.3 e	4.0
13	Textiles	..	..	..	..	..	..	..	3.9
14	Articles d'habillement	..	..	..	..	..	..	..	0.1
15	Cuir et articles de cuir	..	..	..	..	..	..	..	0.0
16-18	Bois, papier, imprimerie et reproduction de supports enregistrés	..	14.2	7.0 e	2.9	2.3 e	5.6	12.1 e	20.4
16	Bois et articles en bois, sauf meubles	..	..	..	..	..	..	..	0.3
17	Papier et articles en papier	..	..	..	..	..	..	..	16.5
18	Imprimerie et reproduction de supports enregistrés	..	..	..	..	..	..	..	3.6
19-23	Produits pétroliers, chimiques, pharmaceutiques, caoutchouc, plastique, minéraux	..	120.2	114.1 e	115.4	97.1 e	91.0	130.8 e	198.3
19	Cokéfaction et raffinage	..	7.1 e	7.8 e	6.9 e	3.1 e	9.1	36.2 e	76.1
20-21	Industrie chimique et pharmaceutique	..	105.1	99.0 e	100.9	86.7 e	74.1	84.1 e	107.8
20	Produits chimiques	..	22.2	19.2 e	17.8	13.9 e	13.2	21.4 e	34.9
21	Préparations pharmaceutiques, chimiques (médicine) et d'herboristerie	..	82.9	79.8 e	83.1	72.9 e	60.9	62.8 e	72.9
22	Produits en caoutchouc et en plastique	..	2.9	3.1 e	3.1	2.0 e	1.3	2.8 e	5.7
23	Autres produits minéraux non métalliques	..	5.1	4.2 e	4.4	5.3 e	6.4	7.6 e	8.7
24-25	Produits métalliques de base et ouvrages en métaux (sauf machines et matériel)	..	34.8	35.8 e	39.6	38.3 e	39.3	52.1 e	71.9
24	Produits métallurgiques de base	..	17.4	15.6 e	15.5	13.9 e	13.3	16.7 e	22.6
25	Ouvrages en métaux (sauf machines et matériel)	..	17.5	20.2 e	24.1	24.4 e	26.0	35.3 e	49.3
26-30	Ordinateurs, articles électroniques et optiques ; machines et matériels de transport	..	65.9	49.7 e	44.5	42.4 e	44.7	52.7 e	63.5
26	Ordinateurs, articles électroniques et optiques	..	31.7	24.0 e	20.7	17.6 e	17.2	21.6 e	28.6
27	Matériels électriques	..	14.6	11.5 e	10.6	9.8 e	10.3	13.2 e	17.4
28	Machines et équipements n.c.a.	..	10.2	8.9 e	9.3	9.8 e	10.6	12.5 e	14.9
29	Automobiles, remorques et semi-remorques	..	0.6 e	0.4 e	0.3	0.0 e	0.0	0.4 e	1.1
30	Autres matériels de transport	..	8.8 e	5.0 e	3.7	5.2 e	6.6	5.0 e	1.5
31-33	Meubles ; réparation et installation de machines et de matériel	..	1.9	1.6 e	1.9	2.8 e	3.6	3.9 e	3.9
31	Meubles	..	..	..	..	..	..	..	0.5
32	Autres activités de fabrication	..	..	..	..	..	..	..	3.4
33	Réparation et installation de machines et de matériel	..	..	..	..	..	..	..	0.0
35-39	**ÉLECTRICITÉ, GAZ, EAU ET TRAITEMENT DES DÉCHETS**	..	8.6	7.6 e	8.6	10.9 e	14.6	20.6 e	27.8
35-36	Production et distribution d'électricité, de gaz et de l'eau	..	7.2	6.5 e	7.5	9.6 e	13.2	19.3 e	26.6
37-39	Assainissement, traitement des déchets et dépollution	..	1.4	1.1 e	1.2	1.3 e	1.4	1.3 e	1.1
41-43	**CONSTRUCTION**	..	7.4	4.8 e	3.3	2.8 e	4.5	9.4 e	16.3
45-99	**TOTAL SERVICES**	..	387.3	372.7 e	427.5	489.2 e	571.1	714.0 e	888.5
45-82	**Services du secteur des entreprises**	..	384.5	369.3 e	423.9	486.3 e	567.3	704.7 e	871.1
45-47	Commerce de gros et de détail ; réparations automobiles et motocycles	..	41.0	62.0 e	91.8	115.8 e	130.0	136.3 e	137.6
49-53	Transport et entreposage	..	0.3	6.8 e	6.2	0.0 e	3.5	55.3 e	134.0
55-56	Activités d'hébergement et de restauration	..	0.1 e	0.6 e	1.0	1.1 e	0.9 e	0.5 e	0.1
58-63	Information et communication	..	96.1	94.4 e	103.2	101.6 e	111.1	151.8 e	211.3
58-60	Édition, audiovisuel et diffusion	..	0.1	6.3 e	10.1	8.2 e	4.3	3.2 e	3.9
58	Activités d'édition	..	0.1	5.6 e	9.1	7.4 e	3.9 e	2.4 e	2.3
59-60	Activités audiovisuel et diffusion	..	0.0	0.7 e	1.0	0.7 e	0.4 e	0.8 e	1.6
59	Production de films, vidéo, programmes de télévision et d'enregistrements	..	..	..	..	..	..	..	1.0
60	Programmation et diffusion	..	..	..	..	..	..	..	0.6
61	Télécommunications	..	40.2	25.7 e	15.9	7.9 e	12.4	36.7 e	72.6
62-63	Technologies de l'information et informatique	..	55.8	62.5 e	77.1	85.5 e	94.4	111.9 e	134.7
62	Programmation informatique ; conseils et activités connexes	..	51.6	60.2 e	75.9	84.4 e	92.9	109.9 e	132.1
63	Services d'information	..	4.2	2.3 e	1.3	1.1 e	1.5	2.1 e	2.6
64-66	**Activités financières et d'assurances**	..	140.8	123.9 e	145.8	191.6 e	236.7	259.6 e	266.8
68-82	**Activités immobilières ; professionnelles ; services administratifs et d'appui**	..	106.3	81.6 e	75.9	76.4 e	85.0	101.3 e	121.3
68	Activités immobilières	..	0.0 e	0.0 e	0.0	0.0 e	0.0 e	0.0 e	0.0
69-75x72	Activités professionnelles, scientifiques et techniques, R-D scientifique exclu	..	47.3	30.2 e	21.6	18.5 e	22.3	32.1 e	45.0
72	Recherche scientifique et développement	..	58.3	50.7 e	53.6	57.8 e	62.7	67.9 e	72.8
77-82	Activités de services administratifs et d'appui	..	0.7 e	0.7 e	0.6	0.1 e	0.0 e	1.3 e	3.4
84-99	**Services collectifs, sociaux et personnels**	..	2.8	3.4 e	3.7	2.9 e	3.9	9.3 e	17.5
84-85	Administration publique et défense ; sécurité sociale obligatoire et éducation	..	1.7	1.9 e	1.8	1.0 e	1.5 e	5.3 e	11.1
86-88	Santé humaine et action sociale	..	0.5	1.0 e	1.6	1.9 e	2.4	3.3 e	4.5
90-93	Arts, spectacles et loisirs	..	0.0	0.0 e	0.0 e	0.0 e	0.0 e	0.1 e	0.1
94-99	Autres services ; ménages-employeurs ; organismes extra-territoriaux	..	0.6	0.5 e	0.3 e	0.0 e	0.0 e	0.6 e	1.7

.. Non disponible ; e Valeur estimée
Note : Voir les métadonnées détaillées sur : *http://metalinks.oecd.org/anberd/20191119/86ba*.

HONGRIE

Dépenses de R-D dans l'industrie par activité principale de l'entreprise, prix courants
CITI Rév. 4

Millions USD PPP

		2010	2011	2012	2013	2014	2015	2016	2017
	TOTAL ENTREPRISES	1 467.7	1 690.4	1 899.9	2 333.8	2 437.9	2 595.8	2 352.7	2 779.3
01-03	AGRICULTURE, SYLVICULTURE ET PÊCHE	21.4 e	23.7 e	32.2 e	38.3 e	39.8	27.2	19.4	27.8
05-09	ACTIVITÉS EXTRACTIVES	0.0 e	0.0 e	1.8 e	0.8 e	1.1 e	2.9	0.2	0.9
10-33	ACTIVITÉS DE FABRICATION	862.3 e	939.5 e	1 070.1 e	1 171.2 e	1 091.3	1 052.2	1 135.9	1 302.1
10-12	Produits alimentaires, boissons et tabac	26.4 e	32.0 e	32.4 e	37.4 e	21.8	21.1	18.6	27.9
13-15	Textiles, habillement, cuir et articles de cuir	..	..	..	..	..	..	..	1.7
13	Textiles	..	..	..	..	..	..	..	..
14	Articles d'habillement	..	..	..	..	..	..	..	..
15	Cuir et articles de cuir	..	..	..	..	..	..	..	..
16-18	Bois, papier, imprimerie et reproduction de supports enregistrés	8.9 e	9.8 e	12.6 e	31.9 e	29.1	10.5	15.6	50.6
16	Bois et articles en bois, sauf meubles	1.1 e	2.1 e	0.6 e	4.7 e	2.0	0.5 e	0.2 e	1.4
17	Papier et articles en papier	2.8 e	4.7 e	5.7 e	22.5 e	3.4	0.8 e	12.2	27.7
18	Imprimerie et reproduction de supports enregistrés	5.0 e	3.0 e	6.3 e	4.7 e	23.7	9.2	3.2 e	21.5
19-23	Produits pétroliers, chimiques, pharmaceutiques, caoutchouc, plastique, minéraux	..	..	..	..	..	..	..	475.7
19	Cokéfaction et raffinage	..	..	..	..	..	..	..	..
20-21	Industrie chimique et pharmaceutique	413.0 e	403.4 e	451.7 e	448.5 e	448.3	431.5	417.5	424.4
20	Produits chimiques	21.2 e	22.6 e	15.8 e	28.2 e	15.1	24.6	10.9	24.4
21	Préparations pharmaceutiques, chimiques (médicine) et d'herboristerie	391.7 e	380.8 e	436.0 e	420.3 e	433.2	406.9	406.5	400.0
22	Produits en caoutchouc et en plastique	9.3 e	13.1 e	14.5 e	15.7 e	18.7	13.2	16.3	21.1
23	Autres produits minéraux non métalliques	5.0 e	5.5 e	13.0 e	5.7 e	5.4	6.3	5.6	..
24-25	Produits métalliques de base et ouvrages en métaux (sauf machines et matériel)	13.5 e	16.9 e	42.6 e	39.0 e	46.1	22.2 e	32.0 e	46.1
24	Produits métallurgiques de base	2.5 e	1.2 e	1.3 e	2.1 e	3.3	3.9 e	7.9	13.8
25	Ouvrages en métaux (sauf machines et matériel)	10.9 e	15.7 e	41.3 e	37.0 e	42.9	18.3	24.1	32.3
26-30	Ordinateurs, articles électroniques et optiques ; machines et matériels de transport	334.2 e	401.7 e	433.5 e	509.7 e	450.8	493.9	552.5	649.5
26	Ordinateurs, articles électroniques et optiques	88.7 e	113.0 e	97.0 e	95.4 e	35.7	37.8	44.9	44.7
27	Matériels électriques	44.9 e	51.7 e	48.0 e	68.0 e	64.0	51.6	56.9	80.3
28	Machines et équipements n.c.a.	70.9 e	95.4 e	121.2 e	133.3 e	130.0	119.9	126.6	135.8
29	Automobiles, remorques et semi-remorques	127.7 e	139.7 e	165.1 e	211.0 e	208.9	274.4	310.9	377.4
30	Autres matériels de transport	2.0 e	1.8 e	2.2 e	2.1 e	12.1	10.1	13.0	11.2
31-33	Meubles ; réparation et installation de machines et de matériel	33.4 e	36.4 e	47.4 e	66.2 e	54.8	37.1	49.0	50.7
31	Meubles	1.1 e	3.4 e	3.5 e	13.3 e	5.2	2.8	4.9	5.4
32	Autres activités de fabrication	16.5 e	21.0 e	24.4 e	24.2 e	34.6	22.9	31.6	32.7
33	Réparation et installation de machines et de matériel	15.8 e	11.9 e	19.5 e	28.7 e	15.0	11.4	12.6	12.6
35-39	ÉLECTRICITÉ, GAZ, EAU ET TRAITEMENT DES DÉCHETS	5.7 e	4.6 e	3.4 e	12.7 e	8.5 e	21.6	8.7	5.2
35-36	Production et distribution d'électricité, de gaz et de l'eau	2.5 e	2.0 e	1.9 e	2.7 e	4.2 e	13.5	4.3	2.7
37-39	Assainissement, traitement des déchets et dépollution	3.2 e	2.6 e	1.6 e	10.1 e	4.3	8.1	4.4	2.5
41-43	CONSTRUCTION	5.7 e	7.9 e	8.2 e	22.2 e	19.8	14.1	10.6	38.8
45-99	TOTAL SERVICES	572.6 e	714.8 e	784.1 e	1 088.5 e	1 277.2	1 477.7	1 177.9	1 404.4
45-82	Services du secteur des entreprises	561.0 e	702.4 e	768.5 e	1 074.7 e	1 261.5	1 460.7	1 166.2	1 390.4
45-47	Commerce de gros et de détail ; réparations automobiles et motocycles	138.7 e	207.7 e	217.8 e	275.2 e	359.9	360.2	147.1	179.3
49-53	Transport et entreposage	0.1 e	1.0 e	2.9 e	7.5 e	6.5	7.3	5.8 e	8.3
55-56	Activités d'hébergement et de restauration	..	..	..	..	..	..	..	8.4
58-63	Information et communication	39.4 e	51.1 e	122.0 e	161.9 e	244.9	208.6	174.2	234.2
58-60	Édition, audiovisuel et diffusion	7.0 e	8.8 e	16.5 e	22.6 e	29.7	23.2	22.1	35.4
58	Activités d'édition	..	..	..	..	29.5	..	22.1	..
59-60	Activités audiovisuel et diffusion	..	..	..	..	0.1	..	..	..
59	Production de films, vidéo, programmes de télévision et d'enregistrements	..	..	..	..	..	..	..	..
60	Programmation et diffusion	..	..	..	..	..	..	..	..
61	Télécommunications	..	..	..	..	3.4	11.7	4.9	5.1
62-63	Technologies de l'information et informatique	..	..	..	..	211.9	173.7	147.3	193.7
62	Programmation informatique ; conseils et activités connexes	..	..	..	..	188.0	164.3	137.3	189.9
63	Services d'information	..	..	..	..	23.9	9.4	10.0	3.9
64-66	Activités financières et d'assurances	..	..	..	..	..	..	..	3.1
68-82	Activités immobilières ; professionnelles ; services administratifs et d'appui	379.5 e	436.8 e	417.6 e	626.0 e	646.5	881.0	838.5	957.1
68	Activités immobilières	2.0 e	4.0 e	3.5 e	8.8 e	15.1	11.5	4.2	3.8
69-75x72	Activités professionnelles, scientifiques et techniques, R-D scientifique exclu	22.3 e	134.1 e	159.9 e	45.9 e	86.4	85.2	51.2	83.5
72	Recherche scientifique et développement	352.7 e	295.1 e	250.6 e	564.6 e	528.2	755.9	768.9	851.6
77-82	Activités de services administratifs et d'appui	2.5 e	3.5 e	3.6 e	6.7 e	16.8	28.4	14.2	18.2
84-99	Services collectifs, sociaux et personnels	11.6 e	12.3 e	15.6 e	13.8 e	15.7	17.0	11.6	14.0
84-85	Administration publique et défense ; sécurité sociale obligatoire et éducation	0.5 e	0.2 e	2.9 e	1.3 e	2.4	3.6	1.3	2.1
86-88	Santé humaine et action sociale	3.5 e	3.2 e	4.7 e	2.4 e	3.5	3.6	1.8	4.9
90-93	Arts, spectacles et loisirs	0.6 e	1.0 e	1.7 e	1.5 e	2.0	2.7	5.9	2.0
94-99	Autres services ; ménages-employeurs ; organismes extra-territoriaux	7.0 e	7.9 e	6.4 e	8.6 e	7.9	7.1	2.7	5.0

.. Non disponible ; e Valeur estimée

Note : Voir les métadonnées détaillées sur : *http://metalinks.oecd.org/anberd/20191119/86ba*.

HONGRIE

Dépenses de R-D dans l'industrie par activité principale de l'entreprise, prix constants
CITI Rév. 4

2010 PPP USD

		2010	2011	2012	2013	2014	2015	2016	2017
	TOTAL ENTREPRISES	1 467.7	1 624.8	1 785.8	2 120.0	2 218.8	2 373.8	2 166.4	2 491.5
01-03	**AGRICULTURE, SYLVICULTURE ET PÊCHE**	21.4 e	22.7 e	30.3 e	34.8 e	36.3	24.9	17.9	25.0
05-09	**ACTIVITÉS EXTRACTIVES**	0.0 e	0.0 e	1.7 e	0.8 e	1.0 e	2.6	0.2	0.8
10-33	**ACTIVITÉS DE FABRICATION**	862.3 e	903.0 e	1 005.9 e	1 063.9 e	993.2	962.3	1 045.9	1 167.3
10-12	Produits alimentaires, boissons et tabac	26.4 e	30.8 e	30.5 e	34.0 e	19.8	19.3	17.2	25.0
13-15	Textiles, habillement, cuir et articles de cuir	..	..	..	..	..	..	..	1.5
13	Textiles	..	..	..	..	..	..	..	..
14	Articles d'habillement	..	..	..	..	..	..	..	..
15	Cuir et articles de cuir	..	..	..	..	..	..	..	..
16-18	Bois, papier, imprimerie et reproduction de supports enregistrés	8.9 e	9.4 e	11.8 e	28.9 e	26.5	9.6	14.3	45.4
16	Bois et articles en bois, sauf meubles	1.1 e	2.0 e	0.5 e	4.2 e	1.8	0.4 e	0.2 e	1.3
17	Papier et articles en papier	2.8 e	4.5 e	5.4 e	20.4 e	3.1	0.7 e	11.3	24.8
18	Imprimerie et reproduction de supports enregistrés	5.0 e	2.9 e	5.9 e	4.3 e	21.5	8.4	2.9 e	19.3
19-23	Produits pétroliers, chimiques, pharmaceutiques, caoutchouc, plastique, minéraux	..	..	..	..	..	..	..	426.5
19	Cokéfaction et raffinage	..	..	..	..	..	..	..	..
20-21	Industrie chimique et pharmaceutique	413.0 e	387.7 e	424.6 e	407.4 e	408.0	394.6	384.4	380.5
20	Produits chimiques	21.2 e	21.7 e	14.8 e	25.6 e	13.8	22.5	10.1	21.8
21	Préparations pharmaceutiques, chimiques (médicine) et d'herboristerie	391.7 e	366.0 e	409.8 e	381.8 e	394.2	372.1	374.3	358.6
22	Produits en caoutchouc et en plastique	9.3 e	12.6 e	13.6 e	14.2 e	17.0	12.1	15.0	18.9
23	Autres produits minéraux non métalliques	5.0 e	5.3 e	12.2 e	5.2 e	4.9	5.8	5.2	..
24-25	Produits métalliques de base et ouvrages en métaux (sauf machines et matériel)	13.5 e	16.2 e	40.0 e	35.5 e	42.0	20.3 e	29.4 e	41.3
24	Produits métallurgiques de base	2.5 e	1.1 e	1.2 e	1.9 e	3.0	3.5 e	7.3	12.4
25	Ouvrages en métaux (sauf machines et matériel)	10.9 e	15.1 e	38.8 e	33.6 e	39.0	16.8	22.2	28.9
26-30	Ordinateurs, articles électroniques et optiques ; machines et matériels de transport	334.2 e	386.1 e	407.5 e	463.0 e	410.3	451.7	508.6	582.3
26	Ordinateurs, articles électroniques et optiques	88.7 e	108.6 e	91.2 e	86.6 e	32.5	34.6	41.3	40.1
27	Matériels électriques	44.9 e	49.7 e	45.1 e	61.8 e	58.3	47.2	52.4	72.0
28	Machines et équipements n.c.a.	70.9 e	91.7 e	113.9 e	121.1 e	118.3	109.7	116.6	121.7
29	Automobiles, remorques et semi-remorques	127.7 e	134.3 e	155.2 e	191.7 e	190.1	250.9	286.3	338.4
30	Autres matériels de transport	2.0 e	1.8 e	2.1 e	1.9 e	11.0	9.3	12.0	10.1
31-33	Meubles ; réparation et installation de machines et de matériel	33.4 e	35.0 e	44.6 e	60.1 e	49.9	33.9	45.1	45.4
31	Meubles	1.1 e	3.3 e	3.3 e	12.1 e	4.8	2.5	4.5	4.9
32	Autres activités de fabrication	16.5 e	20.2 e	22.9 e	21.9 e	31.5	20.9	29.1	29.3
33	Réparation et installation de machines et de matériel	15.8 e	11.5 e	18.3 e	26.1 e	13.6	10.4	11.6	11.3
35-39	**ÉLECTRICITÉ, GAZ, EAU ET TRAITEMENT DES DÉCHETS**	5.7 e	4.4 e	3.2 e	11.6 e	7.8 e	19.8	8.0	4.7
35-36	Production et distribution d'électricité, de gaz et de l'eau	2.5 e	2.0 e	1.8 e	2.4 e	3.8 e	12.3	4.0	2.4
37-39	Assainissement, traitement des déchets et dépollution	3.2 e	2.5 e	1.5 e	9.1 e	3.9	7.4	4.1	2.3
41-43	**CONSTRUCTION**	5.7 e	7.6 e	7.7 e	20.2 e	18.0	12.9	9.8	34.8
45-99	**TOTAL SERVICES**	572.6 e	687.0 e	737.0 e	988.8 e	1 162.4	1 351.4	1 084.6	1 259.0
45-82	**Services du secteur des entreprises**	561.0 e	675.1 e	722.4 e	976.3 e	1 148.1	1 335.8	1 073.9	1 246.5
45-47	Commerce de gros et de détail ; réparations automobiles et motocycles	138.7 e	199.6 e	204.8 e	250.0 e	327.5	329.4	135.4	160.7
49-53	Transport et entreposage	0.1 e	0.9 e	2.8 e	6.8 e	5.9	6.7	5.4 e	7.5
55-56	Activités d'hébergement et de restauration	..	..	..	..	..	..	..	7.6
58-63	Information et communication	39.4 e	49.1 e	114.7 e	147.1 e	222.9	190.8	160.4	210.0
58-60	Édition, audiovisuel et diffusion	7.0 e	8.4 e	15.6 e	20.5 e	27.0	21.2	20.3	31.7
58	Activités d'édition	..	..	..	..	26.9	..	20.3	..
59-60	Activités audiovisuel et diffusion	..	..	..	..	0.1	..	..	..
59	Production de films, vidéo, programmes de télévision et d'enregistrements	..	..	..	..	..	..	..	..
60	Programmation et diffusion	..	..	..	..	..	..	..	..
61	Télécommunications	..	..	..	..	..	3.1	10.7	4.5	4.6
62-63	Technologies de l'information et informatique	..	..	..	..	192.8	158.8	135.6	173.7
62	Programmation informatique ; conseils et activités connexes	..	..	..	..	171.1	150.2	126.4	170.2
63	Services d'information	..	..	..	..	21.8	8.6	9.2	3.5
64-66	**Activités financières et d'assurances**	..	..	..	..	..	..	..	2.8
68-82	**Activités immobilières ; professionnelles ; services administratifs et d'appui**	379.5 e	419.8 e	392.5 e	568.6 e	588.4	805.7	772.1	858.0
68	Activités immobilières	2.0 e	3.8 e	3.3 e	8.0 e	13.7	10.5	3.9	3.4
69-75x72	Activités professionnelles, scientifiques et techniques, R-D scientifique exclu	22.3 e	128.9 e	150.3 e	41.7 e	78.6	78.0	47.2	74.8
72	Recherche scientifique et développement	352.7 e	283.7 e	235.5 e	512.8 e	480.8	691.2	708.0	763.4
77-82	Activités de services administratifs et d'appui	2.5 e	3.4 e	3.4 e	6.1 e	15.3	26.0	13.0	16.3
84-99	**Services collectifs, sociaux et personnels**	11.6 e	11.8 e	14.7 e	12.5 e	14.3	15.5	10.7	12.6
84-85	Administration publique et défense ; sécurité sociale obligatoire et éducation	0.5 e	0.2 e	2.7 e	1.2 e	2.2	3.3	1.2	1.8
86-88	Santé humaine et action sociale	3.5 e	3.1 e	4.4 e	2.2 e	3.2	3.3	1.6	4.4
90-93	Arts, spectacles et loisirs	0.6 e	1.0 e	1.6 e	1.4 e	1.8	2.4	5.4	1.8
94-99	Autres services ; ménages-employeurs ; organismes extra-territoriaux	7.0 e	7.6 e	6.0 e	7.8 e	7.2	6.5	2.5	4.5

.. Non disponible ; e Valeur estimée
Note : Voir les métadonnées détaillées sur : *http://metalinks.oecd.org/anberd/20191119/86ba*.

ISLANDE

Dépenses de R-D dans l'industrie par activité principale de l'entreprise, prix courants
CITI Rév. 4

Millions USD PPP

		2010	2011	2012	2013	2014	2015	2016	2017
	TOTAL ENTREPRISES	..	..	..	135.9	178.1	221.0	226.2	261.5
01-03	AGRICULTURE, SYLVICULTURE ET PÊCHE	..	..	..	1.4	1.4	2.4	1.7	5.8
05-09	ACTIVITÉS EXTRACTIVES	..	..	..	0.0	0.0	0.1	0.1	0.0
10-33	ACTIVITÉS DE FABRICATION	..	..	..	33.7	34.5	36.3	39.2	59.1
10-12	Produits alimentaires, boissons et tabac	..	..	..	4.0	4.4	3.7	4.2	4.3
13-15	Textiles, habillement, cuir et articles de cuir	..	..	..	0.0	0.0	0.1	0.1	0.1
13	Textiles	..	..	..	..	..	0.0	0.0	0.1
14	Articles d'habillement	..	..	..	..	..	0.0	0.0	0.0
15	Cuir et articles de cuir	..	..	..	..	..	0.1	0.1	0.0
16-18	Bois, papier, imprimerie et reproduction de supports enregistrés	..	..	..	0.1	0.2	0.1	0.1	0.0
16	Bois et articles en bois, sauf meubles	..	..	..	..	..	..	..	..
17	Papier et articles en papier	..	..	..	..	..	..	..	..
18	Imprimerie et reproduction de supports enregistrés	..	..	..	..	..	..	..	..
19-23	Produits pétroliers, chimiques, pharmaceutiques, caoutchouc, plastique, minéraux	..	..	..	3.1	3.2	7.2	5.7	4.0
19	Cokéfaction et raffinage	..	..	..	0.1	0.1	3.4	1.4	0.5
20-21	Industrie chimique et pharmaceutique	..	..	..	2.8	2.8	2.9	3.3	2.8
20	Produits chimiques	..	..	..	2.4	2.5	1.9	1.9	2.0
21	Préparations pharmaceutiques, chimiques (médicine) et d'herboristerie	..	..	..	0.4	0.2	1.0	1.4	0.7
22	Produits en caoutchouc et en plastique	..	..	..	0.3	0.3	0.6	0.6	0.7
23	Autres produits minéraux non métalliques	..	..	..	0.0	0.0	0.4	0.4	0.0
24-25	Produits métalliques de base et ouvrages en métaux (sauf machines et matériel)	..	..	..	2.5	2.5	2.3	3.4	5.6
24	Produits métallurgiques de base	..	..	..	0.6	0.7	0.4	1.5	2.7
25	Ouvrages en métaux (sauf machines et matériel)	..	..	..	1.9	1.8	1.8	1.9	2.9
26-30	Ordinateurs, articles électroniques et optiques ; machines et matériels de transport	..	..	..	8.8	9.1	5.7	7.9	22.3
26	Ordinateurs, articles électroniques et optiques	..	..	..	2.7	2.8	2.4	2.8	3.6
27	Matériels électriques	..	..	..	0.0	0.1	1.4	1.7	0.3
28	Machines et équipements n.c.a.	..	..	..	5.9	5.9	1.8	3.3	18.4
29	Automobiles, remorques et semi-remorques	..	..	..	0.0	0.0	0.0	0.0	0.0
30	Autres matériels de transport	..	..	..	0.2	0.2	0.1	0.0	0.0
31-33	Meubles ; réparation et installation de machines et de matériel	..	..	..	15.1	15.2	17.2	17.8	22.6
31	Meubles	..	..	..	0.0	0.0	0.0	0.0	0.2
32	Autres activités de fabrication	..	..	..	15.1	14.9	16.1	16.8	21.4
33	Réparation et installation de machines et de matériel	..	..	..	0.0	0.3	1.1	1.0	1.0
35-39	ÉLECTRICITÉ, GAZ, EAU ET TRAITEMENT DES DÉCHETS	..	..	..	5.8	8.5	7.9	9.7	7.4
35-36	Production et distribution d'électricité, de gaz et de l'eau	..	..	..	5.5	8.2	7.6	9.3	6.8
37-39	Assainissement, traitement des déchets et dépollution	..	..	..	0.3	0.3	0.3	0.3	0.6
41-43	CONSTRUCTION	..	..	..	0.0	1.1	0.0	0.0	0.0
45-99	**TOTAL SERVICES**	..	..	..	95.0	132.5	174.3	175.5	189.2
45-82	Services du secteur des entreprises	..	..	..	90.3	127.4	168.5	170.4	185.9
45-47	Commerce de gros et de détail ; réparations automobiles et motocycles	..	..	..	0.7	0.6	1.3	1.7	1.2
49-53	Transport et entreposage	..	..	..	0.2	0.2	0.1	0.2	0.3
55-56	Activités d'hébergement et de restauration	..	..	..	0.1	0.1	0.7	0.4	0.0
58-63	Information et communication	..	..	..	24.4	29.9	52.4	54.3	64.0
58-60	Édition, audiovisuel et diffusion	..	..	..	..	1.0	2.5	2.9	2.6
58	Activités d'édition	..	..	..	..	1.0	2.5	2.9	2.6
59-60	Activités audiovisuel et diffusion	..	..	..	..	0.0	0.0	0.0	0.0
59	Production de films, vidéo, programmes de télévision et d'enregistrements	..	..	..	..	..	..	..	..
60	Programmation et diffusion	..	..	..	..	..	..	..	..
61	Télécommunications	..	..	..	..	0.0	0.0	0.0	0.1
62-63	Technologies de l'information et informatique	..	..	..	..	28.9	49.9	51.4	61.4
62	Programmation informatique ; conseils et activités connexes	..	..	..	..	25.1	38.3	42.2	54.5
63	Services d'information	..	..	..	..	3.9	11.6	9.3	6.9
64-66	Activités financières et d'assurances	..	..	..	0.5	0.5	0.2	0.4	2.0
68-82	Activités immobilières ; professionnelles ; services administratifs et d'appui	..	..	..	64.3	96.0	113.7	113.3	118.4
68	Activités immobilières	..	..	..	0.0	0.0	0.0	0.0	0.0
69-75x72	Activités professionnelles, scientifiques et techniques, R-D scientifique exclu	..	..	..	9.2	7.4	0.0	7.5	7.1
72	Recherche scientifique et développement	..	..	..	53.7	87.3	112.4	104.1	107.8
77-82	Activités de services administratifs et d'appui	..	..	..	1.4	1.3	1.4	1.7	3.6
84-99	Services collectifs, sociaux et personnels	..	..	..	4.7	5.1	5.9	5.1	3.3
84-85	Administration publique et défense ; sécurité sociale obligatoire et éducation	..	..	..	0.6	0.8	0.7	0.5	0.1
86-88	Santé humaine et action sociale	..	..	..	3.0	3.2	4.3	3.4	2.3
90-93	Arts, spectacles et loisirs	..	..	..	0.8	0.7	0.6	1.0	0.0
94-99	Autres services ; ménages-employeurs ; organismes extra-territoriaux	..	..	..	0.3	0.4	0.3	0.2	0.9

.. Non disponible

Note : Voir les métadonnées détaillées sur : *http://metalinks.oecd.org/anberd/20191119/86ba.*

ISLANDE

Dépenses de R-D dans l'industrie par activité principale de l'entreprise, prix constants
CITI Rév. 4

2010 PPP USD

		2010	2011	2012	2013	2014	2015	2016	2017
	TOTAL ENTREPRISES	..	..	..	128.6	164.3	197.8	198.7	222.0
01-03	**AGRICULTURE, SYLVICULTURE ET PÊCHE**	..	..	..	1.3	1.3	2.1	1.5	4.9
05-09	**ACTIVITÉS EXTRACTIVES**	..	..	..	0.0	0.0	0.1	0.1	0.0
10-33	**ACTIVITÉS DE FABRICATION**	..	..	..	31.9	31.9	32.4	34.4	50.1
10-12	Produits alimentaires, boissons et tabac	..	..	..	3.8	4.0	3.3	3.7	3.6
13-15	Textiles, habillement, cuir et articles de cuir	..	..	..	0.0	0.0	0.1	0.1	0.1
13	Textiles	..	..	..	..	..	0.0	0.0	0.1
14	Articles d'habillement	..	..	..	..	..	0.0	0.0	0.0
15	Cuir et articles de cuir	..	..	..	..	..	0.1	0.1	0.0
16-18	Bois, papier, imprimerie et reproduction de supports enregistrés	..	..	..	0.1	0.1	0.1	0.1	0.0
16	Bois et articles en bois, sauf meubles	..	..	..	..	..	..	..	..
17	Papier et articles en papier	..	..	..	..	..	..	..	..
18	Imprimerie et reproduction de supports enregistrés	..	..	..	..	..	..	..	..
19-23	Produits pétroliers, chimiques, pharmaceutiques, caoutchouc, plastique, minéraux	..	..	..	3.0	2.9	6.5	5.0	3.4
19	Cokéfaction et raffinage	..	..	..	0.1	0.1	3.0	1.2	0.5
20-21	Industrie chimique et pharmaceutique	..	..	..	2.6	2.6	2.6	2.9	2.3
20	Produits chimiques	..	..	..	2.3	2.4	1.7	1.7	1.7
21	Préparations pharmaceutiques, chimiques (médicine) et d'herboristerie	..	..	..	0.3	0.2	0.9	1.2	0.6
22	Produits en caoutchouc et en plastique	..	..	..	0.3	0.3	0.5	0.6	0.6
23	Autres produits minéraux non métalliques	..	..	..	0.0	0.0	0.3	0.3	0.0
24-25	Produits métalliques de base et ouvrages en métaux (sauf machines et matériel)	..	..	..	2.4	2.3	2.0	3.0	4.8
24	Produits métallurgiques de base	..	..	..	0.6	0.7	0.4	1.3	2.3
25	Ouvrages en métaux (sauf machines et matériel)	..	..	..	1.8	1.6	1.6	1.7	2.5
26-30	Ordinateurs, articles électroniques et optiques ; machines et matériels de transport	..	..	..	8.3	8.4	5.1	6.9	19.0
26	Ordinateurs, articles électroniques et optiques	..	..	..	2.6	2.6	2.1	2.5	3.1
27	Matériels électriques	..	..	..	0.0	0.1	1.2	1.5	0.3
28	Machines et équipements n.c.a.	..	..	..	5.6	5.5	1.6	2.9	15.6
29	Automobiles, remorques et semi-remorques	..	..	..	0.0	0.0	0.0	0.0	0.0
30	Autres matériels de transport	..	..	..	0.2	0.2	0.1	0.0	0.0
31-33	Meubles ; réparation et installation de machines et de matériel	..	..	..	14.3	14.1	15.4	15.6	19.2
31	Meubles	..	..	..	0.0	0.0	0.0	0.0	0.2
32	Autres activités de fabrication	..	..	..	14.3	13.7	14.4	14.7	18.2
33	Réparation et installation de machines et de matériel	..	..	..	0.0	0.3	1.0	0.9	0.8
35-39	**ÉLECTRICITÉ, GAZ, EAU ET TRAITEMENT DES DÉCHETS**	..	..	..	5.5	7.9	7.0	8.5	6.3
35-36	Production et distribution d'électricité, de gaz et de l'eau	..	..	..	5.2	7.6	6.8	8.2	5.8
37-39	Assainissement, traitement des déchets et dépollution	..	..	..	0.2	0.3	0.3	0.3	0.5
41-43	**CONSTRUCTION**	..	..	..	0.0	1.0	0.0	0.0	0.0
45-99	**TOTAL SERVICES**	..	..	..	89.9	122.2	156.0	154.2	160.7
45-82	**Services du secteur des entreprises**	..	..	..	85.4	117.6	150.8	149.7	157.9
45-47	**Commerce de gros et de détail ; réparations automobiles et motocycles**	..	..	..	0.6	0.6	1.2	1.5	1.0
49-53	**Transport et entreposage**	..	..	..	0.2	0.2	0.1	0.2	0.2
55-56	**Activités d'hébergement et de restauration**	..	..	..	0.1	0.1	0.6	0.3	0.0
58-63	**Information et communication**	..	..	..	23.1	27.6	46.9	47.7	54.3
58-60	Édition, audiovisuel et diffusion	..	..	..	..	0.9	2.2	2.5	2.2
58	Activités d'édition	..	..	..	..	0.9	2.2	2.5	2.2
59-60	Activités audiovisuel et diffusion	..	..	..	..	0.0	0.0	0.0	0.0
59	Production de films, vidéo, programmes de télévision et d'enregistrements	..	..	..	..	..	..	..	..
60	Programmation et diffusion	..	..	..	..	..	..	..	..
61	Télécommunications	..	..	..	..	0.0	0.0	0.0	0.1
62-63	Technologies de l'information et informatique	..	..	..	..	26.7	44.7	45.2	52.1
62	Programmation informatique ; conseils et activités connexes	..	..	..	..	23.1	34.3	37.1	46.3
63	Services d'information	..	..	..	..	3.6	10.4	8.1	5.8
64-66	**Activités financières et d'assurances**	..	..	..	0.5	0.5	0.2	0.4	1.7
68-82	**Activités immobilières ; professionnelles ; services administratifs et d'appui**	..	..	..	60.9	88.6	101.8	99.5	100.6
68	Activités immobilières	..	..	..	0.0	0.0	0.0	0.0	0.0
69-75x72	Activités professionnelles, scientifiques et techniques, R-D scientifique exclu	..	..	..	8.7	6.8	0.0	6.6	6.1
72	Recherche scientifique et développement	..	..	..	50.8	80.6	100.6	91.4	91.5
77-82	Activités de services administratifs et d'appui	..	..	..	1.4	1.2	1.2	1.5	3.0
84-99	**Services collectifs, sociaux et personnels**	..	..	..	4.5	4.7	5.3	4.5	2.8
84-85	Administration publique et défense ; sécurité sociale obligatoire et éducation	..	..	..	0.5	0.7	0.6	0.5	0.1
86-88	Santé humaine et action sociale	..	..	..	2.9	3.0	3.9	3.0	1.9
90-93	Arts, spectacles et loisirs	..	..	..	0.7	0.7	0.5	0.9	0.0
94-99	Autres services ; ménages-employeurs ; organismes extra-territoriaux	..	..	..	0.3	0.3	0.2	0.2	0.8

.. Non disponible

Note : Voir les métadonnées détaillées sur : *http://metalinks.oecd.org/anberd/20191119/86ba*.

IRLANDE

Dépenses de R-D dans l'industrie par activité principale de l'entreprise, prix courants
CITI Rév. 4

Millions USD PPP

		2010	2011	2012	2013	2014	2015	2016	2017
	TOTAL ENTREPRISES	**2 158.3**	**2 236.4**	**2 383.4**	**2 492.4**	**2 572.3**	**2 758.6**	..	..
01-03	AGRICULTURE, SYLVICULTURE ET PÊCHE	1.2	2.5	2.2	1.5	1.5	1.2	..	..
05-09	ACTIVITÉS EXTRACTIVES	0.5 e	1.0 e	1.4 e	1.4 e	2.1 e	2.5	..	..
10-33	ACTIVITÉS DE FABRICATION	858.6	864.1	962.9 e	1 047.7	1 043.0 e	1 082.2	..	..
10-12	Produits alimentaires, boissons et tabac	86.0 e	88.6 e	94.2 e	98.3	93.4 e	92.7	..	..
13-15	Textiles, habillement, cuir et articles de cuir	4.3	3.9	4.6 e	5.3 e	5.6 e	6.2	..	..
13	Textiles	..	..	..	..	..	..	..	..
14	Articles d'habillement	..	..	..	..	..	..	..	..
15	Cuir et articles de cuir	..	..	..	..	..	..	..	..
16-18	Bois, papier, imprimerie et reproduction de supports enregistrés	31.8	32.7	38.9 e	44.6	22.4 e	1.2	..	..
16	Bois et articles en bois, sauf meubles	14.1	9.7	..	6.8	..	..	..	..
17	Papier et articles en papier	..	..	..	..	..	..	..	..
18	Imprimerie et reproduction de supports enregistrés	..	..	..	..	..	..	..	..
19-23	Produits pétroliers, chimiques, pharmaceutiques, caoutchouc, plastique, minéraux	335.3	231.7	265.4 e	295.4	301.6 e	321.2	..	..
19	Cokéfaction et raffinage	0.0	0.0	0.0 e	0.0	0.0 e	0.0	..	..
20-21	Industrie chimique et pharmaceutique	312.6	212.8	240.2 e	264.2	276.7 e	301.4	..	..
20	Produits chimiques	35.4	59.8	61.0 e	61.2	89.7 e	122.3	..	..
21	Préparations pharmaceutiques, chimiques (médicine) et d'herboristerie	277.2	153.0	179.2 e	203.0	186.9 e	179.1	..	..
22	Produits en caoutchouc et en plastique	13.1	13.1	18.6 e	24.1	19.6 e	16.1	..	..
23	Autres produits minéraux non métalliques	9.6	5.9	6.5 e	7.1	5.3 e	3.7	..	..
24-25	Produits métalliques de base et ouvrages en métaux (sauf machines et matériel)	21.6 e	33.5	36.5 e	39.0	35.4 e	33.4	..	..
24	Produits métallurgiques de base	3.4	2.8	4.3 e	5.8	5.8 e	6.2	..	..
25	Ouvrages en métaux (sauf machines et matériel)	18.3 e	30.7	32.2 e	33.3	29.6 e	27.2	..	..
26-30	Ordinateurs, articles électroniques et optiques ; machines et matériels de transport	256.8 e	242.7	289.4 e	332.3	364.9 e	413.9	..	..
26	Ordinateurs, articles électroniques et optiques	178.9	183.8	219.1 e	251.6	289.2 e	339.7	..	..
27	Matériels électriques	19.9	15.3	18.2 e	20.9	19.9 e	19.8	..	..
28	Machines et équipements n.c.a.	55.2	35.8	42.6 e	49.0	48.1 e	49.4	..	..
29	Automobiles, remorques et semi-remorques	1.5	5.7	6.8 e	7.8 e	5.6 e	3.7	..	..
30	Autres matériels de transport	1.3 e	2.2	2.6 e	3.0 e	2.1 e	1.2	..	..
31-33	Meubles ; réparation et installation de machines et de matériel	122.8 e	230.9 e	233.8 e	232.8 e	219.6 e	216.2	..	..
31	Meubles	1.5	1.6	1.8 e	2.1	2.2 e	2.5	..	..
32	Autres activités de fabrication	119.3	220.4	225.0 e	225.8	213.8 e	211.2	..	..
33	Réparation et installation de machines et de matériel	2.1 e	9.0	7.0 e	4.9	3.6 e	2.5	..	..
35-39	ÉLECTRICITÉ, GAZ, EAU ET TRAITEMENT DES DÉCHETS	9.7 e	19.8	13.9 e	7.6	8.0 e	8.6	..	..
35-36	Production et distribution d'électricité, de gaz et de l'eau	..	14.5	9.9 e	5.1	4.9 e	4.9	..	..
37-39	Assainissement, traitement des déchets et dépollution	..	5.3	4.0 e	2.5	3.0 e	3.7	..	..
41-43	CONSTRUCTION	1.5 e	3.1	3.1 e	3.1	2.1 e	1.2	..	..
45-99	TOTAL SERVICES	**1 286.8 e**	**1 345.9 e**	**1 399.9 e**	**1 431.2**	**1 515.6 e**	**1 664.1**	..	..
45-82	Services du secteur des entreprises	1 281.1	1 334.0	1 383.0 e	1 409.4	1 500.7 e	1 655.4	..	..
45-47	Commerce de gros et de détail ; réparations automobiles et motocycles	192.4	212.2	183.2 e	150.3	218.1 e	295.3	..	..
49-53	Transport et entreposage	0.0	2.5	2.0 e	1.5	2.5 e	3.7	..	..
55-56	Activités d'hébergement et de restauration	0.0	0.7	0.6 e	0.5	0.2 e	0.0	..	..
58-63	Information et communication	563.6	686.9	745.0 e	791.7	793.0 e	827.7	..	..
58-60	Édition, audiovisuel et diffusion	207.4	211.9	210.1 e	204.6	154.1 e	109.9	..	..
58	Activités d'édition	206.6	211.3	208.6 e	202.4	152.5 e	108.8 e	..	..
59-60	Activités audiovisuel et diffusion	0.9	0.7	1.4 e	2.1	1.6 e	1.2 e	..	..
59	Production de films, vidéo, programmes de télévision et d'enregistrements	..	..	..	2.0	1.5 e	1.1 e	..	..
60	Programmation et diffusion	..	..	..	0.1	0.1 e	0.1 e	..	..
61	Télécommunications	7.2	13.9	16.0 e	17.9	16.0 e	14.8	..	..
62-63	Technologies de l'information et informatique	349.0	461.1	518.8 e	569.2	622.9 e	702.9	..	..
62	Programmation informatique ; conseils et activités connexes	344.4	413.3	467.8 e	515.6	567.0 e	642.4	..	..
63	Services d'information	4.5	47.8	51.1 e	53.6	55.9 e	60.5	..	..
64-66	Activités financières et d'assurances	181.9	57.2	61.2 e	64.3	58.1 e	54.4	..	..
68-82	Activités immobilières ; professionnelles ; services administratifs et d'appui	343.1	374.4	391.0 e	401.3	428.8 e	474.4	..	..
68	Activités immobilières	0.0	0.0	0.0 e	0.0	0.0 e	0.0	..	..
69-75x72	Activités professionnelles, scientifiques et techniques, R-D scientifique exclu	34.2	71.7	95.0 e	117.2	121.9 e	131.0	..	..
72	Recherche scientifique et développement	301.9	279.9	273.4 e	262.1	274.3 e	296.5	..	..
77-82	Activités de services administratifs et d'appui	7.0	22.8	22.6 e	21.9	32.6 e	44.5	..	..
84-99	Services collectifs, sociaux et personnels	5.8 e	11.9 e	16.9 e	21.7	14.9 e	8.6	..	..
84-85	Administration publique et défense ; sécurité sociale obligatoire et éducation	..	..	..	..	..	2.5	..	..
86-88	Santé humaine et action sociale	..	2.6	..	3.3	..	3.7	..	..
90-93	Arts, spectacles et loisirs	..	2.4	..	5.7	..	2.5	..	..
94-99	Autres services ; ménages-employeurs ; organismes extra-territoriaux	..	..	..	..	..	..	..	..

.. Non disponible ; e Valeur estimée
Note : Voir les métadonnées détaillées sur : *http://metalinks.oecd.org/anberd/20191119/86ba*.

IRLANDE

Dépenses de R-D dans l'industrie par activité principale de l'entreprise, prix constants
CITI Rév. 4

2010 PPP USD

		2010	2011	2012	2013	2014	2015	2016	2017
	TOTAL ENTREPRISES	2 158.3	2 225.0	2 296.7	2 336.1	2 440.0	2 407.6	..	..
01-03	**AGRICULTURE, SYLVICULTURE ET PÊCHE**	1.2 e	2.5	2.2 e	1.4 e	1.5 e	1.1	..	..
05-09	**ACTIVITÉS EXTRACTIVES**	0.5 e	1.0 e	1.3 e	1.3 e	2.0 e	2.2	..	..
10-33	**ACTIVITÉS DE FABRICATION**	858.6	859.7	927.9 e	982.0	989.4 e	944.5	..	..
10-12	Produits alimentaires, boissons et tabac	86.0 e	88.2 e	90.8 e	92.2	88.6 e	80.9	..	..
13-15	Textiles, habillement, cuir et articles de cuir	4.3	3.9	4.5 e	5.0 e	5.3 e	5.4	..	..
13	Textiles	..	..	..	..	..	..	..	..
14	Articles d'habillement	..	..	..	..	..	..	..	..
15	Cuir et articles de cuir	..	..	..	..	..	..	..	..
16-18	Bois, papier, imprimerie et reproduction de supports enregistrés	31.8	32.6	37.5 e	41.8	21.3 e	1.1	..	..
16	Bois et articles en bois, sauf meubles	14.1	9.7	..	6.3	..	..	..	..
17	Papier et articles en papier	..	..	..	..	..	..	..	..
18	Imprimerie et reproduction de supports enregistrés	..	..	..	..	..	..	..	..
19-23	Produits pétroliers, chimiques, pharmaceutiques, caoutchouc, plastique, minéraux	335.3	230.5	255.7 e	276.9	286.1 e	280.3	..	..
19	Cokéfaction et raffinage	0.0	0.0	0.0 e	0.0	0.0 e	0.0	..	..
20-21	Industrie chimique et pharmaceutique	312.6	211.7	231.5 e	247.6	262.4 e	263.1	..	..
20	Produits chimiques	35.4	59.5	58.8 e	57.3	85.1 e	106.7	..	..
21	Préparations pharmaceutiques, chimiques (médicine) et d'herboristerie	277.2	152.2	172.7 e	190.3	177.3 e	156.3	..	..
22	Produits en caoutchouc et en plastique	13.1	13.0	18.0 e	22.5	18.6 e	14.0	..	..
23	Autres produits minéraux non métalliques	9.6	5.8	6.3 e	6.7	5.0 e	3.2	..	..
24-25	Produits métalliques de base et ouvrages en métaux (sauf machines et matériel)	21.6 e	33.3	35.2 e	36.6	33.6 e	29.1	..	..
24	Produits métallurgiques de base	3.4	2.8	4.1 e	5.4	5.5 e	5.4	..	..
25	Ouvrages en métaux (sauf machines et matériel)	18.3 e	30.5	31.1 e	31.2	28.1 e	23.7	..	..
26-30	Ordinateurs, articles électroniques et optiques ; machines et matériels de transport	256.8 e	241.5	278.9 e	311.4	346.1 e	361.2	..	..
26	Ordinateurs, articles électroniques et optiques	178.9	182.8	211.1 e	235.8 e	274.3 e	296.5	..	..
27	Matériels électriques	19.9	15.2	17.6 e	19.6 e	18.9 e	17.3	..	..
28	Machines et équipements n.c.a.	55.2	35.6	41.1 e	45.9 e	45.6 e	43.1	..	..
29	Automobiles, remorques et semi-remorques	1.5	5.7	6.5 e	7.3 e	5.3 e	3.2	..	..
30	Autres matériels de transport	1.3 e	2.2	2.5 e	2.8 e	2.0 e	1.1	..	..
31-33	Meubles ; réparation et installation de machines et de matériel	122.8 e	229.7 e	225.3 e	218.2 e	208.3 e	188.7	..	..
31	Meubles	1.5	1.5 e	1.8 e	2.0 e	2.1 e	2.2	..	..
32	Autres activités de fabrication	119.3	219.3	216.8 e	211.6	202.8 e	184.4	..	..
33	Réparation et installation de machines et de matériel	2.1 e	8.9	6.8 e	4.6	3.4 e	2.2	..	..
35-39	**ÉLECTRICITÉ, GAZ, EAU ET TRAITEMENT DES DÉCHETS**	9.7 e	19.7	13.4 e	7.1	7.5 e	7.5	..	..
35-36	Production et distribution d'électricité, de gaz et de l'eau	..	14.4	9.6 e	4.8	4.7 e	4.3	..	..
37-39	Assainissement, traitement des déchets et dépollution	..	5.3	3.8 e	2.4	2.9 e	3.2	..	..
41-43	**CONSTRUCTION**	1.5 e	3.1	3.0 e	2.9	2.0 e	1.1	..	..
45-99	**TOTAL SERVICES**	1 286.8 e	1 339.0 e	1 348.9 e	1 341.4	1 437.7 e	1 452.3	..	..
45-82	**Services du secteur des entreprises**	1 281.1	1 327.2	1 332.7 e	1 321.0	1 423.5 e	1 444.8	..	..
45-47	Commerce de gros et de détail ; réparations automobiles et motocycles	192.4	211.1	176.5 e	140.8	206.9 e	257.7	..	..
49-53	Transport et entreposage	0.0	2.5	2.0 e	1.4	2.4 e	3.2	..	..
55-56	Activités d'hébergement et de restauration	0.0	0.7	0.6 e	0.5	0.2 e	0.0	..	..
58-63	Information et communication	563.6	683.4	717.9 e	742.0	752.2 e	722.4	..	..
58-60	Édition, audiovisuel et diffusion	207.4	210.8	202.4 e	191.7	146.1 e	96.0	..	..
58	Activités d'édition	206.6	210.1	201.0 e	189.7	144.6 e	95.0 e	..	..
59-60	Activités audiovisuel et diffusion	0.9	0.7	1.4 e	2.0	1.5 e	1.0 e	..	..
59	Production de films, vidéo, programmes de télévision et d'enregistrements	..	..	..	1.9	1.4 e	0.9 e	..	..
60	Programmation et diffusion	..	..	..	0.1	0.1 e	0.1 e	..	..
61	Télécommunications	7.2	13.9	15.5 e	16.8	15.2 e	12.9	..	..
62-63	Technologies de l'information et informatique	349.0	458.7	500.0 e	533.5	590.8 e	613.5	..	..
62	Programmation informatique ; conseils et activités connexes	344.4	411.2	450.8 e	483.3	537.8 e	560.7	..	..
63	Services d'information	4.5	47.5	49.2 e	50.2	53.0 e	52.8	..	..
64-66	**Activités financières et d'assurances**	181.9	56.9	59.0 e	60.2	55.1 e	47.4	..	..
68-82	**Activités immobilières ; professionnelles ; services administratifs et d'appui**	343.1	372.5	376.8 e	376.1	406.7 e	414.0	..	..
68	Activités immobilières	0.0	0.0	0.0 e	0.0	0.0 e	0.0	..	..
69-75x72	Activités professionnelles, scientifiques et techniques, R-D scientifique exclu	34.2	71.4	91.6 e	109.9	115.6 e	114.3	..	..
72	Recherche scientifique et développement	301.9	278.4	263.4 e	245.6	260.2 e	258.8	..	..
77-82	Activités de services administratifs et d'appui	7.0	22.7	21.8 e	20.6	30.9 e	38.8	..	..
84-99	Services collectifs, sociaux et personnels	5.8 e	11.8 e	16.3 e	20.4	14.1 e	7.5	..	..
84-85	Administration publique et défense ; sécurité sociale obligatoire et éducation	..	..	..	..	..	2.2	..	..
86-88	Santé humaine et action sociale	..	2.6	..	3.1	..	3.2	..	..
90-93	Arts, spectacles et loisirs	..	2.4	..	5.3	..	2.2	..	..
94-99	Autres services ; ménages-employeurs ; organismes extra-territoriaux	..	..	..	..	..	..	..	..

.. Non disponible ; e Valeur estimée
Note : Voir les métadonnées détaillées sur : *http://metalinks.oecd.org/anberd/20191119/86ba*.

ISRAËL

Dépenses de R-D dans l'industrie par activité principale de l'entreprise, prix courants
CITI Rév. 4

Millions USD PPP

Code		2010	2011	2012	2013	2014	2015	2016	2017
	TOTAL ENTREPRISES	7 188.1	7 979.6	8 788.5	9 634.3	9 953.2	10 792.7	12 061.9	..
01-03	AGRICULTURE, SYLVICULTURE ET PÊCHE	..	..	..	..	..	..	..	..
05-09	**ACTIVITÉS EXTRACTIVES**	3.5	3.3	5.8	6.5	6.1	4.6	5.3	..
10-33	**ACTIVITÉS DE FABRICATION**	2 169.3	2 396.1	2 372.1	2 580.3	2 313.5	2 377.9	2 441.2	..
10-12	Produits alimentaires, boissons et tabac	15.0	20.0	24.1	18.4	16.5	11.8	15.2	..
13-15	Textiles, habillement, cuir et articles de cuir	17.1 e	21.9 e	22.8 e	20.5	20.8	20.1	21.3	..
13	Textiles	..	..	..	..	..	..	..	..
14	Articles d'habillement	..	..	..	..	..	..	..	..
15	Cuir et articles de cuir	..	..	..	..	..	..	..	..
16-18	Bois, papier, imprimerie et reproduction de supports enregistrés	5.0 e	3.4 e	3.5 e	3.2	1.2	4.8	4.1	..
16	Bois et articles en bois, sauf meubles	..	..	..	..	..	..	..	..
17	Papier et articles en papier	..	..	..	..	..	..	..	..
18	Imprimerie et reproduction de supports enregistrés	..	..	..	..	..	..	..	..
19-23	Produits pétroliers, chimiques, pharmaceutiques, caoutchouc, plastique, minéraux	415.9	375.6	401.0	495.8	400.3	488.5	466.8	..
19	Cokéfaction et raffinage	64.2	45.9	66.0	64.8	75.4	88.9	78.5	..
20-21	Industrie chimique et pharmaceutique	..	..	..	..	..	..	..	..
20	Produits chimiques	..	..	..	..	..	..	..	..
21	Préparations pharmaceutiques, chimiques (médicine) et d'herboristerie	313.6	283.2	286.2	383.2	279.0	349.6	338.3	..
22	Produits en caoutchouc et en plastique	..	..	..	..	..	..	..	..
23	Autres produits minéraux non métalliques	..	..	..	..	..	..	..	..
24-25	Produits métalliques de base et ouvrages en métaux (sauf machines et matériel)	42.6	89.5	54.0	53.8	51.4	54.3	51.5	..
24	Produits métallurgiques de base	..	..	..	..	..	..	..	..
25	Ouvrages en métaux (sauf machines et matériel)	..	..	..	..	..	..	..	..
26-30	Ordinateurs, articles électroniques et optiques ; machines et matériels de transport	1 653.6 e	1 861.1 e	1 839.0 e	1 959.0	1 797.5	1 759.1	1 837.6	..
26	Ordinateurs, articles électroniques et optiques	1 407.3	1 559.4	1 497.9	1 594.5	1 518.8	1 461.3	1 565.7	..
27	Matériels électriques	150.9 e	184.9 e	209.0 e	206.5 e	200.0	199.0 e	182.6 e	..
28	Machines et équipements n.c.a.	0.5 e	0.6 e	0.6 e	0.6 e	0.6	0.6 e	0.6 e	..
29	Automobiles, remorques et semi-remorques	..	..	..	..	..	..	..	..
30	Autres matériels de transport	..	..	..	..	..	..	..	..
31-33	Meubles ; réparation et installation de machines et de matériel	..	..	..	..	..	..	..	..
31	Meubles	..	..	..	..	..	..	..	..
32	Autres activités de fabrication	20.0 e	24.5 e	27.7 e	29.6	25.6	39.3	44.7	..
33	Réparation et installation de machines et de matériel	..	..	..	..	..	..	..	..
35-39	**ÉLECTRICITÉ, GAZ, EAU ET TRAITEMENT DES DÉCHETS**	32.2 e	69.7 e	53.1 e	63.2	53.0	0.6	0.6	..
35-36	Production et distribution d'électricité, de gaz et de l'eau	..	..	..	..	..	..	..	..
37-39	Assainissement, traitement des déchets et dépollution	..	..	..	..	..	..	..	..
41-43	**CONSTRUCTION**	2.1 e	4.5 e	3.5 e	4.1	2.5	18.4	17.1	..
45-99	**TOTAL SERVICES**	4 981.0	5 506.0	6 354.1	6 980.2	7 578.2	8 391.3	9 597.6	..
45-82	**Services du secteur des entreprises**	4 819.8	5 331.7	6 165.2	6 774.2	7 367.3	8 169.9	9 360.7	..
45-47	Commerce de gros et de détail ; réparations automobiles et motocycles	..	..	..	..	..	8.6	8.5	..
49-53	Transport et entreposage	0.0	0.0	0.0	0.0	0.0	0.0	0.0	..
55-56	Activités d'hébergement et de restauration	0.0	0.0	0.0	0.0	0.0	0.0	0.0	..
58-63	Information et communication	2 050.2	2 415.9	2 983.6	3 395.0	3 755.5	4 346.5	5 199.3	..
58-60	Édition, audiovisuel et diffusion	..	..	..	..	..	..	..	..
58	Activités d'édition	..	..	..	..	..	..	..	..
59-60	Activités audiovisuel et diffusion	..	..	..	..	..	..	..	..
59	Production de films, vidéo, programmes de télévision et d'enregistrements	..	..	..	..	..	..	..	..
60	Programmation et diffusion	..	..	..	..	..	..	..	..
61	Télécommunications	..	..	..	..	..	..	..	..
62-63	Technologies de l'information et informatique	..	..	..	..	..	..	..	..
62	Programmation informatique ; conseils et activités connexes	..	..	..	..	..	..	..	..
63	Services d'information	..	..	..	..	..	..	..	..
64-66	**Activités financières et d'assurances**	3.0	6.4	18.8	22.5	18.5	29.7	36.6	..
68-82	**Activités immobilières ; professionnelles ; services administratifs et d'appui**	2 766.7	2 909.4	3 162.7	3 356.7	3 593.4	3 785.1	4 116.2	..
68	Activités immobilières	0.0	0.0	0.0	0.0	0.0	0.0	0.0	..
69-75x72	Activités professionnelles, scientifiques et techniques, R-D scientifique exclu	..	..	..	..	..	..	..	..
72	Recherche scientifique et développement	2 766.7	2 909.4	3 162.7	3 356.7	3 593.4	3 764.4	4 097.0	..
77-82	Activités de services administratifs et d'appui	..	..	..	..	..	..	..	..
84-99	**Services collectifs, sociaux et personnels**	161.2	174.3	188.9	206.0	210.8	221.4	237.0	..
84-85	Administration publique et défense ; sécurité sociale obligatoire et éducation	..	..	..	..	..	..	..	..
86-88	Santé humaine et action sociale	..	..	..	..	..	..	..	..
90-93	Arts, spectacles et loisirs	..	..	..	..	..	..	..	..
94-99	Autres services ; ménages-employeurs ; organismes extra-territoriaux	..	..	..	..	..	..	..	..

.. Non disponible ; e Valeur estimée
Note : Voir les métadonnées détaillées sur : *http://metalinks.oecd.org/anberd/20191119/86ba*.
Informations sur les données concernant Israël : *http://oe.cd/israel-disclaimer*.

ISRAËL

Dépenses de R-D dans l'industrie par activité principale de l'entreprise, prix constants
CITI Rév. 4

2010 PPP USD

Code	Activité	2010	2011	2012	2013	2014	2015	2016	2017
	TOTAL ENTREPRISES	7 188.1	7 768.2	8 272.3	8 615.8	9 050.6	9 522.3	10 275.4	..
01-03	AGRICULTURE, SYLVICULTURE ET PÊCHE	..	..	..	..	..	..	..	..
05-09	**ACTIVITÉS EXTRACTIVES**	3.5	3.2	5.4	5.8	5.5	4.1	4.5	..
10-33	**ACTIVITÉS DE FABRICATION**	2 169.3	2 332.6	2 232.8	2 307.5	2 103.7	2 098.0	2 079.6	..
10-12	Produits alimentaires, boissons et tabac	15.0	19.5	22.7	16.5	15.0	10.4	12.9	..
13-15	Textiles, habillement, cuir et articles de cuir	17.1 e	21.4 e	21.4 e	18.3	18.9	17.8	18.2	..
13	Textiles	..	..	..	..	..	..	..	..
14	Articles d'habillement	..	..	..	..	..	..	..	..
15	Cuir et articles de cuir	..	..	..	..	..	..	..	..
16-18	Bois, papier, imprimerie et reproduction de supports enregistrés	5.0 e	3.3 e	3.3 e	2.8	1.1	4.2	3.5	..
16	Bois et articles en bois, sauf meubles	..	..	..	..	..	..	..	..
17	Papier et articles en papier	..	..	..	..	..	..	..	..
18	Imprimerie et reproduction de supports enregistrés	..	..	..	..	..	..	..	..
19-23	Produits pétroliers, chimiques, pharmaceutiques, caoutchouc, plastique, minéraux	415.9	365.6	377.5	443.4	364.2	431.0	397.7	..
19	Cokéfaction et raffinage	64.2	44.7	62.1	58.0	68.5	78.4	66.9	..
20-21	Industrie chimique et pharmaceutique	..	..	..	..	..	..	..	..
20	Produits chimiques	..	..	..	..	..	..	..	..
21	Préparations pharmaceutiques, chimiques (médicine) et d'herboristerie	313.6	275.7	269.4	342.7	253.7	308.4	288.2	..
22	Produits en caoutchouc et en plastique	..	..	..	..	..	..	..	..
23	Autres produits minéraux non métalliques	..	..	..	..	..	..	..	..
24-25	Produits métalliques de base et ouvrages en métaux (sauf machines et matériel)	42.6	87.1	50.8	48.1	46.7	47.9	43.9	..
24	Produits métallurgiques de base	..	..	..	..	..	..	..	..
25	Ouvrages en métaux (sauf machines et matériel)	..	..	..	..	..	..	..	..
26-30	Ordinateurs, articles électroniques et optiques ; machines et matériels de transport	1 653.6 e	1 811.8 e	1 731.0 e	1 751.9	1 634.5	1 552.0	1 565.4	..
26	Ordinateurs, articles électroniques et optiques	1 407.3	1 518.1	1 409.9	1 426.0	1 381.0	1 289.3	1 333.8	..
27	Matériels électriques	150.9 e	180.0 e	196.7 e	184.7 e	181.8	175.6 e	155.4 e	..
28	Machines et équipements n.c.a.	0.5 e	0.5 e	0.6 e	0.6 e	0.6	0.5 e	0.5 e	..
29	Automobiles, remorques et semi-remorques	..	..	..	..	..	..	..	..
30	Autres matériels de transport	..	..	..	..	..	..	..	..
31-33	Meubles ; réparation et installation de machines et de matériel	..	..	..	..	..	..	..	..
31	Meubles	..	..	..	..	..	..	..	..
32	Autres activités de fabrication	20.0 e	23.9 e	26.1 e	26.5	23.3	34.6	38.1	..
33	Réparation et installation de machines et de matériel	..	..	..	..	..	..	..	..
35-39	**ÉLECTRICITÉ, GAZ, EAU ET TRAITEMENT DES DÉCHETS**	32.2 e	67.8 e	49.9 e	56.5	48.2	0.5	0.5	..
35-36	Production et distribution d'électricité, de gaz et de l'eau	..	..	..	..	..	..	..	..
37-39	Assainissement, traitement des déchets et dépollution	..	..	..	..	..	..	..	..
41-43	**CONSTRUCTION**	2.1 e	4.4 e	3.3 e	3.7	2.2	16.3	14.6	..
45-99	**TOTAL SERVICES**	4 981.0	5 360.1	5 980.9	6 242.3	6 890.9	7 403.5	8 176.1	..
45-82	**Services du secteur des entreprises**	4 819.8	5 190.5	5 803.1	6 058.0	6 699.2	7 208.2	7 974.3	..
45-47	Commerce de gros et de détail ; réparations automobiles et motocycles	..	..	..	..	..	7.6	7.3	..
49-53	Transport et entreposage	0.0	0.0	0.0	0.0	0.0	0.0	0.0	..
55-56	Activités d'hébergement et de restauration	0.0	0.0	0.0	0.0	0.0	0.0	0.0	..
58-63	Information et communication	2 050.2	2 351.9	2 808.4	3 036.1	3 414.9	3 834.8	4 429.3	..
58-60	Édition, audiovisuel et diffusion	..	..	..	..	..	..	..	..
58	Activités d'édition	..	..	..	..	..	..	..	..
59-60	Activités audiovisuel et diffusion	..	..	..	..	..	..	..	..
59	Production de films, vidéo, programmes de télévision et d'enregistrements	..	..	..	..	..	..	..	..
60	Programmation et diffusion	..	..	..	..	..	..	..	..
61	Télécommunications	..	..	..	..	..	..	..	..
62-63	Technologies de l'information et informatique	..	..	..	..	..	..	..	..
62	Programmation informatique ; conseils et activités connexes	..	..	..	..	..	..	..	..
63	Services d'information	..	..	..	..	..	..	..	..
64-66	Activités financières et d'assurances	3.0	6.3	17.7	20.1	16.8	26.2	31.2	..
68-82	Activités immobilières ; professionnelles ; services administratifs et d'appui	2 766.7	2 832.3	2 977.0	3 001.8	3 267.5	3 339.6	3 506.6	..
68	Activités immobilières	0.0	0.0	0.0	0.0	0.0	0.0	0.0	..
69-75x72	Activités professionnelles, scientifiques et techniques, R-D scientifique exclu	..	..	..	..	..	..	..	..
72	Recherche scientifique et développement	2 766.7	2 832.3	2 977.0	3 001.8	3 267.5	3 321.3	3 490.2	..
77-82	Activités de services administratifs et d'appui	..	..	..	..	..	..	..	..
84-99	**Services collectifs, sociaux et personnels**	161.2	169.6	177.8	184.3	191.7	195.3	201.9	..
84-85	Administration publique et défense ; sécurité sociale obligatoire et éducation	..	..	..	..	..	..	..	..
86-88	Santé humaine et action sociale	..	..	..	..	..	..	..	..
90-93	Arts, spectacles et loisirs	..	..	..	..	..	..	..	..
94-99	Autres services ; ménages-employeurs ; organismes extra-territoriaux	..	..	..	..	..	..	..	..

.. Non disponible ; e Valeur estimée
Note : Voir les métadonnées détaillées sur : *http://metalinks.oecd.org/anberd/20191119/86ba*.
Informations sur les données concernant Israël : *http://oe.cd/israel-disclaimer*.

ITALIE

Dépenses de R-D dans l'industrie par activité principale de l'entreprise, prix courants
CITI Rév. 4

Millions USD PPP

		2010	2011	2012	2013	2014	2015	2016	2017
	TOTAL ENTREPRISES	13 682.5	14 268.5	14 854.5	15 570.9	16 688.8	17 449.5	19 735.6	..
01-03	AGRICULTURE, SYLVICULTURE ET PÊCHE	4.5	4.3	4.5	6.0	9.4	12.6	15.6	..
05-09	ACTIVITÉS EXTRACTIVES	96.9	82.6	83.3	79.9	72.0	62.7	86.4	..
10-33	ACTIVITÉS DE FABRICATION	9 801.1	10 501.7	11 035.4	11 229.0	11 810.9	12 226.3	13 774.3	..
10-12	Produits alimentaires, boissons et tabac	212.4	198.1	229.5	255.4	270.1	301.6	352.9	..
13-15	Textiles, habillement, cuir et articles de cuir	548.2	572.6	611.2	651.8	692.7	745.2	836.3	..
13	Textiles	149.4	131.9	137.3	150.1	171.2	179.3	195.2	..
14	Articles d'habillement	269.0	281.5	301.4	304.5	306.2	349.0	388.8	..
15	Cuir et articles de cuir	129.9	159.1	172.4	197.2	215.4	216.9	252.3	..
16-18	Bois, papier, imprimerie et reproduction de supports enregistrés	89.8	95.3	87.1	101.6	106.0	127.0	154.9	..
16	Bois et articles en bois, sauf meubles	18.1	17.9	18.3	18.4	18.3	16.9	25.1	..
17	Papier et articles en papier	57.4	63.7	56.7	69.4	69.7	92.5	92.9	..
18	Imprimerie et reproduction de supports enregistrés	14.2	13.7	12.0	13.7	18.0	17.6	36.9	..
19-23	Produits pétroliers, chimiques, pharmaceutiques, caoutchouc, plastique, minéraux	1 632.1	1 640.7	1 765.1	1 751.9	1 827.3	1 912.0	2 197.3	..
19	Cokéfaction et raffinage	11.9	16.6	16.4	18.3	23.5	21.9	14.6	..
20-21	Industrie chimique et pharmaceutique	1 190.5	1 208.9	1 244.3	1 232.5	1 213.0	1 295.1	1 493.2	..
20	Produits chimiques	469.9	446.6	472.8	494.2	521.3	565.5	667.2	..
21	Préparations pharmaceutiques, chimiques (médicine) et d'herboristerie	720.7	762.4	771.5	738.2	691.7	729.6	826.0	..
22	Produits en caoutchouc et en plastique	307.3	309.6	375.5	370.1	443.8	416.4	477.9	..
23	Autres produits minéraux non métalliques	122.4	105.6	128.8	131.0	146.9	178.6	211.6	..
24-25	Produits métalliques de base et ouvrages en métaux (sauf machines et matériel)	470.6	494.1	507.3	568.0	534.9	604.9	728.2	..
24	Produits métallurgiques de base	124.7	138.9	134.4	125.6	109.6	119.3	178.2	..
25	Ouvrages en métaux (sauf machines et matériel)	346.0	355.2	372.9	442.4	425.4	485.6	550.0	..
26-30	Ordinateurs, articles électroniques et optiques ; machines et matériels de transport	6 579.2	7 244.2	7 533.5	7 601.7	8 049.6	8 190.2	9 052.9	..
26	Ordinateurs, articles électroniques et optiques	1 783.5	1 902.8	1 828.9	1 757.4	1 771.2	1 857.0	1 366.0	..
27	Matériels électriques	561.7	607.1	631.0	655.1	631.4	684.4	827.6	..
28	Machines et équipements n.c.a.	1 375.2	1 539.2	1 731.5	1 860.4	1 976.4	2 042.8	2 290.6	..
29	Automobiles, remorques et semi-remorques	1 391.0	1 710.5	1 844.0	1 971.2	2 361.9	2 299.1	2 510.0	..
30	Autres matériels de transport	1 467.8	1 484.8	1 498.0	1 357.8	1 308.6	1 306.8	2 058.7	..
31-33	Meubles ; réparation et installation de machines et de matériel	268.8	256.6	301.8	298.1	330.3	345.4	451.9	..
31	Meubles	65.2	69.2	75.4	77.0	90.6	99.4	124.7	..
32	Autres activités de fabrication	116.5	118.9	146.3	129.1	146.7	154.6	234.5	..
33	Réparation et installation de machines et de matériel	87.0	68.5	80.1	92.0	93.0	91.4	92.7	..
35-39	ÉLECTRICITÉ, GAZ, EAU ET TRAITEMENT DES DÉCHETS	22.6	28.1	37.2	43.8	212.2	138.5	91.5	..
35-36	Production et distribution d'électricité, de gaz et de l'eau	15.1	20.6	28.0	36.3	194.3	120.7	69.5	..
37-39	Assainissement, traitement des déchets et dépollution	7.5	7.5	9.2	7.5	17.9	17.9	22.0	..
41-43	CONSTRUCTION	54.1	42.0	48.7	57.1	50.9	142.2	135.9	..
45-99	TOTAL SERVICES	3 703.4	3 609.7	3 645.4	4 155.2	4 533.3	4 867.2	5 632.0	..
45-82	Services du secteur des entreprises	3 613.5	3 500.0	3 477.1	3 913.6	4 276.2	4 565.1	5 293.6	..
45-47	Commerce de gros et de détail ; réparations automobiles et motocycles	394.3	336.9	365.2	434.4	480.8	542.7	709.7	..
49-53	Transport et entreposage	41.0	36.6	23.9	55.1	51.2	53.4	58.0	..
55-56	Activités d'hébergement et de restauration	4.4	3.8	3.2	2.4	3.0	2.7	4.3	..
58-63	Information et communication	1 608.9	1 489.9	1 515.3	1 764.7	1 664.2	1 847.5	2 114.5	..
58-60	Édition, audiovisuel et diffusion	16.9	16.3	23.7	21.3	26.4	31.0	32.9	..
58	Activités d'édition	5.9	5.9	15.1	12.2	17.6	20.7	27.2	..
59-60	Activités audiovisuel et diffusion	11.0	10.4	8.6	9.0	8.9	10.2	5.7	..
59	Production de films, vidéo, programmes de télévision et d'enregistrements	..	..	..	..	..	..	..	..
60	Programmation et diffusion	..	..	..	..	..	..	..	..
61	Télécommunications	1 235.9	1 090.8	1 088.2	577.9	421.8	436.3	830.1	..
62-63	Technologies de l'information et informatique	356.1	382.8	403.4	1 165.3	1 216.0	1 380.2	1 251.5	..
62	Programmation informatique ; conseils et activités connexes	328.1	346.8	362.2	661.9	1 162.6	1 330.4	1 156.0	..
63	Services d'information	27.9	36.0	41.2	503.5	53.4	49.8	95.5	..
64-66	Activités financières et d'assurances	252.6	188.4	229.4	253.2	303.5	317.4	356.4	..
68-82	Activités immobilières ; professionnelles ; services administratifs et d'appui	1 312.2	1 444.3	1 340.1	1 403.8	1 773.4	1 801.4	2 050.7	..
68	Activités immobilières	13.3	7.0	10.3	3.0	4.0	1.5	5.7	..
69-75x72	Activités professionnelles, scientifiques et techniques, R-D scientifique exclu	422.4	495.2	431.8	460.6	487.6	509.5	595.0	..
72	Recherche scientifique et développement	864.5	930.2	879.3	929.3	1 242.4	1 216.7	1 330.9	..
77-82	Activités de services administratifs et d'appui	12.0	12.0	18.6	10.9	39.5	73.7	119.1	..
84-99	Services collectifs, sociaux et personnels	89.9	109.7	168.4	241.6	257.1	302.1	338.4	..
84-85	Administration publique et défense ; sécurité sociale obligatoire et éducation	3.1	2.9	1.9	2.3	2.2	16.9	5.7	..
86-88	Santé humaine et action sociale	76.2	94.4	155.1	216.7	223.7	238.3	284.9	..
90-93	Arts, spectacles et loisirs	2.2	2.0	1.3	10.4	19.5	36.4	30.0	..
94-99	Autres services ; ménages-employeurs ; organismes extra-territoriaux	8.4	10.4	10.0	12.1	11.8	10.4	17.8	..

.. Non disponible

Note : Voir les métadonnées détaillées sur : *http://metalinks.oecd.org/anberd/20191119/86ba*.

ITALIE

Dépenses de R-D dans l'industrie par activité principale de l'entreprise, prix constants
CITI Rév. 4

2010 PPP USD

		2010	2011	2012	2013	2014	2015	2016	2017
	TOTAL ENTREPRISES	13 682.5	13 798.2	13 964.8	14 261.2	15 188.0	15 709.1	16 978.5	..
01-03	**AGRICULTURE, SYLVICULTURE ET PÊCHE**	4.5	4.2	4.3	5.5	8.6	11.3	13.4	..
05-09	**ACTIVITÉS EXTRACTIVES**	96.9	79.9	78.3	73.2	65.5	56.4	74.3	..
10-33	**ACTIVITÉS DE FABRICATION**	9 801.1	10 155.6	10 374.4	10 284.5	10 748.8	11 006.9	11 850.0	..
10-12	Produits alimentaires, boissons et tabac	212.4	191.6	215.7	233.9	245.8	271.5	303.6	..
13-15	Textiles, habillement, cuir et articles de cuir	548.2	553.7	574.6	597.0	630.4	670.8	719.5	..
13	Textiles	149.4	127.6	129.1	137.5	155.8	161.4	167.9	..
14	Articles d'habillement	269.0	272.3	283.4	278.9	278.6	314.1	334.5	..
15	Cuir et articles de cuir	129.9	153.8	162.1	180.6	196.0	195.3	217.1	..
16-18	Bois, papier, imprimerie et reproduction de supports enregistrés	89.8	92.2	81.8	93.0	96.5	114.3	133.3	..
16	Bois et articles en bois, sauf meubles	18.1	17.3	17.2	16.9	16.7	15.2	21.6	..
17	Papier et articles en papier	57.4	61.6	53.3	63.6	63.4	83.3	79.9	..
18	Imprimerie et reproduction de supports enregistrés	14.2	13.3	11.3	12.5	16.4	15.8	31.8	..
19-23	Produits pétroliers, chimiques, pharmaceutiques, caoutchouc, plastique, minéraux	1 632.1	1 586.7	1 659.4	1 604.6	1 662.9	1 721.3	1 890.3	..
19	Cokéfaction et raffinage	11.9	16.1	15.5	16.8	21.4	19.7	12.6	..
20-21	Industrie chimique et pharmaceutique	1 190.5	1 169.1	1 169.8	1 128.8	1 104.0	1 165.9	1 284.6	..
20	Produits chimiques	469.9	431.8	444.4	452.7	474.4	509.1	574.0	..
21	Préparations pharmaceutiques, chimiques (médicine) et d'herboristerie	720.7	737.2	725.3	676.1	629.5	656.8	710.6	..
22	Produits en caoutchouc et en plastique	307.3	299.4	353.0	339.0	403.9	374.9	411.1	..
23	Autres produits minéraux non métalliques	122.4	102.1	121.1	120.0	133.7	160.8	182.0	..
24-25	Produits métalliques de base et ouvrages en métaux (sauf machines et matériel)	470.6	477.9	476.9	520.2	486.8	544.5	626.5	..
24	Produits métallurgiques de base	124.7	134.3	126.4	115.0	99.7	107.4	153.3	..
25	Ouvrages en métaux (sauf machines et matériel)	346.0	343.5	350.5	405.2	387.1	437.1	473.2	..
26-30	Ordinateurs, articles électroniques et optiques ; machines et matériels de transport	6 579.2	7 005.5	7 082.2	6 962.3	7 325.7	7 373.3	7 788.2	..
26	Ordinateurs, articles électroniques et optiques	1 783.5	1 840.1	1 719.3	1 609.5	1 611.9	1 671.8	1 175.2	..
27	Matériels électriques	561.7	587.1	593.2	600.0	574.7	616.1	712.0	..
28	Machines et équipements n.c.a.	1 375.2	1 488.5	1 627.8	1 704.0	1 798.7	1 839.1	1 970.6	..
29	Automobiles, remorques et semi-remorques	1 391.0	1 654.1	1 733.5	1 805.4	2 149.5	2 069.8	2 159.4	..
30	Autres matériels de transport	1 467.8	1 435.9	1 408.3	1 243.6	1 190.9	1 176.5	1 771.1	..
31-33	Meubles ; réparation et installation de machines et de matériel	268.8	248.2	283.8	273.0	300.6	311.0	388.8	..
31	Meubles	65.2	66.9	70.9	70.6	82.5	89.5	107.3	..
32	Autres activités de fabrication	116.5	115.0	137.5	118.3	133.5	139.2	201.7	..
33	Réparation et installation de machines et de matériel	87.0	66.3	75.3	84.2	84.6	82.3	79.8	..
35-39	**ÉLECTRICITÉ, GAZ, EAU ET TRAITEMENT DES DÉCHETS**	22.6	27.1	35.0	40.1	193.1	124.7	78.7	..
35-36	Production et distribution d'électricité, de gaz et de l'eau	15.1	19.9	26.3	33.3	176.9	108.6	59.8	..
37-39	Assainissement, traitement des déchets et dépollution	7.5	7.3	8.7	6.8	16.3	16.1	19.0	..
41-43	**CONSTRUCTION**	54.1	40.7	45.8	52.3	46.3	128.0	116.9	..
45-99	**TOTAL SERVICES**	3 703.4	3 490.7	3 427.1	3 805.7	4 125.7	4 381.7	4 845.2	..
45-82	**Services du secteur des entreprises**	3 613.5	3 384.6	3 268.8	3 584.4	3 891.7	4 109.8	4 554.1	..
45-47	**Commerce de gros et de détail ; réparations automobiles et motocycles**	394.3	325.8	343.4	397.9	437.6	488.6	610.6	..
49-53	**Transport et entreposage**	41.0	35.4	22.5	50.4	46.6	48.0	49.9	..
55-56	**Activités d'hébergement et de restauration**	4.4	4.1	3.0	2.1	2.7	2.4	3.7	..
58-63	**Information et communication**	1 608.9	1 440.8	1 424.5	1 616.3	1 514.6	1 663.3	1 819.1	..
58-60	Édition, audiovisuel et diffusion	16.9	15.8	22.3	19.5	24.1	27.9	28.3	..
58	Activités d'édition	5.9	5.7	14.2	11.2	16.0	18.7	23.4	..
59-60	Activités audiovisuel et diffusion	11.0	10.1	8.0	8.2	8.1	9.1	4.9	..
59	Production de films, vidéo, programmes de télévision et d'enregistrements	..	..	..	..	..	..	..	..
60	Programmation et diffusion	..	..	..	..	..	..	..	..
61	Télécommunications	1 235.9	1 054.9	1 023.0	529.3	383.9	392.8	714.1	..
62-63	Technologies de l'information et informatique	356.1	370.2	379.2	1 067.3	1 106.6	1 242.6	1 076.6	..
62	Programmation informatique ; conseils et activités connexes	328.1	335.4	340.5	606.2	1 058.0	1 197.7	994.5	..
63	Services d'information	27.9	34.8	38.7	461.1	48.6	44.9	82.2	..
64-66	**Activités financières et d'assurances**	252.6	182.1	215.6	231.9	276.2	285.7	306.6	..
68-82	**Activités immobilières ; professionnelles ; services administratifs et d'appui**	1 312.2	1 396.7	1 259.8	1 285.7	1 614.0	1 621.7	1 764.2	..
68	Activités immobilières	13.3	6.8	9.7	2.7	3.6	1.3	4.9	..
69-75x72	Activités professionnelles, scientifiques et techniques, R-D scientifique exclu	422.4	478.9	406.0	421.9	443.8	458.7	511.9	..
72	Recherche scientifique et développement	864.5	899.3	826.7	851.2	1 130.6	1 095.3	1 145.0	..
77-82	Activités de services administratifs et d'appui	12.0	11.6	17.5	9.9	35.9	66.3	102.5	..
84-99	**Services collectifs, sociaux et personnels**	89.9	106.0	158.3	221.2	234.0	272.0	291.1	..
84-85	Administration publique et défense ; sécurité sociale obligatoire et éducation	3.1	2.8	1.8	2.1	2.0	15.2	4.9	..
86-88	Santé humaine et action sociale	76.2	91.3	145.8	198.5	203.6	214.6	245.1	..
90-93	Arts, spectacles et loisirs	2.2	1.9	1.3	9.6	17.7	32.8	25.8	..
94-99	Autres services ; ménages-employeurs ; organismes extra-territoriaux	8.4	10.1	9.4	11.1	10.7	9.4	15.3	..

.. Non disponible

Note : Voir les métadonnées détaillées sur : *http://metalinks.oecd.org/anberd/20191119/86ba*.

ITALIE

Dépenses de R-D dans l'industrie par orientation sectorielle, prix courants
CITI Rév. 4

Millions USD PPP

		2010	2011	2012	2013	2014	2015	2016	2017
	TOTAL ENTREPRISES	**13 682.5**	**14 268.5**	**14 854.5**	**15 570.9**	**16 688.8**	**17 449.5**	**19 735.6**	..
01-03	**AGRICULTURE, SYLVICULTURE ET PÊCHE**	86.4	119.3	130.4	130.7	155.8	130.0	356.3	..
05-09	**ACTIVITÉS EXTRACTIVES**	54.4	47.3	50.2	82.6	53.0	116.6	122.4	..
10-33	**ACTIVITÉS DE FABRICATION**	**10 885.9**	**11 511.1**	**11 772.1**	**12 181.1**	**12 599.6**	**14 015.5**	**15 389.3**	..
10-12	Produits alimentaires, boissons et tabac	327.5	278.6	324.6	385.5	405.4	518.8	736.5	..
13-15	Textiles, habillement, cuir et articles de cuir	700.2	736.0	785.0	939.1	1 397.6	928.8	1 060.1	..
13	Textiles	283.4	269.5	296.1	353.7	685.4	314.3	394.2	..
14	Articles d'habillement	274.8	295.4	310.7	328.2	454.2	372.4	395.3	..
15	Cuir et articles de cuir	142.0	171.1	178.3	257.2	258.0	242.1	270.7	..
16-18	Bois, papier, imprimerie et reproduction de supports enregistrés	164.5	171.3	171.2	209.5	314.5	212.9	241.8	..
16	Bois et articles en bois, sauf meubles	47.5	46.0	53.6	64.6	75.0	55.7	73.9	..
17	Papier et articles en papier	88.9	95.8	94.3	99.0	193.7	116.9	119.3	..
18	Imprimerie et reproduction de supports enregistrés	28.2	29.5	23.3	46.0	45.8	40.5	48.5	..
19-23	Produits pétroliers, chimiques, pharmaceutiques, caoutchouc, plastique, minéraux	2 231.1	2 291.9	2 281.3	2 227.7	2 320.8	2 589.5	2 742.8	..
19	Cokéfaction et raffinage	125.8	130.2	115.5	128.4	56.5	35.3	47.1	..
20-21	Industrie chimique et pharmaceutique	1 597.9	1 609.5	1 551.2	1 504.1	1 507.0	1 721.1	1 853.8	..
20	Produits chimiques	491.9	439.0	455.2	534.0	541.2	575.0	662.8	..
21	Préparations pharmaceutiques, chimiques (médicine) et d'herboristerie	1 106.1	1 170.4	1 096.0	970.2	965.8	1 146.1	1 191.0	..
22	Produits en caoutchouc et en plastique	361.6	419.8	455.0	429.3	592.5	587.0	597.3	..
23	Autres produits minéraux non métalliques	145.8	132.3	159.5	165.9	164.8	246.0	244.5	..
24-25	Produits métalliques de base et ouvrages en métaux (sauf machines et matériel)	601.7	622.0	682.1	821.0	710.7	946.4	963.9	..
24	Produits métallurgiques de base	265.1	280.5	321.9	424.4	321.5	325.5	427.4	..
25	Ouvrages en métaux (sauf machines et matériel)	336.5	341.5	360.2	396.6	389.2	620.9	536.5	..
26-30	Ordinateurs, articles électroniques et optiques ; machines et matériels de transport	6 710.0	7 262.2	7 371.9	7 432.5	7 247.6	8 594.9	9 395.9	..
26	Ordinateurs, articles électroniques et optiques	1 965.6	2 031.3	1 983.3	1 964.5	1 987.2	2 402.5	2 677.1	..
27	Matériels électriques	415.0	486.8	504.7	535.2	421.5	561.5	647.2	..
28	Machines et équipements n.c.a.	950.6	1 069.6	1 172.6	1 224.6	1 340.5	1 417.2	1 755.7	..
29	Automobiles, remorques et semi-remorques	1 925.7	2 140.7	2 246.7	2 233.4	2 548.2	2 874.0	3 107.1	..
30	Autres matériels de transport	1 453.1	1 534.0	1 464.3	1 474.8	950.2	1 339.9	1 208.8	..
31-33	Meubles ; réparation et installation de machines et de matériel	150.9	149.1	156.1	165.7	203.0	224.2	248.2	..
31	Meubles	43.5	46.8	43.7	45.6	54.7	62.3	70.8	..
32	Autres activités de fabrication	88.6	91.1	93.5	93.9	120.5	142.2	149.9	..
33	Réparation et installation de machines et de matériel	18.9	11.2	18.9	26.3	27.7	19.8	27.6	..
35-39	**ÉLECTRICITÉ, GAZ, EAU ET TRAITEMENT DES DÉCHETS**	318.6	328.6	303.1	305.4	429.8	339.1	288.5	..
35-36	Production et distribution d'électricité, de gaz et de l'eau	267.6	277.7	258.6	264.5	380.0	291.8	238.4	..
37-39	Assainissement, traitement des déchets et dépollution	51.0	50.9	44.4	40.8	49.8	47.4	50.1	..
41-43	**CONSTRUCTION**	69.7	64.6	145.2	70.5	77.9	87.3	60.1	..
45-99	**TOTAL SERVICES**	**2 267.5**	**2 197.6**	**2 453.6**	**2 800.5**	**3 372.8**	**2 761.0**	**3 519.0**	..
45-82	**Services du secteur des entreprises**	**1 476.2**	**2 021.4**	**2 209.9**	**2 522.0**	**3 123.1**	**2 382.8**	**3 117.4**	..
45-47	**Commerce de gros et de détail ; réparations automobiles et motocycles**	47.7	42.6	72.2	169.5	390.4	65.7	40.4	..
49-53	**Transport et entreposage**	68.7	66.4	75.2	70.5	77.8	61.5	95.9	..
55-56	**Activités d'hébergement et de restauration**	10.9	10.4	16.7	8.3	15.2	12.3	17.3	..
58-63	**Information et communication**	**929.8**	**1 494.0**	**1 539.6**	**1 624.7**	**1 834.4**	**1 618.2**	**2 145.8**	..
58-60	Édition, audiovisuel et diffusion	9.2	12.0	14.0	17.1	23.8	14.4	35.2	..
58	Activités d'édition	0.0	0.0	0.0	0.0	0.0	0.0	0.0	..
59-60	Activités audiovisuel et diffusion	9.2	12.0	14.0	17.1	23.8	14.4	35.2	..
59	Production de films, vidéo, programmes de télévision et d'enregistrements	9.2	12.0	14.0	17.1	23.8	14.4	35.2	..
60	Programmation et diffusion	0.0	0.0	0.0	0.0	0.0	0.0	0.0	..
61	Télécommunications	522.6	1 050.9	1 084.5	1 009.8	1 127.0	792.0	1 064.8	..
62-63	Technologies de l'information et informatique	398.0	431.0	441.1	597.9	683.5	811.8	1 045.8	..
62	Programmation informatique ; conseils et activités connexes	371.8	406.9	414.9	553.5	612.1	729.7	934.6	..
63	Services d'information	26.1	24.1	26.2	44.4	71.5	82.1	111.2	..
64-66	**Activités financières et d'assurances**	273.2	216.4	271.2	315.5	361.7	415.4	503.8	..
68-82	**Activités immobilières ; professionnelles ; services administratifs et d'appui**	146.0	191.5	235.0	333.5	443.5	209.8	314.2	..
68	Activités immobilières	0.8	0.1	0.1	0.9	1.0	3.1	2.5	..
69-75x72	Activités professionnelles, scientifiques et techniques, R-D scientifique exclu	142.0	188.6	231.5	328.9	438.8	198.5	266.7	..
72	Recherche scientifique et développement	0.0	0.0	0.0	0.0	0.0	0.0	40.8	..
77-82	Activités de services administratifs et d'appui	3.2	2.8	3.3	3.7	3.7	8.1	4.2	..
84-99	**Services collectifs, sociaux et personnels**	791.3	176.2	243.7	278.4	249.7	378.2	401.6	..
84-85	Administration publique et défense ; sécurité sociale obligatoire et éducation	42.6	44.6	51.8	51.7	41.7	44.0	26.5	..
86-88	Santé humaine et action sociale	82.8	114.4	176.3	216.6	186.3	285.4	330.8	..
90-93	Arts, spectacles et loisirs	3.1	0.5	3.7	1.9	5.5	9.6	15.3	..
94-99	Autres services ; ménages-employeurs ; organismes extra-territoriaux	662.8	16.7	11.9	8.3	16.1	39.3	29.0	..

.. Non disponible

Note : Voir les métadonnées détaillées sur : http://metalinks.oecd.org/anberd/20191119/86ba.

ITALIE

Dépenses de R-D dans l'industrie par orientation sectorielle, prix constants
CITI Rév. 4

2010 PPP USD

		2010	2011	2012	2013	2014	2015	2016	2017
	TOTAL ENTREPRISES	**13 682.5**	**13 798.2**	**13 964.8**	**14 261.2**	**15 188.0**	**15 709.1**	**16 978.5**	..
01-03	**AGRICULTURE, SYLVICULTURE ET PÊCHE**	**86.4**	**115.4**	**122.6**	**119.7**	**141.7**	**117.0**	**306.6**	..
05-09	**ACTIVITÉS EXTRACTIVES**	**54.4**	**45.8**	**47.1**	**75.7**	**48.2**	**105.0**	**105.3**	..
10-33	**ACTIVITÉS DE FABRICATION**	**10 885.9**	**11 131.7**	**11 067.0**	**11 156.5**	**11 466.6**	**12 617.6**	**13 239.3**	..
10-12	Produits alimentaires, boissons et tabac	327.5	269.5	305.1	353.0	368.9	467.0	633.6	..
13-15	Textiles, habillement, cuir et articles de cuir	700.2	711.8	738.0	860.1	1 271.9	836.1	912.0	..
13	Textiles	283.4	260.7	278.4	324.0	623.8	282.9	339.1	..
14	Articles d'habillement	274.8	285.6	292.1	300.6	413.3	335.2	340.1	..
15	Cuir et articles de cuir	142.0	165.4	167.6	235.5	234.8	218.0	232.8	..
16-18	Bois, papier, imprimerie et reproduction de supports enregistrés	164.5	165.7	160.9	191.9	286.3	191.6	208.0	..
16	Bois et articles en bois, sauf meubles	47.5	44.5	50.4	59.1	68.3	50.1	63.6	..
17	Papier et articles en papier	88.9	92.7	88.6	90.7	176.3	105.2	102.7	..
18	Imprimerie et reproduction de supports enregistrés	28.2	28.6	21.9	42.1	41.7	36.4	41.8	..
19-23	Produits pétroliers, chimiques, pharmaceutiques, caoutchouc, plastique, minéraux	2 231.1	2 216.3	2 144.7	2 040.3	2 112.1	2 331.2	2 359.6	..
19	Cokéfaction et raffinage	125.8	125.9	108.6	117.6	51.4	31.8	40.5	..
20-21	Industrie chimique et pharmaceutique	1 597.9	1 556.4	1 458.3	1 377.6	1 371.5	1 549.4	1 594.8	..
20	Produits chimiques	491.9	424.6	428.0	489.1	492.6	517.6	570.2	..
21	Préparations pharmaceutiques, chimiques (médicine) et d'herboristerie	1 106.1	1 131.9	1 030.3	888.6	878.9	1 031.8	1 024.6	..
22	Produits en caoutchouc et en plastique	361.6	406.0	427.7	393.2	539.2	528.5	513.9	..
23	Autres produits minéraux non métalliques	145.8	128.0	150.0	151.9	150.0	221.5	210.4	..
24-25	Produits métalliques de base et ouvrages en métaux (sauf machines et matériel)	601.7	601.5	641.2	751.9	646.8	852.0	829.2	..
24	Produits métallurgiques de base	265.1	271.2	302.6	388.7	292.6	293.1	367.7	..
25	Ouvrages en métaux (sauf machines et matériel)	336.5	330.3	338.6	363.2	354.2	558.9	461.6	..
26-30	Ordinateurs, articles électroniques et optiques ; machines et matériels de transport	6 710.0	7 022.8	6 930.3	6 807.4	6 595.9	7 737.6	8 083.3	..
26	Ordinateurs, articles électroniques et optiques	1 965.6	1 964.3	1 864.5	1 799.2	1 808.5	2 162.8	2 303.1	..
27	Matériels électriques	415.0	470.7	474.5	490.2	383.6	505.5	556.7	..
28	Machines et équipements n.c.a.	950.6	1 034.4	1 102.4	1 121.6	1 219.9	1 275.9	1 510.5	..
29	Automobiles, remorques et semi-remorques	1 925.7	2 070.1	2 112.1	2 045.6	2 319.0	2 587.3	2 673.1	..
30	Autres matériels de transport	1 453.1	1 483.4	1 376.6	1 350.8	864.8	1 206.2	1 039.9	..
31-33	Meubles ; réparation et installation de machines et de matériel	150.9	144.2	146.7	151.8	184.7	201.9	213.5	..
31	Meubles	43.5	45.2	41.1	41.7	49.8	56.1	60.9	..
32	Autres activités de fabrication	88.6	88.1	87.9	86.0	109.7	128.0	128.9	..
33	Réparation et installation de machines et de matériel	18.9	10.8	17.7	24.1	25.2	17.8	23.7	..
35-39	**ÉLECTRICITÉ, GAZ, EAU ET TRAITEMENT DES DÉCHETS**	**318.6**	**317.8**	**284.9**	**279.7**	**391.1**	**305.2**	**248.2**	..
35-36	Production et distribution d'électricité, de gaz et de l'eau	267.6	268.6	243.2	242.4	345.9	262.7	205.1	..
37-39	Assainissement, traitement des déchets et dépollution	51.0	49.2	41.7	37.4	45.3	42.7	43.1	..
41-43	**CONSTRUCTION**	**69.7**	**62.5**	**136.5**	**64.6**	**70.9**	**78.6**	**51.7**	..
45-99	**TOTAL SERVICES**	**2 267.5**	**2 125.2**	**2 306.6**	**2 564.9**	**3 069.5**	**2 485.6**	**3 027.4**	..
45-82	**Services du secteur des entreprises**	**1 476.2**	**1 954.8**	**2 077.5**	**2 309.9**	**2 842.3**	**2 145.2**	**2 681.9**	..
45-47	Commerce de gros et de détail ; réparations automobiles et motocycles	47.7	41.2	67.9	155.3	355.3	59.1	34.7	..
49-53	Transport et entreposage	68.7	64.2	70.7	64.6	70.8	55.3	82.5	..
55-56	Activités d'hébergement et de restauration	10.9	10.1	15.7	7.6	13.9	11.1	14.9	..
58-63	Information et communication	929.8	1 444.8	1 447.4	1 488.1	1 669.5	1 456.8	1 846.1	..
58-60	Édition, audiovisuel et diffusion	9.2	11.6	13.2	15.7	21.7	12.9	30.3	..
58	Activités d'édition	0.0	0.0	0.0	0.0	0.0	0.0	0.0	..
59-60	Activités audiovisuel et diffusion	9.2	11.6	13.2	15.7	21.7	12.9	30.3	..
59	Production de films, vidéo, programmes de télévision et d'enregistrements	9.2	11.6	13.2	15.7	21.7	12.9	30.3	..
60	Programmation et diffusion	0.0	0.0	0.0	0.0	0.0	0.0	0.0	..
61	Télécommunications	522.6	1 016.3	1 019.5	924.8	1 025.7	713.0	916.0	..
62-63	Technologies de l'information et informatique	398.0	416.8	414.6	547.6	622.1	730.8	899.7	..
62	Programmation informatique ; conseils et activités connexes	371.8	393.5	390.0	506.9	557.0	656.9	804.1	..
63	Services d'information	26.1	23.3	24.6	40.6	65.0	73.9	95.7	..
64-66	**Activités financières et d'assurances**	**273.2**	**209.3**	**255.0**	**288.9**	**329.2**	**374.0**	**433.4**	..
68-82	**Activités immobilières ; professionnelles ; services administratifs et d'appui**	**146.0**	**185.2**	**220.9**	**305.5**	**403.6**	**188.8**	**270.3**	..
68	Activités immobilières	0.8	0.1	0.1	0.9	0.9	2.8	2.2	..
69-75x72	Activités professionnelles, scientifiques et techniques, R-D scientifique exclu	142.0	182.4	217.6	301.2	399.3	178.7	229.4	..
72	Recherche scientifique et développement	0.0	0.0	0.0	0.0	0.0	0.0	35.1	..
77-82	Activités de services administratifs et d'appui	3.2	2.7	3.1	3.4	3.4	7.3	3.6	..
84-99	Services collectifs, sociaux et personnels	791.3	170.4	229.1	255.0	227.2	340.5	345.5	..
84-85	Administration publique et défense ; sécurité sociale obligatoire et éducation	42.6	43.1	48.7	47.3	37.9	39.6	22.8	..
86-88	Santé humaine et action sociale	82.8	110.6	165.7	198.4	169.6	257.0	284.6	..
90-93	Arts, spectacles et loisirs	3.1	0.5	3.5	1.7	5.0	8.7	13.2	..
94-99	Autres services ; ménages-employeurs ; organismes extra-territoriaux	662.8	16.2	11.2	7.6	14.7	35.4	24.9	..

.. Non disponible

Note : Voir les métadonnées détaillées sur : *http://metalinks.oecd.org/anberd/20191119/86ba*.

JAPON

Dépenses de R-D dans l'industrie par activité principale de l'entreprise, prix courants
CITI Rév. 4

Millions USD PPP

		2010	2011	2012	2013	2014	2015	2016	2017
	TOTAL ENTREPRISES	107 552.6	114 204.6	116 716.3	125 287.5	131 839.8	132 293.7	129 751.5	134 662.3
01-03	**AGRICULTURE, SYLVICULTURE ET PÊCHE**	41.1	27.6	17.8	21.2	18.4	20.7	24.8	19.9
05-09	**ACTIVITÉS EXTRACTIVES**	89.6	30.3	29.0	43.1	36.6	39.5	39.4	34.3
10-33	**ACTIVITÉS DE FABRICATION**	93 723.2	100 352.8	102 653.6	111 166.7	114 069.5	114 684.6	112 765.7	116 929.2
10-12	Produits alimentaires, boissons et tabac	2 126.9	2 085.7	2 113.7	2 306.8	2 034.5	2 122.1	2 208.5	2 687.1
13-15	Textiles, habillement, cuir et articles de cuir	1 125.1	1 266.2	1 305.1	1 366.3	1 320.1	1 332.7	1 389.6	1 748.7
13	Textiles	1 050.3	1 191.3	1 240.0	1 297.4	1 244.3	1 267.6	1 339.9	1 697.3
14	Articles d'habillement	30.4	40.9	29.6	30.8	41.0	27.5	19.3	21.1
15	Cuir et articles de cuir	44.4	34.0	35.4	38.0	34.8	37.5	30.5	30.3
16-18	Bois, papier, imprimerie et reproduction de supports enregistrés	772.1	734.3	677.2	579.6	590.3	568.4	622.0	643.2
16	Bois et articles en bois, sauf meubles	81.8	86.0	101.3	91.6	83.3	82.0	84.7	82.2
17	Papier et articles en papier	377.5	319.8	240.5	203.3	282.0	268.7	286.2	299.6
18	Imprimerie et reproduction de supports enregistrés	312.8	328.5	335.4	284.8	225.0	217.7	251.1	261.4
19-23	Produits pétroliers, chimiques, pharmaceutiques, caoutchouc, plastique, minéraux	22 244.0	22 802.7	24 183.4	26 445.0	26 988.8	27 063.5	26 679.2	28 086.7
19	Cokéfaction et raffinage	468.0	447.7	440.0	462.4	408.4	427.8	441.9	461.0
20-21	Industrie chimique et pharmaceutique	18 088.6	18 371.2	19 688.5	21 608.5	21 821.4	21 984.6	21 442.4	22 619.1
20	Produits chimiques	6 661.6	6 925.1	7 162.5	7 422.7	7 310.9	7 893.5	8 274.9	8 319.4
21	Préparations pharmaceutiques, chimiques (médicine) et d'herboristerie	11 426.9	11 446.1	12 526.0	14 185.8	14 510.5	14 091.1	13 167.5	14 299.7
22	Produits en caoutchouc et en plastique	2 420.5	2 594.7	2 638.7	2 916.5	3 281.8	3 310.2	3 401.3	3 467.7
23	Autres produits minéraux non métalliques	1 266.9	1 389.0	1 416.3	1 457.6	1 477.1	1 340.9	1 393.6	1 538.8
24-25	Produits métalliques de base et ouvrages en métaux (sauf machines et matériel)	2 648.5	2 865.7	2 658.2	2 747.4	2 975.0	2 835.3	2 767.0	2 870.6
24	Produits métallurgiques de base	2 154.8	2 360.2	2 166.9	2 256.9	2 459.5	2 372.7	2 284.3	2 294.6
25	Ouvrages en métaux (sauf machines et matériel)	493.7	505.5	491.4	490.5	515.5	462.6	482.7	576.0
26-30	Ordinateurs, articles électroniques et optiques ; machines et matériels de transport	62 829.5	68 596.4	69 587.1	75 291.2	77 941.2	78 954.0	77 334.7	78 970.0
26	Ordinateurs, articles électroniques et optiques	26 258.9	29 244.8	28 387.1	28 750.8	28 017.8	27 883.9	25 599.2	26 050.6
27	Matériels électriques	3 409.2	3 221.7	3 267.6	3 467.5	3 428.3	3 418.5	3 513.6	3 657.8
28	Machines et équipements n.c.a.	9 534.4	10 211.0	10 414.6	12 315.0	12 440.8	12 610.7	13 092.2	13 069.5
29	Automobiles, remorques et semi-remorques	23 150.1	25 408.9	26 930.1	29 995.1	33 184.4	33 977.3	34 042.3	34 942.0
30	Autres matériels de transport	476.7	510.1	587.7	762.7	869.9	1 063.5	1 087.4	1 250.1
31-33	Meubles ; réparation et installation de machines et de matériel	1 977.1	2 002.0	2 128.9	2 430.4	2 219.7	1 808.6	1 764.6	1 923.1
31	Meubles	93.4	106.8	98.0	97.4	108.8	106.4	139.9	128.4
32	Autres activités de fabrication	1 883.7	1 895.2	2 030.9	2 333.0	2 110.9	1 702.2	1 624.7	1 794.7
33	Réparation et installation de machines et de matériel	..	..	..	..	..	..	..	..
35-39	**ÉLECTRICITÉ, GAZ, EAU ET TRAITEMENT DES DÉCHETS**	595.4	505.6	503.7	512.4	464.3	468.3	394.9	573.8
35-36	Production et distribution d'électricité, de gaz et de l'eau	..	..	..	..	..	..	..	..
37-39	Assainissement, traitement des déchets et dépollution	..	..	..	..	..	..	..	..
41-43	**CONSTRUCTION**	1 022.9	1 024.1	1 066.6	1 061.3	951.1	1 035.7	1 216.9	1 213.4
45-99	**TOTAL SERVICES**	12 080.6	12 264.2	12 445.6	12 482.7	16 299.8	16 044.8	15 309.9	15 891.7
45-82	**Services du secteur des entreprises**	12 080.6	12 264.2	12 445.6	12 482.7	16 299.8	16 044.8	15 309.9	15 891.7
45-47	Commerce de gros et de détail ; réparations automobiles et motocycles	360.5	313.1	463.2	489.0	641.1	723.1	734.2	716.7
49-53	Transport et entreposage	306.3	326.9	425.8	519.2	561.5	439.1	446.6	535.5
55-56	Activités d'hébergement et de restauration	..	..	..	..	..	..	..	..
58-63	**Information et communication**	4 837.1	5 237.9	5 181.1	4 587.8	6 680.2	6 238.2	5 705.5	5 915.7
58-60	Édition, audiovisuel et diffusion	102.9	8.7	9.5	18.9	16.3	15.7	28.9	31.6
58	Activités d'édition	6.7	4.6	6.3	8.6	9.4	5.6	17.8	16.2
59-60	Activités audiovisuel et diffusion	96.2	4.1	3.2	10.3	6.9	10.0	11.2	15.4
59	Production de films, vidéo, programmes de télévision et d'enregistrements	0.4	0.7	0.7	1.8	1.9	2.2	3.6	5.0
60	Programmation et diffusion	95.8	3.5	2.5	8.5	5.0	7.9	7.6	10.4
61	Télécommunications	2 276.6	2 779.8	2 832.9	2 764.9	3 686.0	3 669.8	3 285.3	2 774.2
62-63	Technologies de l'information et informatique	2 457.6	2 449.5	2 338.7	1 804.0	2 977.9	2 552.8	2 391.3	3 109.9
62	Programmation informatique ; conseils et activités connexes	2 178.8	2 142.3	2 093.0	1 592.3	2 685.3	2 249.5	2 094.3	2 844.3
63	Services d'information	278.8	307.1	245.7	211.8	292.6	303.3	297.0	265.6
64-66	**Activités financières et d'assurances**	22.8	30.5	17.6	21.6	31.8	35.7	29.5	45.1
68-82	**Activités immobilières ; professionnelles ; services administratifs et d'appui**	6 553.9	6 355.8	6 357.8	6 865.0	8 385.2	8 608.6	8 394.0	8 678.6
68	Activités immobilières	..	..	..	..	..	..	..	..
69-75x72	Activités professionnelles, scientifiques et techniques, R-D scientifique exclu	387.7	342.0	588.2	711.0	725.6	577.0	671.6	610.4
72	Recherche scientifique et développement	6 105.6	5 958.0	5 713.5	6 101.3	7 602.0	7 952.3	7 640.5	7 994.5
77-82	Activités de services administratifs et d'appui	60.5	55.7	56.1	52.7	57.7	79.3	82.0	73.8
84-99	Services collectifs, sociaux et personnels	..	..	..	..	..	..	..	..
84-85	Administration publique et défense ; sécurité sociale obligatoire et éducation	..	..	..	..	..	..	..	..
86-88	Santé humaine et action sociale	..	..	..	..	..	..	..	..
90-93	Arts, spectacles et loisirs	..	..	..	..	..	..	..	..
94-99	Autres services ; ménages-employeurs ; organismes extra-territoriaux	..	..	..	..	..	..	..	..

.. Non disponible

Note : Voir les métadonnées détaillées sur : *http://metalinks.oecd.org/anberd/20191119/86ba*.

JAPON

Dépenses de R-D dans l'industrie par activité principale de l'entreprise, prix constants
CITI Rév. 4

2010 PPP USD

		2010	2011	2012	2013	2014	2015	2016	2017
	TOTAL ENTREPRISES	**107 552.6**	**111 768.0**	**111 695.9**	**116 871.3**	**122 961.2**	**121 259.1**	**117 688.5**	**122 204.4**
01-03	**AGRICULTURE, SYLVICULTURE ET PÊCHE**	**41.1**	**27.0**	**17.1**	**19.8**	**17.1**	**19.0**	**22.5**	**18.1**
05-09	**ACTIVITÉS EXTRACTIVES**	**89.6**	**29.7**	**27.7**	**40.2**	**34.1**	**36.2**	**35.7**	**31.1**
10-33	**ACTIVITÉS DE FABRICATION**	**93 723.2**	**98 211.7**	**98 238.1**	**103 699.1**	**106 387.7**	**105 118.9**	**102 281.8**	**106 111.8**
10-12	Produits alimentaires, boissons et tabac	2 126.9	2 041.2	2 022.8	2 151.8	1 897.5	1 945.1	2 003.2	2 438.5
13-15	Textiles, habillement, cuir et articles de cuir	1 125.1	1 239.2	1 248.9	1 274.5	1 231.2	1 221.5	1 260.5	1 586.9
13	Textiles	1 050.3	1 165.9	1 186.7	1 210.3	1 160.5	1 161.9	1 215.3	1 540.3
14	Articles d'habillement	30.4	40.1	28.4	28.7	38.2	25.2	17.5	19.1
15	Cuir et articles de cuir	44.4	33.3	33.9	35.5	32.5	34.4	27.6	27.5
16-18	Bois, papier, imprimerie et reproduction de supports enregistrés	772.1	718.6	648.1	540.7	550.5	521.0	564.2	583.7
16	Bois et articles en bois, sauf meubles	81.8	84.1	97.0	85.4	77.7	75.2	76.9	74.6
17	Papier et articles en papier	377.5	312.9	230.2	189.6	263.0	246.3	259.6	271.9
18	Imprimerie et reproduction de supports enregistrés	312.8	321.5	321.0	265.7	209.9	199.6	227.8	237.2
19-23	Produits pétroliers, chimiques, pharmaceutiques, caoutchouc, plastique, minéraux	22 244.0	22 316.1	23 143.2	24 668.6	25 171.3	24 806.1	24 198.8	25 488.3
19	Cokéfaction et raffinage	468.0	438.1	421.0	431.4	380.9	392.1	400.9	418.4
20-21	Industrie chimique et pharmaceutique	18 088.6	17 979.3	18 841.6	20 156.9	20 351.9	20 150.9	19 448.9	20 526.6
20	Produits chimiques	6 661.6	6 777.3	6 854.4	6 924.1	6 818.6	7 235.1	7 505.6	7 549.8
21	Préparations pharmaceutiques, chimiques (médicine) et d'herboristerie	11 426.9	11 201.9	11 987.2	13 232.8	13 533.3	12 915.8	11 943.3	12 976.8
22	Produits en caoutchouc et en plastique	2 420.5	2 539.4	2 525.2	2 720.6	3 060.8	3 034.1	3 085.1	3 146.9
23	Autres produits minéraux non métalliques	1 266.9	1 359.4	1 355.4	1 359.6	1 377.7	1 229.0	1 264.0	1 396.4
24-25	Produits métalliques de base et ouvrages en métaux (sauf machines et matériel)	2 648.5	2 804.5	2 543.9	2 562.9	2 774.6	2 598.8	2 509.7	2 605.0
24	Produits métallurgiques de base	2 154.8	2 309.8	2 073.7	2 105.3	2 293.9	2 174.8	2 071.9	2 082.3
25	Ouvrages en métaux (sauf machines et matériel)	493.7	494.7	470.2	457.6	480.8	424.0	437.9	522.7
26-30	Ordinateurs, articles électroniques et optiques ; machines et matériels de transport	62 829.6	67 132.8	66 593.9	70 233.5	72 692.3	72 368.5	70 144.8	71 664.2
26	Ordinateurs, articles électroniques et optiques	26 258.9	28 620.8	27 166.1	26 819.5	26 130.9	25 558.2	23 219.2	23 640.6
27	Matériels électriques	3 409.2	3 153.0	3 127.0	3 234.6	3 197.4	3 133.4	3 187.0	3 319.4
28	Machines et équipements n.c.a.	9 534.4	9 993.1	9 966.7	11 487.8	11 603.0	11 558.9	11 875.0	11 860.4
29	Automobiles, remorques et semi-remorques	23 150.1	24 866.8	25 771.7	27 980.2	30 949.7	31 143.3	30 877.3	31 709.4
30	Autres matériels de transport	476.7	499.2	562.4	711.5	811.3	974.8	986.3	1 134.4
31-33	Meubles ; réparation et installation de machines et de matériel	1 977.1	1 959.3	2 037.3	2 267.1	2 070.2	1 657.8	1 600.5	1 745.2
31	Meubles	93.4	104.5	93.8	90.8	101.5	97.5	126.9	116.5
32	Autres activités de fabrication	1 883.7	1 854.8	1 943.5	2 176.3	1 968.7	1 560.3	1 473.7	1 628.6
33	Réparation et installation de machines et de matériel	..	..	..	..	..	..	..	..
35-39	**ÉLECTRICITÉ, GAZ, EAU ET TRAITEMENT DES DÉCHETS**	**595.4**	**494.8**	**482.1**	**478.0**	**433.1**	**429.2**	**358.2**	**520.7**
35-36	Production et distribution d'électricité, de gaz et de l'eau	..	..	..	..	..	..	..	..
37-39	Assainissement, traitement des déchets et dépollution	..	..	..	..	..	..	..	..
41-43	**CONSTRUCTION**	**1 022.9**	**1 002.2**	**1 020.7**	**990.0**	**887.1**	**949.3**	**1 103.7**	**1 101.1**
45-99	**TOTAL SERVICES**	**12 080.6**	**12 002.5**	**11 910.2**	**11 644.2**	**15 202.1**	**14 706.5**	**13 886.5**	**14 421.5**
45-82	**Services du secteur des entreprises**	**12 080.6**	**12 002.5**	**11 910.2**	**11 644.2**	**15 202.1**	**14 706.5**	**13 886.5**	**14 421.5**
45-47	Commerce de gros et de détail ; réparations automobiles et motocycles	360.5	306.4	443.3	456.2	598.0	662.8	666.0	650.4
49-53	Transport et entreposage	306.3	319.9	407.5	484.4	523.7	402.5	405.1	486.0
55-56	Activités d'hébergement et de restauration	..	..	..	..	..	..	..	..
58-63	Information et communication	4 837.1	5 126.2	4 958.2	4 279.6	6 230.3	5 717.9	5 175.1	5 368.4
58-60	Édition, audiovisuel et diffusion	102.9	8.5	9.1	17.7	15.2	14.4	26.2	28.7
58	Activités d'édition	6.7	4.5	6.1	8.1	8.7	5.2	16.1	14.7
59-60	Activités audiovisuel et diffusion	96.2	4.0	3.0	9.6	6.4	9.2	10.1	14.0
59	Production de films, vidéo, programmes de télévision et d'enregistrements	0.4	0.6	0.6	1.6	1.8	2.0	3.2	4.6
60	Programmation et diffusion	95.8	3.4	2.4	8.0	4.6	7.2	6.9	9.4
61	Télécommunications	2 276.6	2 720.5	2 711.0	2 579.1	3 437.8	3 363.7	2 979.9	2 517.5
62-63	Technologies de l'information et informatique	2 457.6	2 397.2	2 238.1	1 682.8	2 777.3	2 339.9	2 169.0	2 822.2
62	Programmation informatique ; conseils et activités connexes	2 178.8	2 096.6	2 003.0	1 485.3	2 504.5	2 061.8	1 899.6	2 581.2
63	Services d'information	278.8	300.6	235.1	197.5	272.9	278.0	269.4	241.0
64-66	**Activités financières et d'assurances**	**22.8**	**29.9**	**16.8**	**20.2**	**29.7**	**32.8**	**26.7**	**41.0**
68-82	**Activités immobilières ; professionnelles ; services administratifs et d'appui**	**6 553.9**	**6 220.1**	**6 084.4**	**6 403.8**	**7 820.5**	**7 890.6**	**7 613.6**	**7 875.8**
68	Activités immobilières	..	..	..	..	..	..	..	..
69-75x72	Activités professionnelles, scientifiques et techniques, R-D scientifique exclu	387.7	334.7	562.9	663.2	676.7	528.8	609.1	553.9
72	Recherche scientifique et développement	6 105.6	5 830.9	5 467.8	5 691.5	7 090.0	7 289.0	6 930.1	7 254.9
77-82	Activités de services administratifs et d'appui	60.5	54.5	53.7	49.2	53.8	72.7	74.4	67.0
84-99	Services collectifs, sociaux et personnels	..	..	..	..	..	..	..	..
84-85	Administration publique et défense ; sécurité sociale obligatoire et éducation	..	..	..	..	..	..	..	..
86-88	Santé humaine et action sociale	..	..	..	..	..	..	..	..
90-93	Arts, spectacles et loisirs	..	..	..	..	..	..	..	..
94-99	Autres services ; ménages-employeurs ; organismes extra-territoriaux	..	..	..	..	..	..	..	..

.. Non disponible

Note : Voir les métadonnées détaillées sur : *http://metalinks.oecd.org/anberd/20191119/86ba*.

CORÉE

Dépenses de R-D dans l'industrie par activité principale de l'entreprise, prix courants
CITI Rév. 4

Millions USD PPP

		2010	2011	2012	2013	2014	2015	2016	2017
	TOTAL ENTREPRISES	**39 010.1**	**44 680.5**	**50 559.8**	**53 573.7**	**57 180.5**	**59 643.5**	..	..
01-03	**AGRICULTURE, SYLVICULTURE ET PÊCHE**	**30.9**	**42.3**	**31.2**	**30.2**	**33.0**	**36.5**	..	..
05-09	**ACTIVITÉS EXTRACTIVES**	**22.3**	**25.7**	**41.1**	**29.1**	**23.2**	**27.3**	..	..
10-33	**ACTIVITÉS DE FABRICATION**	**34 174.9**	**39 112.9**	**44 404.0**	**47 468.5**	**50 842.2**	**53 445.5**	..	..
10-12	Produits alimentaires, boissons et tabac	361.1	472.0	550.9	532.2	560.8	1 169.8	..	..
13-15	Textiles, habillement, cuir et articles de cuir	198.5	334.1	376.0	418.6	423.4	471.4	..	..
13	Textiles	97.1	142.2	135.5	142.5	148.3	180.5	..	..
14	Articles d'habillement	84.5	164.3	203.9	231.8	226.9	234.0	..	..
15	Cuir et articles de cuir	17.0	27.6	36.6	44.3	48.2	56.9	..	..
16-18	Bois, papier, imprimerie et reproduction de supports enregistrés	80.9	106.4	141.0	119.4	124.8	160.3	..	..
16	Bois et articles en bois, sauf meubles	7.8	18.8	15.1	15.5	15.1	27.1	..	..
17	Papier et articles en papier	42.4	55.6	88.2	63.5	67.3	73.1	..	..
18	Imprimerie et reproduction de supports enregistrés	30.8	31.9	37.7	40.5	42.4	60.2	..	..
19-23	Produits pétroliers, chimiques, pharmaceutiques, caoutchouc, plastique, minéraux	4 063.6	5 042.5	5 225.5	5 837.0	5 441.6	6 225.8	..	..
19	Cokéfaction et raffinage	274.3	395.4	317.7	335.3	273.5	294.7	..	..
20-21	Industrie chimique et pharmaceutique	2 939.1	3 739.1	3 893.4	4 303.0	4 012.0	4 712.1	..	..
20	Produits chimiques	2 061.6	2 729.0	2 671.6	3 057.1	2 724.9	3 135.7	..	..
21	Préparations pharmaceutiques, chimiques (médicine) et d'herboristerie	877.5	1 010.1	1 221.9	1 245.9	1 287.1	1 576.4	..	..
22	Produits en caoutchouc et en plastique	602.7	631.0	634.2	834.0	882.9	953.9	..	..
23	Autres produits minéraux non métalliques	247.5	277.1	380.1	364.7	273.3	265.0	..	..
24-25	Produits métalliques de base et ouvrages en métaux (sauf machines et matériel)	971.7	1 346.8	1 442.1	1 344.0	1 325.5	1 474.0	..	..
24	Produits métallurgiques de base	664.3	721.8	858.4	712.9	744.0	760.2	..	..
25	Ouvrages en métaux (sauf machines et matériel)	307.3	625.0	583.7	631.1	581.5	713.9	..	..
26-30	Ordinateurs, articles électroniques et optiques ; machines et matériels de transport	28 247.5	31 402.7	36 303.2	38 848.2	42 530.6	43 391.0	..	..
26	Ordinateurs, articles électroniques et optiques	19 624.0	21 873.9	25 237.8	27 676.6	30 402.1	29 892.6	..	..
27	Matériels électriques	992.3	1 076.2	1 265.4	1 188.4	1 277.7	1 621.7	..	..
28	Machines et équipements n.c.a.	2 184.1	2 413.7	3 184.4	3 066.3	3 238.9	3 315.5	..	..
29	Automobiles, remorques et semi-remorques	4 756.5	5 309.3	5 724.1	6 071.2	6 739.8	7 549.8	..	..
30	Autres matériels de transport	690.6	729.5	891.5	845.7	872.1	1 011.4	..	..
31-33	Meubles ; réparation et installation de machines et de matériel	251.6	408.6	365.2	369.0	435.4	553.1	..	..
31	Meubles	52.5	62.7	66.3	74.7	99.3	100.4	..	..
32	Autres activités de fabrication	199.1	345.9	298.9	294.3	336.1	452.7	..	..
33	Réparation et installation de machines et de matériel	..	..	..	..	..	..	..	..
35-39	**ÉLECTRICITÉ, GAZ, EAU ET TRAITEMENT DES DÉCHETS**	**373.8**	**481.1**	**509.2**	**409.8**	**422.4**	**456.4**	..	..
35-36	Production et distribution d'électricité, de gaz et de l'eau	349.7	444.1	476.5	371.3	382.8	395.2	..	..
37-39	Assainissement, traitement des déchets et dépollution	24.1	37.0	32.7	38.4	39.6	61.3	..	..
41-43	**CONSTRUCTION**	**886.6**	**1 063.2**	**1 156.1**	**1 104.8**	**1 137.6**	**875.5**	..	..
45-99	**TOTAL SERVICES**	**3 521.6**	**3 955.3**	**4 418.3**	**4 531.4**	**4 722.2**	**4 802.3**	..	..
45-82	**Services du secteur des entreprises**	**3 489.3**	**3 912.0**	**4 379.9**	**4 491.4**	**4 679.8**	**4 750.2**	..	..
45-47	Commerce de gros et de détail ; réparations automobiles et motocycles	641.5	719.9	788.8	813.8	857.9	722.1	..	..
49-53	Transport et entreposage	88.3	144.8	81.6	127.7	45.8	46.5	..	..
55-56	Activités d'hébergement et de restauration	1.0	7.7	1.4	10.0	8.8	16.2	..	..
58-63	Information et communication	1 826.5	1 978.6	2 378.6	2 247.3	2 457.4	2 470.2	..	..
58-60	Édition, audiovisuel et diffusion	1 131.2	1 111.1	1 559.1	1 436.0	1 627.1	1 654.5	..	..
58	Activités d'édition	1 095.3	1 079.0	1 527.5	1 396.0	1 588.3	1 619.5	..	..
59-60	Activités audiovisuel et diffusion	35.9	32.0	31.6	40.0	38.8	35.0	..	..
59	Production de films, vidéo, programmes de télévision et d'enregistrements	13.2	15.4	12.7	9.5	13.7	18.7	..	..
60	Programmation et diffusion	22.7	16.7	18.9	30.6	25.1	16.3	..	..
61	Télécommunications	412.6	402.6	452.1	468.1	492.5	438.9	..	..
62-63	Technologies de l'information et informatique	282.7	465.0	367.4	343.2	337.7	376.7	..	..
62	Programmation informatique ; conseils et activités connexes	169.6	319.3	246.7	206.8	222.9	255.3	..	..
63	Services d'information	113.1	145.7	120.7	136.4	114.8	121.4	..	..
64-66	**Activités financières et d'assurances**	**1.6**	**1.2**	**2.1**	**2.0**	**5.2**	**6.5**	..	..
68-82	**Activités immobilières ; professionnelles ; services administratifs et d'appui**	**930.5**	**1 059.8**	**1 127.4**	**1 290.6**	**1 304.8**	**1 488.7**	..	..
68	Activités immobilières	21.0	3.5	1.9	1.6	3.7	6.8	..	..
69-75x72	Activités professionnelles, scientifiques et techniques, R-D scientifique exclu	634.2	679.3	768.7	790.8	865.8	989.3	..	..
72	Recherche scientifique et développement	202.4	305.3	274.8	406.8	342.1	401.6	..	..
77-82	Activités de services administratifs et d'appui	72.9	71.7	82.0	91.4	93.2	91.0	..	..
84-99	**Services collectifs, sociaux et personnels**	**32.3**	**43.3**	**38.4**	**40.0**	**42.4**	**52.2**	..	..
84-85	Administration publique et défense ; sécurité sociale obligatoire et éducation	15.3	19.2	14.6	16.6	16.2	20.1	..	..
86-88	Santé humaine et action sociale	0.2	0.3	1.1	5.0	5.6	13.8	..	..
90-93	Arts, spectacles et loisirs	4.1	3.2	3.2	3.0	2.2	3.5	..	..
94-99	Autres services ; ménages-employeurs ; organismes extra-territoriaux	12.6	20.6	19.5	15.4	18.4	14.8	..	..

.. Non disponible

Note : Voir les métadonnées détaillées sur : http://metalinks.oecd.org/anberd/20191119/86ba.

CORÉE

Dépenses de R-D dans l'industrie par activité principale de l'entreprise, prix constants
CITI Rév. 4

2010 PPP USD

		2010	2011	2012	2013	2014	2015	2016	2017
	TOTAL ENTREPRISES	**39 010.1**	**44 699.9**	**50 077.0**	**53 486.8**	**56 929.6**	**57 027.9**	..	..
01-03	**AGRICULTURE, SYLVICULTURE ET PÊCHE**	30.9	42.3	30.9	30.1	32.8	34.9	..	..
05-09	**ACTIVITÉS EXTRACTIVES**	22.3	25.7	40.7	29.1	23.1	26.1	..	..
10-33	**ACTIVITÉS DE FABRICATION**	**34 174.9**	**39 129.9**	**43 980.0**	**47 391.5**	**50 619.1**	**51 101.7**	..	..
10-12	Produits alimentaires, boissons et tabac	361.1	472.2	545.6	531.4	558.4	1 118.5	..	..
13-15	Textiles, habillement, cuir et articles de cuir	198.5	334.2	372.4	418.0	421.5	450.8	..	..
13	Textiles	97.1	142.3	134.2	142.3	147.6	172.6	..	..
14	Articles d'habillement	84.5	164.4	201.9	231.4	225.9	223.7	..	..
15	Cuir et articles de cuir	17.0	27.6	36.3	44.2	48.0	54.4	..	..
16-18	Bois, papier, imprimerie et reproduction de supports enregistrés	80.9	106.4	139.6	119.2	124.3	153.3	..	..
16	Bois et articles en bois, sauf meubles	7.8	18.8	15.0	15.4	15.0	25.9	..	..
17	Papier et articles en papier	42.4	55.7	87.3	63.4	67.0	69.9	..	..
18	Imprimerie et reproduction de supports enregistrés	30.8	32.0	37.4	40.4	42.2	57.5	..	..
19-23	Produits pétroliers, chimiques, pharmaceutiques, caoutchouc, plastique, minéraux	4 063.6	5 044.7	5 175.7	5 827.6	5 417.8	5 952.8	..	..
19	Cokéfaction et raffinage	274.3	395.6	314.7	334.8	272.3	281.8	..	..
20-21	Industrie chimique et pharmaceutique	2 939.1	3 740.7	3 856.3	4 296.0	3 994.4	4 505.5	..	..
20	Produits chimiques	2 061.6	2 730.2	2 646.1	3 052.2	2 712.9	2 998.2	..	..
21	Préparations pharmaceutiques, chimiques (médicine) et d'herboristerie	877.5	1 010.5	1 210.2	1 243.8	1 281.5	1 507.3	..	..
22	Produits en caoutchouc et en plastique	602.7	631.2	628.2	832.7	879.0	912.1	..	..
23	Autres produits minéraux non métalliques	247.5	277.2	376.5	364.1	272.1	253.4	..	..
24-25	Produits métalliques de base et ouvrages en métaux (sauf machines et matériel)	971.7	1 347.4	1 428.4	1 341.8	1 319.7	1 409.4	..	..
24	Produits métallurgiques de base	664.3	722.1	850.2	711.7	740.7	726.8	..	..
25	Ouvrages en métaux (sauf machines et matériel)	307.3	625.3	578.2	630.1	579.0	682.6	..	..
26-30	Ordinateurs, articles électroniques et optiques ; machines et matériels de transport	28 247.5	31 416.3	35 956.6	38 785.1	42 344.0	41 488.1	..	..
26	Ordinateurs, articles électroniques et optiques	19 624.0	21 883.4	24 996.9	27 631.7	30 268.7	28 581.7	..	..
27	Matériels électriques	992.3	1 076.6	1 253.3	1 186.4	1 272.1	1 550.6	..	..
28	Machines et équipements n.c.a.	2 184.1	2 414.7	3 154.0	3 061.3	3 224.7	3 170.1	..	..
29	Automobiles, remorques et semi-remorques	4 756.5	5 311.6	5 669.4	6 061.4	6 710.2	7 218.7	..	..
30	Autres matériels de transport	690.6	729.9	882.9	844.3	868.3	967.1	..	..
31-33	Meubles ; réparation et installation de machines et de matériel	251.6	408.7	361.7	368.4	433.5	528.9	..	..
31	Meubles	52.5	62.7	65.7	74.6	98.9	96.0	..	..
32	Autres activités de fabrication	199.1	346.0	296.1	293.8	334.6	432.8	..	..
33	Réparation et installation de machines et de matériel	..	..	..	..	..	..	..	..
35-39	**ÉLECTRICITÉ, GAZ, EAU ET TRAITEMENT DES DÉCHETS**	373.8	481.3	504.3	409.1	420.5	436.4	..	..
35-36	Production et distribution d'électricité, de gaz et de l'eau	349.7	444.3	472.0	370.7	381.1	377.8	..	..
37-39	Assainissement, traitement des déchets et dépollution	24.1	37.1	32.4	38.4	39.5	58.6	..	..
41-43	**CONSTRUCTION**	886.6	1 063.6	1 145.0	1 103.0	1 132.6	837.1	..	..
45-99	**TOTAL SERVICES**	**3 521.6**	**3 957.0**	**4 376.1**	**4 524.1**	**4 701.5**	**4 591.7**	..	..
45-82	**Services du secteur des entreprises**	**3 489.3**	**3 913.7**	**4 338.1**	**4 484.1**	**4 659.3**	**4 541.8**	..	..
45-47	**Commerce de gros et de détail ; réparations automobiles et motocycles**	641.5	720.2	781.2	812.5	854.1	690.4	..	..
49-53	**Transport et entreposage**	88.3	144.8	80.9	127.5	45.6	44.5	..	..
55-56	**Activités d'hébergement et de restauration**	1.0	7.8	1.4	10.0	8.8	15.5	..	..
58-63	**Information et communication**	1 826.5	1 979.5	2 355.9	2 243.6	2 446.6	2 361.8	..	..
58-60	Édition, audiovisuel et diffusion	1 131.2	1 111.6	1 544.2	1 433.7	1 620.0	1 582.0	..	..
58	Activités d'édition	1 095.3	1 079.5	1 512.9	1 393.7	1 581.3	1 548.5	..	..
59-60	Activités audiovisuel et diffusion	35.9	32.1	31.3	40.0	38.6	33.4	..	..
59	Production de films, vidéo, programmes de télévision et d'enregistrements	13.2	15.4	12.5	9.5	13.7	17.9	..	..
60	Programmation et diffusion	22.7	16.7	18.8	30.5	25.0	15.5	..	..
61	Télécommunications	412.6	402.7	447.8	467.3	490.4	419.7	..	..
62-63	Technologies de l'information et informatique	282.7	465.2	363.9	342.6	336.2	360.2	..	..
62	Programmation informatique ; conseils et activités connexes	169.6	319.4	244.3	206.4	221.9	244.1	..	..
63	Services d'information	113.1	145.8	119.6	136.2	114.3	116.1	..	..
64-66	**Activités financières et d'assurances**	1.6	1.2	2.1	2.0	5.1	6.2	..	..
68-82	**Activités immobilières ; professionnelles ; services administratifs d'appui**	930.5	1 060.2	1 116.7	1 288.5	1 299.1	1 423.4	..	..
68	Activités immobilières	21.0	3.5	1.8	1.6	3.7	6.5	..	..
69-75x72	Activités professionnelles, scientifiques et techniques, R-D scientifique exclu	634.1	679.6	761.4	789.6	862.0	945.9	..	..
72	Recherche scientifique et développement	202.4	305.4	272.2	406.2	340.6	383.7	..	..
77-82	Activités de services administratifs et d'appui	72.9	71.7	81.3	91.2	92.8	87.0	..	..
84-99	**Services collectifs, sociaux et personnels**	32.3	43.3	38.0	40.0	42.2	49.9	..	..
84-85	Administration publique et défense ; sécurité sociale obligatoire et éducation	15.3	19.2	14.5	16.6	16.1	19.2	..	..
86-88	Santé humaine et action sociale	0.2	0.3	1.1	5.0	5.6	13.2	..	..
90-93	Arts, spectacles et loisirs	4.1	3.2	3.1	3.0	2.2	3.3	..	..
94-99	Autres services ; ménages-employeurs ; organismes extra-territoriaux	12.6	20.6	19.3	15.4	18.3	14.2	..	..

.. Non disponible

Note : Voir les métadonnées détaillées sur : http://metalinks.oecd.org/anberd/20191119/86ba.

LITUANIE

Dépenses de R-D dans l'industrie par activité principale de l'entreprise, prix courants
CITI Rév. 4

Millions USD PPP

Code	Activité	2010	2011	2012	2013	2014	2015	2016	2017
	TOTAL ENTREPRISES	143.3	164.0	177.5	190.9	262.8	239.5	256.3	310.9
01-03	**AGRICULTURE, SYLVICULTURE ET PÊCHE**	0.8	0.0 e	0.0	0.1	0.1	0.4	0.0	0.1
05-09	**ACTIVITÉS EXTRACTIVES**	0.1	0.3	0.2	0.2	0.1	0.0 e	0.0 e	0.0 e
10-33	**ACTIVITÉS DE FABRICATION**	45.7	50.8	59.2	70.8	112.8	84.1	84.5	105.0
10-12	Produits alimentaires, boissons et tabac	6.2	4.4	1.7	5.9	3.7	5.6	8.0	18.9
13-15	Textiles, habillement, cuir et articles de cuir	1.2	1.0	0.5	0.6	0.8	0.7	0.7	1.2
13	Textiles	0.6	0.5	0.0	0.1	0.1	0.2 e	0.1 e	0.3 e
14	Articles d'habillement	0.1	0.3	0.3	0.4	0.6	0.5	0.5	0.7
15	Cuir et articles de cuir	0.5	0.2	0.1	0.1	0.0	0.1 e	0.1 e	0.1 e
16-18	Bois, papier, imprimerie et reproduction de supports enregistrés	0.3	0.5	0.3	0.4	1.7	1.0	17.1	1.0
16	Bois et articles en bois, sauf meubles	..	0.0	0.0	0.0	0.6	0.1	2.2	0.1
17	Papier et articles en papier	..	0.4	0.2	0.2	0.4	0.3 e	0.5 e	0.7
18	Imprimerie et reproduction de supports enregistrés	..	0.1	0.1	0.2	0.7	0.6 e	14.3 e	0.2
19-23	Produits pétroliers, chimiques, pharmaceutiques, caoutchouc, plastique, minéraux	12.3	13.9 e	30.2	19.6	45.7	17.7 e	15.2 e	16.4 e
19	Cokéfaction et raffinage	0.0	0.0 e	0.7	0.2	0.2	0.2 e	0.0 e	0.1 e
20-21	Industrie chimique et pharmaceutique	11.6	11.8	27.9	16.1	42.5	15.9	10.8 e	13.6 e
20	Produits chimiques	5.3	5.1	21.9	10.5	25.5	10.9	9.6	12.0
21	Préparations pharmaceutiques, chimiques (médicine) et d'herboristerie	6.3	6.7	6.0	5.6	17.1	5.0	1.2 e	1.5 e
22	Produits en caoutchouc et en plastique	0.1	0.4	1.0	2.8	2.0	1.0	1.4	2.5
23	Autres produits minéraux non métalliques	0.6	1.7	0.6	0.5	1.0	0.6	2.9	0.4
24-25	Produits métalliques de base et ouvrages en métaux (sauf machines et matériel)	2.8	3.3 e	0.9	0.9	7.7	1.0 e	1.0 e	3.6 e
24	Produits métallurgiques de base	0.0	0.0 e	0.1	0.0	0.0	0.0 e	0.0 e	0.0 e
25	Ouvrages en métaux (sauf machines et matériel)	2.8	3.3	0.8	0.9	7.7	0.9	1.0	3.6
26-30	Ordinateurs, articles électroniques et optiques ; machines et matériels de transport	17.4	22.1	22.9	23.7	30.8	37.5	35.9	51.6
26	Ordinateurs, articles électroniques et optiques	10.2	11.5	12.3	12.8	17.8	18.2	18.6	34.7
27	Matériels électriques	1.3	1.8	1.8	2.4	2.6	3.6	2.1	3.2
28	Machines et équipements n.c.a.	4.2	6.5	6.4	4.1	5.2	6.8	6.7	5.2
29	Automobiles, remorques et semi-remorques	1.6	2.2	2.3	4.1	5.0	8.5	8.4	8.2
30	Autres matériels de transport	0.1	0.1	0.1	0.2	0.2	0.4	0.1	0.2
31-33	Meubles ; réparation et installation de machines et de matériel	5.4	5.6	2.8	19.6	22.4	20.6	6.6	12.3
31	Meubles	2.3	2.9	1.2	12.1	12.0	2.2	2.1	6.8
32	Autres activités de fabrication	1.9	1.1	0.7	1.2	9.2	17.3	3.4	2.2
33	Réparation et installation de machines et de matériel	1.2	1.5	0.8	6.3	1.2	1.1	1.1	3.3
35-39	**ÉLECTRICITÉ, GAZ, EAU ET TRAITEMENT DES DÉCHETS**	0.6	0.1	7.9	4.8	0.9	0.4	0.8	0.9
35-36	Production et distribution d'électricité, de gaz et de l'eau	..	..	7.2	4.6	0.6	0.1	0.3	0.7
37-39	Assainissement, traitement des déchets et dépollution	..	..	0.7	0.2	0.3	0.3	0.5	0.2
41-43	**CONSTRUCTION**	3.1	2.5	1.0	0.5	3.1	1.7	1.0	3.1
45-99	**TOTAL SERVICES**	93.2	110.4 e	109.2	114.6	145.8	152.9	170.0 e	201.8
45-82	**Services du secteur des entreprises**	78.7	96.5	100.9	113.1	143.5	150.3	168.0	199.0
45-47	Commerce de gros et de détail ; réparations automobiles et motocycles	5.0	5.0	4.0	6.1	13.7	13.1	10.8	12.8
49-53	Transport et entreposage	0.5	0.1	0.1	0.2	1.4	0.8	4.3	6.8
55-56	Activités d'hébergement et de restauration	0.0	0.0	0.0	0.0	0.2	0.0	0.0	0.0
58-63	Information et communication	31.5	56.9	24.9	32.6	40.9	28.8	20.3	56.0
58-60	Édition, audiovisuel et diffusion	0.0	0.6	0.6	0.5	2.1	0.3 e	2.2 e	3.3
58	Activités d'édition	..	..	..	..	..	..	1.7	2.0
59-60	Activités audiovisuel et diffusion	..	..	..	..	..	..	0.5	1.3
59	Production de films, vidéo, programmes de télévision et d'enregistrements	..	..	..	..	..	..	..	0.4
60	Programmation et diffusion	..	..	..	..	..	..	..	0.9
61	Télécommunications	14.9	40.6	8.0	12.3	11.0	1.7 e	0.2 e	0.3 e
62-63	Technologies de l'information et informatique	16.7	15.6	16.3	19.8	27.8	26.8	18.0	52.4
62	Programmation informatique ; conseils et activités connexes	13.8	13.6	14.1	18.2	25.1	23.6	13.2	47.9
63	Services d'information	2.8	2.1	2.2	1.6	2.7	3.2	4.8	4.6
64-66	Activités financières et d'assurances	27.7	11.5	10.6	10.7	6.6	7.8	10.9	11.6
68-82	Activités immobilières ; professionnelles ; services administratifs et d'appui	14.1	22.9	61.3	63.4	80.6	99.7	121.6	111.8
68	Activités immobilières	1.7	0.0	0.0	5.2	0.4	0.1	0.7	0.8
69-75x72	Activités professionnelles, scientifiques et techniques, R-D scientifique exclu	1.2	5.8	2.7	8.2	13.1	14.6	7.5	14.1
72	Recherche scientifique et développement	10.3	16.7	58.5	49.9	65.7	83.9	112.6	95.1
77-82	Activités de services administratifs et d'appui	1.0	0.5	0.1	0.2	1.4	1.1	0.8	1.8
84-99	Services collectifs, sociaux et personnels	14.5	13.9 e	8.3	1.5	2.3	2.6	2.0	2.8
84-85	Administration publique et défense ; sécurité sociale obligatoire et éducation	0.1	0.3	0.1	0.4	0.3	0.4	0.8	1.4
86-88	Santé humaine et action sociale	14.3	13.3	8.2	0.8	1.4	1.0	1.1	1.1
90-93	Arts, spectacles et loisirs	0.0	0.3	0.0	0.0	0.2	0.6	0.1	0.2
94-99	Autres services ; ménages-employeurs ; organismes extra-territoriaux	0.0	0.0 e	0.0	0.3	0.4	0.6	0.1 e	0.2

.. Non disponible ; e Valeur estimée
Note : Voir les métadonnées détaillées sur : *http://metalinks.oecd.org/anberd/20191119/86ba*.

LITUANIE

Dépenses de R-D dans l'industrie par activité principale de l'entreprise, prix constants
CITI Rév. 4

2010 PPP USD

Code	Activité	2010	2011	2012	2013	2014	2015	2016	2017
	TOTAL ENTREPRISES	**143.3**	**156.4**	**165.1**	**171.7**	**233.6**	**213.6**	**226.1**	**263.9**
01-03	**AGRICULTURE, SYLVICULTURE ET PÊCHE**	**0.8**	**0.0 e**	**0.0**	**0.1**	**0.1**	**0.3**	**0.0**	**0.1**
05-09	**ACTIVITÉS EXTRACTIVES**	**0.1**	**0.2**	**0.2**	**0.2**	**0.1**	**0.0 e**	**0.0 e**	**0.0 e**
10-33	**ACTIVITÉS DE FABRICATION**	**45.7**	**48.5**	**55.0**	**63.6**	**100.2**	**75.0**	**74.5**	**89.1**
10-12	Produits alimentaires, boissons et tabac	6.2	4.2	1.6	5.3	3.3	5.0	7.1	16.0
13-15	Textiles, habillement, cuir et articles de cuir	1.2	1.0	0.4	0.5	0.7	0.7	0.7	1.0
13	Textiles	0.6	0.5	0.0	0.1	0.1	0.1 e	0.1 e	0.2 e
14	Articles d'habillement	0.1	0.3	0.3	0.4	0.6	0.5	0.5	0.6
15	Cuir et articles de cuir	0.5	0.2	0.1	0.1	0.0	0.1 e	0.1 e	0.1 e
16-18	Bois, papier, imprimerie et reproduction de supports enregistrés	0.3	0.5	0.3	0.4	1.5	0.9	15.1	0.8
16	Bois et articles en bois, sauf meubles	..	0.0	0.0	0.0	0.5	0.1	2.0	0.1
17	Papier et articles en papier	..	0.4	0.2	0.2	0.3	0.3 e	0.5 e	0.6
18	Imprimerie et reproduction de supports enregistrés	..	0.1	0.1	0.2	0.6	0.5 e	12.7 e	0.2
19-23	Produits pétroliers, chimiques, pharmaceutiques, caoutchouc, plastique, minéraux	12.3	13.3 e	28.1	17.6	40.6	15.8 e	13.4 e	14.0 e
19	Cokéfaction et raffinage	0.0	0.0 e	0.7	0.2	0.0	0.2 e	0.0 e	0.1 e
20-21	Industrie chimique et pharmaceutique	11.6	11.2	25.9	14.5	37.8	14.2	9.5 e	11.5 e
20	Produits chimiques	5.3	4.9	20.3	9.5	22.6	9.7	8.5	10.2
21	Préparations pharmaceutiques, chimiques (médicine) et d'herboristerie	6.3	6.4	5.6	5.0	15.2	4.5	1.0 e	1.3 e
22	Produits en caoutchouc et en plastique	0.1	0.4	1.0	2.5	1.8	0.9	1.2	2.1
23	Autres produits minéraux non métalliques	0.6	1.6	0.5	0.4	0.8	0.5	2.6	0.3
24-25	Produits métalliques de base et ouvrages en métaux (sauf machines et matériel)	2.8	3.2 e	0.9	0.8	6.9	0.9 e	0.9 e	3.1 e
24	Produits métallurgiques de base	0.0	0.0 e	0.1	0.0	0.0	0.0 e	0.0 e	0.0 e
25	Ouvrages en métaux (sauf machines et matériel)	2.8	3.2	0.7	0.8	6.8	0.8	0.8	3.0
26-30	Ordinateurs, articles électroniques et optiques ; machines et matériels de transport	17.4	21.1	21.3	21.3	27.4	33.5	31.6	43.8
26	Ordinateurs, articles électroniques et optiques	10.2	10.9	11.4	11.5	15.8	16.2	16.4	29.5
27	Matériels électriques	1.3	1.7	1.7	2.1	2.4	3.2	1.8	2.7
28	Machines et équipements n.c.a.	4.2	6.2	6.0	3.7	4.6	6.1	5.9	4.5
29	Automobiles, remorques et semi-remorques	1.6	2.1	2.1	3.7	4.4	7.6	7.4	7.0
30	Autres matériels de transport	0.1	0.1	0.1	0.2	0.2	0.3	0.1	0.1
31-33	Meubles ; réparation et installation de machines et de matériel	5.4	5.3	2.6	17.6	19.9	18.4	5.8	10.4
31	Meubles	2.3	2.8	1.1	10.9	10.7	1.9	1.9	5.8
32	Autres activités de fabrication	1.9	1.0	0.7	1.1	8.2	15.5	3.0	1.8
33	Réparation et installation de machines et de matériel	1.2	1.5	0.8	5.7	1.1	1.0	0.9	2.8
35-39	**ÉLECTRICITÉ, GAZ, EAU ET TRAITEMENT DES DÉCHETS**	**0.6**	**0.1**	**7.3**	**4.4**	**0.8**	**0.3**	**0.7**	**0.8**
35-36	Production et distribution d'électricité, de gaz et de l'eau	..	..	6.7	4.1	0.6	0.1	0.3	0.6
37-39	Assainissement, traitement des déchets et dépollution	..	..	0.7	0.2	0.3	0.3	0.4	0.2
41-43	**CONSTRUCTION**	**3.1**	**2.4**	**0.9**	**0.4**	**2.8**	**1.5**	**0.9**	**2.6**
45-99	**TOTAL SERVICES**	**93.2**	**105.2 e**	**101.6**	**103.0**	**129.6**	**136.4**	**150.0 e**	**171.3**
45-82	**Services du secteur des entreprises**	**78.7**	**92.0**	**93.9**	**101.7**	**127.5**	**134.0**	**148.2**	**168.9**
45-47	**Commerce de gros et de détail ; réparations automobiles et motocycles**	**5.0**	**4.8**	**3.7**	**5.5**	**12.2**	**11.7**	**9.5**	**10.9**
49-53	**Transport et entreposage**	**0.5**	**0.1**	**0.1**	**0.2**	**1.3**	**0.7**	**3.8**	**5.7**
55-56	**Activités d'hébergement et de restauration**	**0.0**	**0.0**	**0.0**	**0.0**	**0.2**	**0.0**	**0.0**	**0.0**
58-63	**Information et communication**	**31.5**	**54.3**	**23.2**	**29.3**	**36.3**	**25.7**	**17.9**	**47.6**
58-60	Édition, audiovisuel et diffusion	0.0	0.6	0.6	0.5	1.9	0.3 e	1.9	2.8
58	Activités d'édition	..	..	..	..	..	..	1.5	1.7
59-60	Activités audiovisuel et diffusion	..	..	..	..	..	..	0.5	1.1
59	Production de films, vidéo, programmes de télévision et d'enregistrements	..	..	..	..	..	..	..	0.3
60	Programmation et diffusion	..	..	..	..	..	..	..	0.8
61	Télécommunications	14.9	38.7	7.4	11.0	9.8	1.5 e	0.2 e	0.3 e
62-63	Technologies de l'information et informatique	16.7	14.9	15.2	17.8	24.7	23.9	15.8	44.5
62	Programmation informatique ; conseils et activités connexes	13.8	13.0	13.1	16.4	22.3	21.0	11.6	40.6
63	Services d'information	2.8	2.0	2.1	1.4	2.4	2.9	4.2	3.9
64-66	**Activités financières et d'assurances**	**27.7**	**11.0**	**9.9**	**9.7**	**5.9**	**6.9**	**9.6**	**9.9**
68-82	**Activités immobilières ; professionnelles ; services administratifs d'appui**	**14.1**	**21.9**	**57.0**	**57.0**	**71.6**	**89.0**	**107.3**	**94.9**
68	Activités immobilières	1.7	0.0	0.0	4.6	0.3	0.1	0.6	0.7
69-75x72	Activités professionnelles, scientifiques et techniques, R-D scientifique exclu	1.2	5.5	2.5	7.3	11.6	13.1	6.6	11.9
72	Recherche scientifique et développement	10.3	15.9	54.4	44.9	58.4	74.8	99.3	80.7
77-82	Activités de services administratifs et d'appui	1.0	0.5	0.1	0.2	1.2	1.0	0.7	1.5
84-99	Services collectifs, sociaux et personnels	14.5	13.3 e	7.7	1.3	2.0	2.3	1.8	2.4
84-85	Administration publique et défense ; sécurité sociale obligatoire et éducation	0.1	0.3	0.1	0.4	0.3	0.4	0.7	1.2
86-88	Santé humaine et action sociale	14.3	12.6	7.6	0.7	1.3	0.9	1.0	0.9
90-93	Arts, spectacles et loisirs	0.0	0.3	0.0	0.0	0.2	0.5	0.0	0.2
94-99	Autres services ; ménages-employeurs ; organismes extra-territoriaux	0.0	0.0 e	0.0	0.3	0.3	0.6	0.1 e	0.2

.. Non disponible ; e Valeur estimée

Note : Voir les métadonnées détaillées sur : *http://metalinks.oecd.org/anberd/20191119/86ba*.

MEXIQUE

Dépenses de R-D dans l'industrie par activité principale de l'entreprise, prix courants
CITI Rév. 4

Millions USD PPP

		2010	2011	2012	2013	2014	2015	2016	2017
	TOTAL ENTREPRISES	3 270.3	3 410.3	2 909.8	3 214.3	3 449.3	3 497.1	3 440.4	..
01-03	AGRICULTURE, SYLVICULTURE ET PÊCHE	0.0 e	0.0 e	0.0	0.0	0.0	0.0	0.0	..
05-09	ACTIVITÉS EXTRACTIVES	36.4 e	50.9 e	6.0	28.2	30.3	30.7	30.2	..
10-33	ACTIVITÉS DE FABRICATION	1 749.1 e	2 000.3 e	1 322.7	1 736.8	1 863.8	1 889.7	1 859.0	..
10-12	Produits alimentaires, boissons et tabac	149.5	173.1	150.6	203.6	218.4	221.5	217.9	..
13-15	Textiles, habillement, cuir et articles de cuir	41.4	41.6	24.7	28.0	30.0	30.5	30.0	..
13	Textiles	19.8 e	22.6 e	24.3	27.6	29.6	30.0	29.5	..
14	Articles d'habillement	1.8 e	0.0 e	0.3	0.3	0.3	0.3	0.3	..
15	Cuir et articles de cuir	19.8 e	19.1 e	0.1	0.1	0.1	0.1	0.1	..
16-18	Bois, papier, imprimerie et reproduction de supports enregistrés	21.7	22.3	25.1	31.3	33.5	34.0	33.5	..
16	Bois et articles en bois, sauf meubles	4.9 e	4.8 e	3.1	6.6	7.1	7.1	7.0	..
17	Papier et articles en papier	16.2 e	17.2 e	16.4	21.5	23.1	23.4	23.0	..
18	Imprimerie et reproduction de supports enregistrés	0.6 e	0.2 e	5.6	3.2	3.4	3.5	3.4	..
19-23	Produits pétroliers, chimiques, pharmaceutiques, caoutchouc, plastique, minéraux	682.5 e	795.2 e	314.4	413.5	443.8	449.9	442.6	..
19	Cokéfaction et raffinage	10.2	13.5	8.8	11.3	12.2	12.3	12.1	..
20-21	Industrie chimique et pharmaceutique	615.9 e	721.5 e	243.7	334.4	358.8	363.8	357.9	..
20	Produits chimiques	115.4 e	137.3 e	75.7	88.3	94.7	96.1	94.5	..
21	Préparations pharmaceutiques, chimiques (médicine) et d'herboristerie	500.5	584.2	167.9	246.1	264.1	267.7	263.4	..
22	Produits en caoutchouc et en plastique	30.6	39.1	12.8	19.6	21.0	21.3	21.0	..
23	Autres produits minéraux non métalliques	25.9	21.1	49.1	48.2	51.7	52.5	51.6	..
24-25	Produits métalliques de base et ouvrages en métaux (sauf machines et matériel)	269.1	278.5	169.3	139.6	149.8	151.8	149.4	..
24	Produits métallurgiques de base	72.1 e	105.6 e	26.4	32.1	34.5	35.0	34.4	..
25	Ouvrages en métaux (sauf machines et matériel)	197.1 e	173.0 e	142.9	107.4	115.3	116.9	115.0	..
26-30	Ordinateurs, articles électroniques et optiques ; machines et matériels de transport	584.3 e	687.9 e	636.1	916.8	983.8	997.5	981.3	..
26	Ordinateurs, articles électroniques et optiques	26.1 e	29.9 e	80.8	94.4	101.3	102.7	101.0	..
27	Matériels électriques	189.1 e	213.8 e	163.5	270.4	290.1	294.2	289.4	..
28	Machines et équipements n.c.a.	77.8 e	68.2 e	40.6	58.7	63.0	63.9	62.8	..
29	Automobiles, remorques et semi-remorques	273.0 e	348.6 e	330.8	465.8	499.8	506.8	498.5	..
30	Autres matériels de transport	18.3 e	27.4 e	20.4	27.6	29.6	30.0	29.5	..
31-33	Meubles ; réparation et installation de machines et de matériel	0.7 e	1.7 e	2.4	4.1	4.4	4.5	4.4	..
31	Meubles	0.5 e	1.5 e	0.1	0.0	0.0	0.0	0.0	..
32	Autres activités de fabrication	0.1 e	0.1 e	2.3	4.1	4.4	4.5	4.4	..
33	Réparation et installation de machines et de matériel	0.0 e	0.0 e	0.0	0.0	0.0	0.0	0.0	..
35-39	ÉLECTRICITÉ, GAZ, EAU ET TRAITEMENT DES DÉCHETS	0.0 e	0.0 e	10.4	17.2	18.4	18.7	18.4	..
35-36	Production et distribution d'électricité, de gaz et de l'eau	..	..	..	..	..	..	..	..
37-39	Assainissement, traitement des déchets et dépollution	..	..	..	..	..	..	..	..
41-43	CONSTRUCTION	104.4 e	1.6 e	6.3	12.3	13.2	13.3	13.1	..
45-99	TOTAL SERVICES	1 380.4 e	1 357.6 e	1 564.4	1 419.8	1 523.6	1 544.7	1 519.7	..
45-82	Services du secteur des entreprises	1 024.8 e	967.0 e	1 035.1	830.4	891.1	903.5	888.9	..
45-47	Commerce de gros et de détail ; réparations automobiles et motocycles	..	..	0.0	0.0	0.0	0.0	0.0	..
49-53	Transport et entreposage	..	..	21.5	185.5	199.0	201.8	198.5	..
55-56	Activités d'hébergement et de restauration	0.5 e	0.6 e	1.1	1.8	2.0	2.0	2.0	..
58-63	Information et communication	453.6 e	449.9 e	478.3	262.6	281.8	285.7	281.1	..
58-60	Édition, audiovisuel et diffusion	..	..	..	..	..	..	..	..
58	Activités d'édition	..	..	..	..	..	..	..	..
59-60	Activités audiovisuel et diffusion	..	..	..	..	..	..	..	..
59	Production de films, vidéo, programmes de télévision et d'enregistrements	..	..	..	..	..	..	..	..
60	Programmation et diffusion	..	..	..	..	..	..	..	..
61	Télécommunications	..	..	447.8	233.3	250.4	253.8	249.7	..
62-63	Technologies de l'information et informatique	..	..	..	..	..	..	..	..
62	Programmation informatique ; conseils et activités connexes	..	..	..	..	..	..	..	..
63	Services d'information	..	..	..	..	..	..	..	..
64-66	Activités financières et d'assurances	136.4 e	145.2 e	427.7	245.6	263.6	267.2	262.9	..
68-82	Activités immobilières ; professionnelles ; services administratifs et d'appui	369.5 e	339.6 e	106.5	134.9	144.8	146.8	144.4	..
68	Activités immobilières	..	..	10.7	12.9	13.9	14.1	13.8	..
69-75x72	Activités professionnelles, scientifiques et techniques, R-D scientifique exclu	..	..	..	..	..	..	..	..
72	Recherche scientifique et développement	419.2 e	362.6 e	90.5	115.3	123.8	125.5	123.4	..
77-82	Activités de services administratifs et d'appui	..	..	..	..	..	..	..	..
84-99	Services collectifs, sociaux et personnels	355.6 e	390.6 e	529.3	589.4	632.5	641.2	630.8	..
84-85	Administration publique et défense ; sécurité sociale obligatoire et éducation	..	..	..	..	..	..	..	..
86-88	Santé humaine et action sociale	..	..	..	..	..	..	..	..
90-93	Arts, spectacles et loisirs	..	..	..	..	..	..	..	..
94-99	Autres services ; ménages-employeurs ; organismes extra-territoriaux	..	..	..	..	..	..	..	..

.. Non disponible ; e Valeur estimée

Note : Voir les métadonnées détaillées sur : *http://metalinks.oecd.org/anberd/20191119/86ba.*

MEXIQUE

Dépenses de R-D dans l'industrie par activité principale de l'entreprise, prix constants
CITI Rév. 4

2010 PPP USD

		2010	2011	2012	2013	2014	2015	2016	2017
	TOTAL ENTREPRISES	3 270.3	3 220.5	2 704.3	2 951.9	3 095.5	3 159.8	3 077.5	..
01-03	AGRICULTURE, SYLVICULTURE ET PÊCHE	0.0 e	0.0 e	0.0	0.0	0.0	0.0	0.0	..
05-09	**ACTIVITÉS EXTRACTIVES**	36.4 e	48.0 e	5.5	25.9	27.2	27.8	27.0	..
10-33	**ACTIVITÉS DE FABRICATION**	1 749.1 e	1 888.9 e	1 229.3	1 595.1	1 672.6	1 707.4	1 662.9	..
10-12	Produits alimentaires, boissons et tabac	149.5	163.4	140.0	186.9	196.0	200.1	194.9	..
13-15	Textiles, habillement, cuir et articles de cuir	41.4	39.3	22.9	25.7	27.0	27.5	26.8	..
13	Textiles	19.8 e	21.3 e	22.6	25.3	26.6	27.1	26.4	..
14	Articles d'habillement	1.8 e	0.0 e	0.3	0.3	0.3	0.3	0.3	..
15	Cuir et articles de cuir	19.8 e	18.0 e	0.1	0.1	0.1	0.1	0.1	..
16-18	Bois, papier, imprimerie et reproduction de supports enregistrés	21.7	21.1	23.3	28.7	30.1	30.7	29.9	..
16	Bois et articles en bois, sauf meubles	4.9 e	4.6 e	2.9	6.0	6.3	6.5	6.3	..
17	Papier et articles en papier	16.2 e	16.2 e	15.2	19.8	20.7	21.1	20.6	..
18	Imprimerie et reproduction de supports enregistrés	0.6 e	0.2 e	5.2	2.9	3.1	3.1	3.0	..
19-23	Produits pétroliers, chimiques, pharmaceutiques, caoutchouc, plastique, minéraux	682.5	750.9 e	292.2	379.8	398.2	406.5	395.9	..
19	Cokéfaction et raffinage	10.2	12.8	8.2	10.4	10.9	11.2	10.9	..
20-21	Industrie chimique et pharmaceutique	615.9	681.3	226.5	307.1	322.0	328.7	320.1	..
20	Produits chimiques	115.4 e	129.6 e	70.4	81.1	85.0	86.8	84.5	..
21	Préparations pharmaceutiques, chimiques (médicine) et d'herboristerie	500.5	551.7	156.1	226.0	237.0	241.9	235.6	..
22	Produits en caoutchouc et en plastique	30.6	36.9	11.9	18.0	18.9	19.3	18.8	..
23	Autres produits minéraux non métalliques	25.9	19.9	45.6	44.3	46.4	47.4	46.2	..
24-25	Produits métalliques de base et ouvrages en métaux (sauf machines et matériel)	269.1	263.0	157.4	128.2	134.4	137.2	133.6	..
24	Produits métallurgiques de base	72.1 e	99.7 e	24.6	29.5	30.9	31.6	30.8	..
25	Ouvrages en métaux (sauf machines et matériel)	197.1 e	163.3 e	132.8	98.7	103.5	105.6	102.9	..
26-30	Ordinateurs, articles électroniques et optiques ; machines et matériels de transport	584.3 e	649.6 e	591.2	842.0	882.9	901.2	877.8	..
26	Ordinateurs, articles électroniques et optiques	26.1 e	28.3 e	75.1	86.7	90.9	92.8	90.4	..
27	Matériels électriques	189.1 e	201.9 e	152.0	248.3	260.4	265.8	258.9	..
28	Machines et équipements n.c.a.	77.8 e	64.4 e	37.7	53.9	56.5	57.7	56.2	..
29	Automobiles, remorques et semi-remorques	273.0 e	329.2 e	307.5	427.8	448.6	457.9	445.9	..
30	Autres matériels de transport	18.3 e	25.9 e	18.9	25.3	26.5	27.1	26.4	..
31-33	Meubles ; réparation et installation de machines et de matériel	0.7 e	1.6 e	2.3	3.8	4.0	4.1	4.0	..
31	Meubles	0.5 e	1.4 e	0.1	0.0	0.0	0.0	0.0	..
32	Autres activités de fabrication	0.1 e	0.1 e	2.2	3.8	3.9	4.0	3.9	..
33	Réparation et installation de machines et de matériel	0.0 e	0.0 e	0.0	0.0	0.0	0.0	0.0	..
35-39	**ÉLECTRICITÉ, GAZ, EAU ET TRAITEMENT DES DÉCHETS**	0.0 e	0.0 e	9.7	15.8	16.5	16.9	16.4	..
35-36	Production et distribution d'électricité, de gaz et de l'eau	..	..	..	..	..	..	..	..
37-39	Assainissement, traitement des déchets et dépollution	..	..	..	..	..	..	..	..
41-43	**CONSTRUCTION**	104.4 e	1.5 e	5.8	11.3	11.8	12.0	11.7	..
45-99	**TOTAL SERVICES**	1 380.4 e	1 282.0 e	1 453.9	1 303.9	1 367.3	1 395.7	1 359.4	..
45-82	**Services du secteur des entreprises**	1 024.8 e	913.2 e	962.0	762.6	799.7	816.3	795.1	..
45-47	**Commerce de gros et de détail ; réparations automobiles et motocycles**	..	..	0.0	0.0	0.0	0.0	0.0	..
49-53	**Transport et entreposage**	..	..	20.0	170.3	178.6	182.3	177.6	..
55-56	**Activités d'hébergement et de restauration**	0.5 e	0.5 e	1.0	1.7	1.8	1.8	1.8	..
58-63	**Information et communication**	453.6 e	424.8 e	444.5	241.2	252.9	258.2	251.4	..
58-60	Édition, audiovisuel et diffusion	..	..	..	..	..	..	..	..
58	Activités d'édition	..	..	..	..	..	..	..	..
59-60	Activités audiovisuel et diffusion	..	..	..	..	..	..	..	..
59	Production de films, vidéo, programmes de télévision et d'enregistrements	..	..	..	..	..	..	..	..
60	Programmation et diffusion	..	..	..	..	..	..	..	..
61	Télécommunications	..	..	416.2	214.3	224.7	229.4	223.4	..
62-63	Technologies de l'information et informatique	..	..	..	..	..	..	..	..
62	Programmation informatique ; conseils et activités connexes	..	..	..	..	..	..	..	..
63	Services d'information	..	..	..	..	..	..	..	..
64-66	**Activités financières et d'assurances**	136.4 e	137.2 e	397.5	225.6	236.5	241.4	235.2	..
68-82	**Activités immobilières ; professionnelles ; services administratifs et d'appui**	369.5 e	320.7 e	99.0	123.9	129.9	132.6	129.2	..
68	Activités immobilières	..	..	9.9	11.9	12.4	12.7	12.4	..
69-75x72	Activités professionnelles, scientifiques et techniques, R-D scientifique exclu	..	..	..	..	..	..	..	..
72	Recherche scientifique et développement	419.2 e	342.4 e	84.2	105.9	111.1	113.4	110.4	..
77-82	Activités de services administratifs et d'appui	..	..	..	..	..	..	..	..
84-99	Services collectifs, sociaux et personnels	355.6 e	368.9 e	491.9	541.3	567.6	579.4	564.3	..
84-85	Administration publique et défense ; sécurité sociale obligatoire et éducation	..	..	..	..	..	..	..	..
86-88	Santé humaine et action sociale	..	..	..	..	..	..	..	..
90-93	Arts, spectacles et loisirs	..	..	..	..	..	..	..	..
94-99	Autres services ; ménages-employeurs ; organismes extra-territoriaux	..	..	..	..	..	..	..	..

.. Non disponible ; e Valeur estimée

Note : Voir les métadonnées détaillées sur : *http://metalinks.oecd.org/anberd/20191119/86ba*.

PAYS-BAS

Dépenses de R-D dans l'industrie par activité principale de l'entreprise, prix courants
CITI Rév. 4

Millions USD PPP

		2010	2011	2012	2013	2014	2015	2016	2017
	TOTAL ENTREPRISES	6 109.3	8 278.9	8 585.1	8 888.9	9 190.7	9 470.7	10 176.0	..
01-03	**AGRICULTURE, SYLVICULTURE ET PÊCHE**	96.0	210.7	173.7	175.7	212.6	266.0	300.1	..
05-09	**ACTIVITÉS EXTRACTIVES**	..	34.9	70.7	72.5	85.1	18.0	12.8	..
10-33	**ACTIVITÉS DE FABRICATION**	4 145.8	4 708.0	4 911.0	5 196.4	5 426.3	5 369.4	5 695.4	..
10-12	Produits alimentaires, boissons et tabac	387.5	456.5	483.7	489.7	465.0	393.3	459.9	
13-15	Textiles, habillement, cuir et articles de cuir	15.2	14.2	23.4	23.8	22.3	27.3	27.5	
13	Textiles	12.9	13.0	19.3	16.9	16.7	18.2	18.1	
14	Articles d'habillement	0.0	0.6	0.5	1.0	1.1	0.6	0.5	
15	Cuir et articles de cuir	1.2	0.7	3.7	5.9	4.4	8.5	8.9	
16-18	Bois, papier, imprimerie et reproduction de supports enregistrés	24.6	25.6	29.8	29.0	38.9	51.4	79.4	
16	Bois et articles en bois, sauf meubles	4.7	2.3	3.5	2.1	3.0	7.9	7.0	
17	Papier et articles en papier	17.6	6.9	18.2	20.4	28.1	29.9	59.1	
18	Imprimerie et reproduction de supports enregistrés	2.3	16.3	8.1	6.5	7.9	13.6	13.3	
19-23	Produits pétroliers, chimiques, pharmaceutiques, caoutchouc, plastique, minéraux	1 327.7	1 325.0	1 363.0	1 387.2	1 396.8	1 361.6	1 297.9	
19	Cokéfaction et raffinage	16.4	128.9	282.7	295.6	311.3	280.1	206.5	
20-21	Industrie chimique et pharmaceutique	1 249.2	1 048.6	948.7	960.8	975.9	958.1	956.5	
20	Produits chimiques	802.0	664.1	630.7	655.6	659.2	639.5	665.6	
21	Préparations pharmaceutiques, chimiques (médicine) et d'herboristerie	447.2	384.5	318.0	305.2	316.7	318.6	290.8	
22	Produits en caoutchouc et en plastique	43.3	117.4	102.5	106.9	88.9	100.4	112.1	
23	Autres produits minéraux non métalliques	18.7	30.0	29.1	23.9	20.6	23.0	22.8	
24-25	Produits métalliques de base et ouvrages en métaux (sauf machines et matériel)	164.2 e	188.9	173.8	206.8	185.5	235.2	266.8	
24	Produits métallurgiques de base	84.6 e	95.2	90.1	100.7	82.3	100.3	104.2	
25	Ouvrages en métaux (sauf machines et matériel)	79.6	93.8	83.7	106.1	103.2	135.0	162.7	
26-30	Ordinateurs, articles électroniques et optiques ; machines et matériels de transport	2 168.3	2 538.5	2 751.1	2 977.5	3 224.4	3 200.6	3 447.5	
26	Ordinateurs, articles électroniques et optiques	656.8	697.1	742.5	818.2	848.5	761.0	799.5	
27	Matériels électriques	501.1	576.2	580.8	651.5	576.5	569.0	606.3	
28	Machines et équipements n.c.a.	853.5	979.1	1 136.3	1 196.3	1 487.5	1 541.1	1 693.4	
29	Automobiles, remorques et semi-remorques	83.1	170.4	168.9	183.0	186.9	204.5	205.9	
30	Autres matériels de transport	72.6	115.7	122.7	128.6	125.0	125.1	142.4	
31-33	Meubles ; réparation et installation de machines et de matériel	58.2 e	159.2	86.2	82.5	93.5	100.0	116.4	
31	Meubles	11.7	105.3	14.7	8.1	14.1	14.1	22.8	
32	Autres activités de fabrication	24.3 e	26.6	37.6	35.5	32.2	37.9	48.9	
33	Réparation et installation de machines et de matériel	22.2	27.3	33.9	38.8	47.3	48.0	44.7	
35-39	**ÉLECTRICITÉ, GAZ, EAU ET TRAITEMENT DES DÉCHETS**	..	49.1	37.9	27.2	51.1	59.6	55.3	
35-36	Production et distribution d'électricité, de gaz et de l'eau	..	25.7	18.9	14.4	27.0	30.5	42.7	
37-39	Assainissement, traitement des déchets et dépollution	..	23.4	18.9	12.8	24.1	29.1	12.6	
41-43	**CONSTRUCTION**	63.2	124.2	158.9	133.5	138.4	130.7	140.6	..
45-99	**TOTAL SERVICES**	..	3 152.1	3 232.9	3 283.5	3 277.1	3 627.0	3 971.7	
45-82	Services du secteur des entreprises	1 736.3	3 138.2	3 196.8	3 247.0	3 247.6	3 549.0	3 898.0	
45-47	Commerce de gros et de détail ; réparations automobiles et motocycles	392.2	465.5	513.6	495.3	518.4	627.5	747.1	
49-53	Transport et entreposage	19.9	140.7	142.1	122.0	129.8	157.2	136.7	
55-56	Activités d'hébergement et de restauration	0.0	13.1	2.7	2.2	1.5	1.8	2.2	
58-63	Information et communication	673.2	944.7	929.2	925.6	995.6	1 123.2	1 294.0	
58-60	Édition, audiovisuel et diffusion	7.0	28.8	34.6	24.8	31.5	34.3	29.4	
58	Activités d'édition	..	17.6	20.2	16.5	..	..	..	
59-60	Activités audiovisuel et diffusion	..	11.3	14.4	8.2	..	..	..	
59	Production de films, vidéo, programmes de télévision et d'enregistrements	..	9.3	14.1	7.9	..	..	..	
60	Programmation et diffusion	..	2.0	0.3	0.3	..	..	..	
61	Télécommunications	60.9	76.1	61.4	38.9	59.9	53.0	56.2	
62-63	Technologies de l'information et informatique	606.5	839.7	833.1	861.9	904.2	1 035.9	1 208.5	
62	Programmation informatique ; conseils et activités connexes	581.9	769.3	794.7	814.6	825.9	986.2	1 163.8	
63	Services d'information	24.6	70.4	38.4	47.3	78.3	49.7	44.7	
64-66	Activités financières et d'assurances	29.3	240.7	329.0	321.9	242.6	309.8	315.0	
68-82	Activités immobilières ; professionnelles ; services administratifs et d'appui	620.5	1 333.5	1 280.2	1 380.1	1 359.5	1 329.5	1 403.0	..
68	Activités immobilières	0.0 e	8.1	5.1	5.9	7.3	2.8	2.6	
69-75x72	Activités professionnelles, scientifiques et techniques, R-D scientifique exclu	271.6	756.2	633.4	621.8	582.5	550.9	526.7	
72	Recherche scientifique et développement	330.2	453.3	537.5	603.5	623.7	695.4	787.0	
77-82	Activités de services administratifs et d'appui	18.7	115.8	104.2	148.9	146.0	80.5	86.7	
84-99	Services collectifs, sociaux et personnels	..	13.9	36.1	36.4	29.6	78.0	73.6	
84-85	Administration publique et défense ; sécurité sociale obligatoire et éducation	..	..	..	..	..	..	..	
86-88	Santé humaine et action sociale	..	..	..	..	..	..	..	
90-93	Arts, spectacles et loisirs	..	..	..	..	..	..	..	
94-99	Autres services ; ménages-employeurs ; organismes extra-territoriaux	..	..	..	..	..	..	..	

.. Non disponible ; e Valeur estimée
Note : Voir les métadonnées détaillées sur : *http://metalinks.oecd.org/anberd/20191119/86ba.*

PAYS-BAS

Dépenses de R-D dans l'industrie par activité principale de l'entreprise, prix constants
CITI Rév. 4

2010 PPP USD

Code		2010	2011	2012	2013	2014	2015	2016	2017
	TOTAL ENTREPRISES	6 109.3	8 088.3	8 152.6	8 069.1	8 432.9	8 633.4	9 239.0	..
01-03	**AGRICULTURE, SYLVICULTURE ET PÊCHE**	96.0	205.8	165.0	159.5	195.1	242.4	272.5	..
05-09	**ACTIVITÉS EXTRACTIVES**	..	34.1	67.1	65.9	78.1	16.4	11.6	..
10-33	**ACTIVITÉS DE FABRICATION**	4 145.8	4 599.6	4 663.6	4 717.2	4 978.9	4 894.7	5 171.0	..
10-12	Produits alimentaires, boissons et tabac	387.5	446.0	459.3	444.6	426.6	358.5	417.6	..
13-15	Textiles, habillement, cuir et articles de cuir	15.2	13.9	22.3	21.6	20.4	24.9	25.0	..
13	Textiles	12.9	12.7	18.3	15.3	15.3	16.6	16.4	..
14	Articles d'habillement	0.0	0.5	0.4	0.9	1.0	0.5	0.5	..
15	Cuir et articles de cuir	1.2	0.7	3.5	5.3	4.1	7.7	8.1	..
16-18	Bois, papier, imprimerie et reproduction de supports enregistrés	24.6	25.0	28.3	26.3	35.7	46.9	72.1	..
16	Bois et articles en bois, sauf meubles	4.7	2.3	3.3	1.9	2.7	7.2	6.3	..
17	Papier et articles en papier	17.6	6.8	17.3	18.5	25.8	27.2	53.7	..
18	Imprimerie et reproduction de supports enregistrés	2.3	16.0	7.7	5.9	7.2	12.4	12.1	..
19-23	Produits pétroliers, chimiques, pharmaceutiques, caoutchouc, plastique, minéraux	1 327.7	1 294.5	1 294.3	1 259.3	1 281.6	1 241.2	1 178.4	..
19	Cokéfaction et raffinage	16.4	126.0	268.4	268.3	285.6	255.4	187.5	..
20-21	Industrie chimique et pharmaceutique	1 249.2	1 024.5	900.9	872.2	895.4	873.4	868.4	..
20	Produits chimiques	802.0	648.8	598.9	595.1	604.8	583.0	604.4	..
21	Préparations pharmaceutiques, chimiques (médicine) et d'herboristerie	447.2	375.6	302.0	277.1	290.6	290.4	264.0	..
22	Produits en caoutchouc et en plastique	43.3	114.7	97.3	97.1	81.6	91.5	101.8	..
23	Autres produits minéraux non métalliques	18.7	29.3	27.6	21.7	18.9	20.9	20.7	..
24-25	Produits métalliques de base et ouvrages en métaux (sauf machines et matériel)	164.2 e	184.6	165.1	187.7	170.2	214.4	242.3	..
24	Produits métallurgiques de base	84.6 e	93.0	85.6	91.4	75.5	91.4	94.6	..
25	Ouvrages en métaux (sauf machines et matériel)	79.6	91.6	79.5	96.3	94.7	123.0	147.7	..
26-30	Ordinateurs, articles électroniques et optiques ; machines et matériels de transport	2 168.3	2 480.1	2 612.5	2 702.9	2 958.5	2 917.7	3 130.0	..
26	Ordinateurs, articles électroniques et optiques	656.6	681.1	705.1	742.7	778.5	693.7	725.9	..
27	Matériels électriques	501.1	563.0	551.5	591.4	528.9	518.7	550.4	..
28	Machines et équipements n.c.a.	853.5	956.6	1 079.0	1 085.9	1 364.9	1 404.8	1 537.5	..
29	Automobiles, remorques et semi-remorques	83.1	166.4	160.3	166.1	171.5	186.4	187.0	..
30	Autres matériels de transport	72.6	113.0	116.5	116.7	114.7	114.0	129.3	..
31-33	Meubles ; réparation et installation de machines et de matériel	58.2 e	155.5	81.9	74.9	85.8	91.1	105.7	..
31	Meubles	11.7	102.9	13.9	7.3	12.9	12.8	20.7	..
32	Autres activités de fabrication	24.3 e	26.0	35.8	32.3	29.5	34.6	44.4	..
33	Réparation et installation de machines et de matériel	22.2	26.7	32.2	35.3	43.4	43.7	40.6	..
35-39	**ÉLECTRICITÉ, GAZ, EAU ET TRAITEMENT DES DÉCHETS**	..	48.0	35.9	24.7	46.9	54.3	50.2	..
35-36	Production et distribution d'électricité, de gaz et de l'eau	..	25.1	18.0	13.1	24.8	27.8	38.8	..
37-39	Assainissement, traitement des déchets et dépollution	..	22.9	18.0	11.6	22.1	26.5	11.5	..
41-43	**CONSTRUCTION**	63.2	121.3	150.9	121.2	126.9	119.2	127.7	..
45-99	**TOTAL SERVICES**	..	3 079.5	3 070.0	2 980.7	3 006.9	3 306.4	3 606.0	..
45-82	**Services du secteur des entreprises**	1 736.3	3 066.0	3 035.8	2 947.6	2 979.8	3 235.2	3 539.1	..
45-47	Commerce de gros et de détail ; réparations automobiles et motocycles	392.2	454.8	487.7	449.6	475.7	572.0	678.3	..
49-53	Transport et entreposage	19.9	137.5	135.0	110.8	119.1	143.3	124.1	..
55-56	Activités d'hébergement et de restauration	0.0	12.8	2.6	2.0	1.4	1.7	2.0	..
58-63	Information et communication	673.2	922.9	882.4	840.2	913.5	1 023.9	1 174.9	..
58-60	Édition, audiovisuel et diffusion	7.0	28.2	32.9	22.5	28.9	31.3	26.7	..
58	Activités d'édition	..	17.2	19.2	15.0	..	..	..	..
59-60	Activités audiovisuel et diffusion	..	11.0	13.7	7.5	..	..	..	..
59	Production de films, vidéo, programmes de télévision et d'enregistrements	..	9.1	13.4	7.2	..	..	..	..
60	Programmation et diffusion	..	2.0	0.3	0.3	..	..	..	..
61	Télécommunications	60.9	74.4	58.3	35.3	54.9	48.3	51.0	..
62-63	Technologies de l'information et informatique	606.5	820.4	791.1	782.4	829.7	944.3	1 097.2	..
62	Programmation informatique ; conseils et activités connexes	581.9	751.6	754.6	739.5	757.8	899.0	1 056.6	..
63	Services d'information	24.6	68.8	36.5	42.9	71.8	45.3	40.6	..
64-66	**Activités financières et d'assurances**	29.3	235.2	312.4	292.2	222.6	282.4	286.0	..
68-82	**Activités immobilières ; professionnelles ; services administratifs et d'appui**	620.5	1 302.8	1 215.7	1 252.8	1 247.4	1 212.0	1 273.8	..
68	Activités immobilières	0.0 e	7.9	4.8	5.3	6.7	2.5	2.4	..
69-75x72	Activités professionnelles, scientifiques et techniques, R-D scientifique exclu	271.6	738.8	601.5	564.4	534.4	502.2	478.2	..
72	Recherche scientifique et développement	330.2	442.9	510.4	547.9	572.3	634.0	714.5	..
77-82	Activités de services administratifs et d'appui	18.7	113.2	99.0	135.2	134.0	73.4	78.7	..
84-99	Services collectifs, sociaux et personnels	..	13.5	34.3	33.1	27.1	71.1	66.9	..
84-85	Administration publique et défense ; sécurité sociale obligatoire et éducation	..	..	..	..	..	..	..	..
86-88	Santé humaine et action sociale	..	..	..	..	..	..	..	..
90-93	Arts, spectacles et loisirs	..	..	..	..	..	..	..	..
94-99	Autres services ; ménages-employeurs ; organismes extra-territoriaux	..	..	..	..	..	..	..	..

.. Non disponible ; e Valeur estimée
Note : Voir les métadonnées détaillées sur : http://metalinks.oecd.org/anberd/20191119/86ba.

NOUVELLE-ZÉLANDE

Dépenses de R-D dans l'industrie par activité principale de l'entreprise, prix courants
CITI Rév. 4

Millions USD PPP

		2010	2011	2012	2013	2014	2015	2016	2017
	TOTAL ENTREPRISES	735.9 e	802.9	796.1 e	861.7	979.0 e	1 085.8	..	..
01-03	**AGRICULTURE, SYLVICULTURE ET PÊCHE**	67.2 e	84.1	75.0 e	63.6	61.7 e	65.1	..	..
05-09	**ACTIVITÉS EXTRACTIVES**	..	..	..	..	..	..	..	..
10-33	**ACTIVITÉS DE FABRICATION**	332.7 e	360.7	346.1 e	361.0	406.7 e	454.8	..	..
10-12	Produits alimentaires, boissons et tabac	65.0 e	76.7	68.2 e	61.5	67.4 e	79.3	..	..
13-15	Textiles, habillement, cuir et articles de cuir	5.1 e	4.7	5.9 e	7.6	6.8 e	4.1	..	..
13	Textiles	..	..	..	..	..	..	..	..
14	Articles d'habillement	..	..	..	..	..	..	..	..
15	Cuir et articles de cuir	..	..	..	..	..	..	..	..
16-18	Bois, papier, imprimerie et reproduction de supports enregistrés	..	..	..	..	..	..	..	..
16	Bois et articles en bois, sauf meubles	..	..	..	..	..	..	..	..
17	Papier et articles en papier	..	..	..	..	..	..	..	..
18	Imprimerie et reproduction de supports enregistrés	..	..	..	..	..	..	..	..
19-23	Produits pétroliers, chimiques, pharmaceutiques, caoutchouc, plastique, minéraux	46.4 e	51.1	57.6 e	65.7	63.9 e	53.5	..	..
19	Cokéfaction et raffinage	..	..	..	..	..	..	..	..
20-21	Industrie chimique et pharmaceutique	..	..	..	..	..	..	..	..
20	Produits chimiques	..	..	..	..	..	..	..	..
21	Préparations pharmaceutiques, chimiques (médicine) et d'herboristerie	..	..	..	..	..	..	..	..
22	Produits en caoutchouc et en plastique	..	..	..	..	..	..	..	..
23	Autres produits minéraux non métalliques	2.4 e	2.7	2.0 e	1.4	1.5 e	2.0	..	..
24-25	Produits métalliques de base et ouvrages en métaux (sauf machines et matériel)	22.7 e	20.9	17.2 e	19.4	30.6 e	45.4	..	..
24	Produits métallurgiques de base	..	..	..	..	..	..	..	..
25	Ouvrages en métaux (sauf machines et matériel)	..	..	..	..	..	..	..	..
26-30	Ordinateurs, articles électroniques et optiques ; machines et matériels de transport	162.8	177.7	171.5 e	179.1	199.7 e	220.3	..	..
26	Ordinateurs, articles électroniques et optiques	..	..	..	..	..	..	..	..
27	Matériels électriques	..	..	..	..	..	..	..	..
28	Machines et équipements n.c.a.	..	..	..	..	..	..	..	..
29	Automobiles, remorques et semi-remorques	..	..	..	..	..	..	..	..
30	Autres matériels de transport	..	..	..	..	..	..	..	..
31-33	Meubles ; réparation et installation de machines et de matériel	..	..	..	..	..	..	..	..
31	Meubles	..	..	..	..	..	..	..	..
32	Autres activités de fabrication	..	..	..	..	..	..	..	..
33	Réparation et installation de machines et de matériel	..	..	..	..	..	..	..	..
35-39	**ÉLECTRICITÉ, GAZ, EAU ET TRAITEMENT DES DÉCHETS**	..	..	..	..	..	..	..	..
35-36	Production et distribution d'électricité, de gaz et de l'eau	..	..	..	..	..	..	..	..
37-39	Assainissement, traitement des déchets et dépollution	..	..	..	..	..	..	..	..
41-43	**CONSTRUCTION**	..	..	..	..	..	..	..	..
45-99	**TOTAL SERVICES**	336.0 e	358.0	375.0 e	437.1	510.6 e	565.9	..	..
45-82	**Services du secteur des entreprises**	..	..	..	..	..	..	..	..
45-47	**Commerce de gros et de détail ; réparations automobiles et motocycles**	47.3 e	59.9	62.5 e	66.4	71.7 e	75.2	..	..
49-53	**Transport et entreposage**	..	..	..	..	..	..	..	..
55-56	**Activités d'hébergement et de restauration**	..	..	..	..	..	..	..	..
58-63	**Information et communication**	..	..	..	..	..	..	..	..
58-60	Édition, audiovisuel et diffusion	..	..	..	..	..	..	..	..
58	Activités d'édition	..	..	..	..	..	..	..	..
59-60	Activités audiovisuel et diffusion	..	..	..	..	..	..	..	..
59	Production de films, vidéo, programmes de télévision et d'enregistrements	..	..	..	..	..	..	..	..
60	Programmation et diffusion	..	..	..	..	..	..	..	..
61	Télécommunications	..	..	..	..	..	..	..	..
62-63	Technologies de l'information et informatique	136.6 e	148.7	169.6 e	215.1	262.0 e	295.5	..	..
62	Programmation informatique ; conseils et activités connexes	..	..	..	..	..	..	..	..
63	Services d'information	..	..	..	..	..	..	..	..
64-66	**Activités financières et d'assurances**	..	..	..	..	..	..	..	..
68-82	**Activités immobilières ; professionnelles ; services administratifs et d'appui**	..	..	..	..	..	..	..	..
68	Activités immobilières	..	..	..	..	..	..	..	..
69-75x72	Activités professionnelles, scientifiques et techniques, R-D scientifique exclu	..	..	..	..	..	..	..	..
72	Recherche scientifique et développement	33.3 e	34.3	34.7 e	39.4	45.7 e	50.8	..	..
77-82	Activités de services administratifs et d'appui	..	..	..	..	..	..	..	..
84-99	**Services collectifs, sociaux et personnels**	..	..	..	..	..	..	..	..
84-85	Administration publique et défense ; sécurité sociale obligatoire et éducation	..	..	..	..	..	..	..	..
86-88	Santé humaine et action sociale	..	..	..	..	..	..	..	..
90-93	Arts, spectacles et loisirs	..	..	..	..	..	..	..	..
94-99	Autres services ; ménages-employeurs ; organismes extra-territoriaux	..	..	..	..	..	..	..	..

.. Non disponible ; e Valeur estimée
Note : Voir les métadonnées détaillées sur : *http://metalinks.oecd.org/anberd/20191119/86ba*.

NOUVELLE-ZÉLANDE

Dépenses de R-D dans l'industrie par activité principale de l'entreprise, prix constants
CITI Rév. 4

2010 PPP USD

		2010	2011	2012	2013	2014	2015	2016	2017
	TOTAL ENTREPRISES	735.9 e	781.2	783.7 e	782.0	880.4 e	992.9	..	..
01-03	**AGRICULTURE, SYLVICULTURE ET PÊCHE**	67.2 e	81.9	73.8 e	57.7	55.5 e	59.5	..	..
05-09	**ACTIVITÉS EXTRACTIVES**	..	..	..	..	..	..	..	..
10-33	**ACTIVITÉS DE FABRICATION**	332.7 e	351.0	340.7 e	327.6	365.7 e	415.9	..	..
10-12	Produits alimentaires, boissons et tabac	65.0 e	74.6	67.1 e	55.9	60.6 e	72.5	..	..
13-15	Textiles, habillement, cuir et articles de cuir	5.1 e	4.6	5.9 e	6.9	6.1 e	3.7	..	..
13	Textiles	..	..	..	..	..	..	..	..
14	Articles d'habillement	..	..	..	..	..	..	..	..
15	Cuir et articles de cuir	..	..	..	..	..	..	..	..
16-18	Bois, papier, imprimerie et reproduction de supports enregistrés	..	..	..	..	..	..	..	..
16	Bois et articles en bois, sauf meubles	..	..	..	..	..	..	..	..
17	Papier et articles en papier	..	..	..	..	..	..	..	..
18	Imprimerie et reproduction de supports enregistrés	..	..	..	..	..	..	..	..
19-23	Produits pétroliers, chimiques, pharmaceutiques, caoutchouc, plastique, minéraux	46.4 e	49.8	56.7 e	59.6	57.5 e	49.0	..	..
19	Cokéfaction et raffinage	..	..	..	..	..	..	..	..
20-21	Industrie chimique et pharmaceutique	..	..	..	..	..	..	..	..
20	Produits chimiques	..	..	..	..	..	..	..	..
21	Préparations pharmaceutiques, chimiques (médicine) et d'herboristerie	..	..	..	..	..	..	..	..
22	Produits en caoutchouc et en plastique	..	..	..	..	..	..	..	..
23	Autres produits minéraux non métalliques	2.4 e	2.6	2.0 e	1.3	1.3 e	1.9	..	..
24-25	Produits métalliques de base et ouvrages en métaux (sauf machines et matériel)	22.7 e	20.3	16.9 e	17.6	27.5 e	41.5	..	..
24	Produits métallurgiques de base	..	..	..	..	..	..	..	..
25	Ouvrages en métaux (sauf machines et matériel)	..	..	..	..	..	..	..	..
26-30	Ordinateurs, articles électroniques et optiques ; machines et matériels de transport	162.8 e	172.9	168.8 e	162.6	179.6 e	201.4	..	..
26	Ordinateurs, articles électroniques et optiques	..	..	..	..	..	..	..	..
27	Matériels électriques	..	..	..	..	..	..	..	..
28	Machines et équipements n.c.a.	..	..	..	..	..	..	..	..
29	Automobiles, remorques et semi-remorques	..	..	..	..	..	..	..	..
30	Autres matériels de transport	..	..	..	..	..	..	..	..
31-33	Meubles ; réparation et installation de machines et de matériel	..	..	..	..	..	..	..	..
31	Meubles	..	..	..	..	..	..	..	..
32	Autres activités de fabrication	..	..	..	..	..	..	..	..
33	Réparation et installation de machines et de matériel	..	..	..	..	..	..	..	..
35-39	**ÉLECTRICITÉ, GAZ, EAU ET TRAITEMENT DES DÉCHETS**	..	..	..	..	..	..	..	..
35-36	Production et distribution d'électricité, de gaz et de l'eau	..	..	..	..	..	..	..	..
37-39	Assainissement, traitement des déchets et dépollution	..	..	..	..	..	..	..	..
41-43	**CONSTRUCTION**	..	..	..	..	..	..	..	..
45-99	**TOTAL SERVICES**	336.0 e	348.4	369.1 e	396.7	459.2 e	517.5	..	..
45-82	**Services du secteur des entreprises**	..	..	..	..	..	..	..	..
45-47	Commerce de gros et de détail ; réparations automobiles et motocycles	47.3 e	58.3	61.5 e	60.3	64.4 e	68.8	..	..
49-53	Transport et entreposage	..	..	..	..	..	..	..	..
55-56	Activités d'hébergement et de restauration	..	..	..	..	..	..	..	..
58-63	Information et communication	..	..	..	..	..	..	..	..
58-60	Édition, audiovisuel et diffusion	..	..	..	..	..	..	..	..
58	Activités d'édition	..	..	..	..	..	..	..	..
59-60	Activités audiovisuel et diffusion	..	..	..	..	..	..	..	..
59	Production de films, vidéo, programmes de télévision et d'enregistrements	..	..	..	..	..	..	..	..
60	Programmation et diffusion	..	..	..	..	..	..	..	..
61	Télécommunications	..	..	..	..	..	..	..	..
62-63	Technologies de l'information et informatique	136.6 e	144.7	167.0 e	195.2	235.7 e	270.2	..	..
62	Programmation informatique ; conseils et activités connexes	..	..	..	..	..	..	..	..
63	Services d'information	..	..	..	..	..	..	..	..
64-66	**Activités financières et d'assurances**	..	..	..	..	..	..	..	..
68-82	**Activités immobilières ; professionnelles ; services administratifs et d'appui**	..	..	..	..	..	..	..	..
68	Activités immobilières	..	..	..	..	..	..	..	..
69-75x72	Activités professionnelles, scientifiques et techniques, R-D scientifique exclu	..	..	..	..	..	..	..	..
72	Recherche scientifique et développement	33.3 e	33.4	34.2 e	35.8	41.1 e	46.5	..	..
77-82	Activités de services administratifs et d'appui	..	..	..	..	..	..	..	..
84-99	**Services collectifs, sociaux et personnels**	..	..	..	..	..	..	..	..
84-85	Administration publique et défense ; sécurité sociale obligatoire et éducation	..	..	..	..	..	..	..	..
86-88	Santé humaine et action sociale	..	..	..	..	..	..	..	..
90-93	Arts, spectacles et loisirs	..	..	..	..	..	..	..	..
94-99	Autres services ; ménages-employeurs ; organismes extra-territoriaux	..	..	..	..	..	..	..	..

.. Non disponible ; e Valeur estimée
Note : Voir les métadonnées détaillées sur : *http://metalinks.oecd.org/anberd/20191119/86ba.*

NORVÈGE

Dépenses de R-D dans l'industrie par activité principale de l'entreprise, prix courants
CITI Rév. 4

Millions USD PPP

		2010	2011	2012	2013	2014	2015	2016	2017
	TOTAL ENTREPRISES	2 394.0	2 610.4	2 779.1	2 949.9	3 118.9	3 267.4	3 292.1	3 613.8
01-03	**AGRICULTURE, SYLVICULTURE ET PÊCHE**	38.2	32.3	32.9	35.3	56.4	74.0	75.1	105.8
05-09	**ACTIVITÉS EXTRACTIVES**	141.8	135.0	177.7	229.6	210.0	177.0	183.6	171.9
10-33	**ACTIVITÉS DE FABRICATION**	764.7	853.6	892.6	921.4	987.6	1 017.9	983.2	1 050.3
10-12	Produits alimentaires, boissons et tabac	61.6	63.9	72.2	69.6	79.2	106.5	123.6	125.2
13-15	Textiles, habillement, cuir et articles de cuir	7.4	8.7	7.9	6.8	7.5	7.9	8.7	12.3
13	Textiles	4.2	5.5	5.6	5.4	5.9	6.4	6.3	7.2
14	Articles d'habillement	3.0	..	..	..	..	..	..	..
15	Cuir et articles de cuir	0.1	..	..	..	..	..	..	..
16-18	Bois, papier, imprimerie et reproduction de supports enregistrés	23.5	30.3	24.4	23.4	23.8	25.6	30.1	37.7
16	Bois et articles en bois, sauf meubles	5.7	6.8	7.2	7.3	6.1	8.7	10.4	18.2
17	Papier et articles en papier	14.1	20.7	13.7	12.4	13.7	12.5	12.4	12.0
18	Imprimerie et reproduction de supports enregistrés	3.7	2.8	3.4	3.7	4.0	4.5	7.4	7.5
19-23	Produits pétroliers, chimiques, pharmaceutiques, caoutchouc, plastique, minéraux	172.8	194.5	167.1	168.1	165.4	154.1	155.0	176.9
19	Cokéfaction et raffinage	..	..	..	..	..	..	..	..
20-21	Industrie chimique et pharmaceutique	..	..	..	..	..	..	..	..
20	Produits chimiques	..	..	..	..	..	..	..	..
21	Préparations pharmaceutiques, chimiques (médicine) et d'herboristerie	53.8	79.3	43.4	42.5	36.8	33.3	34.7	40.2
22	Produits en caoutchouc et en plastique	11.4	9.7	13.8	14.4	15.3	15.4	15.6	19.4
23	Autres produits minéraux non métalliques	10.0	12.9	12.2	12.6	11.5	10.0	11.2	12.4
24-25	Produits métalliques de base et ouvrages en métaux (sauf machines et matériel)	115.8	126.1	150.0	150.6	161.7	188.6	177.8	174.3
24	Produits métallurgiques de base	35.2	24.7	33.2	34.0	33.0	51.8	45.0	48.4
25	Ouvrages en métaux (sauf machines et matériel)	80.6	101.4	116.8	116.6	128.7	136.8	132.8	125.9
26-30	Ordinateurs, articles électroniques et optiques ; machines et matériels de transport	342.6	388.6	421.4	452.4	499.2	475.8	427.8	456.5
26	Ordinateurs, articles électroniques et optiques	166.5	183.6	182.5	180.9	195.6	196.7	184.8	189.8
27	Matériels électriques	39.1	41.4	46.1	51.8	60.6	53.5	52.5	54.2
28	Machines et équipements n.c.a.	82.4	100.0	112.1	138.2	150.9	136.6	129.5	133.1
29	Automobiles, remorques et semi-remorques	13.2	22.8	23.8	25.8	30.2	17.1	18.5	23.3
30	Autres matériels de transport	41.4	40.9	56.8	55.7	61.9	71.9	42.5 e	56.1 e
31-33	Meubles ; réparation et installation de machines et de matériel	40.9	41.5	49.5	50.4	50.7	59.4	60.2	67.5
31	Meubles	13.2	12.8	14.6	16.5	16.9	14.5	15.7	18.0
32	Autres activités de fabrication	12.3	11.9	14.2	12.5	13.9	16.5	15.9	20.0
33	Réparation et installation de machines et de matériel	15.5	16.8	20.7	21.4	19.9	28.5	28.5	29.5
35-39	**ÉLECTRICITÉ, GAZ, EAU ET TRAITEMENT DES DÉCHETS**	23.9	22.3	25.5	24.5	24.5	30.4	37.5	37.3
35-36	Production et distribution d'électricité, de gaz et de l'eau	15.8 e	16.3 e	16.3 e	15.9 e	15.2	17.4	19.7	27.6
37-39	Assainissement, traitement des déchets et dépollution	8.1	5.9	9.2	8.7	9.3	13.0	17.9	9.7
41-43	**CONSTRUCTION**	15.0	12.4	12.6	19.0	22.2	24.3	25.2	33.5
45-99	**TOTAL SERVICES**	1 410.5	1 554.7	1 637.9	1 720.1	1 818.2	1 943.7	1 987.6	2 214.9
45-82	Services du secteur des entreprises	1 410.5 e	1 554.7 e	1 637.9 e	1 720.1 e	1 818.2 e	1 943.7 e	1 987.6 e	2 214.9 e
45-47	Commerce de gros et de détail ; réparations automobiles et motocycles	48.9	62.6	58.1	75.8	81.9	79.2	100.5	92.5
49-53	Transport et entreposage	17.2	16.2	21.2	20.0	21.9	38.7	35.3	41.2
55-56	Activités d'hébergement et de restauration	..	..	..	..	..	..	..	..
58-63	Information et communication	512.3	556.7	616.0	672.1	717.0	803.0	887.2	1 007.5
58-60	Édition, audiovisuel et diffusion	158.4	165.6	160.9	158.5	207.8	250.6	245.8	294.6
58	Activités d'édition	157.4	164.4	159.3	155.3	204.4	248.0	239.5	289.8
59-60	Activités audiovisuel et diffusion	1.1	1.2	1.6	3.2	3.4	2.6	6.2	4.8
59	Production de films, vidéo, programmes de télévision et d'enregistrements	1.0	1.2 e	1.6 e	3.2 e	3.4 e	2.6	4.0 e	2.2
60	Programmation et diffusion	0.1	0.0 e	0.0 e	0.0 e	0.0 e	0.0	2.2 e	2.6
61	Télécommunications	88.2	78.1	79.2	79.3	88.4	99.2	124.4	110.2
62-63	Technologies de l'information et informatique	265.6	313.0	375.9	434.3	420.8	453.1	517.0	602.8
62	Programmation informatique ; conseils et activités connexes	252.5	298.3	344.3	407.2	388.9	423.4	486.3	569.3
63	Services d'information	13.1	14.6	31.6	27.0	31.9	29.7	30.8	33.5
64-66	**Activités financières et d'assurances**	111.5	145.9	138.5	151.1	149.6	141.5	109.1	157.6
68-82	**Activités immobilières ; professionnelles ; services administratifs et d'appui**	720.8	773.4	804.2	801.1	847.9	881.3	855.4	916.1
68	Activités immobilières	0.0	0.0	0.0	0.0	0.0	0.0	0.0	0.0
69-75x72	Activités professionnelles, scientifiques et techniques, R-D scientifique exclu	285.7	306.6	287.1	280.1	331.2	340.4	352.0	372.7
72	Recherche scientifique et développement	420.8	448.3	502.1	506.8	510.4	532.0	494.6	532.2
77-82	Activités de services administratifs et d'appui	14.3	18.5	15.0	14.2	6.3	8.9	8.9	11.2
84-99	Services collectifs, sociaux et personnels	..	..	..	..	..	..	..	..
84-85	Administration publique et défense ; sécurité sociale obligatoire et éducation	..	..	..	..	..	..	..	..
86-88	Santé humaine et action sociale	..	..	..	..	..	..	..	..
90-93	Arts, spectacles et loisirs	..	..	..	..	..	..	..	..
94-99	Autres services ; ménages-employeurs ; organismes extra-territoriaux	..	..	..	..	..	..	..	..

.. Non disponible ; e Valeur estimée
Note : Voir les métadonnées détaillées sur : http://metalinks.oecd.org/anberd/20191119/86ba.

NORVÈGE

Dépenses de R-D dans l'industrie par activité principale de l'entreprise, prix constants
CITI Rév. 4

2010 PPP USD

		2010	2011	2012	2013	2014	2015	2016	2017
	TOTAL ENTREPRISES	2 394.0	2 514.3	2 598.2	2 684.2	2 840.0	3 119.7	3 172.8	3 367.1
01-03	**AGRICULTURE, SYLVICULTURE ET PÊCHE**	38.2	31.1	30.7	32.1	51.3	70.7	72.4	98.6
05-09	**ACTIVITÉS EXTRACTIVES**	141.8	130.0	166.1	208.9	191.3	169.0	176.9	160.2
10-33	**ACTIVITÉS DE FABRICATION**	764.7	822.2	834.5	838.4	899.2	971.9	947.5	978.6
10-12	Produits alimentaires, boissons et tabac	61.6	61.6	67.5	63.4	72.1	101.7	119.1	116.7
13-15	Textiles, habillement, cuir et articles de cuir	7.4	8.3	7.4	6.2	6.9	7.6	8.4	11.4
13	Textiles	4.2	5.3	5.2	4.9	5.4	6.1	6.0	6.7
14	Articles d'habillement	3.0	..	..	..	..	..	..	..
15	Cuir et articles de cuir	0.1	..	..	..	..	..	..	..
16-18	Bois, papier, imprimerie et reproduction de supports enregistrés	23.5	29.2	22.8	21.3	21.7	24.5	29.0	35.1
16	Bois et articles en bois, sauf meubles	5.7	6.6	6.8	6.6	5.6	8.3	10.0	17.0
17	Papier et articles en papier	14.1	19.9	12.8	11.3	12.4	11.9	11.9	11.2
18	Imprimerie et reproduction de supports enregistrés	3.7	2.7	3.2	3.3	3.7	4.3	7.1	7.0
19-23	Produits pétroliers, chimiques, pharmaceutiques, caoutchouc, plastique, minéraux	172.8	187.3	156.3	153.0	150.6	147.1	149.4	164.8
19	Cokéfaction et raffinage	..	..	..	..	..	..	..	..
20-21	Industrie chimique et pharmaceutique	..	..	..	..	..	..	..	..
20	Produits chimiques	..	..	..	..	..	..	..	..
21	Préparations pharmaceutiques, chimiques (médicine) et d'herboristerie	53.8	76.4	40.5	38.7	33.5	31.7	33.5	37.5
22	Produits en caoutchouc et en plastique	11.4	9.4	12.9	13.1	14.0	14.7	15.0	18.1
23	Autres produits minéraux non métalliques	10.0	12.4	11.4	11.4	10.4	9.6	10.8	11.5
24-25	Produits métalliques de base et ouvrages en métaux (sauf machines et matériel)	115.8	121.5	140.2	137.1	147.2	180.1	171.3	162.4
24	Produits métallurgiques de base	35.2	23.8	31.1	30.9	30.1	49.5	43.3	45.1
25	Ouvrages en métaux (sauf machines et matériel)	80.6	97.7	109.2	106.1	117.2	130.6	128.0	117.3
26-30	Ordinateurs, articles électroniques et optiques ; machines et matériels de transport	342.6	374.3	393.9	411.6	454.6	454.2	412.3	425.3
26	Ordinateurs, articles électroniques et optiques	166.5	176.8	170.6	164.6	178.1	187.8	178.1	176.8
27	Matériels électriques	39.1	39.9	43.1	47.1	55.2	51.1	50.6	50.5
28	Machines et équipements n.c.a.	82.4	96.3	104.8	125.8	137.4	130.4	124.8	124.0
29	Automobiles, remorques et semi-remorques	13.2	21.9	22.3	23.5	27.5	16.3	17.8	21.8
30	Autres matériels de transport	41.4	39.4	53.1	50.6	56.4	68.6	40.9 e	52.3 e
31-33	Meubles ; réparation et installation de machines et de matériel	40.9	40.0	46.3	45.9	46.2	56.8	58.0	62.9
31	Meubles	13.2	12.3	13.6	15.0	15.4	13.8	15.2	16.8
32	Autres activités de fabrication	12.3	11.5	13.3	11.4	12.7	15.7	15.4	18.6
33	Réparation et installation de machines et de matériel	15.5	16.2	19.4	19.5	18.1	27.2	27.5	27.5
35-39	**ÉLECTRICITÉ, GAZ, EAU ET TRAITEMENT DES DÉCHETS**	23.9	21.5	23.9	22.3	22.3	29.0	36.2	34.8
35-36	Production et distribution d'électricité, de gaz et de l'eau	15.8 e	15.7 e	15.3 e	14.4	13.9	16.6	18.9	25.7
37-39	Assainissement, traitement des déchets et dépollution	8.1	5.7	8.6	7.9	8.4	12.4	17.2	9.1
41-43	**CONSTRUCTION**	15.0	12.0	11.8	17.3	20.2	23.2	24.3	31.2
45-99	**TOTAL SERVICES**	1 410.5	1 497.5	1 531.3	1 565.2	1 655.6	1 855.8	1 915.6	2 063.7
45-82	**Services du secteur des entreprises**	1 410.5 e	1 497.5 e	1 531.3 e	1 565.2 e	1 655.6 e	1 855.8 e	1 915.6 e	2 063.7 e
45-47	Commerce de gros et de détail ; réparations automobiles et motocycles	48.9	60.3	54.3	69.0	74.6	75.6	96.9	86.2
49-53	Transport et entreposage	17.2	15.6	19.8	18.2	19.9	37.0	34.0	38.4
55-56	Activités d'hébergement et de restauration	..	..	..	..	..	..	..	..
58-63	Information et communication	512.3	536.2	575.9	611.5	652.9	766.6	855.1	938.7
58-60	Édition, audiovisuel et diffusion	158.4	159.5	150.5	144.2	189.2	239.3	236.9	274.5
58	Activités d'édition	157.4	158.3	148.9	141.3	186.1	236.8	230.9	270.0
59-60	Activités audiovisuel et diffusion	1.1	1.2	1.5	2.9	3.1	2.5	6.0	4.5
59	Production de films, vidéo, programmes de télévision et d'enregistrements	1.0	1.1 e	1.5 e	2.9 e	3.1 e	2.5	3.9 e	2.0
60	Programmation et diffusion	0.1	0.0 e	0.0 e	0.0 e	0.0 e	0.0	2.1 e	2.4
61	Télécommunications	88.2	75.2	74.0	72.2	80.5	94.7	119.9	102.7
62-63	Technologies de l'information et informatique	265.6	301.4	351.4	395.1	383.2	432.6	498.3	561.6
62	Programmation informatique ; conseils et activités connexes	252.5	287.3	321.9	370.3	354.2	404.3	468.7	530.4
63	Services d'information	13.1	14.1	29.6	24.6	29.0	28.3	29.6	31.2
64-66	**Activités financières et d'assurances**	111.5	140.6	129.4	137.5	136.2	135.1	105.2	146.8
68-82	**Activités immobilières ; professionnelles ; services administratifs et d'appui**	720.8	744.9	751.8	729.0	772.1	841.5	824.4	853.6
68	Activités immobilières	0.0	0.0	0.0	0.0	0.0	0.0	0.0	0.0
69-75x72	Activités professionnelles, scientifiques et techniques, R-D scientifique exclu	285.7	295.3	268.4	254.8	301.6	325.0	339.2	347.2
72	Recherche scientifique et développement	420.8	431.8	469.4	461.2	464.7	508.0	476.6	495.9
77-82	Activités de services administratifs et d'appui	14.3	17.8	14.1	13.0	5.8	8.5	8.5	10.5
84-99	Services collectifs, sociaux et personnels	..	..	..	..	..	..	..	..
84-85	Administration publique et défense ; sécurité sociale obligatoire et éducation	..	..	..	..	..	..	..	..
86-88	Santé humaine et action sociale	..	..	..	..	..	..	..	..
90-93	Arts, spectacles et loisirs	..	..	..	..	..	..	..	..
94-99	Autres services ; ménages-employeurs ; organismes extra-territoriaux	..	..	..	..	..	..	..	..

.. Non disponible ; e Valeur estimée

Note : Voir les métadonnées détaillées sur : *http://metalinks.oecd.org/anberd/20191119/86ba*.

POLOGNE

Dépenses de R-D dans l'industrie par activité principale de l'entreprise, prix courants
CITI Rév. 4

Millions USD PPP

		2010	2011	2012	2013	2014	2015	2016	2017
	TOTAL ENTREPRISES	1 536.6	1 954.9	2 973.6	3 570.4	4 262.3	4 766.6	6 667.1	..
01-03	**AGRICULTURE, SYLVICULTURE ET PÊCHE**	12.2	15.0	18.5	17.7	19.2	25.1	..	..
05-09	**ACTIVITÉS EXTRACTIVES**	0.6	..	..	..	..	..	..	..
10-33	**ACTIVITÉS DE FABRICATION**	782.2	960.9	1 429.5	1 572.9	1 944.4	2 113.3	2 249.2 e	..
10-12	Produits alimentaires, boissons et tabac	58.5	35.4	33.3	79.3	231.8	79.3	68.1	..
13-15	Textiles, habillement, cuir et articles de cuir	8.1	9.1	12.6	14.8	21.3	32.3	10.4	..
13	Textiles	6.3 e	7.5	7.6	12.3	17.9	27.0 e	5.9	..
14	Articles d'habillement	1.0	1.1 e	3.7	2.0	2.7 e	4.1 e	3.4 e	..
15	Cuir et articles de cuir	0.8 e	0.5 e	1.3	0.5	0.7 e	1.2	1.0 e	..
16-18	Bois, papier, imprimerie et reproduction de supports enregistrés	17.5	19.5	24.7	40.2	29.8	47.8	52.9 e	..
16	Bois et articles en bois, sauf meubles	4.3	6.3 e	8.7	13.0	7.3	23.9	35.5	..
17	Papier et articles en papier	..	8.3	3.2	3.6	10.4	6.0	6.6 e	..
18	Imprimerie et reproduction de supports enregistrés	..	4.9 e	12.7	23.6	12.1	18.0	10.7	..
19-23	Produits pétroliers, chimiques, pharmaceutiques, caoutchouc, plastique, minéraux	203.2 e	240.9	322.0	322.4	360.5	512.0	448.9	..
19	Cokéfaction et raffinage	2.8 e	2.4	5.0	10.4	6.2 e	31.0	19.0	..
20-21	Industrie chimique et pharmaceutique	141.7	162.9	222.9	227.6	232.5	360.0	287.7	..
20	Produits chimiques	55.7	70.1	78.7	104.8 e	81.8	144.1	111.3	..
21	Préparations pharmaceutiques, chimiques (médicine) et d'herboristerie	86.0	92.9	144.1	122.8	150.7	216.0	176.4	..
22	Produits en caoutchouc et en plastique	33.8 e	57.1	62.2	57.8	88.1	73.4	106.3	..
23	Autres produits minéraux non métalliques	24.9	18.4	31.9	26.7	33.8 e	47.6	35.9	..
24-25	Produits métalliques de base et ouvrages en métaux (sauf machines et matériel)	72.6	119.1	174.3	212.9	247.5	240.6	227.4	..
24	Produits métallurgiques de base	26.6	16.3	19.5	16.9	85.3	53.5	45.9	..
25	Ouvrages en métaux (sauf machines et matériel)	46.0	102.8	154.7	196.0	162.2	187.1	181.5	..
26-30	Ordinateurs, articles électroniques et optiques ; machines et matériels de transport	373.0	480.0	751.2	830.6	958.7	1 073.1	1 250.7	..
26	Ordinateurs, articles électroniques et optiques	84.3	74.0	89.0	84.5	94.7	115.3	123.2	..
27	Matériels électriques	108.0	118.7	264.3	186.8	166.0	198.9	259.3	..
28	Machines et équipements n.c.a.	68.2	95.5	160.7	123.5	173.6	176.1	183.6	..
29	Automobiles, remorques et semi-remorques	50.2	101.2	125.8	310.3	388.7	391.9	525.6 e	..
30	Autres matériels de transport	62.3	90.4	111.3	125.5	135.8	190.9	158.9 e	..
31-33	Meubles ; réparation et installation de machines et de matériel	49.2 e	57.1	111.3	72.8	94.7	128.1	190.9	..
31	Meubles	3.9 e	11.8	31.6	26.8	29.0	34.0	85.2	..
32	Autres activités de fabrication	13.9 e	17.3	36.8	24.6	31.0	30.8	57.4	..
33	Réparation et installation de machines et de matériel	31.4	28.0	43.0	21.3	34.7	63.4	48.4	..
35-39	**ÉLECTRICITÉ, GAZ, EAU ET TRAITEMENT DES DÉCHETS**	4.5	..	..	..	..	..	41.1	..
35-36	Production et distribution d'électricité, de gaz et de l'eau	..	..	..	69.4	23.0	..	30.4	..
37-39	Assainissement, traitement des déchets et dépollution	..	11.7	34.4	..	..	..	10.6	..
41-43	**CONSTRUCTION**	10.4	31.3	30.4	71.9	31.7	30.5	46.4	..
45-99	**TOTAL SERVICES**	726.7	925.0	1 332.8	1 647.7	2 130.2	2 473.1	4 286.8 e	..
45-82	**Services du secteur des entreprises**	708.0	895.2	1 320.1	1 631.6	2 110.9	2 439.6	4 244.3	..
45-47	Commerce de gros et de détail ; réparations automobiles et motocycles	73.9	127.7	209.8	288.8	325.4	362.7	295.4	..
49-53	Transport et entreposage	..	..	..	..	..	8.2	..	..
55-56	Activités d'hébergement et de restauration	..	..	..	..	..	..	1.9	..
58-63	Information et communication	380.1	514.4	604.9	681.8	807.6	1 024.3	..	..
58-60	Édition, audiovisuel et diffusion	..	100.5	27.8	28.6	39.8	72.9	..	..
58	Activités d'édition	..	..	..	27.4	38.5	69.8	..	..
59-60	Activités audiovisuel et diffusion	..	..	..	1.2	1.2	3.1	3.8	..
59	Production de films, vidéo, programmes de télévision et d'enregistrements	..	..	..	..	..	..	..	..
60	Programmation et diffusion	..	..	..	..	..	..	..	..
61	Télécommunications	..	..	..	..	..	..	..	..
62-63	Technologies de l'information et informatique	..	..	..	..	..	..	1 353.8	..
62	Programmation informatique ; conseils et activités connexes	178.8	231.8	369.6	408.6	445.5	557.4	1 320.9	..
63	Services d'information	..	..	..	..	..	..	32.9	..
64-66	**Activités financières et d'assurances**	8.4	5.9	18.3	46.3	128.5	..	448.3	..
68-82	**Activités immobilières ; professionnelles ; services administratifs et d'appui**	244.7	233.2	483.2	596.4	833.9	..	..	..
68	Activités immobilières	0.0	0.0	28.9	42.3	35.6	..	..	..
69-75x72	Activités professionnelles, scientifiques et techniques, R-D scientifique exclu	18.7	30.3	122.3	107.5	233.3	316.6	284.6	..
72	Recherche scientifique et développement	226.0	202.7	327.7	439.7	555.2	568.3	1 351.1	..
77-82	Activités de services administratifs et d'appui	0.0	0.3	4.3	6.8	9.7	11.1	55.4	..
84-99	**Services collectifs, sociaux et personnels**	18.7	29.9	12.7	16.1	19.3	33.5	42.5 e	..
84-85	Administration publique et défense ; sécurité sociale obligatoire et éducation	..	0.7 e	0.7	0.9	1.4	0.9	1.4	..
86-88	Santé humaine et action sociale	..	21.1 e	10.5	8.8	10.5	19.4	21.8	..
90-93	Arts, spectacles et loisirs	..	6.9	0.3	0.3	0.7	0.6	1.6	..
94-99	Autres services ; ménages-employeurs ; organismes extra-territoriaux	0.9	1.2	1.2	6.1	6.7	12.7	17.8 e	..

.. Non disponible ; e Valeur estimée
Note : Voir les métadonnées détaillées sur : *http://metalinks.oecd.org/anberd/20191119/86ba*.

POLOGNE

Dépenses de R-D dans l'industrie par activité principale de l'entreprise, prix constants
CITI Rév. 4

2010 PPP USD

Code	Activité	2010	2011	2012	2013	2014	2015	2016	2017
	TOTAL ENTREPRISES	1 536.6	1 890.0	2 800.8	3 289.4	3 918.7	4 342.7	6 064.4	..
01-03	**AGRICULTURE, SYLVICULTURE ET PÊCHE**	12.2	14.5	17.5	16.3	17.6	22.9	..	..
05-09	**ACTIVITÉS EXTRACTIVES**	0.6	..	..	..	..	..	..	..
10-33	**ACTIVITÉS DE FABRICATION**	782.2	929.0	1 346.4	1 449.2	1 787.7	1 925.3	2 045.9 e	..
10-12	Produits alimentaires, boissons et tabac	58.5	34.2	31.4	73.0	213.2	72.2	61.9	..
13-15	Textiles, habillement, cuir et articles de cuir	8.1	8.8	11.9	13.6	19.6	29.4	9.4	..
13	Textiles	6.3 e	7.3	7.1	11.3	16.5	24.6 e	5.4	..
14	Articles d'habillement	1.0	1.0 e	3.5	1.8	2.5 e	3.7 e	3.1 e	..
15	Cuir et articles de cuir	0.8 e	0.5 e	1.3	0.5	0.6 e	1.1	1.0 e	..
16-18	Bois, papier, imprimerie et reproduction de supports enregistrés	17.5	18.8	23.3	37.0	27.4	43.6	48.1 e	..
16	Bois et articles en bois, sauf meubles	4.3	6.1 e	8.2	12.0	6.7	21.7	32.3	..
17	Papier et articles en papier	..	8.0	3.0	3.3	9.6	5.5	6.0 e	..
18	Imprimerie et reproduction de supports enregistrés	..	4.7 e	12.0	21.8	11.1	16.4	9.7	..
19-23	Produits pétroliers, chimiques, pharmaceutiques, caoutchouc, plastique, minéraux	203.2 e	232.9	303.2	297.0	331.5	466.5	408.3	..
19	Cokéfaction et raffinage	2.8 e	2.3	4.7	9.6 e	5.7 e	28.2	17.3	..
20-21	Industrie chimique et pharmaceutique	141.7	157.5	209.9	209.7	213.7	328.0	261.7	..
20	Produits chimiques	55.7	67.7	74.1	96.5 e	75.2	131.2	101.2	..
21	Préparations pharmaceutiques, chimiques (médecine) et d'herboristerie	86.0	89.8	135.8	113.1	138.5	196.8	160.4	..
22	Produits en caoutchouc et en plastique	33.8 e	55.2	58.6	53.2	81.0	66.9	96.7	..
23	Autres produits minéraux non métalliques	24.9	17.8	30.0	24.6	31.1 e	43.4	32.7	..
24-25	Produits métalliques de base et ouvrages en métaux (sauf machines et matériel)	72.6	115.2	164.1	196.2	227.5	219.2	206.9	..
24	Produits métallurgiques de base	26.6	15.8	18.4	15.6	78.4	48.7	41.7	..
25	Ouvrages en métaux (sauf machines et matériel)	46.0	99.4	145.7	180.6	149.1	170.5	165.1	..
26-30	Ordinateurs, articles électroniques et optiques ; machines et matériels de transport	373.0	464.0	707.5	765.3	881.4	977.6	1 137.6	..
26	Ordinateurs, articles électroniques et optiques	84.3	71.5	83.8	77.9	87.0	105.1	112.1	..
27	Matériels électriques	108.0	114.8	249.0	172.1	152.6	181.2	235.8	..
28	Machines et équipements n.c.a.	68.2	92.4	151.3	113.8	159.6	160.5	167.0	..
29	Automobiles, remorques et semi-remorques	50.2	97.8	118.5	285.9	357.3	357.0	478.1 e	..
30	Autres matériels de transport	62.3	87.4	104.8	115.6	124.9	173.9	144.6 e	..
31-33	Meubles ; réparation et installation de machines et de matériel	49.2 e	55.2	104.9	67.0	87.1	116.7	173.7	..
31	Meubles	3.9 e	11.4	29.7	24.7	26.7	31.0	77.5	..
32	Autres activités de fabrication	13.9 e	16.7	34.7	22.7	28.5	28.0	52.2	..
33	Réparation et installation de machines et de matériel	31.4	27.1	40.5	19.6	31.9	57.7	44.0	..
35-39	**ÉLECTRICITÉ, GAZ, EAU ET TRAITEMENT DES DÉCHETS**	4.5	..	..	..	..	..	37.4	..
35-36	Production et distribution d'électricité, de gaz et de l'eau	..	..	..	63.9	21.1	..	27.7	..
37-39	Assainissement, traitement des déchets et dépollution	..	11.3	32.4	..	..	..	9.7	..
41-43	**CONSTRUCTION**	10.4	30.2	28.6	66.2	29.2	27.8	42.2	..
45-99	**TOTAL SERVICES**	726.7	894.4	1 255.4	1 518.0	1 958.5	2 253.2	3 899.3 e	..
45-82	**Services du secteur des entreprises**	708.0	865.5	1 243.4	1 503.2	1 940.7	2 222.6	3 860.6	..
45-47	Commerce de gros et de détail ; réparations automobiles et motocycles	73.9	123.4	197.6	266.0	299.2	330.5	268.7	..
49-53	Transport et entreposage	..	..	..	..	..	7.5	..	..
55-56	Activités d'hébergement et de restauration	..	..	..	..	..	..	1.7	..
58-63	Information et communication	380.1	497.3	569.7	628.1	742.5	933.2	..	..
58-60	Édition, audiovisuel et diffusion	..	97.2	26.2	26.4	36.6	66.4	..	..
58	Activités d'édition	..	..	..	25.2	35.4	63.6	..	..
59-60	Activités audiovisuel et diffusion	..	..	..	1.2	1.1	2.8	3.4	..
59	Production de films, vidéo, programmes de télévision et d'enregistrements	..	..	..	..	..	..	..	..
60	Programmation et diffusion	..	..	..	..	..	..	..	..
61	Télécommunications	..	..	..	..	..	..	..	..
62-63	Technologies de l'information et informatique	..	..	..	..	..	..	1 231.4	..
62	Programmation informatique ; conseils et activités connexes	178.8	224.1	348.1	376.5	409.6	507.8	1 201.4	..
63	Services d'information	..	..	..	..	..	..	30.0	..
64-66	**Activités financières et d'assurances**	8.4	5.7	17.3	42.6	118.1	..	407.8	..
68-82	**Activités immobilières ; professionnelles ; services administratifs et d'appui**	244.7	225.5	455.1	549.4	766.7	..	..	..
68	Activités immobilières	0.0	0.0	27.2	39.0	32.7	..	..	..
69-75x72	Activités professionnelles, scientifiques et techniques, R-D scientifique exclu	18.7	29.3	115.2	99.1	214.5	288.4	258.8	..
72	Recherche scientifique et développement	226.0	195.9	308.6	405.1	510.5	517.8	1 229.0	..
77-82	Activités de services administratifs et d'appui	0.0	0.3	4.0	6.2	8.9	10.1	50.4	..
84-99	**Services collectifs, sociaux et personnels**	18.7	28.9	12.0	14.8	17.7	30.6	38.7 e	..
84-85	Administration publique et défense ; sécurité sociale obligatoire et éducation	..	0.7 e	0.6	0.8	1.2	0.8	1.2	..
86-88	Santé humaine et action sociale	..	20.4 e	9.9	8.1	9.7	17.7	19.8	..
90-93	Arts, spectacles et loisirs	..	6.7	0.3	0.3	0.7	0.5	1.5	..
94-99	Autres services ; ménages-employeurs ; organismes extra-territoriaux	0.9	1.1	1.2	5.6	6.1	11.6	16.1 e	..

.. Non disponible ; e Valeur estimée
Note : Voir les métadonnées détaillées sur : http://metalinks.oecd.org/anberd/20191119/86ba.

PORTUGAL

Dépenses de R-D dans l'industrie par activité principale de l'entreprise, prix courants
CITI Rév. 4

Millions USD PPP

		2010	2011	2012	2013	2014	2015	2016	2017
	TOTAL ENTREPRISES	**2 032.0**	**1 952.1**	**1 905.1**	**1 838.4**	**1 789.6**	**1 772.5**	**1 987.7**	**2 245.9**
01-03	AGRICULTURE, SYLVICULTURE ET PÊCHE	2.4	4.6	7.9	11.6	7.9	8.5	15.5	19.4
05-09	ACTIVITÉS EXTRACTIVES	4.9	6.4	4.4	6.5	5.9	12.4	9.0	13.9
10-33	**ACTIVITÉS DE FABRICATION**	**661.8**	**692.7**	**781.3**	**727.3**	**742.4**	**705.5**	**831.5**	**889.3**
10-12	Produits alimentaires, boissons et tabac	75.4	66.4	117.3	101.0	96.9	77.1	84.0	87.0
13-15	Textiles, habillement, cuir et articles de cuir	33.1	33.2	38.4	38.9	44.0	46.0	48.9	51.2
13	Textiles	22.2	20.0	23.0	19.0	23.3	26.7	28.0	27.0
14	Articles d'habillement	4.8	5.0	5.8	4.4	5.7	5.6	7.2	8.5
15	Cuir et articles de cuir	6.0	8.3	9.6	15.5	15.0	13.8	13.7	15.6
16-18	Bois, papier, imprimerie et reproduction de supports enregistrés	40.6	54.8	58.9	61.6	56.4	55.1	57.8	71.6
16	Bois et articles en bois, sauf meubles	10.9	15.3	16.0	14.5	15.0	18.4	18.3	26.6
17	Papier et articles en papier	12.8	21.1	25.7	26.3	19.4	16.8	19.2	23.5
18	Imprimerie et reproduction de supports enregistrés	16.8	18.4	17.1	20.7	22.0	19.9	20.3	21.5
19-23	Produits pétroliers, chimiques, pharmaceutiques, caoutchouc, plastique, minéraux	253.1	259.7	297.8 e	269.5	259.0 e	258.8 e	311.9 e	340.2 e
19	Cokéfaction et raffinage	11.8	8.7	7.1 e	5.8	3.7 e	5.6 e	7.3 e	7.6 e
20-21	Industrie chimique et pharmaceutique	173.4	169.4	188.6	186.8	171.6	173.2	206.5	223.4
20	Produits chimiques	48.3	29.1	40.8	41.9	41.9	45.7	55.2	51.2
21	Préparations pharmaceutiques, chimiques (médicine) et d'herboristerie	125.0	140.4	147.8	144.9	129.7	127.5	151.3	172.2
22	Produits en caoutchouc et en plastique	32.0	34.8	38.9	35.6	36.6	38.7	61.9	57.5
23	Autres produits minéraux non métalliques	35.9	46.8	63.1	41.3	47.1	41.4	36.1	51.8
24-25	Produits métalliques de base et ouvrages en métaux (sauf machines et matériel)	62.9	61.3	57.7	59.4	77.7	51.4	64.0	76.5
24	Produits métallurgiques de base	19.6	19.2	19.2	22.0	33.0	12.9	17.8	20.8
25	Ouvrages en métaux (sauf machines et matériel)	43.3	42.1	38.5	37.5	44.7	38.5	46.1	55.7
26-30	Ordinateurs, articles électroniques et optiques ; machines et matériels de transport	177.5	200.9	195.4	177.3	189.4	197.1	241.0	238.6
26	Ordinateurs, articles électroniques et optiques	31.1	42.5	43.0	41.0	49.8	53.1	63.0	63.2
27	Matériels électriques	54.7	70.8	62.9	59.9	52.6	45.1	52.1	54.1
28	Machines et équipements n.c.a.	22.0	25.8	34.6	31.7	32.5	36.4	43.2	45.9
29	Automobiles, remorques et semi-remorques	64.7	55.4	47.3	40.9	50.0	55.4	67.2	63.1
30	Autres matériels de transport	4.9	6.5	7.6	3.8	4.5	7.0	15.5	12.2
31-33	Meubles ; réparation et installation de machines et de matériel	19.2	16.4	15.8 e	19.5	19.0 e	20.0 e	24.0 e	24.2 e
31	Meubles	8.2	6.4	7.3	7.8	8.0	6.2	5.2	8.3
32	Autres activités de fabrication	4.6	4.9	4.1 e	4.7	3.0 e	4.5 e	5.9 e	6.1 e
33	Réparation et installation de machines et de matériel	6.4	5.0	4.4	7.0	8.1	9.3	12.9	9.8
35-39	**ÉLECTRICITÉ, GAZ, EAU ET TRAITEMENT DES DÉCHETS**	**90.0**	**24.3**	**33.9**	**17.0**	**16.1**	**21.5**	**23.1**	**16.2**
35-36	Production et distribution d'électricité, de gaz et de l'eau	84.5	17.8	15.2	9.1	8.8	14.4	16.5	10.0
37-39	Assainissement, traitement des déchets et dépollution	5.5	6.5	18.7	7.8	7.3	7.1	6.5	6.2
41-43	**CONSTRUCTION**	**15.6**	**16.6**	**8.5**	**13.1**	**14.1**	**13.8**	**10.7**	**18.4**
45-99	**TOTAL SERVICES**	**1 257.4**	**1 207.6**	**1 069.1**	**1 062.8**	**1 003.2**	**1 010.7**	**1 097.9**	**1 288.7**
45-82	Services du secteur des entreprises	1 225.0	1 183.6	1 046.5	1 039.2	972.6	978.1	1 069.7	1 252.7
45-47	Commerce de gros et de détail ; réparations automobiles et motocycles	141.2	138.1	129.0	81.4	96.0	85.9	89.9	106.3
49-53	Transport et entreposage	46.3	41.7	19.4	23.1	23.1	19.7	18.5	33.9
55-56	Activités d'hébergement et de restauration	0.0	0.3	0.2	0.1	0.1	0.1	0.7	1.3
58-63	Information et communication	530.6	532.4	449.1	412.3	336.5	312.9	367.5	445.9
58-60	Édition, audiovisuel et diffusion	37.8	29.4	25.7	23.6	26.7	20.7	21.2	28.4
58	Activités d'édition	31.9	22.6	19.6	22.3	25.6 e	20.3	20.1	27.9
59-60	Activités audiovisuel et diffusion	5.9	6.9	6.0	1.3	1.0 e	0.4	1.1	0.5
59	Production de films, vidéo, programmes de télévision et d'enregistrements	0.5	0.2	0.5	0.1 e	..	..	0.5	0.5
60	Programmation et diffusion	5.4	6.7	5.6	1.2 e	..	..	0.6	0.0
61	Télécommunications	293.4	339.1	225.2	184.0	85.8	78.6	101.1	123.4
62-63	Technologies de l'information et informatique	199.4	163.9	198.2	204.8	224.1	213.5	245.2	294.0
62	Programmation informatique ; conseils et activités connexes	194.1	158.6	188.9	197.2	215.5	200.7	228.7	253.3
63	Services d'information	5.2	5.2	9.3	7.6	8.6	12.9	16.5	40.7
64-66	Activités financières et d'assurances	274.0	244.1	246.6	271.9	258.4	284.4	286.1	235.6
68-82	Activités immobilières ; professionnelles ; services administratifs et d'appui	232.9	227.0	202.1	250.2	258.5	275.1	307.0	429.8
68	Activités immobilières	0.0	0.0	0.0	0.0	0.0	0.0	0.0	0.0
69-75x72	Activités professionnelles, scientifiques et techniques, R-D scientifique exclu	168.1	138.1	95.2	97.4	89.5	108.1	126.3	223.1
72	Recherche scientifique et développement	50.0	73.4	89.0	136.9	148.7	145.5	157.9	181.6
77-82	Activités de services administratifs et d'appui	14.7	15.5	17.9	15.9	20.3	21.4	22.8	25.1
84-99	Services collectifs, sociaux et personnels	32.4	24.0	22.6	23.7	30.6	32.6	28.2	35.9
84-85	Administration publique et défense ; sécurité sociale obligatoire et éducation	2.2	2.2	1.5	4.0	3.9	1.0	0.4	0.5 e
86-88	Santé humaine et action sociale	5.0	7.3	6.9	7.7	8.1	9.6	13.1	17.6 e
90-93	Arts, spectacles et loisirs	0.5	1.1	0.6	3.8	1.4	2.8	2.2	3.0
94-99	Autres services ; ménages-employeurs ; organismes extra-territoriaux	24.7	13.3	13.6	8.1	17.2	19.2	12.5	14.9

.. Non disponible ; e Valeur estimée

Note : Voir les métadonnées détaillées sur : *http://metalinks.oecd.org/anberd/20191119/86ba*.

PORTUGAL

Dépenses de R-D dans l'industrie par activité principale de l'entreprise, prix constants
CITI Rév. 4

2010 PPP USD

		2010	2011	2012	2013	2014	2015	2016	2017
	TOTAL ENTREPRISES	**2 032.0**	**1 957.1**	**1 863.2**	**1 694.8**	**1 624.3**	**1 592.8**	**1 746.6**	**1 939.0**
01-03	**AGRICULTURE, SYLVICULTURE ET PÊCHE**	**2.4**	**4.6**	**7.7**	**10.7**	**7.1**	**7.7**	**13.6**	**16.8**
05-09	**ACTIVITÉS EXTRACTIVES**	**4.9**	**6.4**	**4.3**	**6.0**	**5.4**	**11.1**	**7.9**	**12.0**
10-33	**ACTIVITÉS DE FABRICATION**	**661.8**	**694.5**	**764.1**	**670.5**	**673.8**	**634.0**	**730.6**	**767.8**
10-12	Produits alimentaires, boissons et tabac	75.4	66.5	114.7	93.1	88.0	69.3	73.9	75.1
13-15	Textiles, habillement, cuir et articles de cuir	33.1	33.3	37.5	35.9	39.9	41.3	43.0	44.2
13	Textiles	22.2	20.0	22.5	17.5	21.1	24.0	24.6	23.3
14	Articles d'habillement	4.8	5.0	5.6	4.1	5.2	5.0	6.3	7.4
15	Cuir et articles de cuir	6.0	8.3	9.4	14.3	13.6	12.4	12.1	13.5
16-18	Bois, papier, imprimerie et reproduction de supports enregistrés	40.6	54.9	57.6	56.8	51.2	49.5	50.8	61.8
16	Bois et articles en bois, sauf meubles	10.9	15.3	15.7	13.4	13.7	16.5	16.1	22.9
17	Papier et articles en papier	12.8	21.2	25.2	24.3	17.6	15.1	16.9	20.3
18	Imprimerie et reproduction de supports enregistrés	16.8	18.4	16.7	19.1	20.0	17.9	17.8	18.6
19-23	Produits pétroliers, chimiques, pharmaceutiques, caoutchouc, plastique, minéraux	253.1	260.3	291.2 e	248.5	235.0 e	232.6 e	274.0 e	293.8 e
19	Cokéfaction et raffinage	11.8	8.7	7.0 e	5.3	3.4 e	5.0 e	6.4 e	6.5 e
20-21	Industrie chimique et pharmaceutique	173.4	169.9	184.5	172.2	155.8	155.6	181.5	192.9
20	Produits chimiques	48.3	29.2	39.9	38.6	38.0	41.1	48.5	44.2
21	Préparations pharmaceutiques, chimiques (médicine) et d'herboristerie	125.0	140.7	144.6	133.6	117.7	114.6	133.0	148.7
22	Produits en caoutchouc et en plastique	32.0	34.9	38.1	32.8	33.2	34.8	54.4	49.6
23	Autres produits minéraux non métalliques	35.9	46.9	61.7	38.1	42.6	37.2	31.8	44.7
24-25	Produits métalliques de base et ouvrages en métaux (sauf machines et matériel)	62.9	61.5	56.5	54.8	70.5	46.2	56.2	66.0
24	Produits métallurgiques de base	19.6	19.3	18.8	20.3	30.0	11.6	15.7	17.9
25	Ouvrages en métaux (sauf machines et matériel)	43.3	42.2	37.7	34.5	40.6	34.6	40.5	48.1
26-30	Ordinateurs, articles électroniques et optiques ; machines et matériels de transport	177.5	201.5	191.1	163.4	171.9	177.1	211.7	206.0
26	Ordinateurs, articles électroniques et optiques	31.1	42.6	42.1	37.8	45.2	47.7	55.3	54.6
27	Matériels électriques	54.7	70.9	61.5	55.2	47.8	40.5	45.8	46.7
28	Machines et équipements n.c.a.	22.0	25.9	33.8	29.2	29.5	32.7	38.0	39.7
29	Automobiles, remorques et semi-remorques	64.7	55.5	46.3	37.7	45.4	49.8	59.0	54.5
30	Autres matériels de transport	4.9	6.5	7.4	3.5	4.1	6.3	13.6	10.5
31-33	Meubles ; réparation et installation de machines et de matériel	19.2	16.4	15.5 e	18.0	17.3 e	18.0 e	21.0 e	20.9 e
31	Meubles	8.2	6.4	7.2	7.2	7.2	5.6	4.6	7.2
32	Autres activités de fabrication	4.6	4.9	4.0 e	4.3	2.7 e	4.0 e	5.2 e	5.3 e
33	Réparation et installation de machines et de matériel	6.4	5.0	4.3	6.5	7.3	8.4	11.3	8.4
35-39	**ÉLECTRICITÉ, GAZ, EAU ET TRAITEMENT DES DÉCHETS**	**90.0**	**24.4**	**33.1**	**15.7**	**14.6**	**19.3**	**20.3**	**14.0**
35-36	Production et distribution d'électricité, de gaz et de l'eau	84.5	17.9	14.9	8.4	8.0	12.9	14.5	8.7
37-39	Assainissement, traitement des déchets et dépollution	5.5	6.5	18.3	7.2	6.6	6.4	5.7	5.4
41-43	**CONSTRUCTION**	**15.6**	**16.6**	**8.3**	**12.1**	**12.8**	**12.4**	**9.4**	**15.9**
45-99	**TOTAL SERVICES**	**1 257.4**	**1 210.7**	**1 045.5**	**979.8**	**910.5**	**908.3**	**964.7**	**1 112.6**
45-82	**Services du secteur des entreprises**	**1 225.0**	**1 186.6**	**1 023.4**	**958.0**	**882.8**	**879.0**	**939.9**	**1 081.6**
45-47	Commerce de gros et de détail ; réparations automobiles et motocycles	141.2	138.4	126.2	75.1	87.1	77.2	79.0	91.7
49-53	Transport et entreposage	46.3	41.8	19.0	21.3	21.0	17.7	16.3	29.2
55-56	Activités d'hébergement et de restauration	0.0	0.3	0.2	0.1	0.1	0.1	0.6	1.1
58-63	Information et communication	530.6	533.8	439.2	380.1	305.4	281.2	322.9	385.0
58-60	Édition, audiovisuel et diffusion	37.8	29.5	25.1	21.7	24.2	18.6	18.6	24.5
58	Activités d'édition	31.9	22.6	19.2	20.6	23.3 e	18.3	17.6	24.1
59-60	Activités audiovisuel et diffusion	5.9	6.9	5.9	1.2	0.9 e	0.4	1.0	0.4
59	Production de films, vidéo, programmes de télévision et d'enregistrements	0.5	0.2	0.5	0.1 e	..	..	0.5	0.4
60	Programmation et diffusion	5.4	6.7	5.4	1.1 e	..	..	0.5	0.0
61	Télécommunications	293.4	340.0	220.2	169.6	77.9	70.6	88.8	106.6
62-63	Technologies de l'information et informatique	199.4	164.3	193.9	188.8	203.4	191.9	215.4	253.9
62	Programmation informatique ; conseils et activités connexes	194.1	159.0	184.8	181.8	195.6	180.3	200.9	218.7
63	Services d'information	5.2	5.2	9.1	7.0	7.8	11.5	14.5	35.1
64-66	**Activités financières et d'assurances**	**274.0**	**244.7**	**241.2**	**250.7**	**234.5**	**255.6**	**251.4**	**203.4**
68-82	**Activités immobilières ; professionnelles ; services administratifs et d'appui**	**232.9**	**227.6**	**197.7**	**230.7**	**234.6**	**247.2**	**269.7**	**371.1**
68	Activités immobilières	0.0	0.0	0.0	0.0	0.0	0.0	0.0	0.0
69-75x72	Activités professionnelles, scientifiques et techniques, R-D scientifique exclu	168.1	138.4	93.1	89.8	81.2	97.2	111.0	192.6
72	Recherche scientifique et développement	50.0	73.6	87.1	126.2	135.0	130.8	138.7	156.8
77-82	Activités de services administratifs et d'appui	14.7	15.5	17.5	14.6	18.4	19.2	20.0	21.6
84-99	**Services collectifs, sociaux et personnels**	**32.4**	**24.0**	**22.1**	**21.8**	**27.8**	**29.3**	**24.8**	**31.0**
84-85	Administration publique et défense ; sécurité sociale obligatoire et éducation	2.2	2.2	1.5	3.7	3.5	0.9	0.3	0.4 e
86-88	Santé humaine et action sociale	5.0	7.3	6.8	7.1	7.4	8.6	11.5	15.2 e
90-93	Arts, spectacles et loisirs	0.5	1.1	0.5	3.5	1.2	2.5	1.9	2.6
94-99	Autres services ; ménages-employeurs ; organismes extra-territoriaux	24.7	13.4	13.3	7.5	15.6	17.3	11.0	12.9

.. Non disponible ; e Valeur estimée

Note : Voir les métadonnées détaillées sur : *http://metalinks.oecd.org/anberd/20191119/86ba*.

PORTUGAL

Dépenses de R-D dans l'industrie par orientation sectorielle, prix courants
CITI Rév. 4

Millions USD PPP

Code		2010	2011	2012	2013	2014	2015	2016	2017
	TOTAL ENTREPRISES	2 032.0	1 952.1	1 905.1	1 838.4	1 789.6	1 772.5	1 987.7	2 245.9
01-03	**AGRICULTURE, SYLVICULTURE ET PÊCHE**	10.3	18.5	27.3	26.2	23.1	23.8	26.2	36.1
05-09	**ACTIVITÉS EXTRACTIVES**	19.1	23.8	13.0	12.9	13.3	24.9	16.4	20.3
10-33	**ACTIVITÉS DE FABRICATION**	740.3	752.5	844.8	804.2	840.1	826.2	963.5	1 053.2
10-12	Produits alimentaires, boissons et tabac	75.7	63.8	109.0	89.7	90.7	70.1	83.8	87.8
13-15	Textiles, habillement, cuir et articles de cuir	35.5	35.9	40.9	40.8	45.5	52.4	55.5	57.4
13	Textiles	23.0	20.4	24.3	23.1	28.5	32.7	32.3	31.5
14	Articles d'habillement	6.4	6.9	5.1	3.7	3.7	7.9	9.7	9.8
15	Cuir et articles de cuir	6.1	8.6	11.5	14.1	13.3	11.8	13.4	16.2
16-18	Bois, papier, imprimerie et reproduction de supports enregistrés	28.5	37.3	44.6	46.7	40.5	39.9	43.8	57.8
16	Bois et articles en bois, sauf meubles	9.8	11.9	15.6	14.1	13.8	15.2	14.8	22.9
17	Papier et articles en papier	18.2	25.3	28.2	31.9	25.8	23.7	27.3	33.0
18	Imprimerie et reproduction de supports enregistrés	0.5	0.1	0.9	0.7	1.0	1.0	1.6	1.8
19-23	Produits pétroliers, chimiques, pharmaceutiques, caoutchouc, plastique, minéraux	268.8	267.7	313.3	283.5 e	276.5	276.2	304.0	347.3
19	Cokéfaction et raffinage	10.9	0.3	5.9	3.2 e	2.9	5.6	5.5	7.7
20-21	Industrie chimique et pharmaceutique	199.5	195.4	215.4	208.3	199.1	201.1	231.5	254.7
20	Produits chimiques	54.3	36.7	46.9	44.9	46.7	50.0	59.1	54.7
21	Préparations pharmaceutiques, chimiques (médicine) et d'herboristerie	145.2	158.7	168.5	163.4	152.4	151.1	172.4	200.0
22	Produits en caoutchouc et en plastique	21.7	26.2	26.5	27.8	28.3	28.3	30.9	32.8
23	Autres produits minéraux non métalliques	36.7	45.7	65.5	44.2	46.2	41.1	36.0	52.1
24-25	Produits métalliques de base et ouvrages en métaux (sauf machines et matériel)	55.0	54.8	49.8	53.9	69.0	47.8	56.3	68.3
24	Produits métallurgiques de base	20.3	21.5	19.8	22.6	34.0	11.7	17.2	20.5
25	Ouvrages en métaux (sauf machines et matériel)	34.8	33.3	30.0	31.3	35.0	36.1	39.2	47.9
26-30	Ordinateurs, articles électroniques et optiques ; machines et matériels de transport	252.8	265.5	258.8	262.6	289.3	308.8	376.8	390.4
26	Ordinateurs, articles électroniques et optiques	54.4	62.5	43.5	65.3	81.6	94.6	104.0	98.2
27	Matériels électriques	68.5	61.3	53.9	56.8	54.9	49.9	55.8	62.1
28	Machines et équipements n.c.a.	33.7	44.9	45.6	40.8	44.2	40.4	49.2	55.9
29	Automobiles, remorques et semi-remorques	83.4	77.2	90.1	75.1	83.2	91.5	126.4	123.8
30	Autres matériels de transport	12.9	19.6	25.8	24.5	25.4	32.3	41.4	50.3
31-33	Meubles ; réparation et installation de machines et de matériel	24.1	27.4	28.4	27.0 e	28.7	31.0	43.4	44.2
31	Meubles	8.0	5.8	7.1	8.2	8.0	6.8	6.8	9.9
32	Autres activités de fabrication	12.3	16.6	14.7	12.2	14.1	16.1	24.5	23.8
33	Réparation et installation de machines et de matériel	3.7	5.0	6.5	6.6 e	6.5	8.2	12.1	10.5
35-39	**ÉLECTRICITÉ, GAZ, EAU ET TRAITEMENT DES DÉCHETS**	98.1	31.9	38.4	21.3	23.7	22.5	24.1	20.5
35-36	Production et distribution d'électricité, de gaz et de l'eau	90.2	18.8	15.0	8.1	10.7	14.1	16.5	12.0
37-39	Assainissement, traitement des déchets et dépollution	7.9	13.1	23.3	13.2	13.0	8.4	7.6	8.5
41-43	**CONSTRUCTION**	15.9	13.7	7.5	12.7	13.2	16.2	16.9	21.0
45-99	**TOTAL SERVICES**	1 148.3	1 111.7	974.0	961.1	876.1	858.8	940.6	1 094.7
45-82	**Services du secteur des entreprises**	1 132.3	1 098.6	963.9	941.8	842.1	838.3	916.9	1 061.2
45-47	**Commerce de gros et de détail ; réparations automobiles et motocycles**	62.3	57.5	71.7	69.8	77.7	67.9	66.2	84.8
49-53	**Transport et entreposage**	45.3	34.2	12.3	17.6	16.5	16.4	15.1	16.3
55-56	**Activités d'hébergement et de restauration**	0.0 e	4.6	6.2	6.2	1.4	1.7	1.7	1.8 e
58-63	**Information et communication**	677.5	702.2	605.0	543.2	460.9	425.6	479.6	638.5
58-60	Édition, audiovisuel et diffusion	96.3	75.7	90.0	112.0	104.2	107.0	133.5	148.6
58	Activités d'édition	93.8	70.6	87.1	109.9	103.8	106.6	133.1	141.6
59-60	Activités audiovisuel et diffusion	2.5	5.1	2.9	2.0	0.4	0.4	0.4	7.0
59	Production de films, vidéo, programmes de télévision et d'enregistrements	..	2.1	0.8	0.8	0.4	..	..	..
60	Programmation et diffusion	..	3.0	2.1	1.3	0.0	..	..	..
61	Télécommunications	389.4	447.6	328.3	248.4	146.7	140.8	143.1	206.9
62-63	Technologies de l'information et informatique	191.8	178.9	186.7	182.8	210.0	177.9	203.0	283.0
62	Programmation informatique ; conseils et activités connexes	171.7	131.6	157.5	156.9	182.3	146.7	158.9	204.6
63	Services d'information	20.1	47.4	29.3	25.8	27.6	31.1	44.1	78.4
64-66	**Activités financières et d'assurances**	180.1	146.7	148.9	151.6	135.0	161.4	191.1	140.2
68-82	**Activités immobilières ; professionnelles ; services administratifs et d'appui**	167.1	157.1	119.7	153.3	150.6	165.3	163.2	179.5
68	Activités immobilières	1.5 e	1.3	0.9	1.6	1.9	1.4	1.9	2.0 e
69-75x72	Activités professionnelles, scientifiques et techniques, R-D scientifique exclu	125.8	118.2	73.2	83.1	72.5	83.9	90.2	101.5
72	Recherche scientifique et développement	36.8	33.2	38.6	60.9	69.6	71.3	62.4	69.7
77-82	Activités de services administratifs et d'appui	3.0	4.4	7.0	7.7	6.6	8.7	8.7	6.3
84-99	**Services collectifs, sociaux et personnels**	16.0	13.1	10.2	19.3	34.0	20.5	23.6	33.5
84-85	Administration publique et défense ; sécurité sociale obligatoire et éducation	0.3	0.6	1.2	1.4	1.9	2.5	2.4	1.7
86-88	Santé humaine et action sociale	5.6	10.2	7.9	14.2	27.5	14.0	18.0	29.0
90-93	Arts, spectacles et loisirs	0.5	0.6	0.5	0.6	1.4	2.8	1.1	0.7
94-99	Autres services ; ménages-employeurs ; organismes extra-territoriaux	9.7	1.7	0.6	3.1	3.2	1.2	2.1	2.1

.. Non disponible ; e Valeur estimée
Note : Voir les métadonnées détaillées sur : http://metalinks.oecd.org/anberd/20191119/86ba.

PORTUGAL

Dépenses de R-D dans l'industrie par orientation sectorielle, prix constants
CITI Rév. 4

2010 PPP USD

		2010	2011	2012	2013	2014	2015	2016	2017
	TOTAL ENTREPRISES	**2 032.0**	**1 957.1**	**1 863.2**	**1 694.8**	**1 624.3**	**1 592.8**	**1 746.6**	**1 939.0**
01-03	AGRICULTURE, SYLVICULTURE ET PÊCHE	10.3	18.6	26.7	24.1	21.0	21.4	23.0	31.2
05-09	**ACTIVITÉS EXTRACTIVES**	**19.1**	**23.8**	**12.8**	**11.9**	**12.1**	**22.4**	**14.4**	**17.5**
10-33	**ACTIVITÉS DE FABRICATION**	**740.3**	**754.4**	**826.2**	**741.4**	**762.5**	**742.5**	**846.6**	**909.3**
10-12	Produits alimentaires, boissons et tabac	75.7	64.0	106.6	82.7	82.3	63.0	73.6	75.8
13-15	Textiles, habillement, cuir et articles de cuir	35.5	36.0	40.0	37.7	41.3	47.1	48.7	49.6
13	Textiles	23.0	20.5	23.8	21.3	25.8	29.4	28.4	27.2
14	Articles d'habillement	6.4	6.9	5.0	3.4	3.4	7.1	8.5	8.4
15	Cuir et articles de cuir	6.1	8.6	11.2	13.0	12.0	10.6	11.8	14.0
16-18	Bois, papier, imprimerie et reproduction de supports enregistrés	28.5	37.4	43.6	43.0	36.8	35.9	38.5	49.9
16	Bois et articles en bois, sauf meubles	9.8	12.0	15.2	13.0	12.5	13.7	13.0	19.8
17	Papier et articles en papier	18.2	25.3	27.5	29.4	23.4	21.3	24.0	28.5
18	Imprimerie et reproduction de supports enregistrés	0.5	0.1	0.9	0.6	0.9	0.9	1.4	1.6
19-23	Produits pétroliers, chimiques, pharmaceutiques, caoutchouc, plastique, minéraux	268.8	268.4	306.4	261.3 e	250.9	248.2	267.1	299.8
19	Cokéfaction et raffinage	10.9	0.3	5.7	2.9 e	2.7	5.0	4.8	6.6
20-21	Industrie chimique et pharmaceutique	199.5	195.9	210.7	192.0	180.7	180.7	203.4	219.9
20	Produits chimiques	54.3	36.8	45.9	41.4	42.4	45.0	51.9	47.3
21	Préparations pharmaceutiques, chimiques (médicine) et d'herboristerie	145.2	159.2	164.8	150.6	138.3	135.8	151.5	172.6
22	Produits en caoutchouc et en plastique	21.7	26.2	25.9	25.6	25.7	25.4	27.2	28.3
23	Autres produits minéraux non métalliques	36.7	45.9	64.0	40.7	41.9	37.0	31.7	45.0
24-25	Produits métalliques de base et ouvrages en métaux (sauf machines et matériel)	55.0	55.0	48.7	49.7	62.6	42.9	49.5	59.0
24	Produits métallurgiques de base	20.3	21.6	19.4	20.9	30.9	10.5	15.1	17.7
25	Ouvrages en métaux (sauf machines et matériel)	34.8	33.4	29.3	28.9	31.7	32.4	34.4	41.3
26-30	Ordinateurs, articles électroniques et optiques ; machines et matériels de transport	252.8	266.2	253.1	242.1	262.5	277.5	331.1	337.1
26	Ordinateurs, articles électroniques et optiques	54.4	62.7	42.6	60.2	74.0	85.0	91.4	84.8
27	Matériels électriques	68.5	61.5	52.7	52.4	49.8	44.9	49.1	53.6
28	Machines et équipements n.c.a.	33.7	45.0	44.6	37.6	40.1	36.3	43.3	48.3
29	Automobiles, remorques et semi-remorques	83.4	77.4	88.1	69.2	75.6	82.2	111.1	106.9
30	Autres matériels de transport	12.9	19.7	25.2	22.6	23.1	29.0	36.3	43.5
31-33	Meubles ; réparation et installation de machines et de matériel	24.1	27.5	27.8	24.9 e	26.0	27.9	38.1	38.2
31	Meubles	8.0	5.8	7.0	7.6	7.2	6.1	6.0	8.6
32	Autres activités de fabrication	12.3	16.6	14.4	11.2	12.8	14.4	21.5	20.6
33	Réparation et installation de machines et de matériel	3.7	5.0	6.4	6.1 e	5.9	7.3	10.6	9.1
35-39	**ÉLECTRICITÉ, GAZ, EAU ET TRAITEMENT DES DÉCHETS**	**98.1**	**32.0**	**37.5**	**19.7**	**21.5**	**20.2**	**21.2**	**17.7**
35-36	Production et distribution d'électricité, de gaz et de l'eau	90.2	18.9	14.7	7.5	9.7	12.7	14.5	10.4
37-39	Assainissement, traitement des déchets et dépollution	7.9	13.1	22.8	12.2	11.8	7.5	6.7	7.4
41-43	**CONSTRUCTION**	**15.9**	**13.8**	**7.4**	**11.7**	**12.0**	**14.5**	**14.9**	**18.1**
45-99	**TOTAL SERVICES**	**1 148.3**	**1 114.6**	**952.6**	**886.0**	**795.1**	**771.8**	**826.4**	**945.2**
45-82	**Services du secteur des entreprises**	**1 132.3**	**1 101.4**	**942.6**	**868.2**	**764.3**	**753.3**	**805.7**	**916.2**
45-47	Commerce de gros et de détail ; réparations automobiles et motocycles	62.3	57.7	70.1	64.3	70.6	61.0	58.1	73.2
49-53	Transport et entreposage	45.3	34.3	12.1	16.3	15.0	14.7	13.3	14.1
55-56	Activités d'hébergement et de restauration	0.0 e	0.9	6.0	5.7	1.2	1.5	1.5	1.6 e
58-63	Information et communication	677.5	704.0	591.7	500.8	418.3	382.5	421.4	551.3
58-60	Édition, audiovisuel et diffusion	96.3	75.9	88.0	103.2	94.6	96.1	117.3	128.3
58	Activités d'édition	93.8	70.7	85.1	101.4	94.2	95.8	117.0	122.3
59-60	Activités audiovisuel et diffusion	2.5	5.1	2.9	1.9	0.3	0.4	0.4	6.1
59	Production de films, vidéo, programmes de télévision et d'enregistrements	..	2.2	0.8	0.7	0.3	..	..	..
60	Programmation et diffusion	..	3.0	2.1	1.2	0.0	..	..	..
61	Télécommunications	389.4	448.7	321.1	229.0	133.2	126.5	125.7	178.6
62-63	Technologies de l'information et informatique	191.8	179.4	182.6	168.5	190.6	159.9	178.4	244.3
62	Programmation informatique ; conseils et activités connexes	171.7	131.9	154.0	144.7	165.5	131.9	139.6	176.6
63	Services d'information	20.1	47.5	28.6	23.8	25.1	28.0	38.7	67.7
64-66	**Activités financières et d'assurances**	**180.1**	**147.1**	**145.7**	**139.8**	**122.5**	**145.1**	**167.9**	**121.1**
68-82	**Activités immobilières ; professionnelles ; services administratifs et d'appui**	**167.1**	**157.5**	**117.1**	**141.3**	**136.7**	**148.5**	**143.4**	**155.0**
68	Activités immobilières	1.5 e	1.3	0.9	1.5	1.7	1.2	1.7	1.8 e
69-75x72	Activités professionnelles, scientifiques et techniques, R-D scientifique exclu	125.8	118.5	71.6	76.6	65.8	75.4	79.2	87.6
72	Recherche scientifique et développement	36.8	33.3	37.8	56.2	63.1	64.0	54.8	60.2
77-82	Activités de services administratifs et d'appui	3.0	4.4	6.8	7.1	6.0	7.8	7.6	5.4
84-99	**Services collectifs, sociaux et personnels**	**16.0**	**13.1**	**9.9**	**17.8**	**30.8**	**18.5**	**20.8**	**28.9**
84-85	Administration publique et défense ; sécurité sociale obligatoire et éducation	0.3	0.6	1.2	1.3	1.7	2.3	2.1	1.5
86-88	Santé humaine et action sociale	5.6	10.2	7.7	13.1	25.0	12.6	15.8	25.0
90-93	Arts, spectacles et loisirs	0.5	0.6	0.4	0.6	1.3	2.5	0.9	0.6
94-99	Autres services ; ménages-employeurs ; organismes extra-territoriaux	9.7	1.7	0.6	2.8	2.9	1.1	1.9	1.8

.. Non disponible ; e Valeur estimée
Note : Voir les métadonnées détaillées sur : *http://metalinks.oecd.org/anberd/20191119/86ba*.

RÉPUBLIQUE SLOVAQUE

Dépenses de R-D dans l'industrie par activité principale de l'entreprise, prix courants
CITI Rév. 4

Millions USD PPP

Code	Activité	2010	2011	2012	2013	2014	2015	2016	2017
	TOTAL ENTREPRISES	349.0	343.9	479.6	575.4	508.2	527.4	666.6	841.1
01-03	AGRICULTURE, SYLVICULTURE ET PÊCHE	2.4	2.9	1.9	1.5	1.3	1.5	1.2	1.2
05-09	ACTIVITÉS EXTRACTIVES	0.0 e	0.0 e	0.0 e	0.0 e	0.0 e	0.0 e	0.0	0.0
10-33	ACTIVITÉS DE FABRICATION	241.4	210.0	257.7	330.5	342.3	347.2	446.2	595.0
10-12	Produits alimentaires, boissons et tabac	3.4	2.3	2.3	1.4	1.9	2.2	1.5	1.9
13-15	Textiles, habillement, cuir et articles de cuir	..	..	2.5	0.9	0.5	..	0.6	..
13	Textiles	..	..	..	..	..	..	..	..
14	Articles d'habillement	..	..	..	..	..	..	..	..
15	Cuir et articles de cuir	..	..	..	..	..	..	..	..
16-18	Bois, papier, imprimerie et reproduction de supports enregistrés	..	..	..	..	..	..	..	..
16	Bois et articles en bois, sauf meubles	..	..	..	..	..	..	..	..
17	Papier et articles en papier	..	..	..	..	..	..	..	..
18	Imprimerie et reproduction de supports enregistrés	..	..	..	..	..	..	..	..
19-23	Produits pétroliers, chimiques, pharmaceutiques, caoutchouc, plastique, minéraux	..	..	52.6	50.0	57.1	..	..	..
19	Cokéfaction et raffinage	..	..	5.5	6.8	6.2	..	..	..
20-21	Industrie chimique et pharmaceutique	29.5	32.4	24.4	14.1	14.8	12.2	18.5	17.4
20	Produits chimiques	7.2	7.1	5.8	9.9	6.1	5.9	7.4	11.1
21	Préparations pharmaceutiques, chimiques (médicine) et d'herboristerie	22.3	25.3	18.6	4.2	8.7	6.3	11.1	6.3
22	Produits en caoutchouc et en plastique	16.2	11.4	20.3	28.3	32.9	40.1	45.1	63.8
23	Autres produits minéraux non métalliques	1.7	2.1	2.4	0.8	3.2	4.2	3.3	4.0
24-25	Produits métalliques de base et ouvrages en métaux (sauf machines et matériel)	25.9	13.9	17.4	10.7	10.2	33.4	..	..
24	Produits métallurgiques de base	7.5	7.2	7.3	6.2	6.0	5.7	..	..
25	Ouvrages en métaux (sauf machines et matériel)	18.5	6.7	10.2	4.5	4.2	27.7	17.5	19.9
26-30	Ordinateurs, articles électroniques et optiques ; machines et matériels de transport	139.7	123.7	163.4	252.0	257.5	233.6	332.5	457.1
26	Ordinateurs, articles électroniques et optiques	4.6	5.5	7.2	7.8	7.2	9.0	12.7	12.7
27	Matériels électriques	34.3	35.3	34.5	23.7	35.7	45.0	46.8	48.5
28	Machines et équipements n.c.a.	20.7	25.6	30.1	29.4	31.2	51.9	58.1	74.1
29	Automobiles, remorques et semi-remorques	65.7	47.6	79.4	173.5	152.8	108.0	201.0	298.8
30	Autres matériels de transport	14.5	9.6	12.3	17.6	30.6	19.6	13.9	23.1
31-33	Meubles ; réparation et installation de machines et de matériel	..	..	..	..	..	..	..	..
31	Meubles	..	..	..	..	..	..	..	..
32	Autres activités de fabrication	3.1	..	..	..	..	2.1	3.1	3.4
33	Réparation et installation de machines et de matériel	17.2	16.5	16.4	..	..	12.0	11.8	12.6
35-39	ÉLECTRICITÉ, GAZ, EAU ET TRAITEMENT DES DÉCHETS	0.0 e	0.0 e	..	..	..	..	..	0.0
35-36	Production et distribution d'électricité, de gaz et de l'eau	..	..	..	..	..	..	..	..
37-39	Assainissement, traitement des déchets et dépollution	..	..	..	..	..	..	..	..
41-43	CONSTRUCTION	1.2	1.1	2.4	2.5	..	..	..	1.9
45-99	TOTAL SERVICES	104.0 e	129.9 e	217.6	240.2	162.7	169.8	195.3	243.0
45-82	Services du secteur des entreprises	101.2	124.9	212.4	237.4	162.3	168.4	194.5	242.1
45-47	Commerce de gros et de détail ; réparations automobiles et motocycles	2.2	2.5	0.6	10.3	7.1	4.7	27.6	32.0
49-53	Transport et entreposage	..	..	..	..	..	..	..	..
55-56	Activités d'hébergement et de restauration	..	..	..	..	..	..	..	..
58-63	Information et communication	10.7	11.7	61.2	64.8	65.4	81.0	87.0	113.3
58-60	Édition, audiovisuel et diffusion	..	..	..	..	..	..	..	..
58	Activités d'édition	..	..	..	..	..	..	..	..
59-60	Activités audiovisuel et diffusion	..	..	..	..	..	..	..	..
59	Production de films, vidéo, programmes de télévision et d'enregistrements	..	..	..	..	..	..	..	..
60	Programmation et diffusion	..	..	..	..	..	..	..	..
61	Télécommunications	..	..	..	..	..	..	..	..
62-63	Technologies de l'information et informatique	9.8	..	..	..	..	..	..	..
62	Programmation informatique ; conseils et activités connexes	9.1	9.6	59.2	62.0	64.1	80.9	..	113.2
63	Services d'information	0.7	..	..	..	..	..	..	..
64-66	Activités financières et d'assurances	..	..	63.5	..	..	..	4.5	..
68-82	Activités immobilières ; professionnelles ; services administratifs et d'appui	..	..	..	..	..	..	..	..
68	Activités immobilières	..	..	..	..	..	..	..	..
69-75x72	Activités professionnelles, scientifiques et techniques, R-D scientifique exclu	12.9	17.4	23.8	31.5	29.6	17.6	..	21.8
72	Recherche scientifique et développement	70.3	51.1	53.4	52.2	52.1	58.8	54.8	60.7
77-82	Activités de services administratifs et d'appui	3.3	4.2	3.3	..	..	..	..	7.2
84-99	Services collectifs, sociaux et personnels	2.8 e	5.0 e	5.2	2.8	0.4	1.3	0.8	0.9
84-85	Administration publique et défense ; sécurité sociale obligatoire et éducation	..	..	..	..	..	..	..	..
86-88	Santé humaine et action sociale	..	..	1.6	0.9	0.4	1.3	..	0.9
90-93	Arts, spectacles et loisirs	..	..	..	..	..	..	..	..
94-99	Autres services ; ménages-employeurs ; organismes extra-territoriaux	..	..	..	..	..	..	..	..

.. Non disponible ; e Valeur estimée
Note : Voir les métadonnées détaillées sur : *http://metalinks.oecd.org/anberd/20191119/86ba*.

RÉPUBLIQUE SLOVAQUE

Dépenses de R-D dans l'industrie par activité principale de l'entreprise, prix constants
CITI Rév. 4

2010 PPP USD

		2010	2011	2012	2013	2014	2015	2016	2017
	TOTAL ENTREPRISES	349.0	341.2	468.2	544.0	475.6	500.5	626.1	776.8
01-03	**AGRICULTURE, SYLVICULTURE ET PÊCHE**	2.4	2.9	1.9	1.5	1.2	1.5	1.1	1.1
05-09	**ACTIVITÉS EXTRACTIVES**	0.0 e	0.0 e	0.0 e	0.0 e	0.0 e	0.0 e	0.0	0.0
10-33	**ACTIVITÉS DE FABRICATION**	241.4	208.3	251.6	312.4	320.3	329.5	419.1	549.5
10-12	Produits alimentaires, boissons et tabac	3.4	2.3	2.3	1.3	1.8	2.1	1.4	1.7
13-15	Textiles, habillement, cuir et articles de cuir	..	..	2.4	0.9	0.5	..	0.6	..
13	Textiles	..	..	..	..	..	..	..	..
14	Articles d'habillement	..	..	..	..	..	..	..	..
15	Cuir et articles de cuir	..	..	..	..	..	..	..	..
16-18	Bois, papier, imprimerie et reproduction de supports enregistrés	..	..	..	..	..	..	..	..
16	Bois et articles en bois, sauf meubles	..	..	..	..	..	..	..	..
17	Papier et articles en papier	..	..	..	..	..	..	..	..
18	Imprimerie et reproduction de supports enregistrés	..	..	..	..	..	..	..	..
19-23	Produits pétroliers, chimiques, pharmaceutiques, caoutchouc, plastique, minéraux	..	..	51.4	47.3	53.5	..	..	..
19	Cokéfaction et raffinage	..	..	5.4	6.4	5.8	..	..	..
20-21	Industrie chimique et pharmaceutique	29.5	32.1	23.8	13.3	13.8	11.6	17.4	16.1
20	Produits chimiques	7.2	7.0	5.6	9.3	5.7	5.6	6.9	10.3
21	Préparations pharmaceutiques, chimiques (médicine) et d'herboristerie	22.3	25.1	18.2	4.0	8.1	6.0	10.4	5.8
22	Produits en caoutchouc et en plastique	16.2	11.3	19.8	26.8	30.8	38.1	42.4	58.9
23	Autres produits minéraux non métalliques	1.7	2.1	2.4	0.8	3.0	4.0	3.1	3.7
24-25	Produits métalliques de base et ouvrages en métaux (sauf machines et matériel)	25.9	13.8	17.0	10.1	9.6	31.7	..	..
24	Produits métallurgiques de base	7.5	7.1	7.1	5.8	5.6	5.4	..	..
25	Ouvrages en métaux (sauf machines et matériel)	18.5	6.7	9.9	4.3	4.0	26.3	16.4	18.4
26-30	Ordinateurs, articles électroniques et optiques ; machines et matériels de transport	139.7	122.7	159.5	238.2	241.0	221.7	312.3	422.2
26	Ordinateurs, articles électroniques et optiques	4.6	5.5	7.0	7.3	6.7	8.6	11.9	11.7
27	Matériels électriques	34.3	35.1	33.6	22.5	33.4	42.7	44.0	44.8
28	Machines et équipements n.c.a.	20.7	25.4	29.3	27.8	29.2	49.3	54.5	68.4
29	Automobiles, remorques et semi-remorques	65.7	47.3	77.5	164.0	143.0	102.5	188.8	276.0
30	Autres matériels de transport	14.5	9.6	12.0	16.6	28.6	18.6	13.1	21.4
31-33	Meubles ; réparation et installation de machines et de matériel	..	..	..	..	..	..	..	..
31	Meubles	..	..	..	..	..	..	..	..
32	Autres activités de fabrication	3.1	..	..	..	..	2.0	2.9	3.2
33	Réparation et installation de machines et de matériel	17.2	16.4	16.0	..	..	11.3	11.1	11.6
35-39	**ÉLECTRICITÉ, GAZ, EAU ET TRAITEMENT DES DÉCHETS**	0.0 e	0.0 e	..	..	..	..	..	0.0
35-36	Production et distribution d'électricité, de gaz et de l'eau	..	..	..	..	..	..	..	..
37-39	Assainissement, traitement des déchets et dépollution	..	..	..	..	..	..	..	..
41-43	**CONSTRUCTION**	1.2	1.1	2.3	2.3	..	..	..	1.7
45-99	**TOTAL SERVICES**	104.0 e	128.9 e	212.4	227.1	152.2	161.1	183.4	224.4
45-82	**Services du secteur des entreprises**	101.2	124.0	207.3	224.4	151.9	159.8	182.7	223.6
45-47	Commerce de gros et de détail ; réparations automobiles et motocycles	2.2	2.5	0.6	9.7	6.6	4.4	25.9	29.5
49-53	Transport et entreposage	..	..	..	..	..	..	..	..
55-56	Activités d'hébergement et de restauration	..	..	..	..	..	..	..	..
58-63	Information et communication	10.7	11.6	59.8	61.2	61.2	76.9	81.7	104.7
58-60	Édition, audiovisuel et diffusion	..	..	..	..	..	..	..	..
58	Activités d'édition	..	..	..	..	..	..	..	..
59-60	Activités audiovisuel et diffusion	..	..	..	..	..	..	..	..
59	Production de films, vidéo, programmes de télévision et d'enregistrements	..	..	..	..	..	..	..	..
60	Programmation et diffusion	..	..	..	..	..	..	..	..
61	Télécommunications	..	..	..	..	..	..	..	..
62-63	Technologies de l'information et informatique	9.8	..	..	..	..	..	..	..
62	Programmation informatique ; conseils et activités connexes	9.1	9.5	57.8	58.6	60.0	76.8	..	104.6
63	Services d'information	0.7	..	..	..	..	..	..	..
64-66	**Activités financières et d'assurances**	..	..	62.0	..	..	..	4.2	..
68-82	**Activités immobilières ; professionnelles ; services administratifs d'appui**	..	..	..	..	..	..	..	..
68	Activités immobilières	..	..	..	..	..	..	..	..
69-75x72	Activités professionnelles, scientifiques et techniques, R-D scientifique exclu	12.9	17.2	23.2	29.7	27.7	16.7	..	20.1
72	Recherche scientifique et développement	70.3	50.7	52.1	49.3	48.8	55.8	51.5	56.1
77-82	Activités de services administratifs et d'appui	3.3	4.1	3.2	..	..	..	..	6.7
84-99	**Services collectifs, sociaux et personnels**	2.8 e	4.9 e	5.1	2.7	0.4	1.2	0.7	0.8
84-85	Administration publique et défense ; sécurité sociale obligatoire et éducation	..	..	..	..	..	..	..	..
86-88	Santé humaine et action sociale	..	..	1.6	0.8	0.4	1.2	..	0.8
90-93	Arts, spectacles et loisirs	..	..	..	..	..	..	..	..
94-99	Autres services ; ménages-employeurs ; organismes extra-territoriaux	..	..	..	..	..	..	..	..

.. Non disponible ; e Valeur estimée

Note : Voir les métadonnées détaillées sur : http://metalinks.oecd.org/anberd/20191119/86ba.

SLOVÉNIE

Dépenses de R-D dans l'industrie par activité principale de l'entreprise, prix courants
CITI Rév. 4

Millions USD PPP

		2010	2011	2012	2013	2014	2015	2016	2017
	TOTAL ENTREPRISES	**792.9**	**1 058.5**	**1 158.7**	**1 211.9**	**1 164.5**	**1 093.2**	**1 043.7**	..
01-03	AGRICULTURE, SYLVICULTURE ET PÊCHE	0.4	0.7	0.9	0.0	0.0	0.9	0.1	..
05-09	ACTIVITÉS EXTRACTIVES	8.3	9.2	7.4	7.8	5.8	5.1	6.6	..
10-33	**ACTIVITÉS DE FABRICATION**	**618.9**	**722.9**	**712.0**	**788.5**	**769.5**	**769.1**	**781.8**	..
10-12	Produits alimentaires, boissons et tabac	2.3	5.8	6.0	10.8	10.8	13.0	10.4	..
13-15	Textiles, habillement, cuir et articles de cuir	9.6	10.5	12.5	13.6	10.8	9.9	10.5	..
13	Textiles	7.4	8.5	8.7	9.7	5.9	5.7	6.4	..
14	Articles d'habillement	0.3	0.4	2.3	2.4	2.1	2.2	2.3	..
15	Cuir et articles de cuir	1.9	1.6	1.4	1.5	2.7	2.0	1.8	..
16-18	Bois, papier, imprimerie et reproduction de supports enregistrés	9.6	7.0	5.3	4.9	5.8	7.4	10.3	..
16	Bois et articles en bois, sauf meubles	2.4	2.9	2.0	1.2	1.6	2.0	6.2	..
17	Papier et articles en papier	5.4	3.0	2.2	2.5	2.6	4.2	3.2	..
18	Imprimerie et reproduction de supports enregistrés	1.8	1.2	1.2	1.3	1.7	1.2	0.9	..
19-23	Produits pétroliers, chimiques, pharmaceutiques, caoutchouc, plastique, minéraux	302.3	316.3	329.9	345.7	340.6	369.4	367.7	..
19	Cokéfaction et raffinage	0.0	0.0	0.0	0.0	0.0	0.0	0.0	..
20-21	Industrie chimique et pharmaceutique	282.1	295.4	304.1	305.2	306.7	338.8	335.7	..
20	Produits chimiques	31.0	32.1	33.1	32.3	31.3	30.8	30.4	..
21	Préparations pharmaceutiques, chimiques (médicine) et d'herboristerie	251.1	263.4	271.0	272.9	275.4	308.0	305.4	..
22	Produits en caoutchouc et en plastique	15.3	16.4	16.2	16.2	23.4	19.6	19.0	..
23	Autres produits minéraux non métalliques	4.9	4.5	9.6	24.3	10.5	10.9	13.0	..
24-25	Produits métalliques de base et ouvrages en métaux (sauf machines et matériel)	46.5	54.2	72.7	69.4	66.7	44.8	32.1	..
24	Produits métallurgiques de base	12.6	13.6	9.1	15.2	16.9	12.8	10.0	..
25	Ouvrages en métaux (sauf machines et matériel)	33.9	40.5	63.6	54.2	49.8	32.0	22.1	..
26-30	Ordinateurs, articles électroniques et optiques ; machines et matériels de transport	233.4	307.0	268.8	325.5	317.1	313.0	330.8	..
26	Ordinateurs, articles électroniques et optiques	61.7	61.1	62.8	67.8	69.1	66.5	55.9	..
27	Matériels électriques	75.9	107.0	77.5	147.6	129.6	151.8	182.5	..
28	Machines et équipements n.c.a.	32.3	51.6	23.5	33.1	33.5	37.4	36.4	..
29	Automobiles, remorques et semi-remorques	53.2	77.8	102.1	68.1	81.8	53.7	54.0	..
30	Autres matériels de transport	10.4	9.6	3.0	9.0	3.1	3.6	2.1	..
31-33	Meubles ; réparation et installation de machines et de matériel	15.1	22.2	16.8	18.6	17.7	11.7	20.0	..
31	Meubles	4.1	4.5	1.9	3.1	2.7	1.4	1.8	..
32	Autres activités de fabrication	5.7	10.7	11.6	6.2	6.2	7.7	9.2	..
33	Réparation et installation de machines et de matériel	5.3	7.0	3.3	9.3	8.8	2.6	9.0	..
35-39	**ÉLECTRICITÉ, GAZ, EAU ET TRAITEMENT DES DÉCHETS**	**1.6**	**4.2**	**6.9**	**4.7**	**4.5**	**3.6**	**2.0**	..
35-36	Production et distribution d'électricité, de gaz et de l'eau	1.6	4.0	6.7	3.0	2.8	2.5	1.4	..
37-39	Assainissement, traitement des déchets et dépollution	0.0	0.3	0.2	1.7	1.7	1.1	0.6	..
41-43	**CONSTRUCTION**	**0.6**	**2.1**	**2.5**	**2.9**	**3.8**	**3.9**	**3.0**	..
45-99	**TOTAL SERVICES**	**163.0**	**319.4**	**429.0**	**408.1**	**380.9**	**310.5**	**250.2**	..
45-82	**Services du secteur des entreprises**	**162.0**	**314.5**	**423.6**	**404.9**	**378.1**	**308.1**	**244.3**	..
45-47	Commerce de gros et de détail ; réparations automobiles et motocycles	9.2	9.9	9.5	12.5	15.4	10.4	10.3	..
49-53	Transport et entreposage	2.2	3.3	1.3	0.3	0.3	0.4	0.1	..
55-56	Activités d'hébergement et de restauration	0.0	0.0	0.0	0.0	0.1	0.0	0.0	..
58-63	Information et communication	40.1	69.2	73.7	55.8	79.5	85.3	62.5	..
58-60	Édition, audiovisuel et diffusion	1.6	6.2	21.7	6.6	5.9	7.3	6.0	..
58	Activités d'édition	1.6	6.1	6.5	6.6	5.9	7.1	5.9	..
59-60	Activités audiovisuel et diffusion	0.0	0.1	15.1	0.0	0.0	0.1	0.1	..
59	Production de films, vidéo, programmes de télévision et d'enregistrements	0.0	0.1	0.0	0.0	0.0	0.1	0.1	..
60	Programmation et diffusion	0.0	0.0	15.1	0.0	0.0	0.0	0.0	..
61	Télécommunications	7.4	4.5	2.8	2.7	11.8	12.7	3.3	..
62-63	Technologies de l'information et informatique	31.1	58.5	49.3	46.5	61.8	65.3	53.2	..
62	Programmation informatique ; conseils et activités connexes	28.3	54.5	44.6	42.8	56.7	58.5	51.2	..
63	Services d'information	2.9	4.0	4.7	3.7	5.1	6.8	2.1	..
64-66	**Activités financières et d'assurances**	**2.3**	**19.8**	**10.5**	**16.7**	**6.5**	**1.6**	**0.8**	..
68-82	**Activités immobilières ; professionnelles ; services administratifs et d'appui**	**108.3**	**212.3**	**328.6**	**319.7**	**276.3**	**210.4**	**170.5**	..
68	Activités immobilières	0.0	0.0	0.0	1.0	1.5	0.9	1.7	..
69-75x72	Activités professionnelles, scientifiques et techniques, R-D scientifique exclu	40.1	68.8	57.7	52.8	58.9	56.3	48.0	..
72	Recherche scientifique et développement	67.5	143.4	270.8	264.7	215.0	151.9	118.8	..
77-82	Activités de services administratifs et d'appui	0.7	0.1	0.1	1.2	1.0	1.2	2.0	..
84-99	**Services collectifs, sociaux et personnels**	**1.0**	**5.0**	**5.4**	**3.1**	**2.8**	**2.4**	**5.8**	..
84-85	Administration publique et défense ; sécurité sociale obligatoire et éducation	0.2	0.5	0.6	0.4	1.0	1.2	0.8	..
86-88	Santé humaine et action sociale	0.8	2.7	2.2	0.5	0.2	0.2	0.2	..
90-93	Arts, spectacles et loisirs	0.0	0.0	0.0	0.0	0.0	0.0	3.5	..
94-99	Autres services ; ménages-employeurs ; organismes extra-territoriaux	0.0	1.8	2.6	2.2	1.6	1.0	1.3	..

.. Non disponible

Note : Voir les métadonnées détaillées sur : *http://metalinks.oecd.org/anberd/20191119/86ba*.

SLOVÉNIE

Dépenses de R-D dans l'industrie par activité principale de l'entreprise, prix constants
CITI Rév. 4

2010 PPP USD

		2010	2011	2012	2013	2014	2015	2016	2017
	TOTAL ENTREPRISES	**792.9**	**1 023.9**	**1 084.9**	**1 086.7**	**1 037.5**	**970.4**	**910.0**	..
01-03	**AGRICULTURE, SYLVICULTURE ET PÊCHE**	**0.4**	**0.7**	**0.9**	**0.0**	**0.0**	**0.8**	**0.1**	..
05-09	**ACTIVITÉS EXTRACTIVES**	**8.3**	**8.9**	**6.9**	**7.0**	**5.1**	**4.5**	**5.8**	..
10-33	**ACTIVITÉS DE FABRICATION**	**618.9**	**699.2**	**666.7**	**707.0**	**685.6**	**682.7**	**681.6**	..
10-12	Produits alimentaires, boissons et tabac	2.3	5.6	5.7	9.7	9.6	11.5	9.1	..
13-15	Textiles, habillement, cuir et articles de cuir	9.6	10.1	11.7	12.2	9.6	8.8	9.1	..
13	Textiles	7.4	8.3	8.2	8.7	5.3	5.1	5.6	..
14	Articles d'habillement	0.3	0.2	2.2	2.1	1.9	1.9	2.0	..
15	Cuir et articles de cuir	1.9	1.5	1.4	1.4	2.4	1.7	1.6	..
16-18	Bois, papier, imprimerie et reproduction de supports enregistrés	9.6	6.8	5.0	4.4	5.2	6.6	9.0	..
16	Bois et articles en bois, sauf meubles	2.4	2.8	1.9	1.1	1.4	1.8	5.4	..
17	Papier et articles en papier	5.4	2.9	2.0	2.2	2.3	3.8	2.8	..
18	Imprimerie et reproduction de supports enregistrés	1.8	1.1	1.1	1.1	1.5	1.0	0.8	..
19-23	Produits pétroliers, chimiques, pharmaceutiques, caoutchouc, plastique, minéraux	302.3	305.9	308.9	310.0	303.4	327.9	320.5	..
19	Cokéfaction et raffinage	0.0	0.0	0.0	0.0	0.0	0.0	0.0	..
20-21	Industrie chimique et pharmaceutique	282.1	285.7	284.7	273.6	273.2	300.8	292.7	..
20	Produits chimiques	31.0	31.0	31.0	28.9	27.9	27.3	26.5	..
21	Préparations pharmaceutiques, chimiques (médicine) et d'herboristerie	251.1	254.7	253.7	244.7	245.3	273.4	266.2	..
22	Produits en caoutchouc et en plastique	15.3	15.8	15.2	14.5	20.8	17.4	16.5	..
23	Autres produits minéraux non métalliques	4.9	4.4	9.0	21.8	9.4	9.7	11.3	..
24-25	Produits métalliques de base et ouvrages en métaux (sauf machines et matériel)	46.5	52.4	68.0	62.2	59.4	39.7	28.0	..
24	Produits métallurgiques de base	12.6	13.2	8.5	13.6	15.1	11.4	8.7	..
25	Ouvrages en métaux (sauf machines et matériel)	33.9	39.2	59.5	48.6	44.3	28.4	19.3	..
26-30	Ordinateurs, articles électroniques et optiques ; machines et matériels de transport	233.4	296.9	251.7	291.9	282.5	277.9	288.4	..
26	Ordinateurs, articles électroniques et optiques	61.7	59.1	58.8	60.8	61.6	59.1	48.8	..
27	Matériels électriques	75.9	103.5	72.5	132.3	115.5	134.7	159.1	..
28	Machines et équipements n.c.a.	32.3	49.9	22.0	29.7	29.8	33.2	31.7	..
29	Automobiles, remorques et semi-remorques	53.2	75.2	95.6	61.1	72.9	47.6	47.1	..
30	Autres matériels de transport	10.4	9.2	2.8	8.0	2.8	3.2	1.8	..
31-33	Meubles ; réparation et installation de machines et de matériel	15.1	21.4	15.8	16.6	15.8	10.4	17.4	..
31	Meubles	4.1	4.3	1.8	2.8	2.4	1.2	1.6	..
32	Autres activités de fabrication	5.7	10.4	10.9	5.5	5.6	6.9	8.1	..
33	Réparation et installation de machines et de matériel	5.3	6.8	3.1	8.3	7.8	2.3	7.8	..
35-39	**ÉLECTRICITÉ, GAZ, EAU ET TRAITEMENT DES DÉCHETS**	**1.6**	**4.1**	**6.4**	**4.2**	**4.0**	**3.2**	**1.8**	..
35-36	Production et distribution d'électricité, de gaz et de l'eau	1.6	3.8	6.2	2.7	2.5	2.2	1.2	..
37-39	Assainissement, traitement des déchets et dépollution	0.0	0.2	0.2	1.5	1.5	1.0	0.5	..
41-43	**CONSTRUCTION**	**0.6**	**2.0**	**2.3**	**2.6**	**3.4**	**3.4**	**2.6**	..
45-99	**TOTAL SERVICES**	**163.0**	**309.0**	**401.7**	**365.9**	**339.4**	**275.7**	**218.1**	..
45-82	**Services du secteur des entreprises**	**162.0**	**304.2**	**396.7**	**363.1**	**336.9**	**273.5**	**213.0**	..
45-47	**Commerce de gros et de détail ; réparations automobiles et motocycles**	**9.2**	**9.6**	**8.9**	**11.2**	**13.7**	**9.2**	**9.0**	..
49-53	**Transport et entreposage**	**2.2**	**3.2**	**1.2**	**0.3**	**0.2**	**0.4**	**0.1**	..
55-56	**Activités d'hébergement et de restauration**	**0.0**	**0.0**	**0.0**	**0.0**	**0.1**	**0.0**	**0.0**	..
58-63	**Information et communication**	**40.1**	**67.0**	**69.0**	**50.0**	**70.8**	**75.7**	**54.5**	..
58-60	Édition, audiovisuel et diffusion	1.6	6.0	20.3	5.9	5.2	6.4	5.2	..
58	Activités d'édition	1.6	5.9	6.1	5.9	5.2	6.3	5.1	..
59-60	Activités audiovisuel et diffusion	0.0	0.1	14.2	0.0	0.0	0.1	0.1	..
59	Production de films, vidéo, programmes de télévision et d'enregistrements	0.0	0.1	0.0	0.0	0.0	0.1	0.1	..
60	Programmation et diffusion	0.0	0.0	14.2	0.0	0.0	0.0	0.0	..
61	Télécommunications	7.4	4.4	2.6	2.4	10.5	11.3	2.9	..
62-63	Technologies de l'information et informatique	31.1	56.6	46.1	41.7	55.1	58.0	46.4	..
62	Programmation informatique ; conseils et activités connexes	28.3	52.7	41.7	38.3	50.5	52.0	44.6	..
63	Services d'information	2.9	3.9	4.4	3.4	4.6	6.0	1.8	..
64-66	**Activités financières et d'assurances**	**2.3**	**19.1**	**9.9**	**15.0**	**5.8**	**1.4**	**0.7**	..
68-82	**Activités immobilières ; professionnelles ; services administratifs et d'appui**	**108.3**	**205.3**	**307.7**	**286.6**	**246.2**	**186.7**	**148.6**	..
68	Activités immobilières	0.0	0.0	0.0	0.9	1.3	0.8	1.4	..
69-75x72	Activités professionnelles, scientifiques et techniques, R-D scientifique exclu	40.1	66.6	54.1	47.3	52.5	50.0	41.9	..
72	Recherche scientifique et développement	67.5	138.7	253.6	237.3	191.5	134.8	103.6	..
77-82	Activités de services administratifs et d'appui	0.7	0.1	0.0	1.1	0.8	1.1	1.7	..
84-99	**Services collectifs, sociaux et personnels**	**1.0**	**4.8**	**5.0**	**2.8**	**2.5**	**2.1**	**5.1**	..
84-85	Administration publique et défense ; sécurité sociale obligatoire et éducation	0.2	0.5	0.6	0.4	0.9	1.1	0.7	..
86-88	Santé humaine et action sociale	0.8	2.6	2.1	0.4	0.2	0.1	0.2	..
90-93	Arts, spectacles et loisirs	0.0	0.0	0.0	0.0	0.0	0.0	3.0	..
94-99	Autres services ; ménages-employeurs ; organismes extra-territoriaux	0.0	1.7	2.4	2.0	1.4	0.9	1.1	..

.. Non disponible

Note : Voir les métadonnées détaillées sur : *http://metalinks.oecd.org/anberd/20191119/86ba*.

ESPAGNE

Dépenses de R-D dans l'industrie par activité principale de l'entreprise, prix courants
CITI Rév. 4

Millions USD PPP

Code	Activité	2010	2011	2012	2013	2014	2015	2016	2017
	TOTAL ENTREPRISES	10 325.5	10 357.2	10 208.0	10 234.7	10 242.7	10 412.9	10 871.0	12 053.8
01-03	AGRICULTURE, SYLVICULTURE ET PÊCHE	76.8	74.6	76.8	78.7	88.2	90.5	104.8	132.6
05-09	ACTIVITÉS EXTRACTIVES	25.7	27.4	24.1	20.5	18.4	19.8	21.1	26.2
10-33	**ACTIVITÉS DE FABRICATION**	4 602.8	4 789.7	4 611.5	4 595.7	4 674.0	4 732.0	5 041.4	5 556.8
10-12	Produits alimentaires, boissons et tabac	273.0	272.0	269.4	275.7	279.1	272.8	314.2	361.9
13-15	Textiles, habillement, cuir et articles de cuir	115.2	113.9	134.7	149.5	208.4	208.8	159.6	138.5
13	Textiles	42.6	45.4	42.7	41.8	42.9	34.3	36.1	37.2
14	Articles d'habillement	53.4	51.9	75.7	88.3	145.1	152.0	98.5	74.6
15	Cuir et articles de cuir	19.2	16.5	16.2	19.3	20.3	22.5	25.0	26.7
16-18	Bois, papier, imprimerie et reproduction de supports enregistrés	61.7	65.7	53.7	48.2	52.3	51.0	61.8	65.7
16	Bois et articles en bois, sauf meubles	20.5	17.7	13.5	12.5	13.5	11.6	15.2	14.3
17	Papier et articles en papier	24.4	34.9	23.5	20.7	19.5	21.5	22.7	22.9
18	Imprimerie et reproduction de supports enregistrés	16.8	13.1	16.7	14.9	19.2	17.9	23.9	28.5
19-23	Produits pétroliers, chimiques, pharmaceutiques, caoutchouc, plastique, minéraux	1 531.9	1 567.0	1 518.2	1 543.3	1 556.3	1 562.2	1 650.8	1 822.4
19	Cokéfaction et raffinage	82.4	96.1	99.3	101.8	104.8	102.8	93.8	79.5
20-21	Industrie chimique et pharmaceutique	1 207.9	1 229.2	1 182.1	1 196.5	1 225.5	1 239.4	1 327.8	1 506.8
20	Produits chimiques	342.8	339.2	337.6	354.7	352.5	346.6	364.7	418.7
21	Préparations pharmaceutiques, chimiques (médicine) et d'herboristerie	865.1	890.0	844.5	841.8	873.0	892.8	963.1	1 088.2
22	Produits en caoutchouc et en plastique	143.5	143.0	154.1	153.8	143.8	145.7	156.7	162.3
23	Autres produits minéraux non métalliques	98.1	98.7	82.7	91.1	82.3	74.3	72.5	73.7
24-25	Produits métalliques de base et ouvrages en métaux (sauf machines et matériel)	289.8	323.3	280.0	261.6	257.1	243.9	238.8	311.8
24	Produits métallurgiques de base	100.8	128.3	92.9	81.3	78.0	67.9	66.3	111.6
25	Ouvrages en métaux (sauf machines et matériel)	189.0	195.0	187.0	180.4	179.0	175.9	172.5	200.2
26-30	Ordinateurs, articles électroniques et optiques ; machines et matériels de transport	2 212.2	2 322.8	2 237.2	2 192.3	2 198.0	2 277.1	2 478.9	2 709.1
26	Ordinateurs, articles électroniques et optiques	319.4	291.4	258.5	260.4	257.0	246.2	258.6	300.0
27	Matériels électriques	282.7	273.5	301.1	281.3	289.2	319.4	333.5	292.9
28	Machines et équipements n.c.a.	296.7	314.3	327.2	323.2	319.0	334.5	349.2	377.5
29	Automobiles, remorques et semi-remorques	525.7	500.5	490.4	486.3	566.3	551.7	671.2	792.8
30	Autres matériels de transport	787.7	943.1	859.9	841.1	766.5	825.4	866.5	945.9
31-33	Meubles ; réparation et installation de machines et de matériel	119.0	124.9	118.4	125.1	122.9	116.2	137.2	147.5
31	Meubles	27.3	26.5	22.9	22.7	27.1	22.2	22.8	22.6
32	Autres activités de fabrication	72.4	80.0	77.2	83.7	76.0	78.3	94.0	101.8
33	Réparation et installation de machines et de matériel	19.3	18.4	18.3	18.8	19.8	15.7	20.5	23.1
35-39	**ÉLECTRICITÉ, GAZ, EAU ET TRAITEMENT DES DÉCHETS**	233.7	260.8	291.3	250.3	226.1	234.9	236.1	260.7
35-36	Production et distribution d'électricité, de gaz et de l'eau	192.9	219.7	262.8	221.1	193.7	203.7	200.2	220.0
37-39	Assainissement, traitement des déchets et dépollution	40.9	41.1	28.5	29.2	32.4	31.2	35.9	40.7
41-43	**CONSTRUCTION**	218.6	218.0	197.6	182.5	196.2	155.2	145.9	174.1
45-99	**TOTAL SERVICES**	5 167.9	4 986.7	5 006.6	5 107.1	5 039.8	5 180.6	5 321.7	5 903.4
45-82	Services du secteur des entreprises	5 003.4	4 823.8	4 835.0	4 925.7	4 849.9	5 001.1	5 168.6	5 741.0
45-47	Commerce de gros et de détail ; réparations automobiles et motocycles	311.6	309.1	308.5	301.4	264.7	306.9	383.2	449.9
49-53	Transport et entreposage	128.6	85.0	85.9	67.3	71.1	54.5	87.2	107.8
55-56	Activités d'hébergement et de restauration	8.2	2.9	11.5	6.9	5.9	5.6	4.3	8.1
58-63	Information et communication	1 214.8	1 229.5	1 223.5	1 253.3	1 291.2	1 195.7	1 275.4	1 266.1
58-60	Édition, audiovisuel et diffusion	92.6	78.7	74.7	61.2	66.3	57.8	48.8	60.2
58	Activités d'édition	65.9	55.2	48.1	42.6	52.5	36.8	33.8	42.9
59-60	Activités audiovisuel et diffusion	26.8	23.5	26.6	18.6	13.8	21.0	15.0	17.3
59	Production de films, vidéo, programmes de télévision et d'enregistrements	22.9	18.1	19.9	12.7	10.8	15.6	8.7	10.0 e
60	Programmation et diffusion	3.9	5.4	6.7	5.9	3.0	5.4	6.3	7.3 e
61	Télécommunications	234.7	240.1	221.4	221.7	224.9	205.8	226.7	203.1
62-63	Technologies de l'information et informatique	887.4	910.7	927.5	970.4	1 000.0	932.1	999.9	1 002.9
62	Programmation informatique ; conseils et activités connexes	834.1	836.4	858.1	915.8	943.8	870.6	916.6	919.8
63	Services d'information	53.4	74.3	69.4	54.6	56.2	61.5	83.3	83.1
64-66	Activités financières et d'assurances	266.1	213.3	134.8	131.8	126.3	204.4	235.3	367.0
68-82	Activités immobilières ; professionnelles ; services administratifs et d'appui	3 073.8	2 984.0	3 070.8	3 165.0	3 090.6	3 234.0	3 183.2	3 542.0
68	Activités immobilières	11.0	8.9	8.7	3.2	8.0	7.4	8.1	17.1
69-75x72	Activités professionnelles, scientifiques et techniques, R-D scientifique exclu	850.7	894.8	869.2	915.6	850.1	851.3	771.8	838.0
72	Recherche scientifique et développement	2 157.9	2 031.8	2 123.4	2 175.4	2 172.5	2 317.2	2 346.9	2 625.8
77-82	Activités de services administratifs et d'appui	54.1	48.5	69.5	70.8	59.8	58.0	56.3	61.0
84-99	Services collectifs, sociaux et personnels	164.5	162.9	171.6	181.5	189.9	179.5	153.1	162.5
84-85	Administration publique et défense ; sécurité sociale obligatoire et éducation	19.2	20.1	19.6	15.1	16.9	10.4	9.8	11.2
86-88	Santé humaine et action sociale	114.5	104.3	120.7	134.9	141.5	135.3	118.7	122.9
90-93	Arts, spectacles et loisirs	4.8	5.3	5.1	7.1	7.6	9.3	8.4	10.3
94-99	Autres services ; ménages-employeurs ; organismes extra-territoriaux	26.0	33.1	26.3	24.3	24.0	24.4	16.2	18.0

e Valeur estimée

Note : Voir les métadonnées détaillées sur : *http://metalinks.oecd.org/anberd/20191119/86ba*.

ESPAGNE

Dépenses de R-D dans l'industrie par activité principale de l'entreprise, prix constants
CITI Rév. 4

2010 PPP USD

		2010	2011	2012	2013	2014	2015	2016	2017
	TOTAL ENTREPRISES	10 325.5	10 171.1	9 749.1	9 457.4	9 308.4	9 446.1	9 698.8	10 391.4
01-03	**AGRICULTURE, SYLVICULTURE ET PÊCHE**	76.8	73.2	73.4	72.7	80.1	82.1	93.5	114.4
05-09	**ACTIVITÉS EXTRACTIVES**	25.7	26.9	23.0	18.9	16.7	17.9	18.9	22.6
10-33	**ACTIVITÉS DE FABRICATION**	4 602.8	4 703.7	4 404.2	4 246.7	4 247.7	4 292.7	4 497.8	4 790.4
10-12	Produits alimentaires, boissons et tabac	273.0	267.1	257.3	254.7	253.6	247.5	280.4	312.0
13-15	Textiles, habillement, cuir et articles de cuir	115.2	111.8	128.6	138.1	189.4	189.4	142.4	119.4
13	Textiles	42.6	44.6	40.8	38.7	39.0	31.1	32.2	32.1
14	Articles d'habillement	53.4	51.0	72.3	81.6	131.9	137.9	87.9	64.3
15	Cuir et articles de cuir	19.2	16.2	15.5	17.9	18.4	20.4	22.3	23.1
16-18	Bois, papier, imprimerie et reproduction de supports enregistrés	61.7	64.6	51.3	44.5	47.5	46.3	55.1	56.7
16	Bois et articles en bois, sauf meubles	20.5	17.4	12.9	11.6	12.3	10.5	13.5	12.3
17	Papier et articles en papier	24.4	34.3	22.5	19.1	17.7	19.5	20.3	19.7
18	Imprimerie et reproduction de supports enregistrés	16.8	12.9	16.0	13.8	17.5	16.2	21.3	24.6
19-23	Produits pétroliers, chimiques, pharmaceutiques, caoutchouc, plastique, minéraux	1 531.9	1 538.8	1 449.9	1 426.1	1 414.4	1 417.2	1 472.8	1 571.0
19	Cokéfaction et raffinage	82.4	94.3	94.8	94.1	95.2	93.3	83.7	68.5
20-21	Industrie chimique et pharmaceutique	1 207.9	1 207.1	1 128.9	1 105.7	1 113.7	1 124.3	1 184.7	1 299.0
20	Produits chimiques	342.8	333.1	322.4	327.8	320.3	314.4	325.4	360.9
21	Préparations pharmaceutiques, chimiques (médicine) et d'herboristerie	865.1	874.0	806.5	777.9	793.4	809.9	859.3	938.1
22	Produits en caoutchouc et en plastique	143.5	140.5	147.2	142.1	130.7	132.2	139.8	139.9
23	Autres produits minéraux non métalliques	98.1	96.9	79.0	84.2	74.7	67.4	64.6	63.6
24-25	Produits métalliques de base et ouvrages en métaux (sauf machines et matériel)	289.8	317.5	267.4	241.8	233.6	221.2	213.1	268.8
24	Produits métallurgiques de base	100.8	126.0	88.7	75.1	70.9	61.6	59.1	96.2
25	Ouvrages en métaux (sauf machines et matériel)	189.0	191.5	178.6	166.7	162.7	159.6	153.9	172.6
26-30	Ordinateurs, articles électroniques et optiques ; machines et matériels de transport	2 212.2	2 281.1	2 136.6	2 025.9	1 997.5	2 065.7	2 211.6	2 335.4
26	Ordinateurs, articles électroniques et optiques	319.4	286.2	246.9	240.6	233.6	223.3	230.7	258.6
27	Matériels électriques	282.7	268.6	287.6	259.9	262.8	289.7	297.5	252.5
28	Machines et équipements n.c.a.	296.7	308.7	312.5	298.7	289.9	303.4	311.5	325.4
29	Automobiles, remorques et semi-remorques	525.7	491.5	468.4	449.4	514.7	500.5	598.8	683.4
30	Autres matériels de transport	787.7	926.1	821.3	777.2	696.6	748.7	773.0	815.4
31-33	Meubles ; réparation et installation de machines et de matériel	119.0	122.7	113.1	115.6	111.7	105.4	122.4	127.1
31	Meubles	27.3	26.0	21.9	21.0	24.6	20.2	20.4	19.5
32	Autres activités de fabrication	72.4	78.6	73.7	77.3	69.1	71.0	83.8	87.7
33	Réparation et installation de machines et de matériel	19.3	18.1	17.5	17.3	18.0	14.2	18.3	19.9
35-39	**ÉLECTRICITÉ, GAZ, EAU ET TRAITEMENT DES DÉCHETS**	233.7	256.1	278.2	231.3	205.5	213.1	210.6	224.7
35-36	Production et distribution d'électricité, de gaz et de l'eau	192.9	215.8	251.0	204.3	176.0	184.8	178.6	189.7
37-39	Assainissement, traitement des déchets et dépollution	40.9	40.3	27.2	27.0	29.5	28.3	32.0	35.1
41-43	**CONSTRUCTION**	218.6	214.1	188.7	168.6	178.3	140.7	130.2	150.0
45-99	**TOTAL SERVICES**	5 167.9	4 897.1	4 781.5	4 719.3	4 580.1	4 699.6	4 747.9	5 089.2
45-82	**Services du secteur des entreprises**	5 003.4	4 737.2	4 617.6	4 551.6	4 407.5	4 536.8	4 611.3	4 949.2
45-47	Commerce de gros et de détail ; réparations automobiles et motocycles	311.6	303.6	294.7	278.5	240.6	278.4	341.9	387.9
49-53	Transport et entreposage	128.8	83.5	82.1	62.2	64.6	49.4	77.8	92.9
55-56	Activités d'hébergement et de restauration	8.2	2.8	11.0	6.4	5.4	5.0	3.8	7.0
58-63	Information et communication	1 214.8	1 207.4	1 168.5	1 158.1	1 173.4	1 084.7	1 137.9	1 091.5
58-60	Édition, audiovisuel et diffusion	92.6	77.3	71.3	56.6	60.3	52.5	43.6	51.9
58	Activités d'édition	65.9	54.2	45.9	39.4	47.7	33.4	30.2	37.0
59-60	Activités audiovisuel et diffusion	26.8	23.1	25.4	17.2	12.5	19.0	13.4	14.9
59	Production de films, vidéo, programmes de télévision et d'enregistrements	22.9	17.8	19.0	11.8	9.8	14.2	7.8	8.7 e
60	Programmation et diffusion	3.9	5.3	6.4	5.4	2.7	4.9	5.6	6.3 e
61	Télécommunications	234.7	235.7	211.5	204.8	204.4	186.7	202.3	175.1
62-63	Technologies de l'information et informatique	887.4	894.3	885.8	896.7	908.7	845.6	892.1	864.6
62	Programmation informatique ; conseils et activités connexes	834.1	821.3	819.5	846.2	857.7	789.7	817.8	792.9
63	Services d'information	53.4	73.0	66.3	50.5	51.0	55.8	74.3	71.6
64-66	**Activités financières et d'assurances**	266.1	209.5	128.7	121.8	114.8	185.5	209.9	316.4
68-82	**Activités immobilières ; professionnelles ; services administratifs et d'appui**	3 073.8	2 930.4	2 932.7	2 924.6	2 808.7	2 933.7	2 839.9	3 053.5
68	Activités immobilières	11.0	8.8	8.3	3.0	7.3	6.7	7.2	14.8
69-75x72	Activités professionnelles, scientifiques et techniques, R-D scientifique exclu	850.7	878.7	830.1	846.0	772.6	772.3	688.6	722.5
72	Recherche scientifique et développement	2 157.9	1 995.3	2 027.9	2 010.2	1 974.4	2 102.1	2 093.9	2 263.7
77-82	Activités de services administratifs et d'appui	54.1	47.6	66.4	65.4	54.4	52.6	50.2	52.6
84-99	**Services collectifs, sociaux et personnels**	164.5	159.9	163.9	167.7	172.6	162.9	136.6	140.1
84-85	Administration publique et défense ; sécurité sociale obligatoire et éducation	19.2	19.8	18.7	14.0	15.3	9.5	8.7	9.6
86-88	Santé humaine et action sociale	114.5	102.4	115.2	124.7	128.6	122.8	105.9	106.0
90-93	Arts, spectacles et loisirs	4.8	5.2	4.8	6.6	6.9	8.4	7.5	8.9
94-99	Autres services ; ménages-employeurs ; organismes extra-territoriaux	26.0	32.5	25.1	22.5	21.8	22.2	14.5	15.6

e Valeur estimée

Note : Voir les métadonnées détaillées sur : http://metalinks.oecd.org/anberd/20191119/86ba.

SUÈDE

Dépenses de R-D dans l'industrie par activité principale de l'entreprise, prix courants
CITI Rév. 4

Millions USD PPP

		2010	2011	2012	2013	2014	2015	2016	2017
	TOTAL ENTREPRISES	8 623.1	9 279.2	9 470.3	9 995.0	9 514.1	10 797.1	11 079.7	12 525.9
01-03	**AGRICULTURE, SYLVICULTURE ET PÊCHE**	20.1 e	22.7	22.8 e	23.7 e	20.5 e	21.2 e	21.2 e	23.4 e
05-09	**ACTIVITÉS EXTRACTIVES**	16.7 e	18.9	19.0 e	19.7 e	17.0 e	17.6 e	17.6 e	19.4 e
10-33	**ACTIVITÉS DE FABRICATION**	6 258.6 e	6 592.8	6 700.4 e	7 043.3	6 635.0 e	7 458.8	6 769.7 e	6 791.9 e
10-12	Produits alimentaires, boissons et tabac	42.0 e	46.8	47.2 e	49.2	46.5 e	52.3 e	49.0 e	50.9 e
13-15	Textiles, habillement, cuir et articles de cuir	6.8 e	5.2	5.5 e	5.9	5.6 e	6.3 e	6.4 e	7.1 e
13	Textiles	..	..	..	..	..	..	..	..
14	Articles d'habillement	..	..	..	..	..	..	..	..
15	Cuir et articles de cuir	..	..	..	..	..	..	..	..
16-18	Bois, papier, imprimerie et reproduction de supports enregistrés	225.0 e	107.1	124.0 e	145.7	137.6 e	155.0 e	156.2 e	173.8 e
16	Bois et articles en bois, sauf meubles	..	..	..	..	..	..	..	..
17	Papier et articles en papier	..	102.8	..	136.8	..	..	..	147.4
18	Imprimerie et reproduction de supports enregistrés	..	..	..	..	..	..	..	..
19-23	Produits pétroliers, chimiques, pharmaceutiques, caoutchouc, plastique, minéraux	973.4 e	1 107.5	1 080.6 e	1 090.3	1 001.9 e	1 100.4 e	1 074.1 e	1 160.6 e
19	Cokéfaction et raffinage	..	..	..	..	..	..	..	..
20-21	Industrie chimique et pharmaceutique	..	..	..	..	..	..	..	..
20	Produits chimiques	..	..	..	..	..	..	..	..
21	Préparations pharmaceutiques, chimiques (médicine) et d'herboristerie	746.5 e	876.5	829.4 e	809.6	764.4 e	861.1 e	811.6 e	847.4 e
22	Produits en caoutchouc et en plastique	23.9 e	24.0	26.5 e	30.0	39.7 e	56.5	70.1 e	91.0
23	Autres produits minéraux non métalliques	12.5 e	14.6	15.2 e	16.4	15.5 e	17.4 e	15.8 e	15.8
24-25	Produits métalliques de base et ouvrages en métaux (sauf machines et matériel)	305.0 e	261.0	306.8 e	364.5	312.9 e	320.3	320.0 e	353.4
24	Produits métallurgiques de base	161.9 e	168.4	205.3 e	250.4	224.2 e	239.9	203.1 e	187.7
25	Ouvrages en métaux (sauf machines et matériel)	143.1 e	92.6	101.5 e	114.1	88.7 e	80.3	116.9 e	165.8
26-30	Ordinateurs, articles électroniques et optiques ; machines et matériels de transport	4 522.5 e	4 894.0	4 970.5 e	5 221.2	4 990.9 e	5 685.2	5 039.8 e	4 923.9
26	Ordinateurs, articles électroniques et optiques	1 995.1 e	2 149.1	2 059.7 e	2 039.0	1 949.4 e	2 220.9	1 176.1 e	255.3
27	Matériels électriques	249.0 e	273.5	296.8 e	331.0	336.7 e	404.2	395.3 e	427.9
28	Machines et équipements n.c.a.	620.9 e	682.3	700.5 e	743.5	689.4 e	763.6	805.6 e	932.0
29	Automobiles, remorques et semi-remorques	996.0 e	1 075.1	1 149.8 e	1 266.5 e	1 211.0 e	1 379.8 e	1 600.1 e	1 988.2 e
30	Autres matériels de transport	661.5 e	714.0	763.7 e	841.2 e	804.3 e	916.5 e	1 062.7 e	1 320.5 e
31-33	Meubles ; réparation et installation de machines et de matériel	183.9 e	171.2	165.9 e	166.2	139.6 e	139.4 e	124.2 e	122.1 e
31	Meubles	12.0 e	9.7	13.4 e	17.6	14.6 e	14.5 e	12.8 e	12.5 e
32	Autres activités de fabrication	106.1 e	120.0	126.8 e	138.2	115.1 e	113.8 e	100.9 e	98.6 e
33	Réparation et installation de machines et de matériel	65.9 e	41.5	25.8 e	10.5	9.9 e	11.1 e	10.5 e	11.0 e
35-39	**ÉLECTRICITÉ, GAZ, EAU ET TRAITEMENT DES DÉCHETS**	11.2 e	10.6	23.9 e	38.4	54.8 e	80.9	83.2 e	94.2
35-36	Production et distribution d'électricité, de gaz et de l'eau	..	..	..	..	..	..	..	..
37-39	Assainissement, traitement des déchets et dépollution	..	..	..	..	..	..	..	..
41-43	**CONSTRUCTION**	17.3 e	17.6	22.6 e	28.5	31.6 e	40.3	36.3 e	36.2 e
45-99	**TOTAL SERVICES**	2 299.0 e	2 616.6	2 681.6 e	2 841.5	2 755.2 e	3 178.3	4 151.8 e	5 560.9
45-82	**Services du secteur des entreprises**	2 281.1 e	2 604.6	2 665.2 e	2 819.9	2 734.9 e	3 155.3 e	4 126.5 e	5 530.6 e
45-47	Commerce de gros et de détail ; réparations automobiles et motocycles	374.9 e	542.5	569.0 e	613.7	579.0 e	649.8 e	687.4 e	797.2 e
49-53	Transport et entreposage	14.8 e	16.7	26.6 e	37.6	34.4 e	37.5	32.2 e	30.3
55-56	Activités d'hébergement et de restauration	0.0 e	0.0	0.0 e	0.0	0.0 e	0.0	0.0 e	0.0
58-63	Information et communication	420.8 e	380.4	445.4 e	526.0	565.4 e	705.6	1 508.1 e	2 468.5
58-60	Édition, audiovisuel et diffusion	..	80.2	..	130.4	..	225.6	..	208.6
58	Activités d'édition	..	..	..	..	..	..	..	..
59-60	Activités audiovisuel et diffusion	..	..	..	..	..	..	..	..
59	Production de films, vidéo, programmes de télévision et d'enregistrements	..	..	..	..	..	..	..	..
60	Programmation et diffusion	..	..	..	..	..	..	..	..
61	Télécommunications	..	..	..	..	..	..	..	..
62-63	Technologies de l'information et informatique	..	..	..	..	..	..	..	..
62	Programmation informatique ; conseils et activités connexes	..	..	..	..	..	..	..	..
63	Services d'information	..	..	..	..	..	..	..	..
64-66	Activités financières et d'assurances	76.3 e	91.8	95.4 e	102.0	107.6 e	132.4	129.8 e	140.9
68-82	Activités immobilières ; professionnelles ; services administratifs et d'appui	1 394.3 e	1 572.8	1 528.8 e	1 530.4	1 448.5 e	1 630.0 e	1 769.0 e	2 093.7 e
68	Activités immobilières	0.0 e	0.0 e	0.0 e	0.0 e	0.0 e	0.0 e	0.0 e	0.0 e
69-75x72	Activités professionnelles, scientifiques et techniques, R-D scientifique exclu	274.5 e	315.3	383.7 e	465.6	460.7 e	539.0	568.8 e	658.3
72	Recherche scientifique et développement	1 110.1 e	1 245.5	1 116.2 e	1 017.5	945.7 e	1 046.5	1 155.4 e	1 385.6
77-82	Activités de services administratifs et d'appui	9.7 e	12.0	29.0 e	47.3	42.0 e	44.4 e	44.8 e	49.9 e
84-99	**Services collectifs, sociaux et personnels**	17.9 e	12.0 e	16.4 e	21.5 e	20.4 e	23.0 e	25.3 e	30.3 e
84-85	Administration publique et défense ; sécurité sociale obligatoire et éducation	..	..	..	..	..	..	..	..
86-88	Santé humaine et action sociale	..	..	..	..	..	..	..	..
90-93	Arts, spectacles et loisirs	..	..	..	..	..	..	..	..
94-99	Autres services ; ménages-employeurs ; organismes extra-territoriaux	..	..	..	..	..	..	..	..

.. Non disponible ; e Valeur estimée
Note : Voir les métadonnées détaillées sur : *http://metalinks.oecd.org/anberd/20191119/86ba*.

SUÈDE

Dépenses de R-D dans l'industrie par activité principale de l'entreprise, prix constants
CITI Rév. 4

2010 PPP USD

		2010	2011	2012	2013	2014	2015	2016	2017
	TOTAL ENTREPRISES	8 623.1	8 986.5	8 880.9	9 214.0	8 747.4	9 865.3	10 130.1	11 016.0
01-03	AGRICULTURE, SYLVICULTURE ET PÊCHE	20.1 e	22.0	21.4 e	21.8 e	18.8 e	19.3 e	19.3 e	20.6 e
05-09	**ACTIVITÉS EXTRACTIVES**	16.7 e	18.3	17.8 e	18.1 e	15.7 e	16.1 e	16.1 e	17.1 e
10-33	**ACTIVITÉS DE FABRICATION**	6 258.6 e	6 384.8	6 283.4 e	6 493.0	6 100.3 e	6 815.1	6 189.5 e	5 973.2 e
10-12	Produits alimentaires, boissons et tabac	42.0 e	45.3	44.2 e	45.4	42.7 e	47.8 e	44.8 e	44.8 e
13-15	Textiles, habillement, cuir et articles de cuir	6.8 e	5.0	5.1 e	5.5	5.1 e	5.8 e	5.8 e	6.2 e
13	Textiles	..	..	..	..	..	..	..	..
14	Articles d'habillement	..	..	..	..	..	..	..	..
15	Cuir et articles de cuir	..	..	..	..	..	..	..	..
16-18	Bois, papier, imprimerie et reproduction de supports enregistrés	225.0 e	103.7	116.3 e	134.3	126.5 e	141.6 e	142.8 e	152.9 e
16	Bois et articles en bois, sauf meubles	..	..	..	..	..	..	..	..
17	Papier et articles en papier	..	99.5	..	126.1	..	..	..	129.6
18	Imprimerie et reproduction de supports enregistrés	..	..	..	..	..	..	..	..
19-23	Produits pétroliers, chimiques, pharmaceutiques, caoutchouc, plastique, minéraux	973.4 e	1 072.6	1 013.3 e	1 005.1	921.2 e	1 005.4 e	982.0 e	1 020.7 e
19	Cokéfaction et raffinage	..	..	..	..	..	..	..	..
20-21	Industrie chimique et pharmaceutique	..	..	..	..	..	..	..	..
20	Produits chimiques	..	..	..	..	..	..	..	..
21	Préparations pharmaceutiques, chimiques (médicine) et d'herboristerie	746.5 e	848.9	777.8 e	746.4	702.8 e	786.7 e	742.0 e	745.2 e
22	Produits en caoutchouc et en plastique	23.9 e	23.2	24.8 e	27.7	36.5 e	51.6	64.1 e	80.0
23	Autres produits minéraux non métalliques	12.5 e	14.1	14.3 e	15.1	14.2 e	15.9 e	14.4 e	13.9
24-25	Produits métalliques de base et ouvrages en métaux (sauf machines et matériel)	305.0 e	252.7	287.7 e	336.0	287.7 e	292.6 e	292.6 e	310.8
24	Produits métallurgiques de base	161.9 e	163.1	192.5 e	230.8	206.1 e	219.2	185.7 e	165.0
25	Ouvrages en métaux (sauf machines et matériel)	143.1 e	89.7	95.2 e	105.2	81.5 e	73.4	106.9 e	145.8
26-30	Ordinateurs, articles électroniques et optiques ; machines et matériels de transport	4 522.5 e	4 739.6	4 661.1 e	4 813.2	4 588.7 e	5 194.5	4 607.8 e	4 330.4
26	Ordinateurs, articles électroniques et optiques	1 995.1 e	2 081.3	1 931.5 e	1 879.7	1 792.3 e	2 029.2	1 075.3 e	224.5
27	Matériels électriques	249.0 e	264.9	278.3 e	305.2	309.6 e	369.3	361.4 e	376.4
28	Machines et équipements n.c.a.	620.9 e	660.7	656.9 e	685.4	633.9 e	697.9	736.6 e	819.7
29	Automobiles, remorques et semi-remorques	996.0 e	1 041.2	1 078.3 e	1 167.5	1 113.4 e	1 260.8 e	1 462.9 e	1 748.5 e
30	Autres matériels de transport	661.5 e	691.5	716.2 e	775.4	739.5 e	837.4 e	971.6 e	1 161.3 e
31-33	Meubles ; réparation et installation de machines et de matériel	183.9 e	165.8	155.6 e	153.2	128.3 e	127.3 e	113.5 e	107.4 e
31	Meubles	12.0 e	9.4	12.5 e	16.2	13.4 e	13.2 e	11.7 e	11.0 e
32	Autres activités de fabrication	106.1 e	116.2	118.9 e	127.4	105.8 e	103.9 e	92.2 e	86.7 e
33	Réparation et installation de machines et de matériel	65.9 e	40.2	24.2 e	9.7	9.1 e	10.2 e	9.6 e	9.6 e
35-39	**ÉLECTRICITÉ, GAZ, EAU ET TRAITEMENT DES DÉCHETS**	11.2 e	10.3	22.4 e	35.4	50.4 e	73.9	76.0 e	82.8
35-36	Production et distribution d'électricité, de gaz et de l'eau	..	..	..	..	..	..	..	..
37-39	Assainissement, traitement des déchets et dépollution	..	..	..	..	..	..	..	..
41-43	**CONSTRUCTION**	17.3 e	17.1	21.2 e	26.3	29.0 e	36.8	33.2 e	31.8 e
45-99	**TOTAL SERVICES**	2 299.0 e	2 534.0	2 514.7 e	2 619.4	2 533.2 e	2 904.0	3 796.0 e	4 890.6
45-82	**Services du secteur des entreprises**	2 281.1 e	2 522.4	2 499.4 e	2 599.6	2 514.5 e	2 883.0 e	3 772.8 e	4 864.0 e
45-47	Commerce de gros et de détail ; réparations automobiles et motocycles	374.9 e	525.4	533.6 e	565.7	532.4 e	593.7 e	628.5 e	701.1 e
49-53	Transport et entreposage	14.8 e	16.2	24.9 e	34.6	31.6 e	34.3	29.4 e	26.6
55-56	Activités d'hébergement et de restauration	0.0 e	0.0 e	0.0 e	0.0 e	0.0 e	0.0 e	0.0 e	0.0 e
58-63	Information et communication	420.8 e	368.4	417.7 e	484.9	519.8 e	644.7	1 378.8 e	2 171.0
58-60	Édition, audiovisuel et diffusion	..	77.6	..	120.2	..	206.1	..	183.4
58	Activités d'édition	..	..	..	..	..	..	..	..
59-60	Activités audiovisuel et diffusion	..	..	..	..	..	..	..	..
59	Production de films, vidéo, programmes de télévision et d'enregistrements	..	..	..	..	..	..	..	..
60	Programmation et diffusion	..	..	..	..	..	..	..	..
61	Télécommunications	..	..	..	..	..	..	..	..
62-63	Technologies de l'information et informatique	..	..	..	..	..	..	..	..
62	Programmation informatique ; conseils et activités connexes	..	..	..	..	..	..	..	..
63	Services d'information	..	..	..	..	..	..	..	..
64-66	**Activités financières et d'assurances**	76.3 e	88.9	89.5 e	94.0	98.9 e	121.0	118.7 e	123.9
68-82	**Activités immobilières ; professionnelles ; services administratifs et d'appui**	1 394.3 e	1 523.2	1 433.7 e	1 410.8	1 331.7 e	1 489.3 e	1 617.4 e	1 841.4 e
68	Activités immobilières	0.0 e	0.0 e	0.0 e	0.0 e	0.0 e	0.0 e	0.0 e	0.0 e
69-75x72	Activités professionnelles, scientifiques et techniques, R-D scientifique exclu	274.5 e	305.5	359.8 e	429.2	423.6 e	492.5	520.0 e	578.9
72	Recherche scientifique et développement	1 110.1 e	1 206.2	1 046.7 e	938.0	869.5 e	956.2	1 056.4 e	1 218.6
77-82	Activités de services administratifs et d'appui	9.7 e	11.6	27.2 e	43.6	38.6 e	40.6 e	41.0 e	43.9 e
84-99	**Services collectifs, sociaux et personnels**	17.9 e	11.6 e	15.4 e	19.8 e	18.7 e	21.0 e	23.1 e	26.6 e
84-85	Administration publique et défense ; sécurité sociale obligatoire et éducation	..	..	..	..	..	..	..	..
86-88	Santé humaine et action sociale	..	..	..	..	..	..	..	..
90-93	Arts, spectacles et loisirs	..	..	..	..	..	..	..	..
94-99	Autres services ; ménages-employeurs ; organismes extra-territoriaux	..	..	..	..	..	..	..	..

.. Non disponible ; e Valeur estimée
Note : Voir les métadonnées détaillées sur : http://metalinks.oecd.org/anberd/20191119/86ba.

SUISSE

Dépenses de R-D dans l'industrie par activité principale de l'entreprise, prix courants
CITI Rév. 4

Millions USD PPP

Code	Activité	2010	2011	2012	2013	2014	2015	2016	2017
	TOTAL ENTREPRISES	8 874.3 e	9 815.8 e	10 542.8	11 266.9 e	11 939.2 e	12 675.6	12 728.0 e	13 116.0
01-03	AGRICULTURE, SYLVICULTURE ET PÊCHE	..	..	..	..	..	..	..	..
05-09	ACTIVITÉS EXTRACTIVES	..	..	..	..	..	..	..	..
10-33	**ACTIVITÉS DE FABRICATION**	6 409.2 e	6 981.2 e	7 378.7	7 756.2 e	8 121.8 e	8 609.4	8 749.5 e	9 196.5
10-12	Produits alimentaires, boissons et tabac	34.6 e	37.5 e	45.3	51.2 e	54.8 e	58.0	58.9 e	61.9
13-15	Textiles, habillement, cuir et articles de cuir	..	..	..	..	..	..	..	..
13	Textiles	..	..	..	..	..	..	..	..
14	Articles d'habillement	..	..	..	..	..	..	..	..
15	Cuir et articles de cuir	..	..	..	..	..	..	..	..
16-18	Bois, papier, imprimerie et reproduction de supports enregistrés	..	..	..	..	..	..	..	..
16	Bois et articles en bois, sauf meubles	..	..	..	..	..	..	..	..
17	Papier et articles en papier	..	..	..	..	..	..	..	..
18	Imprimerie et reproduction de supports enregistrés	..	..	..	..	..	..	..	..
19-23	Produits pétroliers, chimiques, pharmaceutiques, caoutchouc, plastique, minéraux	3 580.6 e	3 845.1 e	4 066.2	4 352.7 e	4 659.8 e	4 991.1	5 017.7 e	5 151.5
19	Cokéfaction et raffinage	..	..	..	..	..	..	..	..
20-21	Industrie chimique et pharmaceutique	..	..	..	..	..	..	..	..
20	Produits chimiques	..	..	..	..	..	..	..	..
21	Préparations pharmaceutiques, chimiques (médicine) et d'herboristerie	3 244.3 e	3 494.5 e	3 692.0	3 935.8 e	4 194.0 e	4 481.9	4 512.9 e	4 651.6
22	Produits en caoutchouc et en plastique	..	..	..	..	..	..	..	..
23	Autres produits minéraux non métalliques	..	..	..	..	..	..	..	..
24-25	Produits métalliques de base et ouvrages en métaux (sauf machines et matériel)	279.8 e	329.1 e	336.9	301.6 e	257.8 e	258.5	326.2 e	456.3
24	Produits métallurgiques de base	..	..	..	..	..	..	..	..
25	Ouvrages en métaux (sauf machines et matériel)	..	..	..	..	..	..	..	..
26-30	Ordinateurs, articles électroniques et optiques ; machines et matériels de transport	2 256.8 e	2 500.0 e	2 677.4	2 834.1 e	2 954.5 e	3 063.6	2 980.6 e	2 958.4
26	Ordinateurs, articles électroniques et optiques	1 287.7 e	1 421.6 e	1 526.1	1 632.9 e	1 718.7 e	1 777.1	1 688.2 e	1 609.2
27	Matériels électriques	..	..	..	..	..	..	..	..
28	Machines et équipements n.c.a.	..	..	..	..	..	..	..	..
29	Automobiles, remorques et semi-remorques	..	..	..	..	..	..	..	..
30	Autres matériels de transport	..	..	..	..	..	..	..	..
31-33	Meubles ; réparation et installation de machines et de matériel	..	..	..	..	..	..	..	..
31	Meubles	..	..	..	..	..	..	..	..
32	Autres activités de fabrication	..	..	..	..	..	..	..	..
33	Réparation et installation de machines et de matériel	..	..	..	..	..	..	..	..
35-39	**ÉLECTRICITÉ, GAZ, EAU ET TRAITEMENT DES DÉCHETS**	..	..	..	..	..	..	..	..
35-36	Production et distribution d'électricité, de gaz et de l'eau	..	..	..	..	..	..	..	..
37-39	Assainissement, traitement des déchets et dépollution	..	..	..	..	..	..	..	..
41-43	**CONSTRUCTION**	..	..	..	..	..	..	..	..
45-99	**TOTAL SERVICES**	2 465.0 e	2 834.5 e	3 164.1	3 510.7 e	3 817.5 e	4 066.2	3 978.5 e	3 919.5
45-82	Services du secteur des entreprises	..	..	..	..	..	..	..	..
45-47	Commerce de gros et de détail ; réparations automobiles et motocycles	..	..	..	..	..	..	..	..
49-53	Transport et entreposage	..	..	..	..	..	..	..	..
55-56	Activités d'hébergement et de restauration	..	..	..	..	..	..	..	..
58-63	Information et communication	..	..	..	..	..	..	..	..
58-60	Édition, audiovisuel et diffusion	..	..	..	..	..	..	..	..
58	Activités d'édition	..	..	..	..	..	..	..	..
59-60	Activités audiovisuel et diffusion	..	..	..	..	..	..	..	..
59	Production de films, vidéo, programmes de télévision et d'enregistrements	..	..	..	..	..	..	..	..
60	Programmation et diffusion	..	..	..	..	..	..	..	..
61	Télécommunications	..	..	..	..	..	..	..	..
62-63	Technologies de l'information et informatique	..	..	..	..	..	..	..	..
62	Programmation informatique ; conseils et activités connexes	..	..	..	..	..	..	..	..
63	Services d'information	..	..	..	..	..	..	..	..
64-66	Activités financières et d'assurances	..	..	..	..	..	..	..	..
68-82	Activités immobilières ; professionnelles ; services administratifs et d'appui	..	..	..	..	..	..	..	..
68	Activités immobilières	..	..	..	..	..	..	..	..
69-75x72	Activités professionnelles, scientifiques et techniques, R-D scientifique exclu	..	..	..	..	..	..	..	..
72	Recherche scientifique et développement	927.0 e	1 168.6 e	1 412.1	1 649.1 e	1 841.8 e	1 977.2	1 918.8 e	1 855.6
77-82	Activités de services administratifs et d'appui	..	..	..	..	..	..	..	..
84-99	Services collectifs, sociaux et personnels	..	..	..	..	..	..	..	..
84-85	Administration publique et défense ; sécurité sociale obligatoire et éducation	..	..	..	..	..	..	..	..
86-88	Santé humaine et action sociale	..	..	..	..	..	..	..	..
90-93	Arts, spectacles et loisirs	..	..	..	..	..	..	..	..
94-99	Autres services ; ménages-employeurs ; organismes extra-territoriaux	..	..	..	..	..	..	..	..

.. Non disponible ; e Valeur estimée

Note : Voir les métadonnées détaillées sur : *http://metalinks.oecd.org/anberd/20191119/86ba*.

SUISSE

Dépenses de R-D dans l'industrie par activité principale de l'entreprise, prix constants
CITI Rév. 4

2010 PPP USD

		2010	2011	2012	2013	2014	2015	2016	2017
	TOTAL ENTREPRISES	8 874.3 e	9 324.0 e	9 720.4	10 066.4 e	10 483.0 e	10 795.0	10 846.7 e	10 898.9
01-03	AGRICULTURE, SYLVICULTURE ET PÊCHE	..	..	..	..	..	..	..	..
05-09	**ACTIVITÉS EXTRACTIVES**	..	..	..	..	..	..	..	..
10-33	**ACTIVITÉS DE FABRICATION**	6 409.2 e	6 631.5 e	6 803.1	6 929.7 e	7 131.1 e	7 332.1	7 456.3 e	7 641.9
10-12	Produits alimentaires, boissons et tabac	34.6 e	35.6 e	41.7	45.8 e	48.1 e	49.4	50.2 e	51.5
13-15	Textiles, habillement, cuir et articles de cuir	..	..	..	..	..	..	..	..
13	Textiles	..	..	..	..	..	..	..	..
14	Articles d'habillement	..	..	..	..	..	..	..	..
15	Cuir et articles de cuir	..	..	..	..	..	..	..	..
16-18	Bois, papier, imprimerie et reproduction de supports enregistrés	..	..	..	..	..	..	..	..
16	Bois et articles en bois, sauf meubles	..	..	..	..	..	..	..	..
17	Papier et articles en papier	..	..	..	..	..	..	..	..
18	Imprimerie et reproduction de supports enregistrés	..	..	..	..	..	..	..	..
19-23	Produits pétroliers, chimiques, pharmaceutiques, caoutchouc, plastique, minéraux	3 580.6 e	3 652.5 e	3 749.0	3 888.9 e	4 091.4 e	4 250.6	4 276.0 e	4 280.7
19	Cokéfaction et raffinage	..	..	..	..	..	..	..	..
20-21	Industrie chimique et pharmaceutique	..	..	..	..	..	..	..	..
20	Produits chimiques	..	..	..	..	..	..	..	..
21	Préparations pharmaceutiques, chimiques (médicine) et d'herboristerie	3 244.3 e	3 319.4 e	3 404.0	3 516.4 e	3 682.5 e	3 817.0	3 845.9 e	3 865.3
22	Produits en caoutchouc et en plastique	..	..	..	..	..	..	..	..
23	Autres produits minéraux non métalliques	..	..	..	..	..	..	..	..
24-25	Produits métalliques de base et ouvrages en métaux (sauf machines et matériel)	279.8 e	312.7 e	310.6	269.4 e	226.4 e	220.2	278.0 e	379.2
24	Produits métallurgiques de base	..	..	..	..	..	..	..	..
25	Ouvrages en métaux (sauf machines et matériel)	..	..	..	..	..	..	..	..
26-30	Ordinateurs, articles électroniques et optiques ; machines et matériels de transport	2 256.8 e	2 374.7 e	2 468.5	2 532.1 e	2 594.1 e	2 609.1	2 540.1 e	2 458.3
26	Ordinateurs, articles électroniques et optiques	1 287.7 e	1 350.4 e	1 407.1	1 458.9 e	1 509.0 e	1 513.5	1 438.6 e	1 337.2
27	Matériels électriques	..	..	..	..	..	..	..	..
28	Machines et équipements n.c.a.	..	..	..	..	..	..	..	..
29	Automobiles, remorques et semi-remorques	..	..	..	..	..	..	..	..
30	Autres matériels de transport	..	..	..	..	..	..	..	..
31-33	Meubles ; réparation et installation de machines et de matériel	..	..	..	..	..	..	..	..
31	Meubles	..	..	..	..	..	..	..	..
32	Autres activités de fabrication	..	..	..	..	..	..	..	..
33	Réparation et installation de machines et de matériel	..	..	..	..	..	..	..	..
35-39	**ÉLECTRICITÉ, GAZ, EAU ET TRAITEMENT DES DÉCHETS**	..	..	..	..	..	..	..	..
35-36	Production et distribution d'électricité, de gaz et de l'eau	..	..	..	..	..	..	..	..
37-39	Assainissement, traitement des déchets et dépollution	..	..	..	..	..	..	..	..
41-43	**CONSTRUCTION**	..	..	..	..	..	..	..	..
45-99	**TOTAL SERVICES**	2 465.0 e	2 692.6 e	2 917.2	3 136.6 e	3 351.8 e	3 463.0	3 390.4 e	3 256.9
45-82	Services du secteur des entreprises	..	..	..	..	..	..	..	..
45-47	Commerce de gros et de détail ; réparations automobiles et motocycles	..	..	..	..	..	..	..	..
49-53	Transport et entreposage	..	..	..	..	..	..	..	..
55-56	Activités d'hébergement et de restauration	..	..	..	..	..	..	..	..
58-63	Information et communication	..	..	..	..	..	..	..	..
58-60	Édition, audiovisuel et diffusion	..	..	..	..	..	..	..	..
58	Activités d'édition	..	..	..	..	..	..	..	..
59-60	Activités audiovisuel et diffusion	..	..	..	..	..	..	..	..
59	Production de films, vidéo, programmes de télévision et d'enregistrements	..	..	..	..	..	..	..	..
60	Programmation et diffusion	..	..	..	..	..	..	..	..
61	Télécommunications	..	..	..	..	..	..	..	..
62-63	Technologies de l'information et informatique	..	..	..	..	..	..	..	..
62	Programmation informatique ; conseils et activités connexes	..	..	..	..	..	..	..	..
63	Services d'information	..	..	..	..	..	..	..	..
64-66	**Activités financières et d'assurances**	..	..	..	..	..	..	..	..
68-82	**Activités immobilières ; professionnelles ; services administratifs et d'appui**	..	..	..	..	..	..	..	..
68	Activités immobilières	..	..	..	..	..	..	..	..
69-75x72	Activités professionnelles, scientifiques et techniques, R-D scientifique exclu	..	..	..	..	..	..	..	..
72	Recherche scientifique et développement	927.0 e	1 110.1 e	1 302.0	1 473.4 e	1 617.2 e	1 683.9	1 635.2 e	1 541.9
77-82	Activités de services administratifs et d'appui	..	..	..	..	..	..	..	..
84-99	Services collectifs, sociaux et personnels	..	..	..	..	..	..	..	..
84-85	Administration publique et défense ; sécurité sociale obligatoire et éducation	..	..	..	..	..	..	..	..
86-88	Santé humaine et action sociale	..	..	..	..	..	..	..	..
90-93	Arts, spectacles et loisirs	..	..	..	..	..	..	..	..
94-99	Autres services ; ménages-employeurs ; organismes extra-territoriaux	..	..	..	..	..	..	..	..

.. Non disponible ; e Valeur estimée
Note : Voir les métadonnées détaillées sur : http://metalinks.oecd.org/anberd/20191119/86ba.

TURQUIE

Dépenses de R-D dans l'industrie par activité principale de l'entreprise, prix courants
CITI Rév. 4

Millions USD PPP

		2010	2011	2012	2013	2014	2015	2016	2017
	TOTAL ENTREPRISES	**4 284.0**	**4 985.9**	**5 776.5**	**6 569.7**	**7 931.2**	**8 870.5**	**10 690.0**	**12 359.0**
01-03	AGRICULTURE, SYLVICULTURE ET PÊCHE	9.9	13.3	12.4	16.9	18.6	21.4	13.6	38.5
05-09	ACTIVITÉS EXTRACTIVES	14.4	19.8	17.1	30.6	18.2	25.1	40.0	30.3
10-33	**ACTIVITÉS DE FABRICATION**	**2 211.5**	**2 659.4**	**3 063.3**	**3 373.5**	**4 111.5**	**4 456.1**	**6 122.5**	**7 235.5**
10-12	Produits alimentaires, boissons et tabac	66.1	78.4	80.8	115.6	118.9	103.0	134.1	177.3
13-15	Textiles, habillement, cuir et articles de cuir	70.0	99.3	106.8	92.9	118.7	129.7	147.4	150.1
13	Textiles	55.6	83.0	88.6	73.2	94.8	109.2	116.8	114.1
14	Articles d'habillement	12.6	13.7	15.3	16.3	18.4	16.6	27.2	32.9
15	Cuir et articles de cuir	1.8	2.6	2.9	3.4	5.5	3.8	3.4	3.1
16-18	Bois, papier, imprimerie et reproduction de supports enregistrés	9.5	11.3	12.5	11.9	17.6	14.9	36.5	39.0
16	Bois et articles en bois, sauf meubles	1.6	3.5	3.2	1.8	3.6	3.0	4.0	4.2
17	Papier et articles en papier	4.7	4.5	5.7	4.7	5.0	5.8	22.7	29.0
18	Imprimerie et reproduction de supports enregistrés	3.2	3.3	3.6	5.4	8.9	6.0	9.8	5.8
19-23	Produits pétroliers, chimiques, pharmaceutiques, caoutchouc, plastique, minéraux	382.7	550.3	601.2	722.8	682.9	644.6	669.1	749.2
19	Cokéfaction et raffinage	12.6 e	16.4 e	19.2 e	29.5 e	26.3 e	23.7 e	23.4 e	19.6 e
20-21	Industrie chimique et pharmaceutique	243.1 e	387.6 e	406.1 e	531.2 e	496.6 e	471.0 e	441.0 e	450.7 e
20	Produits chimiques	143.0 e	186.6 e	218.3 e	334.7 e	298.2 e	269.4 e	265.4 e	222.1 e
21	Préparations pharmaceutiques, chimiques (médicine) et d'herboristerie	100.1	201.0	187.8	196.5	198.4	201.6	175.6	228.6
22	Produits en caoutchouc et en plastique	69.6	80.1	98.2	80.5	86.3	70.7	79.7	190.8
23	Autres produits minéraux non métalliques	57.3	66.1	77.7	81.6	73.7	79.2	124.9	88.2
24-25	Produits métalliques de base et ouvrages en métaux (sauf machines et matériel)	208.9	206.7	246.3	252.7	382.4	315.1	565.7	376.1
24	Produits métallurgiques de base	30.1	55.0	59.4	55.7	97.0	74.0	70.3	85.8
25	Ouvrages en métaux (sauf machines et matériel)	178.8	151.6	187.0	197.0	285.5	241.1	495.4	290.3
26-30	Ordinateurs, articles électroniques et optiques ; machines et matériels de transport	1 428.5	1 654.4	1 945.1	2 108.4	2 711.6	3 179.1	4 466.1	5 579.3
26	Ordinateurs, articles électroniques et optiques	133.0	153.7	195.5	263.9	237.1	292.8	1 398.6	1 901.9
27	Matériels électriques	236.0	322.7	328.8	344.0	420.9	438.3	530.5	614.1
28	Machines et équipements n.c.a.	186.3	242.4	295.6	313.6	309.9	333.4	453.6	534.9
29	Automobiles, remorques et semi-remorques	636.2	676.7	773.4	908.9	1 390.6	1 542.0	1 336.4	1 455.4
30	Autres matériels de transport	237.1	258.9	350.8	277.9	353.1	572.6	747.0	1 073.1
31-33	Meubles ; réparation et installation de machines et de matériel	45.6	59.1	70.6	69.2	79.5	69.8	103.7	164.4
31	Meubles	14.5	15.9	13.6	14.7	12.9	15.3	24.0	48.2
32	Autres activités de fabrication	18.4	26.8	36.9	28.8	41.2	34.8	51.8	54.1
33	Réparation et installation de machines et de matériel	12.8	16.4	20.2	25.8	25.4	19.7	28.0	62.0
35-39	**ÉLECTRICITÉ, GAZ, EAU ET TRAITEMENT DES DÉCHETS**	**11.7**	**17.5**	**30.1**	**34.3**	**38.6**	**59.2**	**44.0**	**35.7**
35-36	Production et distribution d'électricité, de gaz et de l'eau	..	12.8	25.0	30.6	34.3	55.4	40.9	32.1
37-39	Assainissement, traitement des déchets et dépollution	..	4.7	5.1	3.8	4.3	3.8	3.1	3.6
41-43	**CONSTRUCTION**	**22.4**	**30.3**	**41.6**	**25.3**	**27.2**	**30.9**	**26.8**	**95.2**
45-99	**TOTAL SERVICES**	**2 014.1**	**2 245.6**	**2 612.1**	**3 089.0**	**3 717.1**	**4 277.8**	**4 443.1**	**4 923.8**
45-82	**Services du secteur des entreprises**	**2 002.0**	**2 230.6**	**2 590.2**	**3 073.0**	**3 695.4**	**4 258.3**	**4 369.8**	**4 854.1**
45-47	Commerce de gros et de détail ; réparations automobiles et motocycles	117.2	183.4	153.6	180.7	197.6	243.8	440.1	377.9
49-53	Transport et entreposage	10.6	10.3	17.6	25.8	30.1	31.4	42.8	89.1
55-56	Activités d'hébergement et de restauration	0.0	0.0	0.5	0.4	0.6	0.6	4.9	0.3
58-63	Information et communication	1 204.9	1 176.8	1 449.5	1 653.9	2 096.5	2 479.2	3 195.7	3 539.0
58-60	Édition, audiovisuel et diffusion	189.4 e	68.1 e	22.7	30.0	55.6	53.8	17.6	32.0
58	Activités d'édition	..	..	21.1	28.3	52.6	52.2	15.1	29.0
59-60	Activités audiovisuel et diffusion	..	..	1.7	1.7	3.0	1.6	2.5	2.9
59	Production de films, vidéo, programmes de télévision et d'enregistrements	..	..	..	..	..	..	..	..
60	Programmation et diffusion	..	..	..	..	..	..	..	..
61	Télécommunications	279.4 e	215.9 e	310.1	332.8	463.4	512.6	131.8	101.2
62-63	Technologies de l'information et informatique	736.2	892.8	1 116.6	1 291.1	1 577.6	1 912.8	3 046.3	3 405.8
62	Programmation informatique ; conseils et activités connexes	726.6	881.8	1 100.2	1 282.6	1 568.5	1 898.7	3 002.2	3 347.5
63	Services d'information	9.6	11.0	16.4	8.5	9.1	14.1	44.2	58.3
64-66	**Activités financières et d'assurances**	**66.4**	**96.9**	**93.9**	**130.6**	**121.1**	**71.3**	**60.8**	**98.1**
68-82	**Activités immobilières ; professionnelles ; services administratifs et d'appui**	**602.9**	**763.1**	**875.1**	**1 081.5**	**1 249.5**	**1 432.1**	**625.5**	**749.7**
68	Activités immobilières	0.0	0.0	0.0	0.0	0.0	0.0	0.0	16.4
69-75x72	Activités professionnelles, scientifiques et techniques, R-D scientifique exclu	17.2	28.4	31.7	37.2	41.0	46.6	117.4	107.7
72	Recherche scientifique et développement	583.1	732.5	840.8	1 039.5	1 200.1	1 375.8	492.0	590.7
77-82	Activités de services administratifs et d'appui	2.6	2.2	2.6	4.8	8.4	9.7	16.1	34.9
84-99	**Services collectifs, sociaux et personnels**	**12.1**	**15.0**	**21.9**	**16.1**	**21.7**	**19.5**	**73.2**	**69.6**
84-85	Administration publique et défense ; sécurité sociale obligatoire et éducation	5.5	8.5	15.0	12.0	13.8	11.6	54.4	59.7
86-88	Santé humaine et action sociale	3.9	3.4	3.8	2.2	6.4	5.7	15.1	7.6
90-93	Arts, spectacles et loisirs	..	..	..	..	..	..	..	..
94-99	Autres services ; ménages-employeurs ; organismes extra-territoriaux	..	..	..	..	..	..	..	..

.. Non disponible ; e Valeur estimée
Note : Voir les métadonnées détaillées sur : http://metalinks.oecd.org/anberd/20191119/86ba.

TURQUIE

Dépenses de R-D dans l'industrie par activité principale de l'entreprise, prix constants
CITI Rév. 4

2010 PPP USD

		2010	2011	2012	2013	2014	2015	2016	2017
	TOTAL ENTREPRISES	4 284.0	4 837.8	5 507.8	6 186.1	7 174.3	7 829.8	9 386.5	10 764.1
01-03	**AGRICULTURE, SYLVICULTURE ET PÊCHE**	9.9	12.9	11.8	15.9	16.8	18.9	11.9	33.5
05-09	**ACTIVITÉS EXTRACTIVES**	14.4	19.2	16.3	28.8	16.4	22.2	35.1	26.4
10-33	**ACTIVITÉS DE FABRICATION**	2 211.5	2 580.5	2 920.8	3 176.5	3 719.1	3 933.3	5 375.9	6 301.7
10-12	Produits alimentaires, boissons et tabac	66.1	76.1	77.1	108.8	107.5	90.9	117.7	154.4
13-15	Textiles, habillement, cuir et articles de cuir	70.0	96.3	101.8	87.5	107.4	114.5	129.4	130.7
13	Textiles	55.6	80.5	84.5	68.9	85.7	96.4	102.5	99.4
14	Articles d'habillement	12.6	13.3	14.6	15.3	16.7	14.7	23.9	28.6
15	Cuir et articles de cuir	1.8	2.5	2.7	3.2	5.0	3.4	3.0	2.7
16-18	Bois, papier, imprimerie et reproduction de supports enregistrés	9.5	11.0	11.9	11.2	15.9	13.1	32.0	34.0
16	Bois et articles en bois, sauf meubles	1.6	3.4	3.1	1.7	3.2	2.7	3.5	3.7
17	Papier et articles en papier	4.7	4.4	5.4	4.5	4.5	5.2	19.9	25.2
18	Imprimerie et reproduction de supports enregistrés	3.2	3.2	3.4	5.1	8.1	5.3	8.6	5.1
19-23	Produits pétroliers, chimiques, pharmaceutiques, caoutchouc, plastique, minéraux	382.7	533.9	573.2	680.6	617.7	569.0	587.5	652.5
19	Cokéfaction et raffinage	12.6 e	16.0 e	18.3 e	27.8 e	23.8 e	21.0 e	20.5 e	17.0 e
20-21	Industrie chimique et pharmaceutique	243.1 e	376.1 e	387.2 e	500.2 e	449.2 e	415.7 e	387.3 e	392.5 e
20	Produits chimiques	143.0 e	181.0 e	208.1 e	315.1 e	269.7 e	237.8 e	233.1 e	193.4 e
21	Préparations pharmaceutiques, chimiques (médicine) et d'herboristerie	100.1	195.1	179.0	185.0	179.5	177.9	154.2	199.1
22	Produits en caoutchouc et en plastique	69.6	77.7	93.6	75.8	78.0	62.4	70.0	166.2
23	Autres produits minéraux non métalliques	57.3	64.2	74.1	76.8	66.7	69.9	109.7	76.8
24-25	Produits métalliques de base et ouvrages en métaux (sauf machines et matériel)	208.9	200.5	234.9	238.0	345.9	278.1	496.7	327.6
24	Produits métallurgiques de base	30.1	53.4	56.6	52.4	87.7	65.3	61.8	74.7
25	Ouvrages en métaux (sauf machines et matériel)	178.8	147.1	178.3	185.5	258.2	212.9	434.9	252.9
26-30	Ordinateurs, articles électroniques et optiques ; machines et matériels de transport	1 428.5	1 605.3	1 854.6	1 985.3	2 452.8	2 806.2	3 921.5	4 859.3
26	Ordinateurs, articles électroniques et optiques	133.0	149.2	187.4	248.5	214.5	258.5	1 228.0	1 656.5
27	Matériels électriques	236.0	313.1	313.5	323.9	380.7	386.9	465.8	534.9
28	Machines et équipements n.c.a.	186.3	235.2	281.8	295.3	280.3	294.3	398.3	465.8
29	Automobiles, remorques et semi-remorques	636.2	656.6	737.4	855.8	1 257.9	1 361.1	1 173.5	1 267.6
30	Autres matériels de transport	237.1	251.2	334.5	261.7	319.4	505.5	655.9	934.6
31-33	Meubles ; réparation et installation de machines et de matériel	45.6	57.3	67.3	65.2	71.9	61.6	91.1	143.2
31	Meubles	14.5	15.5	12.9	13.8	11.7	13.5	21.1	42.0
32	Autres activités de fabrication	18.4	26.0	35.2	27.1	37.2	30.7	45.4	47.1
33	Réparation et installation de machines et de matériel	12.8	15.9	19.2	24.3	23.0	17.4	24.6	54.0
35-39	**ÉLECTRICITÉ, GAZ, EAU ET TRAITEMENT DES DÉCHETS**	11.7	17.0	28.7	32.3	35.0	52.2	38.7	31.1
35-36	Production et distribution d'électricité, de gaz et de l'eau	..	12.4	23.8	28.8	31.0	48.9	35.9	28.0
37-39	Assainissement, traitement des déchets et dépollution	..	4.6	4.9	3.5	3.9	3.4	2.8	3.1
41-43	**CONSTRUCTION**	22.4	29.4	39.6	23.8	24.6	27.2	23.6	82.9
45-99	**TOTAL SERVICES**	2 014.1	2 178.9	2 490.6	2 908.7	3 362.4	3 775.9	3 901.3	4 288.4
45-82	**Services du secteur des entreprises**	2 002.0	2 164.3	2 469.7	2 893.6	3 342.8	3 758.7	3 837.0	4 227.7
45-47	Commerce de gros et de détail ; réparations automobiles et motocycles	117.2	178.0	146.5	170.2	178.7	215.2	386.4	329.2
49-53	Transport et entreposage	10.6	10.0	16.8	24.3	27.3	27.7	37.6	77.6
55-56	Activités d'hébergement et de restauration	0.0	0.0	0.5	0.0	0.5	0.6	4.3	0.3
58-63	**Information et communication**	1 204.9	1 141.9	1 382.1	1 557.4	1 896.5	2 188.3	2 806.1	3 082.3
58-60	Édition, audiovisuel et diffusion	189.4 e	66.1 e	21.7	28.3	50.2	47.5	15.4	27.8
58	Activités d'édition	..	..	20.1	26.7	47.6	46.1	13.3	25.3
59-60	Activités audiovisuel et diffusion	..	..	1.6	1.6	2.7	1.4	2.2	2.5
59	Production de films, vidéo, programmes de télévision et d'enregistrements	..	..	..	..	..	..	..	..
60	Programmation et diffusion	..	..	..	..	..	..	..	..
61	Télécommunications	279.4 e	209.5 e	295.7	313.4	419.2	452.4	115.8	88.1
62-63	Technologies de l'information et informatique	736.2	866.3	1 064.7	1 215.7	1 427.1	1 688.4	2 674.9	2 966.3
62	Programmation informatique ; conseils et activités connexes	726.6	855.6	1 049.0	1 207.7	1 418.8	1 676.0	2 636.1	2 915.5
63	Services d'information	9.6	10.7	15.7	8.0	8.2	12.4	38.8	50.8
64-66	**Activités financières et d'assurances**	66.4	94.0	89.5	123.0	109.5	62.9	53.4	85.4
68-82	**Activités immobilières ; professionnelles ; services administratifs et d'appui**	602.9	740.5	834.4	1 018.3	1 130.2	1 264.1	549.3	653.0
68	Activités immobilières	0.0	0.0	0.0	0.0	0.0	0.0	0.0	14.3
69-75x72	Activités professionnelles, scientifiques et techniques, R-D scientifique exclu	17.2	27.6	30.2	35.0	37.1	41.1	103.1	93.8
72	Recherche scientifique et développement	583.1	710.8	801.7	978.8	1 085.6	1 214.4	432.0	514.4
77-82	Activités de services administratifs et d'appui	2.6	2.1	2.5	4.5	7.6	8.6	14.1	30.4
84-99	Services collectifs, sociaux et personnels	12.1	14.6	20.9	15.1	19.7	17.2	64.3	60.6
84-85	Administration publique et défense ; sécurité sociale obligatoire et éducation	5.5	8.3	14.3	11.3	12.4	10.2	47.8	52.0
86-88	Santé humaine et action sociale	3.9	3.3	3.6	2.1	5.8	5.0	13.2	6.6
90-93	Arts, spectacles et loisirs	..	..	..	..	..	..	..	..
94-99	Autres services ; ménages-employeurs ; organismes extra-territoriaux	..	..	..	..	..	..	..	..

.. Non disponible ; e Valeur estimée

Note : Voir les métadonnées détaillées sur : *http://metalinks.oecd.org/anberd/20191119/86ba*.

ROYAUME-UNI

Dépenses de R-D dans l'industrie par activité principale de l'entreprise, prix courants
CITI Rév. 4

Millions USD PPP

		2010	2011	2012	2013	2014	2015	2016	2017
	TOTAL ENTREPRISES	**22 878.3**	**24 655.7**	**24 381.2**	**26 534.1**	**28 541.9**	**30 165.0**	**31 811.5**	..
01-03	AGRICULTURE, SYLVICULTURE ET PÊCHE	19.4	17.6	20.0	14.8	19.2	22.1	31.1	..
05-09	ACTIVITÉS EXTRACTIVES	194.4	245.0	243.7	273.9	261.3	229.2	237.9	..
10-33	ACTIVITÉS DE FABRICATION	8 499.4	9 097.9	9 745.8	10 529.0	11 144.8	11 845.5	13 166.4	..
10-12	Produits alimentaires, boissons et tabac	330.1	393.2	391.7	471.1	472.5	372.5	446.7	..
13-15	Textiles, habillement, cuir et articles de cuir	15.4	36.0	45.5	31.6	32.1	27.7	30.2	..
13	Textiles	13.2	32.4	38.9	23.7	23.8	20.8	25.2	..
14	Articles d'habillement	1.1	1.7	3.8	4.2	4.9	3.9	2.3	..
15	Cuir et articles de cuir	1.0	1.8	2.7	3.7	3.4	3.0	2.7	..
16-18	Bois, papier, imprimerie et reproduction de supports enregistrés	25.8	21.4	31.2	51.3	57.6	63.4	69.9	..
16	Bois et articles en bois, sauf meubles	5.1	2.0	4.0 e	9.5	8.9	8.8	13.5	..
17	Papier et articles en papier	12.8	12.5	11.4 e	15.1	17.6	16.8	17.0	..
18	Imprimerie et reproduction de supports enregistrés	7.8	6.9	15.8	26.8	31.1	38.0	39.4	..
19-23	Produits pétroliers, chimiques, pharmaceutiques, caoutchouc, plastique, minéraux	1 280.5	1 350.5	1 310.1	1 390.4	1 370.9	1 394.8	1 555.8	..
19	Cokéfaction et raffinage	18.5	26.8	31.6	27.5	47.8	129.1	60.4	..
20-21	Industrie chimique et pharmaceutique	1 108.2	1 151.0	1 093.2	1 177.6	1 096.4	1 011.0	1 236.1	..
20	Produits chimiques	456.6	402.4	374.6	519.1	523.9	450.6	688.1	..
21	Préparations pharmaceutiques, chimiques (médicine) et d'herboristerie	651.6	748.7	718.6	658.5	572.6	560.4	548.1	..
22	Produits en caoutchouc et en plastique	95.0	115.1	140.4	136.8	158.4	194.0	185.5	..
23	Autres produits minéraux non métalliques	58.8	57.5	44.9	48.6	68.3	60.7	73.7	..
24-25	Produits métalliques de base et ouvrages en métaux (sauf machines et matériel)	916.6	903.9	796.1	802.4	861.1	776.5	753.8	..
24	Produits métallurgiques de base	70.3	123.5	90.2	63.9	101.4	85.6	93.6	..
25	Ouvrages en métaux (sauf machines et matériel)	846.2	780.4	705.9	738.6	759.7	690.8	660.1	..
26-30	Ordinateurs, articles électroniques et optiques ; machines et matériels de transport	5 447.8	6 048.1	6 853.0	7 377.4	7 934.2	8 674.8	9 815.3	..
26	Ordinateurs, articles électroniques et optiques	1 177.3	1 384.5	1 391.9	1 468.3	1 440.9	1 422.7	1 560.0	..
27	Matériels électriques	232.5	215.7	242.1	230.7	259.6	274.1	250.3	..
28	Machines et équipements n.c.a.	885.1	897.4	1 106.3	1 078.9	1 069.5	1 254.8	1 189.3	..
29	Automobiles, remorques et semi-remorques	1 504.6	1 834.9	2 106.7	2 508.0	2 887.4	3 407.0	4 220.2	..
30	Autres matériels de transport	1 648.4	1 715.6	2 006.0	2 091.5	2 276.9	2 316.1	2 595.2	..
31-33	Meubles ; réparation et installation de machines et de matériel	483.3	344.9	318.3	404.7	416.5	535.8	495.0	..
31	Meubles	46.6	70.8	51.6	73.1	55.8	57.5	61.8	..
32	Autres activités de fabrication	204.3	166.0	147.7	181.5	177.1	250.0	222.3	..
33	Réparation et installation de machines et de matériel	232.4	108.1	119.0	150.2	183.6	228.3	210.8	..
35-39	ÉLECTRICITÉ, GAZ, EAU ET TRAITEMENT DES DÉCHETS	42.6	46.6	118.6	162.8	155.8	199.9	180.5	..
35-36	Production et distribution d'électricité, de gaz et de l'eau	32.2	37.1	102.8	141.0	139.2	175.6	138.1	..
37-39	Assainissement, traitement des déchets et dépollution	10.4	9.5	15.8	21.9	16.6	24.3	42.5	..
41-43	CONSTRUCTION	54.1	53.1	85.8	100.3	150.3	128.4	180.8	..
45-99	**TOTAL SERVICES**	**14 068.6**	**15 195.6**	**14 167.4**	**15 453.3**	**16 810.5**	**17 739.9**	**18 014.6**	..
45-82	Services du secteur des entreprises	13 765.1	14 852.7	13 816.3	15 010.0	16 499.3	17 373.5	17 442.2	..
45-47	Commerce de gros et de détail ; réparations automobiles et motocycles	1 072.8	1 084.8	996.8	993.5	1 004.1	1 317.4	1 216.8	..
49-53	Transport et entreposage	40.9	41.9	14.0	43.9	66.0	82.0	61.0	..
55-56	Activités d'hébergement et de restauration	26.6	36.0	41.6	23.2	41.8	55.2	89.0	..
58-63	Information et communication	2 975.2	3 317.3	3 450.7	3 784.4	4 202.3	4 175.5	4 572.5	..
58-60	Édition, audiovisuel et diffusion	101.8	120.4	98.1	174.2	281.9	368.3	885.6	..
58	Activités d'édition	63.4	87.0	73.5	126.7	118.4	117.9	117.9	..
59-60	Activités audiovisuel et diffusion	38.3	33.4	24.5	47.5	163.5	250.4	767.6	..
59	Production de films, vidéo, programmes de télévision et d'enregistrements	33.7	24.8	15.0	31.9	110.0 e	168.5 e	516.4 e	..
60	Programmation et diffusion	4.6	8.6	9.5	15.5	53.5 e	82.0 e	251.2 e	..
61	Télécommunications	1 175.4	1 018.1	999.8	1 053.0	1 139.7	1 029.2	1 071.0	..
62-63	Technologies de l'information et informatique	1 698.0	2 178.9	2 352.9	2 557.2	2 780.8	2 778.2	2 615.8	..
62	Programmation informatique ; conseils et activités connexes	1 634.2	2 116.3	2 228.9	2 319.2	2 340.7	2 489.6	2 353.5	..
63	Services d'information	63.8	62.6	124.0	238.0	440.1	288.6	262.4	..
64-66	Activités financières et d'assurances	496.1	430.0	380.3	475.8	536.5	568.9	571.8	..
68-82	Activités immobilières ; professionnelles ; services administratifs et d'appui	9 153.4	9 942.8	8 933.0	9 689.3	10 648.5	11 174.6	10 931.2	..
68	Activités immobilières	14.2	14.0	16.0	23.7	31.1	29.2	20.8	..
69-75x72	Activités professionnelles, scientifiques et techniques, R-D scientifique exclu	1 209.9	1 377.1	1 821.9	2 275.4	2 850.2	2 795.9	2 617.1	..
72	Recherche scientifique et développement	7 735.2	8 276.0	6 681.7	6 992.5	7 123.0	7 677.7	7 625.0	..
77-82	Activités de services administratifs et d'appui	194.1	275.6	413.5	397.7	644.3	671.8	668.3	..
84-99	Services collectifs, sociaux et personnels	303.6	342.9	351.0	443.3	311.3	366.4	572.4	..
84-85	Administration publique et défense ; sécurité sociale obligatoire et éducation	12.4	11.0	27.2	47.6	22.2	14.7	13.7	..
86-88	Santé humaine et action sociale	35.9	24.8	23.9	45.3	57.0	76.3	87.7	..
90-93	Arts, spectacles et loisirs	216.0	272.1	264.5	304.1	194.7	232.8	426.7	..
94-99	Autres services ; ménages-employeurs ; organismes extra-territoriaux	39.3	35.0	35.3	46.3	37.4	42.6	44.2	..

.. Non disponible ; e Valeur estimée
Note : Voir les métadonnées détaillées sur : *http://metalinks.oecd.org/anberd/20191119/86ba*.

ROYAUME-UNI

Dépenses de R-D dans l'industrie par activité principale de l'entreprise, prix constants
CITI Rév. 4

2010 PPP USD

		2010	2011	2012	2013	2014	2015	2016	2017
	TOTAL ENTREPRISES	22 878.3	24 320.7	23 531.7	24 911.7	26 467.0	27 608.4	28 785.7	..
01-03	**AGRICULTURE, SYLVICULTURE ET PÊCHE**	19.4	17.3	19.3	13.9	17.8	20.2	28.1	..
05-09	**ACTIVITÉS EXTRACTIVES**	194.4	241.7	235.2	257.1	242.3	209.8	215.3	..
10-33	**ACTIVITÉS DE FABRICATION**	8 499.4	8 974.3	9 406.2	9 885.3	10 334.6	10 841.5	11 914.1	..
10-12	Produits alimentaires, boissons et tabac	330.1	387.8	378.0	442.3	438.1	340.9	404.2	..
13-15	Textiles, habillement, cuir et articles de cuir	15.4	35.5	43.9	29.7	29.7	25.4	27.3	..
13	Textiles	13.2	32.0	37.6	22.3	22.0	19.0	22.8	..
14	Articles d'habillement	1.1	1.7	3.7	3.9	4.5	3.6	2.1	..
15	Cuir et articles de cuir	1.0	1.8	2.6	3.5	3.2	2.8	2.5	..
16-18	Bois, papier, imprimerie et reproduction de supports enregistrés	25.8	21.1	30.1	48.2	53.4	58.0	63.2	..
16	Bois et articles en bois, sauf meubles	5.1	2.0	3.9 e	8.9	8.2	8.1	12.2	..
17	Papier et articles en papier	12.8	12.3	11.0 e	14.2	16.3	15.3	15.4	..
18	Imprimerie et reproduction de supports enregistrés	7.8	6.8	15.3	25.1	28.8	34.8	35.6	..
19-23	Produits pétroliers, chimiques, pharmaceutiques, caoutchouc, plastique, minéraux	1 280.5	1 332.1	1 264.4	1 305.4	1 271.2	1 276.6	1 407.8	..
19	Cokéfaction et raffinage	18.5	26.4	30.5	25.8	44.3	118.2	54.7	..
20-21	Industrie chimique et pharmaceutique	1 108.2	1 135.4	1 055.1	1 105.6	1 016.7	925.3	1 118.6	..
20	Produits chimiques	456.6	396.9	361.5	487.4	485.8	412.4	622.6	..
21	Préparations pharmaceutiques, chimiques (médicine) et d'herboristerie	651.6	738.5	693.6	618.2	530.9	512.9	495.9	..
22	Produits en caoutchouc et en plastique	95.0	113.6	135.5	128.4	146.8	177.5	167.9	..
23	Autres produits minéraux non métalliques	58.8	56.7	43.3	45.6	63.3	55.5	66.7	..
24-25	Produits métalliques de base et ouvrages en métaux (sauf machines et matériel)	916.6	891.6	768.4	753.4	798.5	710.7	682.1	..
24	Produits métallurgiques de base	70.3	121.8	87.1	60.0	94.0	78.4	84.7	..
25	Ouvrages en métaux (sauf machines et matériel)	846.2	769.8	681.3	693.4	704.5	632.3	597.4	..
26-30	Ordinateurs, articles électroniques et optiques ; machines et matériels de transport	5 447.8	5 966.0	6 614.2	6 926.3	7 357.4	7 939.5	8 881.7	..
26	Ordinateurs, articles électroniques et optiques	1 177.3	1 365.6	1 343.4	1 378.5	1 336.2	1 302.1	1 411.7	..
27	Matériels électriques	232.5	212.8	233.7	216.6	240.7	250.9	226.5	..
28	Machines et équipements n.c.a.	885.1	885.2	1 067.7	1 012.9	991.8	1 148.5	1 076.2	..
29	Automobiles, remorques et semi-remorques	1 504.6	1 809.9	2 033.2	2 354.7	2 677.5	3 118.3	3 818.8	..
30	Autres matériels de transport	1 648.4	1 692.3	1 936.1	1 963.6	2 111.4	2 119.8	2 348.4	..
31-33	Meubles ; réparation et installation de machines et de matériel	483.3	340.2	307.2	380.0	386.2	490.4	447.9	..
31	Meubles	46.6	69.9	49.8	68.6	51.8	52.6	56.0	..
32	Autres activités de fabrication	204.3	163.7	142.5	170.4	164.2	228.8	201.1	..
33	Réparation et installation de machines et de matériel	232.4	106.6	114.9	141.0	170.2	209.0	190.8	..
35-39	**ÉLECTRICITÉ, GAZ, EAU ET TRAITEMENT DES DÉCHETS**	42.6	46.0	114.4	152.9	144.5	183.0	163.3	..
35-36	Production et distribution d'électricité, de gaz et de l'eau	32.2	36.6	99.2	132.3	129.0	160.7	125.0	..
37-39	Assainissement, traitement des déchets et dépollution	10.4	9.4	15.3	20.5	15.4	22.2	38.5	..
41-43	**CONSTRUCTION**	54.1	52.4	82.8	94.1	139.4	117.5	163.6	..
45-99	**TOTAL SERVICES**	14 068.6	14 989.1	13 673.7	14 508.5	15 588.4	16 236.4	16 301.2	..
45-82	**Services du secteur des entreprises**	13 765.1	14 650.9	13 334.9	14 092.3	15 299.8	15 901.0	15 783.2	..
45-47	Commerce de gros et de détail ; réparations automobiles et motocycles	1 072.8	1 070.0	962.1	932.7	931.1	1 205.7	1 101.1	..
49-53	Transport et entreposage	40.9	41.4	13.5	41.2	61.2	75.1	55.2	..
55-56	Activités d'hébergement et de restauration	26.6	35.5	40.2	21.7	38.8	50.5	80.6	..
58-63	Information et communication	2 975.2	3 272.2	3 330.4	3 553.0	3 896.8	3 821.7	4 137.6	..
58-60	Édition, audiovisuel et diffusion	101.8	118.8	94.6	163.5	261.4	337.1	801.4	..
58	Activités d'édition	63.4	85.8	71.0	119.0	109.8	107.9	106.7	..
59-60	Activités audiovisuel et diffusion	38.3	33.0	23.7	44.6	151.6	229.2	694.6	..
59	Production de films, vidéo, programmes de télévision et d'enregistrements	33.7	24.4	14.4	30.0	102.0 e	154.2 e	467.3 e	..
60	Programmation et diffusion	4.6	8.5	9.2	14.6	49.6 e	75.0 e	227.3 e	..
61	Télécommunications	1 175.4	1 004.2	965.0	988.6	1 056.8	942.0	969.1	..
62-63	Technologies de l'information et informatique	1 698.0	2 149.3	2 270.9	2 400.9	2 578.6	2 542.7	2 367.0	..
62	Programmation informatique ; conseils et activités connexes	1 634.2	2 087.5	2 151.3	2 177.4	2 170.5	2 278.6	2 129.6	..
63	Services d'information	63.8	61.8	119.7	223.5	408.1	264.1	237.4	..
64-66	**Activités financières et d'assurances**	496.1	424.2	367.0	446.7	497.5	520.7	517.4	..
68-82	**Activités immobilières ; professionnelles ; services administratifs et d'appui**	9 153.4	9 807.6	8 621.7	9 096.9	9 874.4	10 227.5	9 891.5	..
68	Activités immobilières	14.2	13.8	15.4	22.3	28.8	26.7	18.8	..
69-75x72	Activités professionnelles, scientifiques et techniques, R-D scientifique exclu	1 209.9	1 358.4	1 758.4	2 136.3	2 643.0	2 559.0	2 368.2	..
72	Recherche scientifique et développement	7 735.2	8 163.6	6 448.9	6 564.9	6 605.2	7 027.0	6 899.8	..
77-82	Activités de services administratifs et d'appui	194.1	271.9	399.1	373.4	597.5	614.8	604.7	..
84-99	**Services collectifs, sociaux et personnels**	303.6	338.2	338.8	416.2	288.6	335.4	518.0	..
84-85	Administration publique et défense ; sécurité sociale obligatoire et éducation	12.4	10.9	26.3	44.7	20.6	13.5	12.4	..
86-88	Santé humaine et action sociale	35.9	24.4	23.1	42.5	52.8	69.8	79.4	..
90-93	Arts, spectacles et loisirs	216.0	268.4	255.3	285.5	180.6	213.1	386.1	..
94-99	Autres services ; ménages-employeurs ; organismes extra-territoriaux	39.3	34.5	34.1	43.5	34.7	39.0	40.0	..

.. Non disponible ; e Valeur estimée

Note : Voir les métadonnées détaillées sur : *http://metalinks.oecd.org/anberd/20191119/86ba*.

ROYAUME-UNI

Dépenses de R-D dans l'industrie par orientation sectorielle, prix courants
CITI Rév. 4

Millions USD PPP

		2010	2011	2012	2013	2014	2015	2016	2017
	TOTAL ENTREPRISES	**22 878.3**	**24 655.7**	**24 381.2**	**26 534.1**	**28 541.9**	**30 165.0**	..	..
01-03	**AGRICULTURE, SYLVICULTURE ET PÊCHE**	**145.4**	**188.2**	**188.7**	**177.8**	**170.8**	**200.6**	..	..
05-09	**ACTIVITÉS EXTRACTIVES**	**161.9**	**275.3**	**306.0**	**323.9**	**451.4**	**298.1**	..	..
10-33	**ACTIVITÉS DE FABRICATION**	**16 571.0**	**17 778.0**	**17 438.2**	**18 439.3**	**19 081.7**	**21 014.8**	..	..
10-12	Produits alimentaires, boissons et tabac	435.0	495.9	509.2	610.6	615.5	610.4	..	..
13-15	Textiles, habillement, cuir et articles de cuir	15.4	18.6	28.8	31.8	32.1	27.7	..	..
13	Textiles	..	..	..	..	..	..	..	..
14	Articles d'habillement	..	..	..	..	..	..	..	..
15	Cuir et articles de cuir	..	..	..	..	..	..	..	..
16-18	Bois, papier, imprimerie et reproduction de supports enregistrés	39.4	30.3	39.6	70.3	68.7	69.9	..	..
16	Bois et articles en bois, sauf meubles	7.8 e	2.8 e	5.1 e	13.0 e	10.6 e	9.7 e	..	..
17	Papier et articles en papier	19.6 e	17.7 e	14.4 e	20.7 e	21.0 e	18.4 e	..	..
18	Imprimerie et reproduction de supports enregistrés	12.0 e	9.8 e	20.1 e	36.6 e	37.1 e	41.8 e	..	..
19-23	Produits pétroliers, chimiques, pharmaceutiques, caoutchouc, plastique, minéraux	7 832.8	8 168.2	7 168.6	7 070.6	6 991.4	7 761.1	..	..
19	Cokéfaction et raffinage	104.5	102.3	108.5	100.0	123.8	257.7	..	..
20-21	Industrie chimique et pharmaceutique	7 536.0	7 844.7	6 836.0	6 757.6	6 595.4	7 227.1	..	..
20	Produits chimiques	937.5	975.7	841.6	888.2	976.9	1 193.2	..	..
21	Préparations pharmaceutiques, chimiques (médicine) et d'herboristerie	6 598.5	6 869.0	5 994.4	5 869.4	5 618.5	6 034.0	..	..
22	Produits en caoutchouc et en plastique	112.5	136.8	159.8	144.8	184.4	197.7	..	..
23	Autres produits minéraux non métalliques	79.9	84.4	64.3	68.2	87.8	78.6	..	..
24-25	Produits métalliques de base et ouvrages en métaux (sauf machines et matériel)	294.7	338.8	275.6	292.8	338.8	321.1	..	..
24	Produits métallurgiques de base	162.5	171.0	138.0	125.6	181.4	145.3	..	..
25	Ouvrages en métaux (sauf machines et matériel)	132.3	167.8	137.7	167.3	157.3	175.8	..	..
26-30	Ordinateurs, articles électroniques et optiques ; machines et matériels de transport	7 763.4	8 518.2	9 218.6	10 119.3	10 748.9	11 949.0	..	..
26	Ordinateurs, articles électroniques et optiques	1 729.0	1 820.0	2 105.4	2 296.2	2 456.7	2 833.6	..	..
27	Matériels électriques	728.7	720.5	663.9	562.4	659.0	686.1	..	..
28	Machines et équipements n.c.a.	1 188.8	1 374.0	1 423.0	1 494.3	1 420.6	1 501.7	..	..
29	Automobiles, remorques et semi-remorques	1 787.3	2 160.0	2 468.8	2 963.0	3 297.9	3 903.9	..	..
30	Autres matériels de transport	2 329.5	2 443.7	2 557.6	2 803.5	2 914.6	3 023.8	..	..
31-33	Meubles ; réparation et installation de machines et de matériel	190.2	208.1	197.7	243.9	286.4	275.6	..	..
31	Meubles	..	..	..	..	..	..	..	..
32	Autres activités de fabrication	..	..	..	..	..	..	..	..
33	Réparation et installation de machines et de matériel	..	..	..	..	..	..	..	..
35-39	**ÉLECTRICITÉ, GAZ, EAU ET TRAITEMENT DES DÉCHETS**	**102.2**	**95.2**	**168.6**	**199.4**	**206.5**	**265.9**	..	..
35-36	Production et distribution d'électricité, de gaz et de l'eau	90.7	80.3	151.5	175.2	190.0	223.3	..	..
37-39	Assainissement, traitement des déchets et dépollution	11.5	14.9	17.1	24.2	16.5	42.6	..	..
41-43	**CONSTRUCTION**	**10.4**	**31.3**	**83.2**	**103.4**	**189.3**	**211.0**	..	..
45-99	**TOTAL SERVICES**	**5 887.4**	**6 287.6**	**6 196.5**	**7 290.3**	**8 442.2**	**8 174.6**	..	..
45-82	**Services du secteur des entreprises**	**5 770.0**	**6 193.5**	**6 099.6**	**7 138.5**	**8 302.3**	**8 048.6**	..	..
45-47	Commerce de gros et de détail ; réparations automobiles et motocycles	249.2	334.5	261.7	240.5	350.4	311.3	..	..
49-53	Transport et entreposage	24.8	25.9	30.1	50.2	54.7	70.9	..	..
55-56	Activités d'hébergement et de restauration	..	..	..	..	..	..	..	..
58-63	Information et communication	3 876.4	4 103.7	4 060.1	4 206.7	4 826.2	4 723.4	..	..
58-60	Édition, audiovisuel et diffusion	49.6	37.7	42.5	92.1	..	..	..	..
58	Activités d'édition	..	..	..	..	..	..	..	..
59-60	Activités audiovisuel et diffusion	..	..	..	..	..	..	..	..
59	Production de films, vidéo, programmes de télévision et d'enregistrements	..	..	..	..	..	..	..	..
60	Programmation et diffusion	..	..	..	..	..	..	..	..
61	Télécommunications	1 477.9	1 489.1	1 267.6	1 208.9	1 370.6	..	..	..
62-63	Technologies de l'information et informatique	2 349.0	2 576.9	2 750.0	2 905.7	..	..	..	..
62	Programmation informatique ; conseils et activités connexes	..	..	..	..	..	..	..	..
63	Services d'information	..	..	..	..	..	..	..	..
64-66	**Activités financières et d'assurances**	**214.4**	**191.2**	**59.7**	**181.8**	**249.1**	**246.3**	..	..
68-82	**Activités immobilières ; professionnelles ; services administratifs et d'appui**	**1 405.2**	**1 538.1**	**1 688.1**	**2 459.3**	**2 822.0**	**2 696.8**	..	..
68	Activités immobilières	14.2	14.0	0.0	0.0	31.1	29.2	..	..
69-75x72	Activités professionnelles, scientifiques et techniques, R-D scientifique exclu	..	..	..	..	..	..	..	..
72	Recherche scientifique et développement	803.9	965.8	872.1	1 335.8	1 178.8	1 440.9	..	..
77-82	Activités de services administratifs et d'appui	..	..	..	..	..	..	..	..
84-99	**Services collectifs, sociaux et personnels**	**117.3**	**94.2**	**96.9**	**151.9**	**139.9**	**125.9**	..	..
84-85	Administration publique et défense ; sécurité sociale obligatoire et éducation	..	..	..	..	..	..	..	..
86-88	Santé humaine et action sociale	..	..	..	..	..	..	..	..
90-93	Arts, spectacles et loisirs	..	..	..	..	..	..	..	..
94-99	Autres services ; ménages-employeurs ; organismes extra-territoriaux	..	..	..	..	..	..	..	..

.. Non disponible ; e Valeur estimée
Note : Voir les métadonnées détaillées sur : *http://metalinks.oecd.org/anberd/20191119/86ba*.

ROYAUME-UNI

Dépenses de R-D dans l'industrie par orientation sectorielle, prix constants
CITI Rév. 4

2010 PPP USD

		2010	2011	2012	2013	2014	2015	2016	2017
	TOTAL ENTREPRISES	22 878.3	24 320.7	23 531.7	24 911.7	26 467.0	27 608.4	..	..
01-03	**AGRICULTURE, SYLVICULTURE ET PÊCHE**	145.4	185.7	182.1	166.9	158.4	183.6	..	..
05-09	**ACTIVITÉS EXTRACTIVES**	161.9	271.6	295.3	304.1	418.6	272.8	..	..
10-33	**ACTIVITÉS DE FABRICATION**	16 571.0	17 536.4	16 830.5	17 311.9	17 694.5	19 233.7	..	..
10-12	Produits alimentaires, boissons et tabac	435.0	489.1	491.5	573.2	570.8	558.6	..	..
13-15	Textiles, habillement, cuir et articles de cuir	15.4	18.3	27.8	29.8	29.7	25.4	..	..
13	Textiles	..	..	..	..	..	..	..	..
14	Articles d'habillement	..	..	..	..	..	..	..	..
15	Cuir et articles de cuir	..	..	..	..	..	..	..	..
16-18	Bois, papier, imprimerie et reproduction de supports enregistrés	39.4	29.9	38.2	66.0	63.7	64.0	..	..
16	Bois et articles en bois, sauf meubles	7.8 e	2.8 e	4.9 e	12.2 e	9.8 e	8.9 e	..	..
17	Papier et articles en papier	19.6 e	17.4 e	13.9 e	19.4 e	19.5 e	16.9 e	..	..
18	Imprimerie et reproduction de supports enregistrés	12.0 e	9.7 e	19.4 e	34.4 e	34.4 e	38.2 e	..	..
19-23	Produits pétroliers, chimiques, pharmaceutiques, caoutchouc, plastique, minéraux	7 832.8	8 057.2	6 918.8	6 638.2	6 483.1	7 103.3	..	..
19	Cokéfaction et raffinage	104.5	100.9	104.7	93.9	114.8	235.8	..	..
20-21	Industrie chimique et pharmaceutique	7 536.0	7 738.1	6 597.8	6 344.4	6 115.9	6 614.6	..	..
20	Produits chimiques	937.5	962.4	812.3	833.9	905.9	1 092.0	..	..
21	Préparations pharmaceutiques, chimiques (médicine) et d'herboristerie	6 598.5	6 775.7	5 785.6	5 510.5	5 210.0	5 522.6	..	..
22	Produits en caoutchouc et en plastique	112.5	135.0	154.2	136.0	171.0	181.0	..	..
23	Autres produits minéraux non métalliques	79.9	83.3	62.0	64.0	81.4	71.9	..	..
24-25	Produits métalliques de base et ouvrages en métaux (sauf machines et matériel)	294.7	334.2	266.0	274.9	314.1	293.9	..	..
24	Produits métallurgiques de base	162.5	168.6	133.2	117.9	168.2	133.0	..	..
25	Ouvrages en métaux (sauf machines et matériel)	132.3	165.6	132.9	157.1	145.9	160.9	..	..
26-30	Ordinateurs, articles électroniques et optiques ; machines et matériels de transport	7 763.4	8 402.5	8 897.4	9 500.5	9 967.5	10 936.3	..	..
26	Ordinateurs, articles électroniques et optiques	1 729.0	1 795.2	2 032.0	2 155.8	2 278.1	2 593.5	..	..
27	Matériels électriques	728.7	710.7	640.7	528.0	611.1	627.9	..	..
28	Machines et équipements n.c.a.	1 188.8	1 355.3	1 373.4	1 402.9	1 317.3	1 374.4	..	..
29	Automobiles, remorques et semi-remorques	1 787.3	2 130.7	2 382.8	2 781.8	3 058.2	3 573.0	..	..
30	Autres matériels de transport	2 329.5	2 410.5	2 468.5	2 632.0	2 702.7	2 767.6	..	..
31-33	Meubles ; réparation et installation de machines et de matériel	190.2	205.2	190.8	229.0	265.5	252.2	..	..
31	Meubles	..	..	..	..	..	..	..	..
32	Autres activités de fabrication	..	..	..	..	..	..	..	..
33	Réparation et installation de machines et de matériel	..	..	..	..	..	..	..	..
35-39	**ÉLECTRICITÉ, GAZ, EAU ET TRAITEMENT DES DÉCHETS**	102.2	93.9	162.7	187.2	191.4	243.4	..	..
35-36	Production et distribution d'électricité, de gaz et de l'eau	90.7	79.2	146.2	164.5	176.2	204.4	..	..
37-39	Assainissement, traitement des déchets et dépollution	11.5	14.7	16.5	22.7	15.3	39.0	..	..
41-43	**CONSTRUCTION**	10.4	30.9	80.3	97.1	175.5	193.1	..	..
45-99	**TOTAL SERVICES**	5 887.4	6 202.2	5 980.6	6 844.6	7 828.5	7 481.8	..	..
45-82	**Services du secteur des entreprises**	5 770.0	6 109.3	5 887.1	6 702.0	7 698.8	7 366.5	..	..
45-47	**Commerce de gros et de détail ; réparations automobiles et motocycles**	249.2	330.0	252.6	225.8	324.9	284.9	..	..
49-53	**Transport et entreposage**	24.8	25.6	29.0	47.1	50.7	64.9	..	..
55-56	**Activités d'hébergement et de restauration**	..	..	..	..	..	..	..	..
58-63	**Information et communication**	3 876.4	4 047.9	3 918.6	3 949.5	4 475.3	4 323.1	..	..
58-60	Édition, audiovisuel et diffusion	49.6	37.2	41.0	86.4	..	..	..	..
58	Activités d'édition	..	..	..	..	..	..	..	..
59-60	Activités audiovisuel et diffusion	..	..	..	..	..	..	..	..
59	Production de films, vidéo, programmes de télévision et d'enregistrements	..	..	..	..	..	..	..	..
60	Programmation et diffusion	..	..	..	..	..	..	..	..
61	Télécommunications	1 477.9	1 468.9	1 223.4	1 135.0	1 271.0	..	..	..
62-63	Technologies de l'information et informatique	2 349.0	2 541.8	2 654.2	2 728.1	..	..	..	..
62	Programmation informatique ; conseils et activités connexes	..	..	..	..	..	..	..	..
63	Services d'information	..	..	..	..	..	..	..	..
64-66	**Activités financières et d'assurances**	214.4	188.6	57.6	170.7	231.0	225.4	..	..
68-82	**Activités immobilières ; professionnelles ; services administratifs et d'appui**	1 405.2	1 517.2	1 629.2	2 308.9	2 616.8	2 468.3	..	..
68	Activités immobilières	14.2	13.8	0.0	0.0	28.8	26.7	..	..
69-75x72	Activités professionnelles, scientifiques et techniques, R-D scientifique exclu	..	..	..	..	..	..	..	..
72	Recherche scientifique et développement	803.9	952.7	841.7	1 254.1	1 093.1	1 318.5	..	..
77-82	Activités de services administratifs et d'appui	..	..	..	..	..	..	..	..
84-99	**Services collectifs, sociaux et personnels**	117.3	92.9	93.5	142.6	129.7	115.3	..	..
84-85	Administration publique et défense ; sécurité sociale obligatoire et éducation	..	..	..	..	..	..	..	..
86-88	Santé humaine et action sociale	..	..	..	..	..	..	..	..
90-93	Arts, spectacles et loisirs	..	..	..	..	..	..	..	..
94-99	Autres services ; ménages-employeurs ; organismes extra-territoriaux	..	..	..	..	..	..	..	..

.. Non disponible ; e Valeur estimée
Note : Voir les métadonnées détaillées sur : *http://metalinks.oecd.org/anberd/20191119/86ba*.

ÉTATS-UNIS

Dépenses de R-D dans l'industrie par activité principale de l'entreprise, prix courants
CITI Rév. 4

Millions USD PPP

		2010	2011	2012	2013	2014	2015	2016	2017
	TOTAL ENTREPRISES	278 977.0	294 093.0	302 250.0	322 528.0	340 728.0	355 821.0	374 685.0	..
01-03	AGRICULTURE, SYLVICULTURE ET PÊCHE	..	..	..	..	..	..	..	..
05-09	ACTIVITÉS EXTRACTIVES	2 542.0	2 733.0	2 815.0	3 997.0	4 703.0	4 012.0	3 296.0	..
10-33	ACTIVITÉS DE FABRICATION	196 711.0	201 361.0	208 415.0	221 476.0	232 815.0	236 132.0	250 553.0	..
10-12	Produits alimentaires, boissons et tabac	4 544.7 e	5 085.9 e	4 860.0 e	5 855.0	6 212.0	5 840.0	5 857.0 e	..
13-15	Textiles, habillement, cuir et articles de cuir	489.0	634.0	560.0	662.0	631.0	748.0	1 166.0	..
13	Textiles	..	..	..	..	..	..	..	..
14	Articles d'habillement	..	..	..	..	..	..	..	..
15	Cuir et articles de cuir	..	..	..	..	..	..	..	..
16-18	Bois, papier, imprimerie et reproduction de supports enregistrés	1 752.0	1 732.0	1 469.0	1 392.0	1 319.0	1 157.0	1 259.0	..
16	Bois et articles en bois, sauf meubles	247.0	211.0	461.0	220.0	362.0	195.0	188.0	..
17	Papier et articles en papier	1 274.0	1 346.0	752.0	920.0	723.0	766.0	851.0	..
18	Imprimerie et reproduction de supports enregistrés	231.0	175.0	256.0	252.0	234.0	196.0	219.0	..
19-23	Produits pétroliers, chimiques, pharmaceutiques, caoutchouc, plastique, minéraux	62 589.0 e	60 267.2 e	62 956.0	66 885.0	71 553.0	72 210.0	78 997.0	..
19	Cokéfaction et raffinage	1 154.0 e	1 484.2 e	894.0	242.0	234.0	214.0	381.0	..
20-21	Industrie chimique et pharmaceutique	58 038.0	55 324.0	57 226.0	61 664.0	66 300.0	68 196.0	73 575.0	..
20	Produits chimiques	8 623.0	9 375.0	9 080.0	9 238.0	9 688.0	9 521.0	8 947.0	..
21	Préparations pharmaceutiques, chimiques (médicine) et d'herboristerie	49 415.0	45 949.0	48 146.0	52 426.0	56 612.0	58 675.0	64 628.0	..
22	Produits en caoutchouc et en plastique	2 121.0	2 280.0	3 509.0	3 650.0	3 574.0	2 541.0	3 752.0	..
23	Autres produits minéraux non métalliques	1 276.0	1 179.0	1 327.0	1 329.0	1 445.0	1 259.0	1 289.0	..
24-25	Produits métalliques de base et ouvrages en métaux (sauf machines et matériel)	2 356.0	2 508.0	2 574.0	2 836.0	2 808.0	2 889.0	2 831.0	..
24	Produits métallurgiques de base	653.0	655.0	741.0	624.0	677.0	628.0	592.0	..
25	Ouvrages en métaux (sauf machines et matériel)	1 703.0	1 853.0	1 833.0	2 212.0	2 131.0	2 261.0	2 239.0	..
26-30	Ordinateurs, articles électroniques et optiques ; machines et matériels de transport	116 063.0	121 888.0	124 715.0	129 963.0	137 129.0	139 145.0	146 016.0	..
26	Ordinateurs, articles électroniques et optiques	59 875.0	62 704.0	65 068.0	67 205.0	73 891.0	72 110.0	77 385.0	..
27	Matériels électriques	3 320.0	3 595.0	3 087.0	4 136.0	4 365.0	4 335.0	4 771.0	..
28	Machines et équipements n.c.a.	9 955.0	14 709.0	14 254.0	12 650.0	12 128.0	13 426.0	12 585.0	..
29	Automobiles, remorques et semi-remorques	10 109.1	11 694.8 e	14 587.6 e	16 729.0	18 404.0	19 078.0	22 042.0	..
30	Autres matériels de transport	32 803.9 e	29 185.2 e	27 717.4 e	29 244.0	28 342.0	30 196.0	29 233.0 e	..
31-33	Meubles ; réparation et installation de machines et de matériel	8 917.3 e	9 245.9 e	11 281.0 e	13 883.0	13 162.0	14 142.0	14 427.8 e	..
31	Meubles	373.0	319.0	348.0	374.0	373.0	452.0	366.0	..
32	Autres activités de fabrication	8 544.3 e	8 926.9 e	10 933.0 e	13 509.0	12 789.0	13 690.0	14 061.8 e	..
33	Réparation et installation de machines et de matériel	..	..	..	..	..	..	..	..
35-39	ÉLECTRICITÉ, GAZ, EAU ET TRAITEMENT DES DÉCHETS	425.0	386.0	348.0	294.0	310.0	480.0	351.0	..
35-36	Production et distribution d'électricité, de gaz et de l'eau	..	..	..	..	..	..	..	..
37-39	Assainissement, traitement des déchets et dépollution	..	..	..	..	..	..	..	..
41-43	CONSTRUCTION	1 079.0	775.0 e	760.0 e	248.0 e	204.0 e	520.0 e	255.0 e	..
45-99	TOTAL SERVICES	78 220.0 e	88 838.0 e	89 912.0 e	96 513.0 e	102 696.0 e	114 677.0 e	120 230.0	..
45-82	Services du secteur des entreprises	75 089.9	86 633.0	88 352.0	94 979.0 e	101 538.0	113 510.0	118 658.0	..
45-47	Commerce de gros et de détail ; réparations automobiles et motocycles	2 013.9 e	2 617.0	3 177.0	1 886.0	1 727.0	3 301.0	2 021.0	..
49-53	Transport et entreposage	96.0	81.0	178.0	411.0 e	679.0	403.0	488.0	..
55-56	Activités d'hébergement et de restauration	..	..	..	..	..	..	..	..
58-63	Information et communication	47 902.0 e	55 124.0	58 056.0	66 475.0	74 792.0	79 846.0	86 495.0	..
58-60	Édition, audiovisuel et diffusion	..	..	..	..	..	..	..	..
58	Activités d'édition	26 982.0	28 435.0	28 987.0	35 675.0	36 140.0	33 346.0	33 574.0	..
59-60	Activités audiovisuel et diffusion	..	..	..	..	..	..	..	..
59	Production de films, vidéo, programmes de télévision et d'enregistrements	..	..	..	..	..	..	..	..
60	Programmation et diffusion	..	..	..	..	..	..	..	..
61	Télécommunications	1 868.0	2 157.0	2 824.0	3 041.0	3 755.0	3 607.0	4 004.8 e	..
62-63	Technologies de l'information et informatique	13 588.0	17 544.0	16 164.0	15 714.0	20 048.0	23 749.0	27 661.0	..
62	Programmation informatique ; conseils et activités connexes	11 050.0	13 259.0	11 251.0	9 268.0	11 019.0	14 333.0	15 747.0	..
63	Services d'information	2 538.0	4 285.0	4 913.0	6 446.0	9 029.0	9 416.0	11 914.0	..
64-66	Activités financières et d'assurances	2 109.0	3 457.0	3 519.0	4 308.0	4 122.0	5 366.0	7 331.0	..
68-82	Activités immobilières ; professionnelles ; services administratifs et d'appui	22 969.0	25 355.0	23 421.0	21 899.0	20 218.0	24 594.0	22 324.0	..
68	Activités immobilières	59.1 e	71.0	21.0	92.0	207.0	233.0	449.0	..
69-75x72	Activités professionnelles, scientifiques et techniques, R-D scientifique exclu	7 822.0	9 659.0	6 514.0	7 548.0	7 149.0	7 964.0	7 006.0	..
72	Recherche scientifique et développement	14 818.0	15 301.0	16 544.0	14 201.0	12 807.0	16 329.0	14 842.0	..
77-82	Activités de services administratifs et d'appui	269.9 e	324.0	342.0	58.0	55.0	68.0	27.0	..
84-99	Services collectifs, sociaux et personnels	..	..	..	..	..	..	..	..
84-85	Administration publique et défense ; sécurité sociale obligatoire et éducation	..	..	..	..	..	..	..	..
86-88	Santé humaine et action sociale	1 232.0	741.0	675.0	526.0	501.0	758.0	848.0	..
90-93	Arts, spectacles et loisirs	..	..	..	..	..	..	..	..
94-99	Autres services ; ménages-employeurs ; organismes extra-territoriaux	..	..	..	..	..	..	..	..

.. Non disponible ; e Valeur estimée
Note : Voir les métadonnées détaillées sur : *http://metalinks.oecd.org/anberd/20191119/86ba*.

ÉTATS-UNIS

Dépenses de R-D dans l'industrie par activité principale de l'entreprise, prix constants
CITI Rév. 4

2010 PPP USD

Code	Activité	2010	2011	2012	2013	2014	2015	2016	2017
	TOTAL ENTREPRISES	278 977.0	288 075.4	290 494.2	304 637.4	315 852.3	326 353.5	339 938.0	..
01-03	AGRICULTURE, SYLVICULTURE ET PÊCHE	..	..	..	..	..	..	..	..
05-09	**ACTIVITÉS EXTRACTIVES**	2 542.0	2 677.1	2 705.5	3 775.3	4 359.6	3 679.7	2 990.3	..
10-33	**ACTIVITÉS DE FABRICATION**	196 711.0	197 240.8	200 308.9	209 190.7	215 817.7	216 576.6	227 317.6	..
10-12	Produits alimentaires, boissons et tabac	4 544.7 e	4 981.8 e	4 671.0 e	5 530.2	5 758.5	5 356.4	5 313.8 e	..
13-15	Textiles, habillement, cuir et articles de cuir	489.0	621.0	538.2	625.3	584.9	686.1	1 057.9	..
13	Textiles	..	..	..	..	..	..	..	..
14	Articles d'habillement	..	..	..	..	..	..	..	..
15	Cuir et articles de cuir	..	..	..	..	..	..	..	..
16-18	Bois, papier, imprimerie et reproduction de supports enregistrés	1 752.0	1 696.6	1 411.9	1 314.8	1 222.7	1 061.2	1 142.2	..
16	Bois et articles en bois, sauf meubles	247.0	206.7	443.1	207.8	335.6	178.9	170.6	..
17	Papier et articles en papier	1 274.0	1 318.5	722.8	869.0	670.2	702.6	772.1	..
18	Imprimerie et reproduction de supports enregistrés	231.0	171.4	246.0	238.0	216.9	179.8	198.7	..
19-23	Produits pétroliers, chimiques, pharmaceutiques, caoutchouc, plastique, minéraux	62 589.0 e	59 034.1 e	60 507.4	63 174.9	66 329.1	66 229.9	71 671.1	..
19	Cokéfaction et raffinage	1 154.0 e	1 453.9 e	859.2	228.6	216.9	196.3	345.7	..
20-21	Industrie chimique et pharmaceutique	58 038.0	54 192.0	55 000.2	58 243.5	61 459.6	62 548.3	66 751.9	..
20	Produits chimiques	8 623.0	9 183.2	8 726.8	8 725.6	8 980.7	8 732.5	8 117.3	..
21	Préparations pharmaceutiques, chimiques (médicine) et d'herboristerie	49 415.0	45 008.8	46 273.4	49 517.9	52 478.9	53 815.8	58 634.6	..
22	Produits en caoutchouc et en plastique	2 121.0	2 233.3	3 372.5	3 447.5	3 313.1	2 330.6	3 404.1	..
23	Autres produits minéraux non métalliques	1 276.0	1 154.9	1 275.4	1 255.3	1 339.5	1 154.7	1 169.5	..
24-25	Produits métalliques de base et ouvrages en métaux (sauf machines et matériel)	2 356.0	2 456.7	2 473.9	2 678.7	2 603.0	2 649.7	2 568.5	..
24	Produits métallurgiques de base	653.0	641.6	712.2	589.4	627.6	576.0	537.1	..
25	Ouvrages en métaux (sauf machines et matériel)	1 703.0	1 815.1	1 761.7	2 089.3	1 975.4	2 073.8	2 031.4	..
26-30	Ordinateurs, articles électroniques et optiques ; machines et matériels de transport	116 063.0	119 394.0	119 864.3	122 753.9	127 117.5	127 621.6	132 475.0	..
26	Ordinateurs, articles électroniques et optiques	59 875.0	61 421.0	62 537.2	63 477.1	68 496.4	66 138.2	70 208.6	..
27	Matériels électriques	3 320.0	3 521.4	2 966.9	3 906.6	4 046.3	3 976.0	4 328.6	..
28	Machines et équipements n.c.a.	9 955.0	14 408.0	13 699.6	11 948.3	11 242.6	12 314.1	11 417.9	..
29	Automobiles, remorques et semi-remorques	10 109.1 e	11 455.5 e	14 020.2 e	15 801.0	17 060.4	17 498.0	19 997.9	..
30	Autres matériels de transport	32 803.9 e	28 588.1 e	26 639.3 e	27 621.8	26 272.8	27 695.3	26 522.0 e	..
31-33	Meubles ; réparation et installation de machines et de matériel	8 917.3 e	9 056.7 e	10 842.2 e	13 112.9	12 201.1	12 970.8	13 089.8 e	..
31	Meubles	373.0	312.5	334.5	353.2	345.8	414.6	332.1	..
32	Autres activités de fabrication	8 544.3 e	8 744.2 e	10 507.8 e	12 759.7	11 855.3	12 556.3	12 757.7 e	..
33	Réparation et installation de machines et de matériel	..	..	..	..	..	..	..	..
35-39	**ÉLECTRICITÉ, GAZ, EAU ET TRAITEMENT DES DÉCHETS**	425.0	378.1	334.5	277.7	287.4	440.2	318.4	..
35-36	Production et distribution d'électricité, de gaz et de l'eau	..	..	..	..	..	..	..	..
37-39	Assainissement, traitement des déchets et dépollution	..	..	..	..	..	..	..	..
41-43	**CONSTRUCTION**	1 079.0	759.1 e	730.4 e	234.2 e	189.1 e	476.9 e	231.4 e	..
45-99	**TOTAL SERVICES**	78 220.0 e	87 020.2 e	86 414.9 e	91 159.4 e	95 198.4 e	105 180.0 e	109 080.3	..
45-82	Services du secteur des entreprises	75 089.9	84 860.3	84 915.6	89 710.5 e	94 125.0	104 109.6	107 654.1	..
45-47	Commerce de gros et de détail ; réparations automobiles et motocycles	2 013.9 e	2 563.5	3 053.4	1 781.4	1 600.9	3 027.6	1 833.6	..
49-53	Transport et entreposage	96.0	79.3	171.1	388.2 e	629.4	369.6	442.7	..
55-56	Activités d'hébergement et de restauration	..	..	..	..	..	..	..	..
58-63	Information et communication	47 902.0 e	53 996.1	55 798.0	62 787.6	69 331.6	73 233.5	78 473.7	..
58-60	Édition, audiovisuel et diffusion	..	..	..	..	..	..	..	..
58	Activités d'édition	26 982.0	27 853.2	27 859.6	33 696.1	33 501.5	30 584.4	30 460.5	..
59-60	Activités audiovisuel et diffusion	..	..	..	..	..	..	..	..
59	Production de films, vidéo, programmes de télévision et d'enregistrements	..	..	..	..	..	..	..	..
60	Programmation et diffusion	..	..	..	..	..	..	..	..
61	Télécommunications	1 868.0	2 112.9	2 714.2	2 872.3	3 480.9	3 308.3	3 633.4 e	..
62-63	Technologies de l'information et informatique	13 588.0	17 185.0	15 535.3	14 842.3	18 584.3	21 782.2	25 095.8	..
62	Programmation informatique ; conseils et activités connexes	11 050.0	12 987.7	10 813.4	8 753.9	10 214.5	13 146.0	14 286.7	..
63	Services d'information	2 538.0	4 197.3	4 721.9	6 088.4	8 369.8	8 636.2	10 809.1	..
64-66	**Activités financières et d'assurances**	2 109.0	3 386.3	3 382.1	4 069.0	3 821.1	4 921.6	6 651.1	..
68-82	**Activités immobilières ; professionnelles ; services administratifs et d'appui**	22 969.0 e	24 836.2	22 510.1	20 684.3	18 741.9	22 557.2	20 253.7	..
68	Activités immobilières	59.1 e	69.5	20.2	86.9	191.9	213.7	407.4	..
69-75x72	Activités professionnelles, scientifiques et techniques, R-D scientifique exclu	7 822.0	9 461.4	6 260.6	7 129.3	6 627.1	7 304.5	6 356.3	..
72	Recherche scientifique et développement	14 818.0	14 987.9	15 900.5	13 413.4	11 872.0	14 976.7	13 465.6	..
77-82	Activités de services administratifs et d'appui	269.9 e	317.4	328.7	54.8	51.0	62.4	24.5	..
84-99	Services collectifs, sociaux et personnels	..	..	..	..	..	..	..	..
84-85	Administration publique et défense ; sécurité sociale obligatoire et éducation	..	..	..	..	..	..	..	..
86-88	Santé humaine et action sociale	1 232.0	725.8	648.7	496.8	464.4	695.2	769.4	..
90-93	Arts, spectacles et loisirs	..	..	..	..	..	..	..	..
94-99	Autres services ; ménages-employeurs ; organismes extra-territoriaux	..	..	..	..	..	..	..	..

.. Non disponible ; e Valeur estimée

Note : Voir les métadonnées détaillées sur : *http://metalinks.oecd.org/anberd/20191119/86ba*.

ARGENTINE

Dépenses de R-D dans l'industrie par activité principale de l'entreprise, prix courants
CITI Rév. 4

Millions USD PPP

		2010	2011	2012	2013	2014	2015	2016	2017
	TOTAL ENTREPRISES	..	..	..	..	..	1 161.5	1 118.8	1 254.5
01-03	**AGRICULTURE, SYLVICULTURE ET PÊCHE**	..	..	..	..	..	148.8	152.5	163.5
05-09	**ACTIVITÉS EXTRACTIVES**	..	..	..	..	..	7.6	9.0	30.7
10-33	**ACTIVITÉS DE FABRICATION**	..	..	..	..	..	645.4	600.6	624.8
10-12	Produits alimentaires, boissons et tabac	..	..	..	..	..	..	..	..
13-15	Textiles, habillement, cuir et articles de cuir	..	..	..	..	..	..	..	..
13	Textiles	..	..	..	..	..	..	..	..
14	Articles d'habillement	..	..	..	..	..	..	..	..
15	Cuir et articles de cuir	..	..	..	..	..	..	..	..
16-18	Bois, papier, imprimerie et reproduction de supports enregistrés	..	..	..	..	..	..	..	..
16	Bois et articles en bois, sauf meubles	..	..	..	..	..	..	..	..
17	Papier et articles en papier	..	..	..	..	..	..	..	..
18	Imprimerie et reproduction de supports enregistrés	..	..	..	..	..	..	..	..
19-23	Produits pétroliers, chimiques, pharmaceutiques, caoutchouc, plastique, minéraux	..	..	..	..	..	..	..	..
19	Cokéfaction et raffinage	..	..	..	..	..	..	..	..
20-21	Industrie chimique et pharmaceutique	..	..	..	..	..	..	..	..
20	Produits chimiques	..	..	..	..	..	..	..	..
21	Préparations pharmaceutiques, chimiques (médicine) et d'herboristerie	..	..	..	..	..	..	..	..
22	Produits en caoutchouc et en plastique	..	..	..	..	..	..	..	..
23	Autres produits minéraux non métalliques	..	..	..	..	..	..	..	..
24-25	Produits métalliques de base et ouvrages en métaux (sauf machines et matériel)	..	..	..	..	..	..	..	..
24	Produits métallurgiques de base	..	..	..	..	..	..	..	..
25	Ouvrages en métaux (sauf machines et matériel)	..	..	..	..	..	..	..	..
26-30	Ordinateurs, articles électroniques et optiques ; machines et matériels de transport	..	..	..	..	..	..	..	..
26	Ordinateurs, articles électroniques et optiques	..	..	..	..	..	..	..	..
27	Matériels électriques	..	..	..	..	..	..	..	..
28	Machines et équipements n.c.a.	..	..	..	..	..	..	..	..
29	Automobiles, remorques et semi-remorques	..	..	..	..	..	..	..	..
30	Autres matériels de transport	..	..	..	..	..	..	..	..
31-33	Meubles ; réparation et installation de machines et de matériel	..	..	..	..	..	..	..	..
31	Meubles	..	..	..	..	..	..	..	..
32	Autres activités de fabrication	..	..	..	..	..	..	..	..
33	Réparation et installation de machines et de matériel	..	..	..	..	..	..	..	..
35-39	**ÉLECTRICITÉ, GAZ, EAU ET TRAITEMENT DES DÉCHETS**	..	..	..	..	..	37.1	32.7	53.5
35-36	Production et distribution d'électricité, de gaz et de l'eau	..	..	..	..	..	..	..	..
37-39	Assainissement, traitement des déchets et dépollution	..	..	..	..	..	..	..	..
41-43	**CONSTRUCTION**	..	..	..	..	..	1.2	1.2	0.0
45-99	**TOTAL SERVICES**	..	..	..	..	..	321.5	322.8	381.9
45-82	**Services du secteur des entreprises**	..	..	..	..	..	..	..	..
45-47	Commerce de gros et de détail ; réparations automobiles et motocycles	..	..	..	..	..	..	..	..
49-53	Transport et entreposage	..	..	..	..	..	..	..	..
55-56	Activités d'hébergement et de restauration	..	..	..	..	..	..	..	..
58-63	**Information et communication**	..	..	..	..	..	..	..	..
58-60	Édition, audiovisuel et diffusion	..	..	..	..	..	..	..	..
58	Activités d'édition	..	..	..	..	..	..	..	..
59-60	Activités audiovisuel et diffusion	..	..	..	..	..	..	..	..
59	Production de films, vidéo, programmes de télévision et d'enregistrements	..	..	..	..	..	..	..	..
60	Programmation et diffusion	..	..	..	..	..	..	..	..
61	Télécommunications	..	..	..	..	..	..	..	..
62-63	Technologies de l'information et informatique	..	..	..	..	..	..	..	..
62	Programmation informatique ; conseils et activités connexes	..	..	..	..	..	..	..	..
63	Services d'information	..	..	..	..	..	..	..	..
64-66	**Activités financières et d'assurances**	..	..	..	..	..	..	..	..
68-82	**Activités immobilières ; professionnelles ; services administratifs et d'appui**	..	..	..	..	..	..	..	..
68	Activités immobilières	..	..	..	..	..	..	..	..
69-75x72	Activités professionnelles, scientifiques et techniques, R-D scientifique exclu	..	..	..	..	..	..	..	..
72	Recherche scientifique et développement	..	..	..	..	..	..	..	..
77-82	Activités de services administratifs et d'appui	..	..	..	..	..	..	..	..
84-99	**Services collectifs, sociaux et personnels**	..	..	..	..	..	..	..	..
84-85	Administration publique et défense ; sécurité sociale obligatoire et éducation	..	..	..	..	..	..	..	..
86-88	Santé humaine et action sociale	..	..	..	..	..	..	..	..
90-93	Arts, spectacles et loisirs	..	..	..	..	..	..	..	..
94-99	Autres services ; ménages-employeurs ; organismes extra-territoriaux	..	..	..	..	..	..	..	..

.. Non disponible

Note : Voir les métadonnées détaillées sur : http://metalinks.oecd.org/anberd/20191119/86ba.

ARGENTINE

Dépenses de R-D dans l'industrie par activité principale de l'entreprise, prix constants
CITI Rév. 4

2010 PPP USD

		2010	2011	2012	2013	2014	2015	2016	2017
	TOTAL ENTREPRISES	..	..	..	..	..	1 068.7	1 008.9	1 105.4
01-03	**AGRICULTURE, SYLVICULTURE ET PÊCHE**	..	..	..	..	..	136.9	137.5	144.1
05-09	**ACTIVITÉS EXTRACTIVES**	..	..	..	..	..	7.0	8.1	27.0
10-33	**ACTIVITÉS DE FABRICATION**	..	..	..	..	..	593.9	541.6	550.6
10-12	Produits alimentaires, boissons et tabac	..	..	..	..	..	..	..	..
13-15	Textiles, habillement, cuir et articles de cuir	..	..	..	..	..	..	..	..
13	Textiles	..	..	..	..	..	..	..	..
14	Articles d'habillement	..	..	..	..	..	..	..	..
15	Cuir et articles de cuir	..	..	..	..	..	..	..	..
16-18	Bois, papier, imprimerie et reproduction de supports enregistrés	..	..	..	..	..	..	..	..
16	Bois et articles en bois, sauf meubles	..	..	..	..	..	..	..	..
17	Papier et articles en papier	..	..	..	..	..	..	..	..
18	Imprimerie et reproduction de supports enregistrés	..	..	..	..	..	..	..	..
19-23	Produits pétroliers, chimiques, pharmaceutiques, caoutchouc, plastique, minéraux	..	..	..	..	..	..	..	..
19	Cokéfaction et raffinage	..	..	..	..	..	..	..	..
20-21	Industrie chimique et pharmaceutique	..	..	..	..	..	..	..	..
20	Produits chimiques	..	..	..	..	..	..	..	..
21	Préparations pharmaceutiques, chimiques (médicine) et d'herboristerie	..	..	..	..	..	..	..	..
22	Produits en caoutchouc et en plastique	..	..	..	..	..	..	..	..
23	Autres produits minéraux non métalliques	..	..	..	..	..	..	..	..
24-25	Produits métalliques de base et ouvrages en métaux (sauf machines et matériel)	..	..	..	..	..	..	..	..
24	Produits métallurgiques de base	..	..	..	..	..	..	..	..
25	Ouvrages en métaux (sauf machines et matériel)	..	..	..	..	..	..	..	..
26-30	Ordinateurs, articles électroniques et optiques ; machines et matériels de transport	..	..	..	..	..	..	..	..
26	Ordinateurs, articles électroniques et optiques	..	..	..	..	..	..	..	..
27	Matériels électriques	..	..	..	..	..	..	..	..
28	Machines et équipements n.c.a.	..	..	..	..	..	..	..	..
29	Automobiles, remorques et semi-remorques	..	..	..	..	..	..	..	..
30	Autres matériels de transport	..	..	..	..	..	..	..	..
31-33	Meubles ; réparation et installation de machines et de matériel	..	..	..	..	..	..	..	..
31	Meubles	..	..	..	..	..	..	..	..
32	Autres activités de fabrication	..	..	..	..	..	..	..	..
33	Réparation et installation de machines et de matériel	..	..	..	..	..	..	..	..
35-39	**ÉLECTRICITÉ, GAZ, EAU ET TRAITEMENT DES DÉCHETS**	..	..	..	..	..	34.1	29.5	47.2
35-36	Production et distribution d'électricité, de gaz et de l'eau	..	..	..	..	..	..	..	..
37-39	Assainissement, traitement des déchets et dépollution	..	..	..	..	..	..	..	..
41-43	**CONSTRUCTION**	..	..	..	..	..	1.1	1.0	0.0
45-99	**TOTAL SERVICES**	..	..	..	..	..	295.8	291.1	336.6
45-82	**Services du secteur des entreprises**	..	..	..	..	..	..	..	..
45-47	Commerce de gros et de détail ; réparations automobiles et motocycles	..	..	..	..	..	..	..	..
49-53	Transport et entreposage	..	..	..	..	..	..	..	..
55-56	Activités d'hébergement et de restauration	..	..	..	..	..	..	..	..
58-63	Information et communication	..	..	..	..	..	..	..	..
58-60	Édition, audiovisuel et diffusion	..	..	..	..	..	..	..	..
58	Activités d'édition	..	..	..	..	..	..	..	..
59-60	Activités audiovisuel et diffusion	..	..	..	..	..	..	..	..
59	Production de films, vidéo, programmes de télévision et d'enregistrements	..	..	..	..	..	..	..	..
60	Programmation et diffusion	..	..	..	..	..	..	..	..
61	Télécommunications	..	..	..	..	..	..	..	..
62-63	Technologies de l'information et informatique	..	..	..	..	..	..	..	..
62	Programmation informatique ; conseils et activités connexes	..	..	..	..	..	..	..	..
63	Services d'information	..	..	..	..	..	..	..	..
64-66	**Activités financières et d'assurances**	..	..	..	..	..	..	..	..
68-82	**Activités immobilières ; professionnelles ; services administratifs et d'appui**	..	..	..	..	..	..	..	..
68	Activités immobilières	..	..	..	..	..	..	..	..
69-75x72	Activités professionnelles, scientifiques et techniques, R-D scientifique exclu	..	..	..	..	..	..	..	..
72	Recherche scientifique et développement	..	..	..	..	..	..	..	..
77-82	Activités de services administratifs et d'appui	..	..	..	..	..	..	..	..
84-99	Services collectifs, sociaux et personnels	..	..	..	..	..	..	..	..
84-85	Administration publique et défense ; sécurité sociale obligatoire et éducation	..	..	..	..	..	..	..	..
86-88	Santé humaine et action sociale	..	..	..	..	..	..	..	..
90-93	Arts, spectacles et loisirs	..	..	..	..	..	..	..	..
94-99	Autres services ; ménages-employeurs ; organismes extra-territoriaux	..	..	..	..	..	..	..	..

.. Non disponible

Note : Voir les métadonnées détaillées sur : http://metalinks.oecd.org/anberd/20191119/86ba.

CHINE

Dépenses de R-D dans l'industrie par activité principale de l'entreprise, prix courants
CITI Rév. 4

Millions USD PPP

		2010	2011	2012	2013	2014	2015	2016	2017
	TOTAL ENTREPRISES	156 744.8	187 684.1	222 507.6	255 971.4	286 465.3	312 902.2	349 685.3	..
01-03	**AGRICULTURE, SYLVICULTURE ET PÊCHE**	425.3	483.3	461.2	..	..	..	..	..
05-09	**ACTIVITÉS EXTRACTIVES**	6 539.9	7 206.5	7 946.0	7 724.6	7 831.2	7 113.9	7 042.4	..
10-33	**ACTIVITÉS DE FABRICATION**	134 548.4	162 466.1	194 232.7	224 225.0	252 868.9	277 211.7	304 341.8	..
10-12	Produits alimentaires, boissons et tabac	5 714.6	6 846.1	9 148.3	10 614.7	12 195.7	13 291.6	15 106.1	..
13-15	Textiles, habillement, cuir et articles de cuir	3 950.4	5 146.7	6 272.1	7 380.0	8 313.0	10 030.0	11 112.7	..
13	Textiles	3 016.5	3 880.2	3 916.3	4 469.1	5 059.7	5 971.6	6 333.1	..
14	Articles d'habillement			1 577.3	1 954.1	2 111.6	2 590.4	3 080.3	..
15	Cuir et articles de cuir			778.5	955.9	1 141.6	1 468.0	1 699.3	..
16-18	Bois, papier, imprimerie et reproduction de supports enregistrés	2 013.0	2 549.4	3 379.5	4 099.1	4 652.0	5 386.5	6 403.5	..
16	Bois et articles en bois, sauf meubles	334.5	412.8	531.3	766.0	931.5	1 231.2	1 522.5	..
17	Papier et articles en papier	1 235.0	1 594.3	2 150.8	2 476.0	2 745.6	3 094.3	3 534.8	..
18	Imprimerie et reproduction de supports enregistrés	443.4	542.4	697.5	857.1	974.9	1 061.0	1 346.2	..
19-23	Produits pétroliers, chimiques, pharmaceutiques, caoutchouc, plastique, minéraux	24 900.8	30 750.1	37 407.4	44 523.0	51 047.9	55 656.1	61 463.7	..
19	Cokéfaction et raffinage	1 397.4	1 784.2	2 316.3	2 519.1	3 034.6	2 899.8	3 444.7	..
20-21	Industrie chimique et pharmaceutique	16 617.9	21 107.3	25 545.4	30 313.7	34 506.3	37 796.9	40 688.6	..
20	Produits chimiques	11 582.5	15 081.2	17 507.2	20 508.6	23 392.5	25 102.4	26 623.1	..
21	Préparations pharmaceutiques, chimiques (médicine) et d'herboristerie	5 035.3	6 026.1	8 038.2	9 805.1	11 113.8	12 694.5	14 065.5	..
22	Produits en caoutchouc et en plastique	3 567.5	3 872.9	4 904.7	5 625.4	6 489.3	6 976.2	8 027.2	..
23	Autres produits minéraux non métalliques	3 318.0	3 985.7	4 641.0	6 064.7	7 017.8	7 983.2	9 303.2	..
24-25	Produits métalliques de base et ouvrages en métaux (sauf machines et matériel)	19 228.9	23 224.2	30 825.6	32 833.5	34 847.2	34 950.8	36 595.0	..
24	Produits métallurgiques de base	16 566.7	20 049.5	25 507.3	26 346.3	27 693.6	26 822.7	27 197.9	..
25	Ouvrages en métaux (sauf machines et matériel)	2 662.2	3 174.7	5 318.3	6 487.3	7 153.6	8 128.1	9 397.1	..
26-30	Ordinateurs, articles électroniques et optiques ; machines et matériels de transport	77 715.3	92 525.3	105 135.4	122 113.2	138 360.0	153 704.7	168 459.0	..
26	Ordinateurs, articles électroniques et optiques	25 189.3	30 292.6	33 719.0	39 535.5	44 463.3	51 547.8	57 494.4	..
27	Matériels électriques	15 238.6	17 800.7	19 979.0	22 996.9	26 277.2	29 121.9	31 743.1	..
28	Machines et équipements n.c.a.	18 427.7	22 031.7	25 522.7	29 901.7	33 071.7	34 500.7	35 788.0	..
29	Automobiles, remorques et semi-remorques	..	..	16 190.0	19 184.7	22 413.8	25 999.8	30 198.4	..
30	Autres matériels de transport	..	..	9 724.9	10 494.4	12 134.1	12 534.6	13 235.1	..
31-33	Meubles ; réparation et installation de machines et de matériel	1 025.4	1 424.2	2 064.3	2 661.5	3 453.0	4 191.9	5 201.8	..
31	Meubles	160.8	257.7	412.2	633.6	770.8	949.3	1 234.3	..
32	Autres activités de fabrication	815.2	1 083.0	1 514.2	1 808.2	2 396.3	2 904.8	3 453.8	..
33	Réparation et installation de machines et de matériel	49.4	83.5	137.9	219.6	285.8	337.8	513.7	..
35-39	**ÉLECTRICITÉ, GAZ, EAU ET TRAITEMENT DES DÉCHETS**	1 174.8	1 333.9	1 479.1	..	..	..	..	..
35-36	Production et distribution d'électricité, de gaz et de l'eau	..	..	..	..	..	..	..	..
37-39	Assainissement, traitement des déchets et dépollution	..	..	..	..	..	..	..	..
41-43	**CONSTRUCTION**	4 227.2	4 144.7	4 274.1	..	..	..	..	..
45-99	**TOTAL SERVICES**	9 829.2	12 049.6	14 114.5	..	..	..	..	..
45-82	Services du secteur des entreprises	..	..	..	..	..	..	..	..
45-47	Commerce de gros et de détail ; réparations automobiles et motocycles	..	..	..	..	..	..	..	..
49-53	Transport et entreposage	..	..	..	..	..	..	..	..
55-56	Activités d'hébergement et de restauration	..	..	..	..	..	..	..	..
58-63	Information et communication	..	..	..	..	..	..	..	..
58-60	Édition, audiovisuel et diffusion	..	..	..	..	..	..	..	..
58	Activités d'édition	..	..	..	..	..	..	..	..
59-60	Activités audiovisuel et diffusion	..	..	..	..	..	..	..	..
59	Production de films, vidéo, programmes de télévision et d'enregistrements	..	..	..	..	..	..	..	..
60	Programmation et diffusion	..	..	..	..	..	..	..	..
61	Télécommunications	..	..	..	..	..	..	..	..
62-63	Technologies de l'information et informatique	..	..	..	..	..	..	..	..
62	Programmation informatique ; conseils et activités connexes	..	..	..	..	..	..	..	..
63	Services d'information	..	..	..	..	..	..	..	..
64-66	**Activités financières et d'assurances**	..	..	..	..	..	..	..	..
68-82	**Activités immobilières ; professionnelles ; services administratifs et d'appui**	..	..	..	..	..	..	..	..
68	Activités immobilières	..	..	..	..	..	..	..	..
69-75x72	Activités professionnelles, scientifiques et techniques, R-D scientifique exclu	..	..	..	..	..	..	..	..
72	Recherche scientifique et développement	..	..	..	..	..	..	..	..
77-82	Activités de services administratifs et d'appui	..	..	..	..	..	..	..	..
84-99	**Services collectifs, sociaux et personnels**	..	..	..	..	..	..	..	..
84-85	Administration publique et défense ; sécurité sociale obligatoire et éducation	..	..	..	..	..	..	..	..
86-88	Santé humaine et action sociale	..	..	..	..	..	..	..	..
90-93	Arts, spectacles et loisirs	..	..	..	..	..	..	..	..
94-99	Autres services ; ménages-employeurs ; organismes extra-territoriaux	..	..	..	..	..	..	..	..

.. Non disponible

Note : Voir les métadonnées détaillées sur : http://metalinks.oecd.org/anberd/20191119/86ba.

CHINE

Dépenses de R-D dans l'industrie par activité principale de l'entreprise, prix constants
CITI Rév. 4

2010 PPP USD

		2010	2011	2012	2013	2014	2015	2016	2017
	TOTAL ENTREPRISES	156 744.8	183 998.0	214 306.4	242 748.0	266 963.9	288 547.2	318 560.5	..
01-03	**AGRICULTURE, SYLVICULTURE ET PÊCHE**	425.3	473.8	444.2	..	..	..	..	..
05-09	**ACTIVITÉS EXTRACTIVES**	6 539.9	7 064.9	7 653.1	7 325.5	7 298.1	6 560.2	6 415.6	..
10-33	**ACTIVITÉS DE FABRICATION**	134 548.4	159 275.3	187 073.7	212 641.6	235 654.6	255 634.7	277 252.9	..
10-12	Produits alimentaires, boissons et tabac	5 714.6	6 711.6	8 811.1	10 066.4	11 365.5	12 257.0	13 761.5	..
13-15	Textiles, habillement, cuir et articles de cuir	3 950.4	5 045.6	6 040.9	6 998.7	7 747.1	9 249.3	10 123.6	..
13	Textiles	3 016.5	3 804.0	3 771.9	4 239.0	4 715.3	5 506.8	5 769.4	..
14	Articles d'habillement	..	..	1 519.1	1 853.2	1 967.9	2 388.8	2 806.1	..
15	Cuir et articles de cuir	..	..	749.8	906.5	1 063.9	1 353.7	1 548.1	..
16-18	Bois, papier, imprimerie et reproduction de supports enregistrés	2 013.0	2 499.3	3 255.0	3 887.3	4 335.3	4 967.3	5 833.5	..
16	Bois et articles en bois, sauf meubles	334.5	404.7	511.7	726.4	868.1	1 135.4	1 387.0	..
17	Papier et articles en papier	1 235.0	1 563.0	2 071.5	2 348.1	2 558.7	2 853.4	3 220.2	..
18	Imprimerie et reproduction de supports enregistrés	443.4	531.7	671.7	812.8	908.5	978.5	1 226.4	..
19-23	Produits pétroliers, chimiques, pharmaceutiques, caoutchouc, plastique, minéraux	24 900.8	30 146.1	36 028.6	42 222.9	47 572.8	51 324.1	55 993.0	..
19	Cokéfaction et raffinage	1 397.4	1 749.1	2 230.9	2 389.0	2 828.0	2 674.1	3 138.1	..
20-21	Industrie chimique et pharmaceutique	16 617.9	20 692.7	24 603.8	28 747.7	32 157.3	34 855.0	37 067.0	..
20	Produits chimiques	11 582.5	14 785.0	16 861.9	19 449.1	21 800.1	23 148.6	24 253.4	..
21	Préparations pharmaceutiques, chimiques (médicine) et d'herboristerie	5 035.3	5 907.7	7 741.9	9 298.6	10 357.2	11 706.4	12 813.6	..
22	Produits en caoutchouc et en plastique	3 567.5	3 796.8	4 724.0	5 334.8	6 047.5	6 433.2	7 312.8	..
23	Autres produits minéraux non métalliques	3 318.0	3 907.4	4 469.9	5 751.4	6 540.0	7 361.8	8 475.2	..
24-25	Produits métalliques de base et ouvrages en métaux (sauf machines et matériel)	19 228.9	22 768.1	29 689.4	31 137.4	32 475.0	32 230.4	33 337.7	..
24	Produits métallurgiques de base	16 566.7	19 655.7	24 567.2	24 985.2	25 808.3	24 735.0	24 777.0	..
25	Ouvrages en métaux (sauf machines et matériel)	2 662.2	3 112.4	5 122.3	6 152.2	6 666.7	7 495.4	8 560.7	..
26-30	Ordinateurs, articles électroniques et optiques ; machines et matériels de transport	77 715.3	90 708.2	101 260.3	115 804.9	128 941.0	141 741.0	153 464.8	..
26	Ordinateurs, articles électroniques et optiques	25 189.3	29 697.6	32 476.1	37 493.1	41 436.4	47 535.5	52 376.9	..
27	Matériels électriques	15 238.6	17 451.1	19 242.6	21 808.9	24 488.3	26 855.2	28 917.7	..
28	Machines et équipements n.c.a.	18 427.7	21 599.0	24 581.9	28 357.0	30 820.3	31 815.3	32 602.6	..
29	Automobiles, remorques et semi-remorques	..	..	15 593.3	18 193.7	20 888.0	23 976.0	27 510.5	..
30	Autres matériels de transport	..	..	9 366.4	9 952.2	11 308.0	11 559.0	12 057.1	..
31-33	Meubles ; réparation et installation de machines et de matériel	1 025.4	1 396.3	1 988.2	2 524.0	3 217.9	3 865.6	4 738.8	..
31	Meubles	160.8	252.6	397.0	600.9	718.3	875.4	1 124.5	..
32	Autres activités de fabrication	815.2	1 061.7	1 458.4	1 714.8	2 233.2	2 678.7	3 146.4	..
33	Réparation et installation de machines et de matériel	49.4	81.9	132.8	208.3	266.4	311.5	468.0	..
35-39	**ÉLECTRICITÉ, GAZ, EAU ET TRAITEMENT DES DÉCHETS**	1 174.8	1 307.7	1 424.6	..	..	..	..	..
35-36	Production et distribution d'électricité, de gaz et de l'eau	..	..	..	..	..	..	..	..
37-39	Assainissement, traitement des déchets et dépollution	..	..	..	..	..	..	..	..
41-43	**CONSTRUCTION**	4 227.2	4 063.3	4 116.6	..	..	..	..	..
45-99	**TOTAL SERVICES**	9 829.2	11 812.9	13 594.2	..	..	..	..	..
45-82	**Services du secteur des entreprises**	..	..	..	..	..	..	..	..
45-47	Commerce de gros et de détail ; réparations automobiles et motocycles	..	..	..	..	..	..	..	..
49-53	Transport et entreposage	..	..	..	..	..	..	..	..
55-56	Activités d'hébergement et de restauration	..	..	..	..	..	..	..	..
58-63	Information et communication	..	..	..	..	..	..	..	..
58-60	Édition, audiovisuel et diffusion	..	..	..	..	..	..	..	..
58	Activités d'édition	..	..	..	..	..	..	..	..
59-60	Activités audiovisuel et diffusion	..	..	..	..	..	..	..	..
59	Production de films, vidéo, programmes de télévision et d'enregistrements	..	..	..	..	..	..	..	..
60	Programmation et diffusion	..	..	..	..	..	..	..	..
61	Télécommunications	..	..	..	..	..	..	..	..
62-63	Technologies de l'information et informatique	..	..	..	..	..	..	..	..
62	Programmation informatique ; conseils et activités connexes	..	..	..	..	..	..	..	..
63	Services d'information	..	..	..	..	..	..	..	..
64-66	**Activités financières et d'assurances**	..	..	..	..	..	..	..	..
68-82	**Activités immobilières ; professionnelles ; services administratifs et d'appui**	..	..	..	..	..	..	..	..
68	Activités immobilières	..	..	..	..	..	..	..	..
69-75x72	Activités professionnelles, scientifiques et techniques, R-D scientifique exclu	..	..	..	..	..	..	..	..
72	Recherche scientifique et développement	..	..	..	..	..	..	..	..
77-82	Activités de services administratifs et d'appui	..	..	..	..	..	..	..	..
84-99	**Services collectifs, sociaux et personnels**	..	..	..	..	..	..	..	..
84-85	Administration publique et défense ; sécurité sociale obligatoire et éducation	..	..	..	..	..	..	..	..
86-88	Santé humaine et action sociale	..	..	..	..	..	..	..	..
90-93	Arts, spectacles et loisirs	..	..	..	..	..	..	..	..
94-99	Autres services ; ménages-employeurs ; organismes extra-territoriaux	..	..	..	..	..	..	..	..

.. Non disponible

Note : Voir les métadonnées détaillées sur : *http://metalinks.oecd.org/anberd/20191119/86ba*.

ROUMANIE

Dépenses de R-D dans l'industrie par activité principale de l'entreprise, prix courants
CITI Rév. 4

Millions USD PPP

Code		2010	2011	2012	2013	2014	2015	2016	2017
	TOTAL ENTREPRISES	**601.4**	**648.1**	**715.9**	**470.5**	**650.6**	**920.3**	**1 246.6**	..
01-03	**AGRICULTURE, SYLVICULTURE ET PÊCHE**	**88.3**	**3.4**	**6.0**	**6.8**	**8.0**	**10.8**	**14.9**	..
05-09	**ACTIVITÉS EXTRACTIVES**	**0.8**	**0.0 e**	**0.1**	**0.5 e**	**17.9**	**20.8**	**13.4**	..
10-33	**ACTIVITÉS DE FABRICATION**	**243.6**	**336.5**	**299.9**	**247.4**	**336.2**	**379.3**	**455.9**	..
10-12	Produits alimentaires, boissons et tabac	1.5	4.2	10.8	11.4	31.7	4.7	5.3	..
13-15	Textiles, habillement, cuir et articles de cuir	2.2	0.9 e	5.7	2.6	2.6	2.0	1.4	..
13	Textiles	0.6	0.1 e	0.7	0.1	0.3	0.1	0.2	..
14	Articles d'habillement	0.1	..	0.7 e	0.4	1.3	1.6	0.7	..
15	Cuir et articles de cuir	1.5	0.6 e	4.3	2.2	0.4	0.2	0.5	..
16-18	Bois, papier, imprimerie et reproduction de supports enregistrés	0.1 e	0.0 e	0.0 e	0.1 e	0.8	0.2	0.0	..
16	Bois et articles en bois, sauf meubles	..	..	..	..	..	..	..	..
17	Papier et articles en papier	..	..	..	..	..	..	..	..
18	Imprimerie et reproduction de supports enregistrés	..	..	..	..	..	..	..	..
19-23	Produits pétroliers, chimiques, pharmaceutiques, caoutchouc, plastique, minéraux	51.8	98.5 e	35.3 e	32.9 e	45.9	35.2	46.6	..
19	Cokéfaction et raffinage	0.8	0.0	0.0 e	0.0 e	0.0	0.0	0.0	..
20-21	Industrie chimique et pharmaceutique	47.7	86.2	30.3	28.4	45.1	34.4	45.2	..
20	Produits chimiques	39.6	61.3	3.5	3.3	6.3	6.5	8.9	..
21	Préparations pharmaceutiques, chimiques (médicine) et d'herboristerie	8.1	24.9	26.8	25.1	38.8	27.9	36.3	..
22	Produits en caoutchouc et en plastique	1.8	12.2	3.2	4.1	0.2	0.1	0.9	..
23	Autres produits minéraux non métalliques	1.5	0.2 e	1.8	0.3	0.6	0.7	0.5	..
24-25	Produits métalliques de base et ouvrages en métaux (sauf machines et matériel)	10.8	16.0	8.5	9.6	10.7	8.2	9.3	..
24	Produits métallurgiques de base	5.7	11.4	4.0	4.9	4.9	2.2	1.8	..
25	Ouvrages en métaux (sauf machines et matériel)	5.2	4.6	4.5	4.7	5.7	6.0	7.5	..
26-30	Ordinateurs, articles électroniques et optiques ; machines et matériels de transport	163.1	215.5	232.1	188.5	238.9	324.7	388.5	..
26	Ordinateurs, articles électroniques et optiques	13.8	13.8	60.8	40.2	16.2	37.8	44.1	..
27	Matériels électriques	17.0	46.1	18.7	14.6	13.6	23.0	28.6	..
28	Machines et équipements n.c.a.	17.4	6.8	20.6	13.1	13.2	9.0	7.5	..
29	Automobiles, remorques et semi-remorques	95.6	141.9	124.3	114.7	187.1	253.8	305.5	..
30	Autres matériels de transport	19.2	6.9	7.8	5.9	8.8	1.1	2.9	..
31-33	Meubles ; réparation et installation de machines et de matériel	14.0 e	1.4	7.5 e	2.3 e	6.3	4.3	4.8	..
31	Meubles	0.2 e	0.1 e	0.1 e	0.1 e	0.5	0.2	0.7	..
32	Autres activités de fabrication	10.6	0.0 e	2.3	0.8	1.3	1.3	2.4	..
33	Réparation et installation de machines et de matériel	3.2	1.2 e	5.1	1.4	4.4	2.8	1.7	..
35-39	**ÉLECTRICITÉ, GAZ, EAU ET TRAITEMENT DES DÉCHETS**	**68.6**	**0.6 e**	**3.4**	**1.6**	**1.4**	**1.4**	**0.9**	..
35-36	Production et distribution d'électricité, de gaz et de l'eau	68.2	0.2 e	2.7	1.3 e	1.2 e	1.2	0.6	..
37-39	Assainissement, traitement des déchets et dépollution	0.3	0.4 e	0.6	0.3 e	0.2 e	0.2	0.2	..
41-43	**CONSTRUCTION**	**8.0**	**6.6**	**0.5**	**0.5 e**	**1.2**	**1.2**	**1.3**	..
45-99	**TOTAL SERVICES**	**192.1**	**300.9**	**406.0**	**213.7**	**286.0**	**506.8**	**760.3**	..
45-82	**Services du secteur des entreprises**	**190.7**	**300.8**	**403.1**	**213.7**	**283.1**	**504.7**	**757.7**	..
45-47	Commerce de gros et de détail ; réparations automobiles et motocycles	..	14.7	29.6	17.8	33.2	13.5	29.0	..
49-53	Transport et entreposage	..	4.1	..	..	..	12.2	0.3	0.9
55-56	Activités d'hébergement et de restauration	..	..	1.8	1.3	0.7	0.0	0.0	..
58-63	Information et communication	73.2	114.3	127.4	46.0	69.6	121.9	270.8	..
58-60	Édition, audiovisuel et diffusion	48.9	55.8	2.2	0.0	9.7	30.8	119.8	..
58	Activités d'édition	..	..	2.1	..	..	..	..	..
59-60	Activités audiovisuel et diffusion	..	..	0.1	..	..	..	..	..
59	Production de films, vidéo, programmes de télévision et d'enregistrements	..	..	..	..	..	..	..	..
60	Programmation et diffusion	..	..	..	..	..	..	..	..
61	Télécommunications	..	..	13.1	1.2	2.4	1.3	28.1	..
62-63	Technologies de l'information et informatique	..	..	112.1	44.8	57.5	89.8	122.8	..
62	Programmation informatique ; conseils et activités connexes	24.2	56.8	76.6	32.0	57.4	89.7	122.3	..
63	Services d'information	..	..	35.6	12.7	0.1	0.2	0.6	..
64-66	**Activités financières et d'assurances**	..	..	..	..	..	**0.0**	**0.0**	..
68-82	**Activités immobilières ; professionnelles ; services administratifs et d'appui**	**116.7**	**166.3**	**244.3**	..	..	**369.0**	**457.0**	..
68	Activités immobilières	0.0	0.0 e	2.7	..	..	0.0	0.0	..
69-75x72	Activités professionnelles, scientifiques et techniques, R-D scientifique exclu	18.5	29.6	47.2	15.8	15.0	164.3	284.6	..
72	Recherche scientifique et développement	90.0	136.3	191.8	131.6	150.4	204.6	172.3	..
77-82	Activités de services administratifs et d'appui	8.2	0.3 e	2.7	..	1.9	0.1	0.1	..
84-99	**Services collectifs, sociaux et personnels**	**1.4**	**0.1**	**2.9**	**0.0**	**2.8**	**2.1**	**2.6**	..
84-85	Administration publique et défense ; sécurité sociale obligatoire et éducation	..	..	..	..	..	..	..	..
86-88	Santé humaine et action sociale	..	..	..	..	..	..	..	..
90-93	Arts, spectacles et loisirs	..	..	..	..	..	..	..	..
94-99	Autres services ; ménages-employeurs ; organismes extra-territoriaux	..	..	..	..	..	..	..	..

.. Non disponible ; e Valeur estimée

Note : Voir les métadonnées détaillées sur : *http://metalinks.oecd.org/anberd/20191119/86ba.*

ROUMANIE

Dépenses de R-D dans l'industrie par activité principale de l'entreprise, prix constants
CITI Rév. 4

2010 PPP USD

		2010	2011	2012	2013	2014	2015	2016	2017
	TOTAL ENTREPRISES	**601.4**	**629.4**	**674.4**	**440.3**	**606.7**	**853.9**	**1 104.9**	..
01-03	**AGRICULTURE, SYLVICULTURE ET PÊCHE**	**88.3**	**3.3**	**5.7**	**6.4**	**7.4**	**10.0**	**13.2**	..
05-09	**ACTIVITÉS EXTRACTIVES**	**0.8**	**0.0 e**	**0.1**	**0.4 e**	**16.7**	**19.3**	**11.8**	..
10-33	**ACTIVITÉS DE FABRICATION**	**243.6**	**326.8**	**282.5**	**231.6**	**313.5**	**351.9**	**404.1**	..
10-12	Produits alimentaires, boissons et tabac	1.5	4.1	10.2	10.7	29.6	4.4	4.7	..
13-15	Textiles, habillement, cuir et articles de cuir	2.2	0.9 e	5.3	2.5	2.4	1.9	1.3	..
13	Textiles	0.6	0.1 e	0.6 e	0.1	0.3	0.1	0.2	..
14	Articles d'habillement	0.1	0.1	0.6 e	0.3	1.2	1.5	0.7	..
15	Cuir et articles de cuir	1.5	0.6 e	4.1	2.0	0.4	0.2	0.4	..
16-18	Bois, papier, imprimerie et reproduction de supports enregistrés	0.1 e	0.0 e	0.0 e	0.1 e	0.8	0.2	0.0	..
16	Bois et articles en bois, sauf meubles	..	..	..	..	..	..	..	..
17	Papier et articles en papier	..	..	..	..	..	..	..	..
18	Imprimerie et reproduction de supports enregistrés	..	..	..	..	..	..	..	..
19-23	Produits pétroliers, chimiques, pharmaceutiques, caoutchouc, plastique, minéraux	51.8	95.7 e	33.3 e	30.8 e	42.8	32.6	41.3	..
19	Cokéfaction et raffinage	0.8	0.0	0.0 e	0.0 e	0.0	0.0	0.0	..
20-21	Industrie chimique et pharmaceutique	47.7	83.7	28.6	26.6	42.1	31.9	40.1	..
20	Produits chimiques	39.6	59.5	3.3	3.1	5.9	6.0	7.9	..
21	Préparations pharmaceutiques, chimiques (médicine) et d'herboristerie	8.1	24.2	25.3	23.5	36.2	25.9	32.2	..
22	Produits en caoutchouc et en plastique	1.8	11.8	3.0	3.8	0.2	0.1	0.8	..
23	Autres produits minéraux non métalliques	1.5	0.2 e	1.7	0.3	0.6	0.6	0.5	..
24-25	Produits métalliques de base et ouvrages en métaux (sauf machines et matériel)	10.8	15.5	8.0	9.0	9.9	7.6	8.2	..
24	Produits métallurgiques de base	5.7	11.1	3.8	4.6	4.6	2.0	1.6	..
25	Ouvrages en métaux (sauf machines et matériel)	5.2	4.4	4.3	4.4	5.3	5.6	6.6	..
26-30	Ordinateurs, articles électroniques et optiques ; machines et matériels de transport	163.1	209.3	218.6	176.4	222.8	301.3	344.4	..
26	Ordinateurs, articles électroniques et optiques	13.8	13.4	57.2	37.6	15.1	35.0	39.1	..
27	Matériels électriques	17.0	44.8	17.6	13.6	12.6	21.4	25.3	..
28	Machines et équipements n.c.a.	17.4	6.6	19.4	12.3	12.3	8.4	6.7	..
29	Automobiles, remorques et semi-remorques	95.6	137.8	117.1	107.4	174.5	235.5	270.8	..
30	Autres matériels de transport	19.2	6.7	7.3	5.6	8.2	1.0	2.5	..
31-33	Meubles ; réparation et installation de machines et de matériel	14.0 e	1.3	7.1 e	2.1 e	5.8	4.0	4.2	..
31	Meubles	0.2	0.1 e	0.1 e	0.1 e	0.5	0.1	0.6	..
32	Autres activités de fabrication	10.6	0.0 e	2.2	0.8	1.2	1.2	2.1	..
33	Réparation et installation de machines et de matériel	3.2	1.2 e	4.8	1.3	4.1	2.6	1.5	..
35-39	**ÉLECTRICITÉ, GAZ, EAU ET TRAITEMENT DES DÉCHETS**	**68.6**	**0.6 e**	**3.2**	**1.5**	**1.3**	**1.3**	**0.8**	..
35-36	Production et distribution d'électricité, de gaz et de l'eau	68.2	0.2 e	2.6	1.2 e	1.1 e	1.1	0.6	..
37-39	Assainissement, traitement des déchets et dépollution	0.3	0.4 e	0.6	0.3 e	0.2 e	0.2	0.2	..
41-43	**CONSTRUCTION**	**8.0**	**6.4**	**0.5**	**0.4 e**	**1.1**	**1.1**	**1.1**	..
45-99	**TOTAL SERVICES**	**192.1**	**292.3**	**382.4**	**200.0**	**266.7**	**470.3**	**673.9**	..
45-82	**Services du secteur des entreprises**	**190.7**	**292.2**	**379.7**	**200.0**	**264.0**	**468.3**	**671.6**	..
45-47	Commerce de gros et de détail ; réparations automobiles et motocycles	..	14.3	27.9	16.7	30.9	12.5	25.7	..
49-53	Transport et entreposage	..	4.0	..	..	11.4	0.3	0.8	..
55-56	Activités d'hébergement et de restauration	..	..	1.7	1.2	0.6	0.0	0.0	..
58-63	Information et communication	73.2	111.0	120.0	43.0	64.9	113.1	240.0	..
58-60	Édition, audiovisuel et diffusion	48.9	54.2	2.0	0.0	9.1	28.6	106.2	..
58	Activités d'édition	..	..	1.9	..	..	..	..	..
59-60	Activités audiovisuel et diffusion	..	..	0.1	..	..	..	..	..
59	Production de films, vidéo, programmes de télévision et d'enregistrements	..	..	..	..	..	..	..	..
60	Programmation et diffusion	..	..	..	..	..	..	..	..
61	Télécommunications	..	..	12.4	1.1	2.3	1.2	24.9	..
62-63	Technologies de l'information et informatique	..	..	105.6	41.9	53.6	83.4	108.9	..
62	Programmation informatique ; conseils et activités connexes	24.2	55.2	72.1	30.0	53.5	83.2	108.4	..
63	Services d'information	..	..	33.5	11.9	0.1	0.2	0.5	..
64-66	**Activités financières et d'assurances**	..	..	..	..	..	**0.0**	**0.0**	..
68-82	**Activités immobilières ; professionnelles ; services administratifs et d'appui**	**116.7**	**161.5**	**230.1**	..	..	**342.3**	**405.0**	..
68	Activités immobilières	0.0	0.0 e	2.5	..	..	0.0	0.0	..
69-75x72	Activités professionnelles, scientifiques et techniques, R-D scientifique exclu	18.5	28.8	44.4	14.8	14.0	152.4	252.2	..
72	Recherche scientifique et développement	90.0	132.4	180.6	123.1	140.2	189.8	152.7	..
77-82	Activités de services administratifs et d'appui	8.2	0.3 e	2.5	..	1.8	0.1	0.1	..
84-99	**Services collectifs, sociaux et personnels**	**1.4**	**0.1**	**2.7**	**0.0**	**2.7**	**2.0**	**2.3**	..
84-85	Administration publique et défense ; sécurité sociale obligatoire et éducation	..	..	..	..	..	..	..	..
86-88	Santé humaine et action sociale	..	..	..	..	..	..	..	..
90-93	Arts, spectacles et loisirs	..	..	..	..	..	..	..	..
94-99	Autres services ; ménages-employeurs ; organismes extra-territoriaux	..	..	..	..	..	..	..	..

.. Non disponible ; e Valeur estimée
Note : Voir les métadonnées détaillées sur : http://metalinks.oecd.org/anberd/20191119/86ba.

SINGAPOUR

Dépenses de R-D dans l'industrie par activité principale de l'entreprise, prix courants
CITI Rév. 4

Millions USD PPP

		2010	2011	2012	2013	2014	2015	2016	2017
	TOTAL ENTREPRISES	**4 396.0**	**5 194.4**	**5 023.0**	**5 215.9**	..	..	..	..
01-03	AGRICULTURE, SYLVICULTURE ET PÊCHE	0.0	0.0	0.0	0.0	..	..	..	..
05-09	ACTIVITÉS EXTRACTIVES	0.0	0.0	0.0	0.0	..	..	..	..
10-33	**ACTIVITÉS DE FABRICATION**	**2 680.0**	**2 467.5**	**3 024.7**	**3 003.1**	..	..	..	..
10-12	Produits alimentaires, boissons et tabac	20.8	19.5	25.0	24.1	..	..	..	..
13-15	Textiles, habillement, cuir et articles de cuir	1.1	1.0	0.9	0.6 e	..	..	..	..
13	Textiles	0.0	0.0	..	..	..	..	..	..
14	Articles d'habillement	0.8	0.7	..	..	..	..	..	..
15	Cuir et articles de cuir	0.3	0.3	..	..	..	..	..	..
16-18	Bois, papier, imprimerie et reproduction de supports enregistrés	4.3	3.5	3.6 e	3.2	..	..	..	..
16	Bois et articles en bois, sauf meubles	0.1	0.0	0.0 e	0.0	..	..	..	..
17	Papier et articles en papier	3.3	2.7	3.0 e	2.8	..	..	..	..
18	Imprimerie et reproduction de supports enregistrés	0.9	0.8	0.6 e	0.4	..	..	..	..
19-23	Produits pétroliers, chimiques, pharmaceutiques, caoutchouc, plastique, minéraux	229.5	248.7	273.4	351.0 e	..	..	..	..
19	Cokéfaction et raffinage	0.8	1.2	1.4	1.0 e	..	..	..	..
20-21	Industrie chimique et pharmaceutique	210.4	229.4	265.6	344.3	..	..	..	..
20	Produits chimiques	89.4	97.6	112.3	201.8	..	..	..	..
21	Préparations pharmaceutiques, chimiques (médicine) et d'herboristerie	121.0	131.8	153.4	142.5	..	..	..	..
22	Produits en caoutchouc et en plastique	4.2	14.3	2.7	3.0	..	..	..	..
23	Autres produits minéraux non métalliques	14.0	3.8	3.6	2.7	..	..	..	..
24-25	Produits métalliques de base et ouvrages en métaux (sauf machines et matériel)	195.5	23.1	30.1 e	43.7	..	..	..	..
24	Produits métallurgiques de base	4.6	1.6	1.6 e	3.1	..	..	..	..
25	Ouvrages en métaux (sauf machines et matériel)	190.9	21.5	28.5	40.6	..	..	..	..
26-30	Ordinateurs, articles électroniques et optiques ; machines et matériels de transport	2 190.5	2 094.1	2 556.3	2 446.7	..	..	..	..
26	Ordinateurs, articles électroniques et optiques	1 808.8	1 644.2	2 059.1	1 801.4	..	..	..	..
27	Matériels électriques	29.9	24.7	15.7	31.8	..	..	..	..
28	Machines et équipements n.c.a.	182.4	209.4	220.6	308.1	..	..	..	..
29	Automobiles, remorques et semi-remorques	44.2	49.6	55.0	61.5	..	..	..	..
30	Autres matériels de transport	125.1	166.1	205.9	243.8	..	..	..	..
31-33	Meubles ; réparation et installation de machines et de matériel	38.4	77.5	135.4	133.9	..	..	..	..
31	Meubles	12.7	17.1	16.9	16.3	..	..	..	..
32	Autres activités de fabrication	25.7	60.5	118.5	117.6	..	..	..	..
33	Réparation et installation de machines et de matériel	0.0	0.0	0.0	0.0	..	..	..	..
35-39	**ÉLECTRICITÉ, GAZ, EAU ET TRAITEMENT DES DÉCHETS**	**15.8**	**13.9**	**10.9**	**15.1**	..	..	..	..
35-36	Production et distribution d'électricité, de gaz et de l'eau	0.3	0.1	0.0	0.0	..	..	..	..
37-39	Assainissement, traitement des déchets et dépollution	15.5	13.8	10.9	15.1	..	..	..	..
41-43	**CONSTRUCTION**	**1.2**	**2.5**	**1.5**	**1.8**	..	..	..	..
45-99	**TOTAL SERVICES**	**1 699.0**	**2 710.4**	**1 986.0**	**2 195.8**	..	..	..	..
45-82	Services du secteur des entreprises	1 688.6	2 700.6	1 976.4	2 160.0	..	..	..	..
45-47	Commerce de gros et de détail ; réparations automobiles et motocycles	440.7	575.1	613.3	822.3	..	..	..	..
49-53	Transport et entreposage	56.3	46.6	31.1	46.2	..	..	..	..
55-56	Activités d'hébergement et de restauration	0.0	0.0	0.0	0.0	..	..	..	..
58-63	Information et communication	156.4	160.7	169.8	173.7	..	..	..	..
58-60	Édition, audiovisuel et diffusion	26.3	39.4	54.5	45.3	..	..	..	..
58	Activités d'édition	24.7	37.6	54.2	45.2	..	..	..	..
59-60	Activités audiovisuel et diffusion	1.6	1.8	0.3	0.2	..	..	..	..
59	Production de films, vidéo, programmes de télévision et d'enregistrements	1.6	1.8	0.3	0.2	..	..	..	..
60	Programmation et diffusion	0.0	0.0	0.0	0.0	..	..	..	..
61	Télécommunications	3.9	5.7	3.5	6.7	..	..	..	..
62-63	Technologies de l'information et informatique	126.2	115.6	111.8	121.7	..	..	..	..
62	Programmation informatique ; conseils et activités connexes	123.9	112.9	108.9	115.8	..	..	..	..
63	Services d'information	2.3	2.7	2.9	5.9	..	..	..	..
64-66	Activités financières et d'assurances	100.3	105.3	102.6	107.4	..	..	..	..
68-82	Activités immobilières ; professionnelles ; services administratifs et d'appui	934.9	1 812.9	1 059.6	1 010.4	..	..	..	..
68	Activités immobilières	0.0	0.0	0.0	0.0	..	..	..	..
69-75x72	Activités professionnelles, scientifiques et techniques, R-D scientifique exclu	157.3	319.6	266.7	191.1	..	..	..	..
72	Recherche scientifique et développement	766.7	810.2	787.7	812.7	..	..	..	..
77-82	Activités de services administratifs et d'appui	10.9	683.1	5.2	6.6	..	..	..	..
84-99	Services collectifs, sociaux et personnels	10.5	9.9	9.6	35.8	..	..	..	..
84-85	Administration publique et défense ; sécurité sociale obligatoire et éducation	3.3	4.3	3.2	2.3 e	..	..	..	..
86-88	Santé humaine et action sociale	6.1	4.5	6.1	33.3	..	..	..	..
90-93	Arts, spectacles et loisirs	0.0	0.0	0.0	0.0	..	..	..	..
94-99	Autres services ; ménages-employeurs ; organismes extra-territoriaux	1.1	1.1	0.3	0.2 e	..	..	..	..

.. Non disponible ; e Valeur estimée

Note : Voir les métadonnées détaillées sur : *http://metalinks.oecd.org/anberd/20191119/86ba*.

SINGAPOUR

Dépenses de R-D dans l'industrie par activité principale de l'entreprise, prix constants
CITI Rév. 4

2010 PPP USD

		2010	2011	2012	2013	2014	2015	2016	2017
	TOTAL ENTREPRISES	**4 396.0**	**5 086.3**	**4 830.5**	**4 927.1**	..	..	..	..
01-03	AGRICULTURE, SYLVICULTURE ET PÊCHE	0.0	0.0	0.0	0.0	..	..	..	..
05-09	ACTIVITÉS EXTRACTIVES	0.0	0.0	0.0	0.0	..	..	..	..
10-33	ACTIVITÉS DE FABRICATION	2 680.0	2 416.1	2 908.8	2 836.9	..	..	..	..
10-12	Produits alimentaires, boissons et tabac	20.8	19.1	24.1	22.8	..	..	..	..
13-15	Textiles, habillement, cuir et articles de cuir	1.1	1.0	0.8	0.6 e	..	..	..	..
13	Textiles	0.0	0.0	..	..	..	..	..	..
14	Articles d'habillement	0.8	0.7	..	..	..	..	..	..
15	Cuir et articles de cuir	0.3	0.3	..	..	..	..	..	..
16-18	Bois, papier, imprimerie et reproduction de supports enregistrés	4.3	3.4	3.4 e	3.0	..	..	..	..
16	Bois et articles en bois, sauf meubles	0.1	0.0	0.0 e	0.0	..	..	..	..
17	Papier et articles en papier	3.3	2.6	2.8 e	2.6	..	..	..	..
18	Imprimerie et reproduction de supports enregistrés	0.9	0.8	0.6 e	0.4	..	..	..	..
19-23	Produits pétroliers, chimiques, pharmaceutiques, caoutchouc, plastique, minéraux	229.5	243.5	262.9	331.6 e	..	..	..	..
19	Cokéfaction et raffinage	0.8	1.2	1.4	1.0 e	..	..	..	..
20-21	Industrie chimique et pharmaceutique	210.4	224.6	255.4	325.2	..	..	..	..
20	Produits chimiques	89.4	95.6	107.9	190.6	..	..	..	..
21	Préparations pharmaceutiques, chimiques (médicine) et d'herboristerie	121.0	129.0	147.5	134.6	..	..	..	..
22	Produits en caoutchouc et en plastique	4.2	14.0	2.6	2.8	..	..	..	..
23	Autres produits minéraux non métalliques	14.0	3.7	3.5	2.5	..	..	..	..
24-25	Produits métalliques de base et ouvrages en métaux (sauf machines et matériel)	195.5	22.6	29.0 e	41.3	..	..	..	..
24	Produits métallurgiques de base	4.6	1.5	1.6 e	2.9	..	..	..	..
25	Ouvrages en métaux (sauf machines et matériel)	190.9	21.1	27.4	38.4	..	..	..	..
26-30	Ordinateurs, articles électroniques et optiques ; machines et matériels de transport	2 190.5	2 050.5	2 458.3	2 311.1	..	..	..	..
26	Ordinateurs, articles électroniques et optiques	1 808.8	1 610.0	1 980.2	1 701.6	..	..	..	..
27	Matériels électriques	29.9	24.2	15.1	30.1	..	..	..	..
28	Machines et équipements n.c.a.	182.4	205.1	212.1	291.0	..	..	..	..
29	Automobiles, remorques et semi-remorques	44.2	48.6	52.9	58.1	..	..	..	..
30	Autres matériels de transport	125.1	162.6	198.0	230.3	..	..	..	..
31-33	Meubles ; réparation et installation de machines et de matériel	38.4	75.9	130.2	126.5	..	..	..	..
31	Meubles	12.7	16.7	16.3	15.4	..	..	..	..
32	Autres activités de fabrication	25.7	59.2	114.0	111.1	..	..	..	..
33	Réparation et installation de machines et de matériel	0.0	0.0	0.0	0.0	..	..	..	..
35-39	ÉLECTRICITÉ, GAZ, EAU ET TRAITEMENT DES DÉCHETS	15.8	13.6	10.5	14.3	..	..	..	..
35-36	Production et distribution d'électricité, de gaz et de l'eau	0.3	0.1	0.0	0.0	..	..	..	..
37-39	Assainissement, traitement des déchets et dépollution	15.5	13.5	10.5	14.3	..	..	..	..
41-43	CONSTRUCTION	1.2	2.4	1.4	1.7	..	..	..	..
45-99	TOTAL SERVICES	1 699.0	2 654.0	1 909.9	2 074.2	..	..	..	..
45-82	Services du secteur des entreprises	1 688.6	2 644.4	1 900.7	2 040.4	..	..	..	..
45-47	Commerce de gros et de détail ; réparations automobiles et motocycles	440.7	563.1	589.8	776.8	..	..	..	..
49-53	Transport et entreposage	56.3	45.6	29.9	43.6	..	..	..	..
55-56	Activités d'hébergement et de restauration	0.0	0.0	0.0	0.0	..	..	..	..
58-63	Information et communication	156.4	157.4	163.3	164.1	..	..	..	..
58-60	Édition, audiovisuel et diffusion	26.3	38.6	52.5	42.8	..	..	..	..
58	Activités d'édition	24.7	36.8	52.1	42.7	..	..	..	..
59-60	Activités audiovisuel et diffusion	1.6	1.8	0.3	0.2	..	..	..	..
59	Production de films, vidéo, programmes de télévision et d'enregistrements	1.6	1.8	0.3	0.2	..	..	..	..
60	Programmation et diffusion	0.0	0.0	0.0	0.0	..	..	..	..
61	Télécommunications	3.9	5.6	3.4	6.3	..	..	..	..
62-63	Technologies de l'information et informatique	126.2	113.2	107.5	115.0	..	..	..	..
62	Programmation informatique ; conseils et activités connexes	123.9	110.6	104.7	109.4	..	..	..	..
63	Services d'information	2.3	2.6	2.8	5.5	..	..	..	..
64-66	Activités financières et d'assurances	100.3	103.1	98.7	101.4	..	..	..	..
68-82	Activités immobilières ; professionnelles ; services administratifs et d'appui	934.9	1 775.2	1 019.0	954.4	..	..	..	..
68	Activités immobilières	0.0	0.0	0.0	0.0	..	..	..	..
69-75x72	Activités professionnelles, scientifiques et techniques, R-D scientifique exclu	157.3	313.0	256.5	180.5	..	..	..	..
72	Recherche scientifique et développement	766.7	793.4	757.5	767.7	..	..	..	..
77-82	Activités de services administratifs et d'appui	10.9	668.8	5.0	6.2	..	..	..	..
84-99	Services collectifs, sociaux et personnels	10.5	9.7	9.2	33.8	..	..	..	..
84-85	Administration publique et défense ; sécurité sociale obligatoire et éducation	3.3	4.2	3.0	2.2 e	..	..	..	..
86-88	Santé humaine et action sociale	6.1	4.4	5.9	31.4	..	..	..	..
90-93	Arts, spectacles et loisirs	0.0	0.0	0.0	0.0	..	..	..	..
94-99	Autres services ; ménages-employeurs ; organismes extra-territoriaux	1.1	1.1	0.3	0.2 e	..	..	..	..

.. Non disponible ; e Valeur estimée

Note : Voir les métadonnées détaillées sur : http://metalinks.oecd.org/anberd/20191119/86ba.

TAIPEI CHINOIS

Dépenses de R-D dans l'industrie par activité principale de l'entreprise, prix courants
CITI Rév. 4

Millions USD PPP

		2010	2011	2012	2013	2014	2015	2016	2017
	TOTAL ENTREPRISES	17 939.1	19 949.5	21 606.6	23 286.9	25 139.5	26 199.8	27 760.5	..
01-03	AGRICULTURE, SYLVICULTURE ET PÊCHE	..	..	..	..	..	..	..	..
05-09	ACTIVITÉS EXTRACTIVES	..	..	..	..	..	..	..	..
10-33	ACTIVITÉS DE FABRICATION	16 518.2	18 440.2	19 776.2	21 272.5	23 002.1	24 002.1	25 428.1	..
10-12	Produits alimentaires, boissons et tabac	125.2	141.5	166.6	146.0	154.5	152.0	175.0	..
13-15	Textiles, habillement, cuir et articles de cuir	221.9	246.6	265.5	261.4	292.1	311.8	397.7	..
13	Textiles	118.9	126.6	125.8	117.4	127.4	134.9	183.5	..
14	Articles d'habillement	11.6	12.6	11.4	13.1	13.1	11.5	11.5	..
15	Cuir et articles de cuir	91.4	107.4	128.4	130.9	151.6	165.4	202.7	..
16-18	Bois, papier, imprimerie et reproduction de supports enregistrés	41.5	38.9	42.0	55.4	42.4	50.8	40.9	..
16	Bois et articles en bois, sauf meubles	0.3	1.0	0.9	1.4	4.0	6.2	8.0	..
17	Papier et articles en papier	17.8	16.7	17.8	12.3	10.5	11.4	8.3	..
18	Imprimerie et reproduction de supports enregistrés	23.3	21.2	23.3	41.7	27.9	33.2	24.5	..
19-23	Produits pétroliers, chimiques, pharmaceutiques, caoutchouc, plastique, minéraux	1 149.4	1 293.6	1 406.5	1 485.8	1 605.6	1 597.0	1 725.3	..
19	Cokéfaction et raffinage	75.8	80.4	97.8	138.2	148.8	140.6	130.6	..
20-21	Industrie chimique et pharmaceutique	844.2	970.5	1 040.3	1 099.0	1 175.8	1 184.6	1 302.2	..
20	Produits chimiques	583.6	643.2	690.2	703.9	686.1	727.5	744.0	..
21	Préparations pharmaceutiques, chimiques (médicine) et d'herboristerie	260.7	327.3	350.2	395.1	489.7	457.1	558.2	..
22	Produits en caoutchouc et en plastique	197.5	198.9	225.7	209.3	227.1	221.4	246.3	..
23	Autres produits minéraux non métalliques	31.8	43.7	42.7	39.3	53.9	50.5	46.3	..
24-25	Produits métalliques de base et ouvrages en métaux (sauf machines et matériel)	311.8	324.3	325.4	350.2	355.5	357.7	398.8	..
24	Produits métallurgiques de base	179.9	169.9	168.3	177.6	174.4	172.5	178.1	..
25	Ouvrages en métaux (sauf machines et matériel)	131.9	154.5	157.1	172.6	181.0	185.1	220.8	..
26-30	Ordinateurs, articles électroniques et optiques ; machines et matériels de transport	14 487.0	16 229.2	17 381.1	18 764.2	20 338.5	21 302.5	22 428.1	..
26	Ordinateurs, articles électroniques et optiques	12 823.6	14 473.2	15 607.0	16 855.8	18 272.2	19 253.5	20 268.8	..
27	Matériels électriques	609.2	610.7	632.4	639.8	637.4	641.2	634.0	..
28	Machines et équipements n.c.a.	472.9	573.9	521.0	589.4	679.0	696.9	753.2	..
29	Automobiles, remorques et semi-remorques	299.1	307.1	343.2	375.3	439.9	408.9	433.8	..
30	Autres matériels de transport	282.2	264.4	277.4	303.8	310.0	301.9	338.4	..
31-33	Meubles ; réparation et installation de machines et de matériel	181.6	166.1	189.1	209.5	213.5	230.3	262.2	..
31	Meubles	10.3	8.4	10.7	7.2	9.2	10.6	12.2	..
32	Autres activités de fabrication	171.2	157.7	178.4	202.3	204.4	219.7	249.9	..
33	Réparation et installation de machines et de matériel	0.0	0.0	0.0	0.0	0.0	0.0	0.0	..
35-39	ÉLECTRICITÉ, GAZ, EAU ET TRAITEMENT DES DÉCHETS	46.6	44.2	48.7	38.8	37.7	51.2	53.3	..
35-36	Production et distribution d'électricité, de gaz et de l'eau	45.3	42.6	47.5	37.6	36.5	49.0	52.4	..
37-39	Assainissement, traitement des déchets et dépollution	1.4	1.6	1.2	1.2	1.3	2.2	0.9	..
41-43	CONSTRUCTION	10.4	10.0	12.2	14.1	17.9	14.6	15.3	..
45-99	TOTAL SERVICES	1 363.9	1 455.0	1 769.5	1 961.5	2 081.7	2 132.0	2 263.9	..
45-82	Services du secteur des entreprises	1 167.9	1 276.0	1 568.0	1 757.2	1 847.4	1 897.8	2 027.6	..
45-47	Commerce de gros et de détail ; réparations automobiles et motocycles	54.6	51.3	99.1	103.9	119.4	112.2	136.7	..
49-53	Transport et entreposage	13.1	12.1	12.6	16.0	17.6	17.8	25.5	..
55-56	Activités d'hébergement et de restauration	0.2	0.7	0.3	0.5	0.1	0.1	1.2	..
58-63	Information et communication	817.0	871.8	875.5	995.3	1 030.2	1 052.1	1 125.9	..
58-60	Édition, audiovisuel et diffusion	10.7	13.3	18.5	28.6	30.8	27.4	29.7	..
58	Activités d'édition	8.4	11.3	15.5	23.1	22.4	20.1	23.0	..
59-60	Activités audiovisuel et diffusion	2.2	2.0	3.0	5.5	8.4	7.3	6.8	..
59	Production de films, vidéo, programmes de télévision et d'enregistrements	1.1	0.2	0.4	4.2	3.0	3.6	2.1	..
60	Programmation et diffusion	1.1	1.8	2.6	1.4	5.4	3.8	4.7	..
61	Télécommunications	244.9	257.6	262.5	260.6	253.9	247.1	264.3	..
62-63	Technologies de l'information et informatique	561.4	600.8	594.5	706.0	745.5	777.6	831.9	..
62	Programmation informatique ; conseils et activités connexes	513.9	536.5	557.5	665.3	696.5	714.3	764.7	..
63	Services d'information	47.6	64.3	37.0	40.7	49.0	63.4	67.1	..
64-66	Activités financières et d'assurances	108.7	124.2	150.6	159.8	183.2	206.5	231.6	..
68-82	Activités immobilières ; professionnelles ; services administratifs et d'appui	174.3	216.0	429.9	481.7	496.8	509.0	506.7	..
68	Activités immobilières	0.0	0.8	1.2	1.7	2.5	1.9	2.1	..
69-75x72	Activités professionnelles, scientifiques et techniques, R-D scientifique exclu	94.2	128.4	338.2	389.7	400.6	413.7	409.4	..
72	Recherche scientifique et développement	73.5	80.4	82.9	80.8	84.0	84.7	86.4	..
77-82	Activités de services administratifs et d'appui	6.6	6.4	7.6	9.5	9.8	8.6	8.7	..
84-99	Services collectifs, sociaux et personnels	196.0	179.0	201.5	204.3	234.3	234.2	236.3	..
84-85	Administration publique et défense ; sécurité sociale obligatoire et éducation	0.2	0.0	0.1	0.1	0.2	0.2	0.3	..
86-88	Santé humaine et action sociale	192.1	176.4	199.5	202.3	232.2	232.4	234.3	..
90-93	Arts, spectacles et loisirs	0.0	0.0	0.0	0.0	0.0	0.0	0.0	..
94-99	Autres services ; ménages-employeurs ; organismes extra-territoriaux	3.8	2.6	1.9	1.9	1.9	1.7	1.7	..

.. Non disponible

Note : Voir les métadonnées détaillées sur : http://metalinks.oecd.org/anberd/20191119/86ba.

TAIPEI CHINOIS

Dépenses de R-D dans l'industrie par activité principale de l'entreprise, prix constants
CITI Rév. 4

2010 PPP USD

		2010	2011	2012	2013	2014	2015	2016	2017
	TOTAL ENTREPRISES	17 939.1	19 540.9	20 765.7	21 996.1	23 304.5	24 030.2	25 186.3	..
01-03	AGRICULTURE, SYLVICULTURE ET PÊCHE	..	..	..	..	..	..	..	..
05-09	ACTIVITÉS EXTRACTIVES	..	..	..	..	..	..	..	..
10-33	**ACTIVITÉS DE FABRICATION**	16 518.2	18 062.6	19 006.5	20 093.3	21 323.1	22 014.5	23 070.1	..
10-12	Produits alimentaires, boissons et tabac	125.2	138.6	160.1	137.9	143.2	139.4	158.8	..
13-15	Textiles, habillement, cuir et articles de cuir	221.9	241.6	255.2	247.0	270.8	286.0	360.8	..
13	Textiles	118.9	124.0	120.9	110.9	118.1	123.7	166.5	..
14	Articles d'habillement	11.6	12.4	10.9	12.4	12.2	10.6	10.4	..
15	Cuir et articles de cuir	91.4	105.2	123.4	123.6	140.5	151.7	183.9	..
16-18	Bois, papier, imprimerie et reproduction de supports enregistrés	41.5	38.1	40.3	52.3	39.3	46.6	37.1	..
16	Bois et articles en bois, sauf meubles	0.3	1.0	0.8	1.3	3.7	5.7	7.3	..
17	Papier et articles en papier	17.8	16.3	17.1	11.6	9.7	10.5	7.6	..
18	Imprimerie et reproduction de supports enregistrés	23.3	20.8	22.4	39.4	25.9	30.5	22.3	..
19-23	Produits pétroliers, chimiques, pharmaceutiques, caoutchouc, plastique, minéraux	1 149.4	1 267.1	1 351.8	1 403.5	1 488.4	1 464.7	1 565.3	..
19	Cokéfaction et raffinage	75.8	78.8	94.0	130.5	138.0	128.9	118.4	..
20-21	Industrie chimique et pharmaceutique	844.2	950.6	999.8	1 038.1	1 090.0	1 086.5	1 181.4	..
20	Produits chimiques	583.6	630.1	663.3	664.9	636.0	667.2	675.0	..
21	Préparations pharmaceutiques, chimiques (médicine) et d'herboristerie	260.7	320.6	336.5	373.2	454.0	419.3	506.5	..
22	Produits en caoutchouc et en plastique	197.5	194.8	216.9	197.7	210.5	203.0	223.5	..
23	Autres produits minéraux non métalliques	31.8	42.8	41.1	37.1	49.9	46.3	42.0	..
24-25	Produits métalliques de base et ouvrages en métaux (sauf machines et matériel)	311.8	317.7	312.7	330.8	329.5	328.0	361.9	..
24	Produits métallurgiques de base	179.9	166.4	161.7	167.8	161.7	158.3	161.6	..
25	Ouvrages en métaux (sauf machines et matériel)	131.9	151.3	151.0	163.0	167.8	169.8	200.3	..
26-30	Ordinateurs, articles électroniques et optiques ; machines et matériels de transport	14 487.0	15 896.8	16 704.6	17 724.1	18 854.0	19 538.5	20 348.3	..
26	Ordinateurs, articles électroniques et optiques	12 823.6	14 176.9	14 999.5	15 921.5	16 938.5	17 659.1	18 389.2	..
27	Matériels électriques	609.2	598.2	607.8	604.3	590.9	588.1	575.2	..
28	Machines et équipements n.c.a.	472.9	562.1	500.8	556.8	629.4	639.2	683.3	..
29	Automobiles, remorques et semi-remorques	299.1	300.8	329.9	354.5	407.8	375.1	393.5	..
30	Autres matériels de transport	282.2	259.0	266.6	286.9	287.4	276.9	307.0	..
31-33	Meubles ; réparation et installation de machines et de matériel	181.6	162.7	181.8	197.9	198.0	211.2	237.9	..
31	Meubles	10.3	8.2	10.3	6.8	8.5	9.7	11.1	..
32	Autres activités de fabrication	171.2	154.5	171.5	191.1	189.5	201.5	226.8	..
33	Réparation et installation de machines et de matériel	0.0	0.0	0.0	0.0	0.0	0.0	0.0	..
35-39	**ÉLECTRICITÉ, GAZ, EAU ET TRAITEMENT DES DÉCHETS**	46.6	43.3	46.8	36.7	35.0	46.9	48.4	..
35-36	Production et distribution d'électricité, de gaz et de l'eau	45.3	41.7	45.6	35.5	33.8	44.9	47.5	..
37-39	Assainissement, traitement des déchets et dépollution	1.4	1.5	1.2	1.1	1.2	2.0	0.9	..
41-43	**CONSTRUCTION**	10.4	9.8	11.7	13.3	16.6	13.4	13.9	..
45-99	**TOTAL SERVICES**	1 363.9	1 425.2	1 700.7	1 852.8	1 929.7	1 955.4	2 054.0	..
45-82	Services du secteur des entreprises	1 167.9	1 249.9	1 507.0	1 659.8	1 712.5	1 740.6	1 839.6	..
45-47	Commerce de gros et de détail ; réparations automobiles et motocycles	54.6	50.2	95.3	98.2	110.7	102.9	124.0	..
49-53	Transport et entreposage	13.1	11.8	12.1	15.1	16.3	16.4	23.1	..
55-56	Activités d'hébergement et de restauration	0.2	0.7	0.3	0.5	0.1	0.1	1.1	..
58-63	Information et communication	817.0	853.9	841.4	940.1	955.0	965.0	1 021.5	..
58-60	Édition, audiovisuel et diffusion	10.7	13.0	17.8	27.1	28.6	25.1	27.0	..
58	Activités d'édition	8.4	11.1	14.8	21.8	20.8	18.4	20.8	..
59-60	Activités audiovisuel et diffusion	2.2	2.0	2.9	5.2	7.8	6.7	6.1	..
59	Production de films, vidéo, programmes de télévision et d'enregistrements	1.1	0.2	0.4	3.9	2.8	3.3	1.9	..
60	Programmation et diffusion	1.1	1.8	2.5	1.3	5.0	3.5	4.3	..
61	Télécommunications	244.9	252.3	252.2	246.2	235.3	226.6	239.8	..
62-63	Technologies de l'information et informatique	561.4	588.5	571.4	666.9	691.1	713.2	754.6	..
62	Programmation informatique ; conseils et activités connexes	513.9	525.5	535.8	628.4	645.7	655.1	693.8	..
63	Services d'information	47.6	63.0	35.6	38.5	45.4	58.1	60.8	..
64-66	Activités financières et d'assurances	108.7	121.6	144.8	151.0	169.9	189.4	210.1	..
68-82	Activités immobilières ; professionnelles ; services administratifs et d'appui	174.3	211.6	413.2	455.0	460.6	466.8	459.8	..
68	Activités immobilières	0.0	0.8	1.2	1.6	2.3	1.8	1.9	..
69-75x72	Activités professionnelles, scientifiques et techniques, R-D scientifique exclu	94.2	125.8	325.1	368.1	371.4	379.5	371.5	..
72	Recherche scientifique et développement	73.5	78.8	79.6	76.4	77.9	77.6	78.4	..
77-82	Activités de services administratifs et d'appui	6.6	6.3	7.3	9.0	9.1	7.9	7.9	..
84-99	Services collectifs, sociaux et personnels	196.0	175.3	193.7	192.9	217.2	214.8	214.4	..
84-85	Administration publique et défense ; sécurité sociale obligatoire et éducation	0.2	0.0	0.1	0.1	0.2	0.1	0.3	..
86-88	Santé humaine et action sociale	192.1	172.8	191.8	191.1	215.3	213.1	212.6	..
90-93	Arts, spectacles et loisirs	0.0	0.0	0.0	0.0	0.0	0.0	0.0	..
94-99	Autres services ; ménages-employeurs ; organismes extra-territoriaux	3.8	2.6	1.8	1.8	1.7	1.5	1.6	..

.. Non disponible

Note : Voir les métadonnées détaillées sur : *http://metalinks.oecd.org/anberd/20191119/86ba*.

www.ingramcontent.com/pod-product-compliance
Lightning Source LLC
Chambersburg PA
CBHW082347220526
45470CB00008B/2679